2011 年度教育部人文社科重点研究基地重大项目

（项目批准号：11JJDGJW004）

中俄全面战略协作协同创新中心文库

中俄东部区域合作新空间

郭 力／著

社会科学文献出版社
SOCIAL SCIENCES ACADEMIC PRESS (CHINA)

前　言

　　《俄罗斯东部地区的发展与中俄合作新空间》是 2011 年度教育部重点文科基地俄罗斯研究中心的重大项目，完成时间是 2015 年 12 月。该项目是在俄罗斯研究中心的指导下进行的，项目组的成员积极努力，利用各方有利条件查询资料，赴边境地区和俄罗斯东部地区进行调研，将得到的第一手资料做了详细的分析和研究，撰写了一系列论文和研究报告。在原计划发表 3 篇论文的基础上，课题组公开发表了论文 15 篇、专著 1 部、智库建议类文章 9 篇，有 4 篇获得了有关领导的批示。在该项目科学研究的引导下，2014 年年初课题组承担了黑龙江省委书记的指令性项目"黑龙江省创建中俄边境自由贸易区研究"，2015 年年初课题组又承担了黑龙江省软科学重大攻关项目"深化黑龙江陆海丝绸之路经济带框架下的对俄科技合作研究"。尽管我们在研究中付出了极大的努力，但对有些问题的研究和探索还有待深入，在此敬请各位同行不吝赐教，我们将不胜感激。

研究框架

　　该项目总体框架是以区域经济学理论为依据，以中俄两国区域合作的现实，中俄两国制定的地区战略规划和实施效果为基础，以最新发展动向和最新统计数据为参考，以发挥研究的智库作用为地方政府和国家战略决策提供服务为目标，对目前俄罗斯东部地区的开发和拓展中俄区域合作的重大问题做出客观判断和评价，提出俄罗斯东部地区经济发展的国内利益诉求和国际利益诉求，为开拓中俄区域合作新空间提供理论和现实支撑。项目从实现中国东北与俄罗斯东部地区战略互动出发，以双方的互利共赢、包容性合作为宗旨，分析中俄区域创新型经济合作、科技合作、产业合作、金融合作的新空间，发挥中俄跨境区域合作的国际辐射效应，有针对性地提出前瞻性的看法和建议。

基本内容

第一，描述性地分析了东部地区开发国际合作的必然趋势和必要条件。具体分析了俄罗斯开发东部地区的历史和现实，从主、客观的角度阐述了俄罗斯的利益诉求，论证了东部地区开发是俄罗斯经济发展的必然趋势，并系统分析了俄罗斯东部地区开发国际合作中的经验和教训，得出了依靠周边国家的支持是俄罗斯顺利开发东部地区的必要条件。

第二，创新性地提出了中俄合作开发东部地区的"伞"型新模式。"伞"型新模式是指在中国东北与俄罗斯东部地区大力开展以科技合作为先导的产业合作的基础上，形成地方国际化产业集群的优势，打造东北亚区域合作的支撑点和产业合作的凝聚点，进而形成新的经济增长极，这一增长极的区域效应呈现为"伞"型区域效应，在东部地区的开发中以双方产业合作的合力优势为"伞"柄，利用回波效应的作用，促进中俄地方国际化产业集群尽快形成，并以此为制高点向整个东北亚地区辐射，通过"伞"骨——能源、科技、资金、物流、人才等要素的国际流动将区域内各国、各地区的经济合作联结起来，形成辐射的联动效应，进而确立中俄在区域经济合作中的主导地位。

第三，系统性地论述了中俄在东部地区开发中合作的主要领域。中俄在合作中要想实现优势互补、优化资源配置、达到互利共赢，必须创造生产要素能进行国际自由流动的条件；在此基础上，发展中俄跨境地方国际化产业集群，对双方的产业结构进行调整，突出重点优势产业，在中俄边境地区形成新的联动发展的产业链。中俄新产业链必须是以高新技术为牵引的战略性新兴产业，这样才能实现中俄科学技术水平跨越式提高、科技创新能力和科技竞争力快速提升，在缩小中俄与西方发达国家科技水平差距的同时，必然会带来国民经济的持续稳定发展，实现经济的共同繁荣；创新型经济的发展为中俄生产要素的自由流动、中俄新产业链的形成以及双方在高新技术领域的合作提供了平台和必要条件，所以中俄共同发展创新型经济是一个长期的重要的关键环节。

第四，超前性地研究了创建中俄边境地区自由贸易区和实现中俄两国战略对接。中俄边境地区自由贸易区是区域合作的方向，也是区域合作的最高形式，它可以保证中俄区域合作的顺利进行。为促进中俄边境地区自由贸易区建立和中俄区域合作的健康、顺利发展，本书提出了设立中俄边境地区金融安全区的构想，并论证了"一带一路"战略中"中蒙俄经济走廊"对中俄区域合作的指引作用和重要的保障作用。

第五，跟踪性地阐述了俄罗斯东部地区开发的新趋势和中俄合作对策。目前俄罗斯东部地区开发进入了新时期，俄罗斯接连推出了成立远东发展部、设立超前发展区、辟建符拉迪沃斯托克自由港等举措，同时中俄跨境电商发展势头迅猛。把握俄罗斯远东地区开发节奏和政策，利用"一带一路"与"欧亚经济联盟"对接的有利时机，适时在东部地区开发新形势下提出合作新对策，实现中俄区域深度合作不仅是现在，而且是未来应该长期跟踪和研究的重大课题。

内容的前沿性

第一，研究了创建中俄边境地区自由贸易区。借鉴国内四大贸易区成功经验，提出了不仅应在国内创建地区性自由贸易区，还应在边境地区建立跨国自由贸易区。

第二，研究了中俄区域合作中诸多需开拓的新空间。新空间包括促进生产要素的国际流动、形成中俄边境地区的产业链、发展创新型经济等领域。

第三，研究了在东部地区开发新形势下的合作领域。针对俄罗斯2014年以来提出的建设"超前发展区"和"自由港"等举措，提出了参与建设、共同开发的思路。还提出了加强在跨境电商方面的合作，引领中俄贸易发展。

第四，研究了中俄地区发展战略的对接。要认识"中蒙俄经济走廊"与东部地区开发的互动联系和内生性发展关系，使其成为"一带一路"的重要支撑。

内容的创新性

第一，首次提出了中俄促进东北振兴和俄罗斯东部地区开发的"伞"型合作新模式。以中俄地方国际化产业集群"伞"柄的极化效应和辐射效应为支撑，利用"伞"骨——资源、资金、技术、人力等生产要素流动，在中俄边境地区形成新的增长极，增强对区域内外合作的吸引力，推进中俄乃至东北亚区域经济一体化进程。

第二，首次提出了创建中俄边境地区跨国金融安全区的构想，构建了中俄边境地区跨国金融安全区的"弓"形动态发展模式。在边境地区依托两国主要的经济金融中心城市，建立完善的金融服务体系，完善相应的法律及制度规范，加强相应的金融合作的风险监管以及促进金融机构加强风险防控。

第三，首次对俄罗斯东部地区开发进行系统、客观和追踪性研究。既有对历史的纵向研究，也有对现实的全方位研究，将是国内第一部全面研究俄罗斯东部地区开发和中俄区域合作的专著。

研究方法

一是采用实地调研与文献研究相结合的方法，掌握俄罗斯东部地区的资源禀赋、产业发展、区域政策等经济要素情况；二是采取演绎逻辑与归纳逻辑相结合的方法，对中国东北地区与俄罗斯东部地区合作进行本质分析与逻辑严密的理论解释；三是运用理论分析与实证分析相结合的方法，为中俄跨境区域经济合作新模式提供理论和现实支撑；四是运用比较分析的方法，对国际跨境区域经济合作模式进行对比分析，积极探索中俄跨境区域经贸合作新模式的国际辐射效应；五是采用深度访谈与专家分析相结合的方法，明确中俄区域合作新空间的重点与具体措施。

学术价值

第一，打破国际区域合作是以整个国家为单位的经验和理论观点。目前的国际区域经济合作理论都是以国家为研究对象，区域经济一体化的主体也是国家，因而本课题对中国东北地区与俄罗斯东部地区合作的研究丰富了国际区域经济合作理论的内容，拓宽了研究对象的范围。

第二，提出了落后地区跨境合作优势推动区域集团化形成的理念。以两个国家的欠发达地区合力的后发优势，推动建立地方国际化产业集群，引领区域发展，将可能成为推动区域集团化发展的主要力量。这一理念补充和完善了只有发达国家才能推动区域集团化发展的有关理论。

应用价值

第一，为中俄关系可持续发展提供重要支撑。在新的国际形势下，毗邻的中俄两国有着广泛的共同利益，政治互信不断加深，发展两国关系急需新的突破口。进一步推进务实合作，特别是开拓深具潜力的中俄边境地区合作的新空间，有利于加强和巩固两国关系，为中俄关系的持久、健康、可持续发展注入新的动力。

第二，落实"一带一路"与"欧亚经济联盟"对接。东北振兴离不开俄罗斯，俄罗斯东部地区开发也离不开中国，经济互补、战略对接和共同发展是中俄两国合作的重要内容。利用中俄区域合作的平台和合作新空间将中俄的对接落到实处，构建一个互惠互利的利益、命运和责任共同体。

第三，促进中俄两国区域经济在包容性增长基础上的协调发展。中俄两国都面临着国内区域经济发展差距不断扩大的现实，通过中国东北地区和俄罗斯东部地区多领域、多形式、多渠道的全方位合作，促进我国东北老工业基地振兴和俄罗斯东部地区开发的深入，实现中俄边境地区的共同繁荣。

社会影响

该项目的中期研究成果，获得了较好的社会反响。根据研究的一些初步结论，笔者撰写了《改变"政热经冷"促进中俄经贸关系快速发展》智库建议类成果，发表在《教育部简报》（智库专刊）2014年第18期上，得到了相关专家的肯定。笔者的咨询报告《关于抓住中俄旅游年机遇全方位对俄宣传哈尔滨的建议》得到了时任哈尔滨市委书记林铎的批示，"结合中俄旅游年和我市系列旅游文化活动，并着眼于长远，组织文化、旅游等部门研究吸纳郭院长的建议"。另一篇咨询报告《关于哈尔滨市筹建对俄自由贸易的咨询建议》获得了哈尔滨市委书记陈海波的批示。2014年5月，在课题组汇报的基础上，黑龙江省省长确立了"中俄自贸区研究"指令性课题，由笔者任项目负责人。2013年，中期研究成果"中国东北和俄罗斯东部地区经贸合作新模式的区域效应研究"的研究报告，获得了第十五届黑龙江省社会科学优秀成果一等奖。

本专著第十章的第一个问题"中俄跨境电商深化中俄边境地区经贸合作"由俄罗斯远东大学的叶列娜教授完成。

郭　力

2015 年 12 月 25 日

目 录

第一章　打破发展瓶颈：
俄罗斯东部地区开发的历史动因

1407 年"西伯利亚"首次出现在俄罗斯史籍中，当时其地理范围仅限于鄂毕河中游及该河支流额尔齐斯河下游地区，在该地区有一个以古鞑靼人为主体的封建小国：西伯利亚汗国。到了 16 世纪 80 年代，俄国向西伯利亚汗国进军，随着俄国势力的不断向东延伸，西伯利亚的地理范围也不断扩大，最终囊括了乌拉尔山以东的大片土地。也就是说，沙俄时期，乌拉尔山以东的所有俄国领土被统称为西伯利亚。19 世纪末，随着俄国远东开发速度的加快，"远东"这一名称才见诸报刊，直到苏联时期，远东才从西伯利亚中分离出来，形成真正的经济地理概念。目前，在相关的文献中，俄罗斯东部地区包括乌拉尔联邦区以东的亚洲范围，俄罗斯东部地区的地理范围主要是指西起乌拉尔山东到太平洋沿岸的辽阔土地，面积达 1283.69 万平方公里，占全俄罗斯国土面积的2/3以上 [①] 。普京继任总统后，为加强中央与地方的联系，把全俄划分成八大联邦区，并向各联邦区派驻了总统全权代表，乌拉尔山以东的俄罗斯东部地区包括西伯利亚和远东两个联邦区，面积达 1131.43 万平方公里。这两个联邦区共包括 21 个联邦主体：阿尔泰共和国、布里亚特共和国、图瓦共和国、哈卡斯共和国、阿尔泰边疆区、外贝加尔边疆区、克拉斯诺亚尔斯克边疆区、伊尔库茨克州、克麦罗沃州、新西伯利亚州、鄂木斯克州、托木斯克州、萨哈（雅库特）共和国、堪察加边疆区、滨海边疆区、哈巴罗

[①]　薛君度、路南泉:《俄罗斯西伯利亚与远东——国际政治经济关系的发展》，世界知识出版社，2002。

夫斯克边疆区、阿穆尔州、马加丹州、萨哈林州、犹太自治州及楚科奇自治区。现任俄罗斯总统驻远东联邦区全权代表是尤里·特鲁特涅夫，西伯利亚联邦区全权代表是尼古拉·罗格什金。因本项目研究的是俄罗斯东部地区的开发，同时又以俄罗斯东部大开发战略为背景，所以在项目研究中俄罗斯东部地区特指西伯利亚和远东两个联邦区。

一 俄罗斯东部地区开发的历史进程

俄罗斯东部地区的开发早在 18 世纪就开始了，无论是沙俄时期、苏联时期，还是俄罗斯时期，东部地区的开发是俄罗斯各个时期永恒的课题。早在 M.B. 罗蒙诺索夫时期，人们就认识到了只有俄罗斯东部地区能"增加国家的财富"，也清醒地看到了东部地区丰富的自然资源开发在俄罗斯的经济发展中，具有其他地区无法替代的重要地位和独一无二的作用。

（一）东部地区开发的历史回顾

1. 沙俄时期的小规模开发

历史上，沙俄政府对这一地区的开发极为有限，只进行了数次小规模的移民开发。但在日俄战争前后，沙俄政府日益认识到西伯利亚和远东地区在其战略布局上的重要性，开始逐步加大对该地区的开发力度，采取的重要举措之一便是 1891 年修建了总长为 9288 公里的西伯利亚大铁路，同时还开辟了若干条贯通西伯利亚和远东的公路，这条钢铁大动脉以及相关道路的建设不但促进了东部地区的经济发展和对外经济贸易联系，同时也使这一辽阔地域成为连接东西方新的陆上交通线，为其人口和工业的东移奠定了基础，大大促进了这一地区经济的发展和自然资源的开发。

2. 苏联时期有计划分阶段的开发

苏联时期，在"均衡布局生产力"原则的指导下，东部地区成为全苏联开发的重点地区，经过 70 多年有计划的开发建设，这一地区成为苏联重要的工业基地和能源生产基地，东部地区的南部得到了比较充分的开发，特别是在西伯利亚大铁路沿线形成了一片广阔的工农业生产区，中部地区也得到了不同程度的开发，西伯利亚和远东地区成了以能源、燃料和工业原料生产为特色的大经济区。石油、天然气工业、木材加工工业、有色冶金业、化学工业、纸浆造纸工业等都是该地区具有全国意义的生产部门，该地区以重工业为主的产业布局，导致农业、轻工业和食品加工业一直处于比较落后的状态。

3. 俄罗斯时期确立了东部大开发

随着苏联的解体，俄罗斯东部地区失去了中央政策和资金的扶植，而且也部分中断了地区内和跨地区之间的经济联系，经济形势不断恶化[1]。同一直处在重点开发建设的俄罗斯欧洲部分地区的社会经济发展差距不断拉大。在这面积占全俄罗斯66.2%的土地上，只生活着全俄罗斯17.8%的人口，2009年西伯利亚和远东联邦区的地区生产总值分别只占到国民生产总值的10.6%和5.4%。该地区丰富的自然资源并没有充分发挥应有的作用，并且该地区在经济社会发展方面还存在着诸多制约因素，这些制约因素严重影响了俄罗斯国内东西区域的协调发展和国家的整体发展。2010年以后，俄罗斯东部地区的经济形势才有了一些好转，在全俄经济中所占的比重有所提高。俄罗斯东部地区概况如表1-1所示。

表1-1　俄罗斯东部地区概况

地区	土地面积（万平方公里）	2014年人口（万人）	2012年地区生产总值（百万卢布）	2013年农产品生产总值（百万卢布）	2013年固定资产投资（百万卢布）
西伯利亚	514.50	1929.27	5147403	502653	1377696
远东	616.93	622.66	2700318	110856	814456
俄罗斯联邦	1709.82	14366.69	49919959	3687053	13255537

资料来源：Федеральная служба государственной статистики Регионы России、социально-экономическиепоказатели 2015, 2015-11-14。

---

[1]　赵立枝：《俄罗斯西伯利亚经济》，黑龙江教育出版社，2003。

近年来，俄罗斯的有识之士认识到了俄罗斯东部地区的经济潜力和战略地位，特别是俄罗斯东部地区丰富的自然资源条件，认为"没有西伯利亚和远东，就没有俄罗斯"。俄罗斯著名经济学家阿甘别戈杨就曾明确指出："莫斯科不是俄罗斯，要想实现国家的经济复兴，必须实现西伯利亚和远东与欧洲地区均衡发展。"为此，2007 年俄罗斯政府成立了远东和外贝加尔地区发展问题国家委员会，由弗拉德科夫担任该委员会的主席，负责制定俄东部大开发的具体实施战略，这也标志着俄联邦将东部开发作为国家发展战略的"优先方向"。据俄罗斯相关媒体报道，俄政府将完成东部大开发的时间初步定为 50 年 [①] 。

（二）俄罗斯经济发展战略东移的新思路

2007 年，时任总统的普京提出了俄罗斯东部（西伯利亚和远东地区）大开发战略，旨在扩大与亚太地区国家的经贸合作，寻找俄罗斯国内新的经济增长点，缩小东西部地区的经济发展差距。五年的时间过去了，由于种种因素的制约，俄罗斯东西部地区发展的差距仍在日益扩大，欠发达的东部地区已制约了俄罗斯的"现代化"建设，东部地区大批精英阶层人士的流失限制了经济的发展，导致创新能力的降低，已影响到俄罗斯与东部周边国家的经济联系，削弱了俄罗斯在亚太地区的政治影响力和军事威慑力，等等。俄罗斯经济发展战略东移无论是对国内，还是对国际的影响都非同寻常。2012 年 2 月，联邦政府第一副总理伊戈尔·舒瓦洛夫在符拉迪沃斯托克主持地区发展工作会议时说：现阶段东部地区的发展是国家头等重要的任务。

一是发挥联邦政府在地区发展中的重要作用，增设机构并指定政府主要官员专门负责东部地区事务。2012 年 5 月 21 日，俄罗斯总统普京签署了任命新一届政府成员的总统令，宣布增设"远东发展部"，任命俄罗斯总统驻远东联邦区全权代表维克托·伊沙耶夫为新成立的远东发展部部长。远东发展部重点制定各种法律草案，精心安排国家预算拨款在该地区的用途，更加严格地管理这些专项资金，提高资金利用效益。这一重大举动表明，俄罗斯东部

---

① 《俄罗斯要搞东部大开发总理挂帅时间初定五十年》，中广网，www.cnr.cn，2012 年 2 月 15 日。

地区的开发已被提到国家事务的议事日程，远东发展部的建立有助于俄罗斯尽快解决地区层面的问题。当前远东地区正在执行联邦纲要、地区纲要和部门纲要，但它们还没有形成一个完整全面的地区发展总纲要，因此需要对这些纲要进行协调。

二是采取非常规的经济举措，减少东部地区发展过程中的行政干预。2012 年 1 月，时任紧急情况部部长的绍伊古提议建立东西伯利亚和远东开发国家公司。这一建议得到了普京的积极支持。普京主张建立国家公司或 100%国有股份企业，负责港口、道路、通信、机场和地方航线的建设以及自然资源的开发，负责监督执行远东与外贝加尔地区的重大投资项目，向国外推荐该地区的重点项目，争取吸引更多的国外资金。

三是在国家经济社会发展的总体构想中，东部地区将受到前所未有的重视，得到更多的扶植和优惠。俄罗斯联邦政府经济发展部于 2012 年 3 月份制定了《西伯利亚和远东发展法草案》，建议成立非商业性自主机构，吸引私人资本、国家资金等共同负责东部地区的基本建设，并对非商业性自主机构参与东部地区的经济设施建设提供优惠的政策。同时，对东部地区的居民提供降低抵押贷款利率、资助高等学校学费等一系列优惠政策。这一举措表明俄罗斯政府为了促进东部地区的经济发展，在政策上给予了大力支持。另外，俄罗斯政府制定的《东部地区经济社会发展新纲要（草案）》，也有望在近期开始执行。根据俄罗斯商务咨询网站 2014 年 6 月 23 日的报道，俄罗斯远东发展部部长亚历山大·哈卢施卡对外宣布，远东地区已经确定 14 个超前发展区，并已上报国家等待批准，这些区域是从 400 多个推荐名单中挑选出的[①]。2015 年，俄罗斯颁布了建立符拉迪沃斯托克自由港的规划，自由港包括 15 个城市和 3 个远东南部重要港口，总面积为 2.84 万平方公里，人口为 140 万人，自由港内实行简化签证制度，自由关税区制度，免除入区企业前 5 年的利润税、财产税和土地税等特殊制度和优惠政策[②]。

---

① 《远东地区确定 14 个超前发展区》，中俄经贸网，http://russia.ce.cn，2015 年 6 月 24 日。
② 《签署符拉迪沃斯托克自由港法案》，俄罗斯总统官网，http://www.kremlin.ru/events/president/news，2015 年 7 月 13 日。

四是借鉴中国经济发展经验开发远东，拓展中俄两国合作的新领域。普京再任总统后，明确了他强化东方在俄罗斯内政外交中的作用的思想。现在俄罗斯的政治家们也认识到，再不开发，俄罗斯会彻底丢掉远东。他们已不再担心中日韩美参与开发会使远东"碎片化"，进而丧失主权和领土完整。俄罗斯的一些官员和学者提出远东开发可借鉴"中国西部大开发"等落后地区追赶式发展模式；提出让中国的省份"向北转"，而让西伯利亚和远东地区"向南转"，实现两国更深层次的合作，这将为"中俄战略性伙伴"开辟新领域。

同时确立了俄罗斯东部地区的开发采取由政府主导的大型企业参与的运作模式，这也说明俄罗斯东部地区开发本身就是一个政府主导行为。

（三）俄罗斯经济战略东移对中俄合作的意义

中俄两国之间的政治问题均已得到解决，两国领导层的互信达到了史无前例的高水平。而当下的一个悖论在于，中俄经济合作仍停留在传统思路上，国际区域合作和区域发展一体化的潮流未能内化到中俄关系当中去，中俄的经济关系明显滞后于国家关系和政治关系。普京曾撰文：两国在第三国的商业利益远非所有时候都相符，俄方对两国现行贸易结构并不完全满意，两国的投资水平偏低，这是中俄两国政府共同关心的问题[①]。巩固和拓展中俄战略协作伙伴关系的核心是找准双方能够进行经济合作的契合点和共同点，俄罗斯要运用中国潜力来发展西伯利亚和远东经济，这为巩固和拓展中俄战略协作伙伴关系有着重要意义。其根据在于以下几点。

一是中国东北与俄罗斯东部地区地区间的合作将是中俄关系能否升级至利益共同体的关键指标，同时也是俄罗斯东部地区"新开发"以及中俄建成真正有效的"现代化伙伴关系"的核心要素。二是中俄探索双边关系框架内的更深层次的一体化合作的需要。目前无论是中国还是俄罗斯在亚太地区的影响力和号召力都明显不够，利用中俄战略协作伙伴关系的合力，提升两国在亚太地区的地位和作用已势在必行。三是中俄两国毗邻地区的共同振兴是

---

① 《普京称俄需要繁荣和稳定的中国 中国发展绝对不是威胁》，环球网，http://www.huanqiu.com，2012 年 2 月 27 日。

巩固和发展中俄关系的重要内容。俄罗斯东部地区的深度开发和"提振"、中国东北地区的振兴是中俄两国政府的共同目标和经济合作的新增长点，是衡量中俄关系是否得到巩固的标准之一。四是顺应区域经济一体化趋势，实现地方国际化合作。中俄地方国际化是中俄两国毗邻地区在国家框架下，按照国际规则进行的经济合作，这是推进中俄合作关系的新探索和新实践，它的发展将带来区域的聚集效应和示范效应，从而扩大中俄在东北亚合作中的国际影响力，确立中俄在亚太地区的重要作用和地位。

（四）俄罗斯经济战略东移的基本方向

1. 仍然坚持以油气资源开发为中心

从国际上看，东北亚地区，尤其是中、日、韩，对俄罗斯东部地区的油气资源有着很大的诉求，需求量大且迫切，俄罗斯为扩大出口，获得外汇，必定加大对东部地区石油天然气等能源资源的开发力度。而且，进入 2012 年后，国际油价持续走高，油价进入一个高位运行周期，俄经济发展部曾将 2012 年石油出口均价预期从原先的每桶 100 美元上调到 115 美元，对 2013 年和 2014 年的油价预期也定在 100 美元左右，国际高油价也为本地油气资源的开发提供保障。虽然 2013 年后，国际石油价格不断走低，但俄罗斯的出口结构短期内无法改变。因此发挥东部地区的比较优势，以油气资源开发带动东部地区发展的状况在短期内不会发生太大的变化。2005 年第 24 期的《专家》杂志报道，仅东西伯利亚地区的石油储量就高达 175 亿吨，该地区油气资源不仅能够满足当地的石油天然气需求，而且可以大规模出口，被视为"俄罗斯 21 世纪生存和发展的重要战略储备"。

2. 高度重视科技发展

正如普京所说，在东部开发的过程中，不仅有原材料加工，而且有许多发展航天计划和建设发射场的大型项目、计划，这就需要大量的先进科学技术以及专家和人才。长期以来，俄罗斯对外出口商品以能源原材料为主，显然不利于俄罗斯由资源依赖型向科技创新型经济模式的转变，所以需要通过提高技术水平对出口产品进行深加工，提高其附加值。在东部地区大开发中，在提高加工技术水平的同时，俄罗斯还会加强对高新技术的研发，在国家的支持下，西伯利亚国家级科技研发中心成立了，旨在提高东部地区经济发展的核心竞争力。

3. 劳务输入将呈现多样化

俄罗斯东部地区开发不可缺少的主要生产要素就是劳动力，这也是制约东部大开发的主要瓶颈。从目前来看，俄罗斯东部地区本身在短期内还不具备解决劳动力缺乏问题的条件，引进劳务是解决该问题最直接和最有效的办法。从东部地区开发的趋势看，东部地区的开发工程大部分将由外来劳务人员承担。俄罗斯毗邻国家的劳动力资源就成了首选，如中国的劳务人员、朝鲜的劳务人员，还有亚洲一些国家的劳务人员都在俄罗斯的视野中，俄罗斯试图打破中国劳务人员一直在东部地区占主导地位的局面。在最近两年，获得远东地区所签的农业劳务许可证的人员数量，日本排在第一位，韩国排在第二位，中国仅排在第三位。

4. 强化国家干预力度

一是加大财政补贴及投资支持力度。资金是决定经济增长的基本要素。俄罗斯东部地区长期以来经济发展缓慢，面临的一个重大困难就是资金短缺。东部地区进行油气资源开发的条件极其恶劣，为了保证东部地区开发各个具体项目，诸如生产性基础设施和非生产性基础设施的顺利实施，亟须投入大量的资金。俄罗斯政府已承诺给予东部大开发资金支持。二是建立机构保障开发。俄罗斯联邦远东发展部——这个新机构不会复制联邦政府的职权，它建立的目的不是管理，而是协调远东各级政府的工作。远东发展部将管理28个国家在远东实施的大项目，符拉迪沃斯托克筹备的亚太经合组织峰会项目就是其中之一，发展滨海边疆区的造船业和石油化学工业也是其主要任务之一。可以看出，俄罗斯政府在东部大开发中的主要任务是吸引投资来开发西伯利亚和远东地区，有效利用自然资源，落实东部地区开发的一系列具体政策，协调和监督东部地区各个项目的实施。2013年8月31日，俄罗斯宣布解除俄总统驻远东联邦区全权代表维克托·伊沙耶夫的所有职务，包括俄远东发展部部长一职，同时任命总统助理尤里·特鲁特涅夫为俄罗斯副总理、俄总统驻远东联邦区全权代表 ① 。俄罗斯的远东发展战略势在必行，其远东发展部部长的解职以及远东新的最高领导人的产生，都反映了这一趋势。

5. 扩大与周边国家的合作

俄罗斯领导人已经提出要使俄罗斯跻身于"经济快速发展的 20 国集团"，实现年均经济增速 6%~8%。实现这一目标的条件之一就是与亚太地区国家合作。除了与中国建立和深化全面战略协作伙伴关系外，俄罗斯希望与日本联合推动具体的合作项目，实现从资源能源领域到高附加值的加工工业，以及节能领域的合作。在 2012 年 11 月份的政府间委员会拟定的具体的合作项目清单中可以看出，俄罗斯与日本的科技合作发展也比较快。

（五）俄罗斯经济发展战略东移的难点

一是东部地区经济发展基础差，经济发展水平低于俄罗斯西部地区，从区域经济的发展水平来看，如果规划或运营不慎，"黑洞效应"在所难免。

二是东部地区的开发是以政府为主导的，这就意味着将来东部地区开发的投入要由政府负担。虽然俄罗斯的亚太峰会成了经合组织峰会史上最贵的峰会（190 亿美元），政府进行了大规模投资，但这种投入的势头是否能持续下去，我们还要拭目以待。

三是东部地区的开发到目前为止应该说还停留在规划层面，企业还没有大规模地进入，没有企业的大规模参加，区域性的大开发明显地缺乏内生性动力。

四是东部地区开发的重要伙伴之一是中国。虽然中俄已签署了地方合作规划纲要，纲要中有 200 多个合作项目。但从 2009 年至今，几年的时间过去了，还有诸多合作项目没有落实。同时，还有一些必须跨越的非经济的障碍，这就为合作规划纲要规划项目的实施增加了难度。

五是俄罗斯政府的东部地区开发采取政府主导型模式，这就意味着今后的开发更多的是采用行政命令的方法来运营。这种方法在目前俄罗斯的经济体制中能否行得通，能否得到企业界的认可等问题还有待于研究。

---

① 《俄总统驻远东全权代表被解除所有职务》，俄新网，http://rusnews.cn/eguoxinwen/eluosi，2013 年 8 月 31 日。

（六）俄罗斯发展战略东移带来的合作机遇

普京在 2014 年 2 月 27 日的文章中指出：中国经济的增长绝不是威胁，而是一种拥有巨大合作潜力的挑战；两国应更积极地建立新的合作关系，结合两国的技术和生产力，开动脑筋，将中国的潜力用于俄罗斯西伯利亚和远东地区的经济崛起。普京在有关外交的纲领性文章中，确定了中国在俄罗斯外交中的优先地位，谈到要抓住朝着俄罗斯经济"帆船"吹来的"中国风"。俄罗斯要积极协调新的合作关系，使两国的技术和生产能力相结合，合理运用中国潜力来提升西伯利亚和远东地区经济发展水平。这为中俄关系的发展提供了新课题，拓展了新空间，注入了新的合作因素，确定了区域合作新方向，为深化中俄的全方位合作提供了机遇。

1. 俄罗斯经济中心东移为中俄区域合作进一步发展提供了机遇

俄罗斯学者在东部地区深度开发的研究中，明确提出了首都东移或在东部建第二个首都，目的是加大开发力度，扩大俄罗斯在东北亚地区乃至亚太地区的影响，扩大与亚太地区国家的合作规模。可以说俄罗斯伸出了与中国扩大合作规模的橄榄枝，从地缘上看，中国的华北和东北应该是合作的重点地区，合作的前沿地区是与俄毗邻的黑龙江省、吉林省、内蒙古自治区，还有辽宁省。对俄前沿地区要聚集国内其他地区的生产要素，发挥全国的科技、资金、人才优势，打造对俄合作高地。集全国之优势，形成我国对俄合作优势的机遇已经成熟。

2. 俄罗斯经济战略东移的政策为中俄区域合作政策的对接提供了机遇

普京在竞选文章中提出了俄罗斯深度开发的具体思路和措施，比如建立由国家投资的大型东部地区开发集团、在西伯利亚建立国家级科技研发中心、建立东部地区管理机构，特别提出了地区开发要借鉴中国经验等。据此中国应该总结发展欠发达地区的"追赶型"发展的有益经验，争取中国经验在俄罗斯的开发中得到推广、应用和验证，我们可根据开发的程度和不同的阶段，制定相应的对接政策，有理有据、不卑不亢地参与俄罗斯东部地区的开发，在互利共赢的理念下，实现共同开发远东，为战略协作伙伴关系开辟新的领域。

3. 俄罗斯经济战略东移为打造中俄地方国际化增长极提供了机遇

从区域经济发展的实际出发，我国重要的增长极之一应该是突破国界的中俄地方国际化产业集群。淡化以国界来划分经济主体的惯性思维，对中俄边境区域进行自然资源、人力资源、科技资源和资金等的重新配置，使中俄区域经济合作达到利益最大化，进一步发挥中俄在东北亚区域乃至亚太地区合作中的聚集力，使中俄成为区域合作的重要推动力量。

4. 俄罗斯经济战略东移为加强中俄大通道建设提供了机遇

在俄罗斯东部开发的背景下，中俄经济领域的合作高潮即将到来，未来中俄贸易额将以每年20%的速度增加，将实现三年翻一番，到2020年实现2000亿美元的目标。这对边境的运输大通道建设提出了迫切的要求。尽管地方通道建设已经有了很大的进展，但短期内很难形成通道网络，虽然关键的节点建设已得到了中国政府和地方政府的支持，但是在跨境桥梁等基础设施建设中，还存在着许许多多的困难，例如，中俄同江—下列宁斯阔耶黑龙江大桥、中俄洛古河黑龙江（阿穆尔河）大桥、中俄黑河—布拉戈维申斯克黑龙江（阿穆尔河）大桥、中俄绥芬河—格罗杰科沃的铁路过货口岸的500万吨到1000万~1500万吨能力扩容建设等存在困难。

5. 俄罗斯经济战略东移为中俄毗邻地区的合作提供了更多的机遇

一是在俄开办联合生产企业。普京说过，在家电等消费品领域俄无须同中国竞争。东北三省可利用中国的成熟技术，扩大对俄投资，在俄联合生产消费品。这是见效快、效益好的产业，也是黑龙江省在与俄罗斯合作中能发挥比较优势的最好领域。在俄罗斯建立联合生产企业，不仅能扩大合作的领域，而且可以规避贸易风险，目前是中国企业走进俄罗斯的最好时机。如可考虑在远东地区开办汽车制造厂，建立板材、家具、建材、装修材料、纸浆造纸等原材料深加工企业。

二是拓展与俄的金融合作。目前黑龙江省在与俄罗斯远东地区的金融合作方面已经有了很大的突破，而东北地区，尤其是黑龙江省参与俄罗斯远东和西伯利亚开发的大项目，重点在于在扩大双边大宗商品的本币结算的基础上，提供融资服务和全方位的金融服务。从这个意义上，可以说俄罗斯东部地区的经济发展战略东移，会助推中俄金融领域的合作。

三是扩大与俄的农业合作。虽然黑龙江省与俄罗斯已开展了卓有成效的粮食生产合作，但是这一合作还具有潜力，合作生产绿色农产品和非转基因农产品是俄罗斯认可的与中国合作的方向之一。随着俄罗斯东部地区的开发，该地区的农业发展越来越重要，远东地区丰富的土地资源和从业人员的缺乏，为中俄区域农业合作提供了较强的互补性，这对黑龙江省、吉林省这种农业大省来说，无疑是难得的机遇。

四是规范与俄的民间贸易。俄罗斯已成为 WTO 成员，传统的民间贸易和约定俗成的边境贸易必将出现新的变化，黑龙江省应积极调整相关政策，按照 WTO 规则进行国际化贸易，使边境贸易健康顺利地发展。

五是与俄合作建设物流通道。在俄罗斯东部地区开发中，一个明确的任务就是建立中俄的物流中心和物流通道。具体来说要在黑龙江（阿穆尔河）上建造中俄对应口岸城市的三座跨境大桥，同时还要开发陆路、海路交通和油气管道，使黑龙江省的"东部陆海联运丝绸之路经济带"得到实施，达到面向整个亚太地区的目的。

六是推进与俄在创新经济领域的合作。普京提出了创新经济设想，并决定在新西伯利亚州建设国家级科技中心，这是普梅新政的重要决策，其对俄罗斯经济发展的意义非同一般。首先发挥新西伯利亚国家级科技中心的作用，提高东部地区的科技水平。虽然新西伯利亚以科学城命名几十年了，这个地区每年的专利数与西部地区不相上下，但是拥有的世界级高新技术匮乏。国家级科技中心的建立，会集中全俄的技术优势，攻克高新技术领域的难题，增强这一地区的科技实力和科技影响力。其次发挥新西伯利亚国家级科技中心的作用，培育东部地区创新能力。俄罗斯创新经济的发展应该以科技创新为基础，俄罗斯提出了"提振"落后地区经济的区域经济发展思路，核心思想就是要通过培育创新能力来实现区域发展。从新西伯利亚国家级科技中心来看，俄罗斯已把东部地区的深度开发真正纳入议事日程。再次发挥新西伯利亚国家级科技中心的作用，促进该地区的经济尽快发展，缩小与西部地区的经济差距。俄罗斯东西部地区的经济差距巨大，尽管俄罗斯的各届政府都要改变这一局面，但始终没有明显的效果。国家级科技中心的建立就是要提高东部地区的劳动生产率，创造更多的社会财富，尽快缩小东部地区与西部地区的发展差距。最后发挥新西伯利亚国家级科技中心的作用，扩大与周边国家的经济联系，提高其在亚太地区的影响力。随着东部地区开发力度的不断加大，东部地区经济水平的不断提高，俄罗斯在东北亚乃至亚太地区的影响将会越来越大，这也是俄罗斯亚太战略的重要组成部分。俄罗斯开发东部地区的战略意图是扩大其在亚太地区的经济、政治等方面的国际影响力。我国正在建设创新型国家，把合作重点放在双方强势的创新经济领域，应该是扩大和深化中俄经济技术合作的重要方向。

普京在 2012 年 4 月 11 日的政府工作报告中指出，在未来的 10~15 年，保证俄东部地区经济的增长速度高于俄罗斯的平均水平，到 2020 年，该地区的地区生产总值比现在增加两倍，并新建大约 500 万个工作岗位。普京和梅德韦杰夫政府以具体的量化指标和新的措施，确立了继续深度开发俄罗斯东部地区的思路。在符拉迪沃斯托克 APEC 峰会前夕，普京在发表的文章中指出，"全面走向亚太地区是俄罗斯未来成功及西伯利亚和远东地区发展的重要保证"。这也集中体现了俄罗斯经济"向东转"的意图。

2015 年 5 月 8 日，国家主席习近平在莫斯科克里姆林宫同俄罗斯总统普京举行会谈。两国元首就中俄关系和彼此关心的重大国际和地区问题充分交换了意见，一致同意中俄要共同维护第二次世界大战胜利成果和国际公平正义，推进"丝绸之路经济带"建设同欧亚经济联盟建设对接。会谈后，两国元首共同签署并发表了《关于丝绸之路经济带建设与欧亚经济联盟建设对接合作的联合声明》及多项双边合作文件 ①，为中俄区域合作的发展明确了方向，为中俄深化全面战略协作伙伴关系奠定了坚实的基础。

---

① 《中俄对话》，俄罗斯总统官网，http://www.kremlin.ru/events/president/news，2015 年 5 月 9 日。

二 俄罗斯东部地区处于劣势的初始条件

（一）市场规模效应的缺失

人口数量和人口密度是一个地区市场规模大小的直观标志。人口数量较多的地区，由于具备市场规模优势以及专业化分工条件，往往在工业化起飞阶段取得制造业规模优势。俄罗斯东部地区自然条件恶劣，相较于西部地区开发晚，基础设施不完善，以及远离俄罗斯的欧洲中心部分，致使这一地区的人口数量与西部地区差异显著。到 2013 年，占全俄领土 2/3 的东部地区，人口却仅占全俄的 17.88%，人口密度仅为 2.25 人/平方公里，而西部地区的人口密度达到 20.46 人/平方公里（见图 1-1）。虽然在苏联时期依靠政府的行政手段以及各种优惠政策，东部地区的人口以明显高于全俄的平均水平增长，但绝对人口数与西部地区相比还有较大的差距。然而，自俄罗斯独立并进行经济转轨以来，失去政策支持的东部地区人口持续减少。截止到 2014 年全俄的人口密度为 8.40 人/平方公里，西部地区为 20.43 人/平方公里，东部地区为 2.26 人/平方公里。

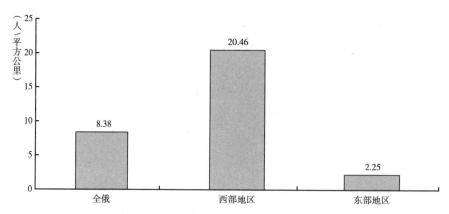

图 1-1 2013 年俄罗斯区域人口密度对比

资料来源：根据俄罗斯联邦统计局网站相关数据计算整理。

除了人口数量和人口密度，消费者的购买力也是一个地区市场规模大小的重要标志。人口数量和劳动力数量的不均衡，直接导致俄罗斯东西部地区消费需求和支出份额的差距。

由表1-2可以看出，2010~2013年，东部地区消费支出份额仅占全俄的不到20%，明显低于西部地区。而且在2010~2013年，东部地区的消费支出份额总体呈下降趋势，由2010年的17.9%下降到2013年的17.8%；与此相反，西部地区的消费支出份额总体呈上升趋势，由82.1%上升到82.2%。这说明俄罗斯的消费需求和支出份额由东部地区向西部地区发生转移，东部地区的市场规模不断减小。

表1-2 俄罗斯东西部地区家庭消费支出

单位：百万卢布

	2010年		2011年		2012年		2013年	
	消费支出总额	消费支出份额	消费支出总额	消费支出份额	消费支出总额	消费支出份额	消费支出总额	消费支出份额
全俄	226161.01	100%	262032.81	100%	296418.66	100%	328853.76	100%
东部地区	40426.09	17.9%	46757.23	17.8%	52971.96	17.9%	58412.99	17.8%
西部地区	185734.92	82.1%	215275.58	82.2%	243446.70	82.1%	270440.77	82.2%

资料来源：根据俄罗斯联邦统计局网站相关数据计算整理。

根据"本地市场效应"理论，决定一个地区是否具有"本地市场效应"的是该地区的市场规模。若一区域市场规模较大，则该区域消费需求和支出份额较大，为降低运输成本等交易费用，企业会选择市场规模较大区域进行布局，这就是与需求关联的循环累积因果关系，也称为"后向联系"。通过上述数据分析可知，俄罗斯东部地区人口数量以及消费支出份额明显低于西部地区。由于不具备市场规模优势，东部地区对生产要素的吸引力较弱，"本地市场效应"发挥受到限制。

（二）生活成本效应的缺失

在存在交易成本的情况下，一区域内部消费品的种类和数量是决定该地区居民生活成本高低的重要因素。若一区域内企业的数量较多，则本区域内部消费品的种类和数量较多，从其他区域进口的商品会相对较少；相反，若一区域内企业数量较少，则区域内部消费品种类和数量都较少，为满足本地居民消费需求，从其他区域进口商品的数量和种类增加，在存在运输成本情况下，本区域内产品价格会上升。在名义收入不变的条件下，产品价格上升导致本区域居民实际收入下降，这将引发居民从本区域迁移到其他区域，这就是与成本关联的循环累积因果关系，也称为"前向联系"。表1-3显示了俄罗斯东西部地区企业数量情况。

表1-3 俄罗斯东西部地区企业数量

单位：家

年份 地区	2008	2009	2010	2011	2012	2013
全俄	4771904	4907753	4823304	4866620	4886432	4843393
东部地区	726496	735730	732574	726736	713783	725235
西部地区	4045408	4172023	4090730	4139884	4172649	4118158

资料来源：根据俄罗斯联邦统计局网站相关数据计算整理。

根据"生活成本效应"理论，决定一区域是否具备"生活成本效应"的是本区域内部的企业数量。从表1-3可以看出，东部地区企业数量远远低于西部地区，在2013年，东部地区企业数量为725235家，不足西部地区企业数量的1/5。由于东部地区企业数量较少，本地区内部消费品种类和数量相比之下较少，即从其他区域进口的商品较多，由于运输成本的存在，东部地区生活成本相对较高，"生活成本效应"不能发挥作用。同时，东部地区工资水平也远远落后于西部发达地区（见表1-4）。此外，东部地区在俄罗斯一直作为原料供应地，导致该地区产业结构畸形化严重，军工企业数量较多，而与居民生活需求紧密相关的轻工业企业较少，这也增加了东部地区居民的生活成本。

表1-4 俄罗斯东部地区与莫斯科市职工月平均名义工资

单位：卢布

年份 地区	2008	2009	2010	2011	2012	2013
莫斯科市	30552.1	33358	38411	44899	48830	55485
西伯利亚联邦区	15381.4	16606.4	18658	20890	23789	26398
远东联邦区	20778.3	23157.8	25814	29320	33584	37579

资料来源：根据俄罗斯联邦统计局网站相关数据计算整理。

通过上述分析可知，在东部地区的初始条件中，较少的人口分布，导致该地区消费支出份额较少；市场规模较小，导致选择在本区域布局的企业较少；而由于企业数量较少，本地消费品种类和数量较少，在存在交易成本的条件下，本地区生活成本相对较高，这导致本地居民流出，人口数量进一步减少，如此形成恶性的循环累积，这一过程是经济系统内生的，是不断强化的。

2009 年 12 月 28 日，俄罗斯政府签署并实施《2025 年前远东和外贝加尔地区社会经济发展纲要》，在该文件中，俄罗斯政府清楚地认识到该地区经济社会发展的滞后现状及制约该地区发展的相关因素，但同时指出该地区拥有良好的工业基础和丰富的自然资源，如东部地区出产全俄 100% 的锡、98% 的金刚石、67.5% 的黄金和 65% 的海产品[1]。该战略的目标是：首先，通过营造发达的经济和舒适的人居环境来完成稳固该区居民的地缘政治任务；其次，使该区达到俄罗斯经济社会发展的平均水平。那么，这一区域战略目标必须依托什么来实现？众所周知，这里是世界上自然资源的富集地，被誉为俄罗斯的"聚宝盆"，蕴藏着丰富的矿物资源、水资源、森林资源等，在地区发展纲要中我们不难看出实现区域经济与社会的发展需要依托该地区丰富的自然资源，将资源优势转化为经济优势。2010 年 7 月 5 日签署实施的《2020 年前西伯利亚社会经济发展战略》，明确了西伯利亚地区社会经济发展的总体方向、推进战略目标实现的机制等[2]。通过俄罗斯政府推出的一系列东部区域经济发展战略，我们不难看出目前俄罗斯政府的东部开发战略已十分清晰，已形成了一整套体系，包括：国家经济补贴向东部地区倾斜；加紧迁入外来移民；开展强区战略，推动联邦主体合并工程；加强国家干预，以油气资源开发为中心带动东部地区发展。

三 俄罗斯东部地区开发的国际诉求

在世界经济全球化日益发展的今天，区域经济一体化已成为世界经济发

---

[1] Стратегия социально-экономического развития Дальнего Востока и Байкальского региона на период до 2025 года, 2013-02-14.

[2] Стратегия социально-экономического развития Сибири до 2020 года, 2012-01-12.

展的重要趋势，相邻地区都谋求通过区域一体化促进经济发展、提高国际地位。中国东北和俄罗斯东部地区地理位置临近，并且经济互补性强，中俄政府又分别先后提出了"振兴东北老工业基地"和"东部大开发"的战略，为两国合作建立地方国际化产业集群，促进区域经济一体化发展提供了良好的外部环境。

（一）国际区域一体化发展的内在动力

国际区域一体化是指两个或两个以上的国家或地区为实现区域内经济或政治的合作或联合，通过制定条约、法规和建立必要的执行机构等方式，相互让渡或共享一部分主权的制度安排。国际区域经济一体化组织按照不同的标准可划分为不同的类型。按照合作的深度分为自由贸易区、关税同盟、共同市场和经济联盟等；按照一体化的对象分为市场一体化、货币一体化、财政一体化等[①]。随着区域经济一体化组织数量的不断增多和一体化程度的不断加深，区域经济一体化组织在世界经济发展变化的背景下将会呈现出新的发展态势。

1. 国际区域一体化发展态势

（1）更加重视经济活动区位的选择

为了使区域经济一体化组织最大限度地发挥其经济效应，构建区域经济一体化组织的成员更加重视经济区位的选择。这主要是因为区域经济一体化组织只有建立在最优的经济区位中，才能充分利用各成员的地缘优势、要素禀赋和产业结构的互补性等特征。

区域经济一体化组织具有一定的区域性和集团性，因而在区域经济一体化的构想和发展中，地缘利益一直是各成员国首要考虑的问题之一。地缘利益主要包括本地区的政治、经济和安全利益，受地理、历史、社会及文化等因素的影响。各国的地缘优势将会直接影响区域经济一体化组织的整体经济效应[②]，国家间的地理区位与空间距离是构成国际区域经济地缘优势的主要

---

① 曹宏苓:《国际区域经济一体化》，上海外语教育出版社，2006。
② 聂华林:《区域经济学通论》，中国社会科学出版社，2006。

因素。在地理位置上比较临近的国家或地区，有利于制定和执行共同的经济政策，地缘优势明显 [①]。相邻的国家实现区域经济一体化，可以节约运输成本，降低交易费用，区域内商品和生产要素的自由流动，对深化国际分工和拉动区域经济增长具有明显的作用。在目前的区域经济一体化组织中，一体化程度较高的组织都集中在地理位置比较临近的国家或地区，如欧盟、北美自由贸易区、东盟和南方共同市场等，它们都是利用了明显的地缘优势，实现了商品或生产要素的自由流动。

区域性经济集团建成以后，可以把原来相邻但分散的各国小市场连接成无障碍的统一大市场，扩大企业市场范围，使企业获得生产规模经济效应；同时，消除了关税、配额等贸易壁垒，增强了市场竞争程度，促使生产要素配置合理化，提高企业生产效率。

（2）更多集中于市场一体化

区域经济一体化组织在目前以及短期内一体化的对象仍将以市场一体化为主，而货币一体化和财政一体化等形式由于需要成员国让渡部分主权，目前只有在一体化程度最高的欧盟存在。

市场一体化是经济一体化的基础，指消除商品、生产要素跨国流动的政策、制度障碍，建立区域范围内产品、劳动力和资本的内部市场，从而在区域经济一体化组织内部实现产品市场一体化和要素市场一体化 [②]。在世界范围内出现了大量以商品和要素为一体化对象的组织。在北美自由贸易区、东盟和西非国家经济共同体等自由贸易区中，成员国相互消除关税壁垒，但仍保持各自对非成员国的关税和其他贸易限制 [③]；在南方共同市场、加勒比共同体、中美洲共同市场等关税同盟中，成员国在自由贸易区的基础上还制定了一致的对外贸易政策；安第斯共同体等共同市场的成员国在商品自由流动的基础上实现了要素市场一体化，取消了生产要素流动的壁垒，实现了劳动力和资本在成员国间自由流动。

---

① 保健云:《国际区域合作的经济学分析》，中国经济出版社，2008。
② 曹宏苓:《国际区域经济一体化》，上海外语教育出版社，2006。
③ 曹宏苓:《国际区域经济一体化》，上海外语教育出版社，2006。

目前绝大多数的一体化组织围绕市场一体化展开，主要是各个国家或地区的经济政策不一致和行政区划的影响导致商品或生产要素不能完全自由流动，而通过市场一体化使集团内部制定统一的政策，实现了商品和生产要素超越国家界限范围的自由流动，能够有效地推动成员国合理分工，提高生产要素利用率，带来强大的经济效应。以关税同盟为例，成员国之间零关税，而对外制定统一的关税税率，这将使本国成本高的产品被从成员国进口的低成本的产品所代替，产生区域内部的贸易创造效应，扩大成员国的贸易规模，进而提高成员国的社会福利水平[①]。要素市场一体化的经济效应更为明显，当成员国取消或放宽生产要素流动的障碍后，资本或劳动力等要素将流向边际产出较高的国家或地区，实现资源优化配置[②]。

市场一体化一直是世界上各个区域经济一体化组织的共同目标之一，各国在未来经济发展过程中仍将继续追求经济效应最大化。因此，在区域经济一体化的发展中，市场一体化仍将是一体化的重要内容，各成员国仍将积极推进商品和要素市场的一体化，实现资源合理配置。

（3）更加重视互补与竞争并存的经济结构

区域经济一体化在发展过程中将更加重视成员的经济结构特点，为保证区域经济一体化组织的质量和区域竞争力，区域经济一体化将会在既具有相互竞争又存在一定互补性的国家间进行。

各国的经济结构之间都存在一定的差异性，如何充分认识和有效利用成员国经济结构的特点将是考察区域经济一体化组织经济效应的主要因素。在目前的区域经济一体化组织中，各个成员国都不同程度地表现出各自在资源和产业结构方面与其他国家互补或竞争的特点，遵循产业升级的规律，进行区域分工合作，依据各自的生产要素禀赋参与生产交易活动并从中获利。以北美自由贸易区为例，美国和加拿大发挥资本和技术的比较优势，墨西哥发挥劳动力的比较优势，从而有效地扩大了成员国间的贸易规模，也提升了产品在世界市场的竞争力，实现了区域的协同发展。

---

① 樊莹：《国际区域经济一体化的经济效应》，中国经济出版社，2005。
② 田青：《国际经济一体化理论与实证研究》，中国经济出版社，2005。

在构建区域经济一体化过程中，重视成员国互补与竞争的经济结构，可以有效地维护成员国的共同利益，充分发挥区域经济一体化组织的经济效应，提高成员国在国际竞争中的整体竞争力，实现比较利益和规模经济利益。两个或多个国家及地区在资源禀赋与产业结构方面的差异性与互补性越强，则相关地区参与国际经济合作的积极性越强，主要是因为各成员国可以依托不同的资源或生产方式形成紧密的国际分工合作关系，进而获得地区专业化分工带来的经济收益[①]。同时，成员国间的竞争将提高资源配置效率，刺激公司改组和产业合理化，推动先进技术的广泛应用，为各成员国带来经济发展和社会福利改善。

随着世界经济的迅猛发展，各国的经济结构并不是一成不变的。在成立区域经济一体化组织的过程中从战略的眼光出发，针对一国的资源禀赋及产业结构发生的变化和趋势，与经济结构存在一定互补和潜在竞争的国家开展区域经济合作，形成区域内成员国间长期的经济合作互动，从而带来一定的动态利益。

（4）推进一体化的方式更加灵活

随着区域经济一体化组织成员国数量的增加和合作领域的拓展，推进一体化的方式将会更加灵活，既包括制度性一体化又包括功能性一体化。

推进一体化的方式已经不再拘泥于按照共同的法律或契约让渡自己主权的制度一体化，而是出现了一系列更加务实的功能性一体化。成立较早的区域经济一体化组织，如欧盟等属于比较典型的制度一体化，是各个成员国通过成立超国家的机构对成员国进行约束，以经济利益最大化为目标，最终建立新规则而进行的成员国集体的制度变迁[②]。制度性一体化较难形成，并且达成共识后较难调整。而目前最大的区域经济合作组织——亚洲太平洋经济合作组织（APEC）只是一个协商和合作机构，没有完善的指令职能和机制化机构，属于功能性一体化。APEC通过较为灵活的方式，承认各成员贸易投资自由化起点不同，允许成员根据自身经济发展水平、市场开放程度和承受能力，在 APEC 规定的时间表内对不同经济领域的自由化进程采取不同的方

---

① 保健云:《国际区域合作的经济学分析》，中国经济出版社，2008。

② 刘澄、王东峰:《区域经济一体化的新制度经济学分析》，《亚太经济》2007 年第 2 期。

法。APEC 规定成员用 15~20 年完成贸易投资自由化，以循序渐进的方式推进这个长期目标。通过这种方式使各成员有时间和机会逐步调整自己的经济政策和产业结构，适应经济发展需要。

灵活的一体化方式既具有易于实施和操作的特点，又能够根据经济形势的发展变化相对及时地进行调整。功能性一体化就属于相对灵活的一体化方式，各成员国在开展具体的经济合作时不需要服从于超国家规章或受强制力量制约，而是实行自愿选择和组织推动等方式，这将会充分发挥各成员国的主动性和协调性。随着世界经济的发展变化，各个国家已经充分意识到参与区域经济一体化组织所带来的经济收益，于是不同经济体制、不同经济发展水平的国家都积极参与各种经济一体化组织，这就需要协调各国的利益关系，选择既符合各方利益又有利于逐步缩小经济差距的灵活并有效的合作途径。

（5）次区域集团逐步增多

随着区域经济一体化组织的发展，出现了一体化组织的成员数量增多而政策较难协调的现象，这就促使不同国家的一部分地区组合在一起开展区域经济合作的次区域集团逐步增多。

次区域集团是指若干国家或地区的接壤地区以地方政府为合作主体，基于平等互利的原则，在生产领域内通过各种生产要素流动而开展的较长时期的经济协作活动 [①] 。次区域集团能够充分利用地缘优势，通过资源合并和产业互补来促进区域经济合作。目前 APEC 内就存在 10 多个不同形式的次区域集团，各集团根据各自的经济结构特点制定了不同的政策和贸易安排。其中东南亚"增长三角"、湄公河区域三角等都是依据其特定的地缘优势和资源禀赋情况成立的次区域集团。在东北亚区域范围内，中国、朝鲜和俄罗斯等国打算成立中俄朝蒙图们江次区域经济技术贸易合作区。

次区域集团作为国际区域经济一体化发展过程中出现的新形式，具有独特的优势，这是其具备强大发展潜力的重要原因。其优势具体表现为：次区域集团经济合作的范围比较小，决策相对比较简单，并且次区域集团中的合

[①] 《次区域经济合作》，百度百科，www.baike.baidu.com，2014 年 10 月 10 日。

作一般不依赖于成员国政府间的正式协议，而通常是市场力量和政府导向的交互作用的结果，可以说次区域集团是由企业互相联系的经济活动组成的跨国空间经济组合。这使次区域集团具备经济政策易于协调的优点，使具备资源互补性和地缘优势的地区能够较易摆脱行政区划对产品或要素流动的阻碍，开展区域经济合作，形成该区域优势互补的新经济循环。

因此在区域经济一体化逐步深化发展的进程中，次区域集团将是一种发展趋势。由于次区域集团的发展和其所属的整体区域经济的发展是相辅相成的，加强次区域集团的分工协作，可以加速区域经济一体化进程。

（6）发展中国家参与一体化的能力增强

越来越多的发展中国家通过参与区域经济一体化组织，增强了经济实力，提高了在与发达国家经济竞争中的地位，完全由发展中国家组成的一体化组织和由发达国家与发展中国家共同组成的区域经济一体化组织逐渐出现了。目前拉美、亚洲和非洲的发展中国家参与区域经济一体化的进程逐步加快，其一体化向高级化发展。拉美地区发展中国家经济一体化组织的成效比较显著，最有代表性的就是由阿根廷、巴西、巴拉圭和乌拉圭四国组成的南方共同市场；非洲也出现了诸如南部非洲发展共同体和西非经济共同体等区域经济一体化组织[1]；在亚洲，主要由发展中国家组成的东盟已成为目前最具特色、影响最大的区域一体化组织之一。中国也在不断地通过各种方式积极参与区域经济一体化，已成功启动东盟—中国自由贸易区，并不断地与世界各国或地区签署自由贸易协定。

发展中国家参与区域经济一体化对增强其在世界经济中的影响力具有重要作用。发展中国家一般经济规模较大，市场需求能力较强，存在较强的参与国际经济合作的市场激励[2]。发展中国家可以利用其广阔的市场空间，与相关国家或地区开展各种形式和各种层次的经济合作。同时，发展中国家还可以利用区域经济一体化带来的竞争效应，在与其他成员国组成的大市场中，不断地进行技术创新和提高效率，从而促进经济增长，提高区域经济竞

---

[1]　曹宏苓：《国际区域经济一体化》，上海外语教育出版社，2006。

[2]　保健云：《国际区域合作的经济学分析》，中国经济出版社，2008。

争力[①]。

（7）跨洲、跨洋的一体化组织不断出现

科技、信息等要素的全球流动，推动跨洋、跨洲型一体化组织不断出现，成为区域经济一体化发展的一种趋势。

目前出现了大量的跨洲、跨洋等互不相邻的经济体组成的一体化组织。具体表现为各个跨地区的经济体通过签署自由贸易协定等方式展开更紧密的经贸合作，比如，欧盟与墨西哥、美国与澳大利亚、美国与韩国等已经跨越各大洲成立了自由贸易区[②]。近年来中国与智利、新西兰等国相继签署了自由贸易协定，通过大幅降低关税等手段实现商品或生产要素的相对自由流动。

第三次科技革命的爆发为世界经济的发展带来了强大的生产力，通过先进技术的运用，信息能够在全球范围内自由流动，这为跨洋或跨洲的国家开展经济合作提供了可能性和现实性。各国比以往更深刻地认识世界和了解世界，开始在世界范围内选择具有合作潜力的国家或地区建立区域经济一体化组织，解决自身在经济发展过程中商品、资源或技术等要素的稀缺性问题。

在世界各国经济日益紧密的联系过程中，跨洲、跨洋等形式的区域经济一体化组织仍将不断出现。通过这种形式产生的一体化组织，将会推动商品和生产要素在世界范围内流动，进而推进世界经济一体化进程。

2. 东北亚地区经济一体化发展的迫切性

东北亚地区经济一体化正在酝酿、构建、形成中，中国东北三省和俄罗斯东部地区、蒙古国、朝鲜与日本、韩国存在较为明显的互补与竞争的经济结构，有深厚的历史、文化渊源。但是相对于世界其他地区而言，东北亚地区经济一体化进程却比较缓慢，主要表现为东北亚主要国家间合作方式、合作领域、合作规模有限，缺少经济增长极的带动，具体原因有以下几点。

（1）亟须加强中俄区域合作

中国东北三省作为对俄合作的重点区域，多年来与俄罗斯经贸往来关系密切，双方在贸易、资金和技术等多个领域展开了合作，这对双方经济发展

---

① 刘瑛华：《世界区域经济一体化趋势与两岸经济一体化》，《马克思主义与现实》2006年第6期。

② 樊莹：《国际区域经济一体化的经济效应》，中国经济出版社，2005。

产生了一定的推动作用，但是双方合作的规模以及深度还存在极大上升空间。

在贸易合作方面，中国东北与俄罗斯的贸易规模较大，增长速度较快，但是在全国对俄贸易总额中所占比重增幅不大。双方的贸易仍然以货物贸易为主，商品结构较单一。中国东北从俄罗斯进口的商品主要集中于肥料、原油、钢材、纸浆等能源类商品，出口商品中鞋类和纺织品等仍占较大比重，机电和高新技术等附加值较高的产品与全国平均水平相比仍有差距。

在资金合作方面，中国东北与俄罗斯的相互投资规模相对较小，对区域经济发展拉动作用不明显。以黑龙江省为例，虽然近年对俄投资规模呈上升趋势，2006年对俄投资达8.37亿美元，两年翻了三番，但是投资绝对额仍较小，并且对俄进行投资的主体多是中小型企业，缺少在国际上具有竞争力的投资企业，大型投资项目偏少。俄罗斯在中国东北三省的投资规模与日、韩及中国香港相比也非常小，以吉林省为例，2007年吉林省实际利用俄罗斯资金总额为40万美元，仅占全省利用外资总额的0.02%。截止到2009年12月31日，俄罗斯在中国投资企业共有532家，注册资金总额为7.711919亿美元，投资总额为11.963257亿美元。从跨国公司子公司的股份比重来看，俄罗斯对中国直接投资方式包括合资、合作和独资。根据统计，从企业数量来看，有98.3%的企业采取合资或独资方式，其中采取合资方式的企业最多，占50.2%，而仅有1.7%的企业采取合作方式。从投资额来看，采取合资方式的企业投资额占绝对优势，达52.4%；而采取合作方式的企业投资额所占比重最小，仅为18%。从注册资金额来看，采取合资方式的企业注册资金额最高，占55.6%；而采取合作方式的企业注册资金额最少，仅占12.7%[①]。

在技术合作方面，中国东北与俄罗斯的技术合作已初具规模，但是合作方式及合作深度与浙江省、江苏省等沿海省份相比仍有较大差距。中国东北有近20个对俄科技合作中心，与俄罗斯在高科技产业、能源工业、装备制造业和农业等领域都存在技术合作。但是技术合作方式较单一，技术贸易所占比例较小，并且对俄科技合作中心效率较低，对俄罗斯先进技术的产业化程

---

① 高欣：《俄罗斯对中国直接投资的现状与特点》，《俄罗斯东欧中亚市场》2011年第8期。

度不高。

（2）亟须扩大中国东北和俄罗斯东部地区与日、韩区域合作

多年来中国东北和俄罗斯东部地区与日、韩经贸往来关系密切，但是由于双方经济结构存在较大差距，目前中国东北和俄罗斯东部地区与日、韩的经济合作领域有限，合作广度和深度有待提高。

在贸易合作方面，中国东北及俄罗斯东部地区与日、韩的贸易格局主要建立在双方要素禀赋差异的基础上，贸易规模较小，中国东北和俄罗斯东部地区的出口商品中初级产品、农副产品和粗加工制成品占较大比重[1]。并且由于中国东北和俄罗斯东部地区处于生产链的底端且产业关联度不高，与日、韩的贸易方式较低级，主要是传统的货物贸易，技术贸易和服务贸易所占比重较小。

在资金合作方面，日本和韩国向中国东北和俄罗斯东部地区输出的资金多投向第二产业中的制造业，并主要集中于劳动密集型的一般加工项目和能源开采项目等，而资金、技术密集型项目不多[2]。

在技术合作方面，日、韩目前向中国东北和俄罗斯东部地区输出的技术有限，方式比较单一。技术输出的内容基本以电气机械、运输机械、化学工业等传统行业的技术为主[3]，对于先进的高新技术的输出严格限制。

（3）亟须培育新的经济增长极

增长极通常具有空间集聚特点，是在经济增长中形成的具有推动性的工业集合体[4]，增长极在形成和发展过程中将通过极化效应和扩散效应影响周围地区的经济增长。东北亚区域内各国经济发展水平参差不齐，国际影响力比较大的就是中国、俄罗斯和日本，但是目前任何一个国家都不具备单独成为整个东北亚地区经济增长极的能力。

日本作为世界第三大经济体，一直希望由其主导东北亚地区经济发展。在其构想的东北亚各国区域合作"雁"型模式中，日本为中心，东北亚其他

---

① 程伟：《东北振兴与东北亚经济合作》，《当代亚太》2008 年第 5 期。

② 《东北老工业基地在东北亚经济合作中的区位优势重构》，兴安县政府门户网站，www.gx-info. gov.cn，2014 年 1 月 11 日。

③ 吕超：《东北振兴与东北亚区域合作》，《前沿》2007 年第 7 期。

④ 张秀生：《区域经济理论》，武汉大学出版社，2005。

国家为两翼和雁尾。但是由于日本只注重自身的利益发展，在技术转让和资金输出方面持谨慎保守的态度，使这种模式在东北亚地区的作用和意义不明显。并且由于历史、政治等诸多问题，东北亚其余各国都不认同日本的经济领导地位。

近几年，中国和俄罗斯经济一直保持高速增长，但是两国国内经济都面临众多问题，无法独立承担带动整个东北亚地区经济发展的重任。例如，中国国内区域经济发展不平衡，东西部地区经济差距过大，严重影响了经济发展的质量，而且就业、医疗、环境等社会问题日益突出。俄罗斯经济高度依赖其丰富的资源，经济结构不合理，表现出极大的不稳定性。

区域经济一体化是世界经济发展的总趋势，东北亚地区各国如要增强国际竞争力，提升国际地位，必须遵循经济发展规律，顺应世界经济发展趋势，加强区域间合作。但是在目前形势下，东北亚区域经济一体化发展困难重重，要实现突破，只能通过部分地区率先实现经济一体化，进而带动整个区域经济一体化发展，中国东北三省和俄罗斯东部地区经济一体化恰好就是这个突破点。

3. 中国东北振兴与俄罗斯东部大开发的战略互动

我国振兴东北老工业基地与俄罗斯东部大开发战略的提出，客观上呈现出了二者之间的内在的必然联系，它围绕着区域经济一体化的趋势，在合作的动态系统中，将会把合作不断推向深入。

双方实现战略互动的可能性与必要性。一方面，东北亚区域经济合作是影响中国东北与俄罗斯东部地区实现战略互动对接的重要因素之一。随着世界区域经济一体化的发展，东北亚区域的发展活力和潜力已逐渐显现，区域内的贸易规模、投资规模正在逐步扩大。但是，面对区域内各国具有的生产要素比较优势，如日、韩的资金、技术，俄罗斯的能源与技术等，如何形成和建立区域增长点，通过集聚区域内的生产要素，培育区域经济增长极，最终带动区域经济的整体发展仍是东北亚区域经济合作的重要任务之一。所以，在我国振兴东北老工业基地与俄罗斯东部大开发战略的实施之际，实现双方战略的互动对接，发挥双方地处东北亚核心位置的区位优势，利用双方资金、技术、资源的互补优势，建立东北亚区域合作的产业平台，扩大东北亚各国的经济技术合作成为中俄双方共同推进战略互动对接的重要原因之一。

另一方面，中俄地区合作也是影响中国东北与俄罗斯东部地区实现战略互动对接的重要因素之一。一直以来，中国东北与俄罗斯东部地区的经济合作多局限在双方静态比较优势层面，以货物贸易为例，东北三省多以进口俄方具有比较优势的能源类商品为主，而双方均相对缺乏的资本没有真正实现自由流动的态势，技术合作也以传统领域的合作为主，高新技术领域合作发展较缓慢。这种局面出现的主要原因之一就是双方缺乏支撑合作的平台，合作难以打破静态比较优势的局限，并建立一种在生产要素自由流动基础上的互动发展模式。所以，在中俄双方相继提出振兴东北老工业基地与东部大开发战略的背景下，积极推进双方区域经济发展战略的互动对接，将有助于双方建立产业发展的互动平台，以重点合作领域为突破，以重点产业项目为支撑，深化双方贸易、投资、技术的合作。

4. 双方实现战略互动的基础条件

（1）区位优势

良好的区位优势能够降低运输成本、交易费用，促进合作双方获得较高的经济收益。中国东北地区与俄罗斯经济技术合作的成效，充分证明了区位优势在经济技术合作中的重要作用，如现阶段东北三省对俄贸易规模占全国对俄贸易规模的1/3，对俄技术合作也是中俄两国间技术合作的桥头堡。

（2）生产要素优势

资本、技术、劳动力是组织生产不可或缺的生产要素，东北三省与俄罗斯具有实现战略互动对接的生产要素优势。主要体现为：第一，双方具有政府提供的资金支持，如2005~2007年黑龙江省得到国家提供的对外引进技术资金8100万元，这将为双方实现战略互动对接提供资金保障；第二，俄罗斯具有领先世界的技术优势，这是双方开展技术贸易的重要基础之一，同时东北三省的科技基础，也将成为促进技术产业化的重要保障，在全国科技进步监测综合评价排序中，东北三省的科技进步总指数在全国的排名均处于中等以上（见表1-5）；第三，俄罗斯东部地区的劳动力资源不足，成为制约其资源开发瓶颈的问题，东北三省丰富的劳动力资源将有助于双方能源领域合作的开展。

表1-5 2009~2013年东北三省科技进步总指数在全国的排名

年份	2009	2010	2011	2012	2013
黑龙江省	13	12	12	12	13
吉林省	14	14	14	15	15
辽宁省	6	6	6	7	6

资料来源：根据《黑龙江综合科技进步水平评价》和《黑龙江科技统计手册》整理。

（3）产业优势

中俄双方实现战略互动对接的产业优势，一方面体现为东北三省较雄厚的工业和农业基础，其中工业领域的装备制造业、能源与原材料产业、医药产业等已逐渐发展成为东北地区的支柱产业；另一方面体现为俄罗斯东部地区丰富的自然资源，而且东部大开发战略提出将重点发展能源燃料、森林工业、电力、交通等优势产业。所以，双方的产业优势将为双方战略互动提供产业平台。

（4）政策优势

从东北振兴的支持政策看，随着我国振兴东北老工业基地战略的实施，国家在产业发展、企业改革、人才队伍建设等方面出台了税收、信贷、国债等优惠政策。一方面解决了企业改革和发展、产业结构优化中的问题，如企业历史拖欠税等；另一方面为老工业基地振兴创造了良好的对外合作环境，例如，对俄口岸基础设施建设的增强、绥芬河综合保税区的设立，都将有助于深化东北地区与俄罗斯东部地区的经济技术合作。从俄罗斯政府对其东部大开发的支持来看，针对资金短缺的问题，俄罗斯政府拟加大财政支持力度，如俄罗斯政府计划在2020年前投入9万亿卢布（约3500亿美元）用于东部地区开发，其中财政拨款为 1.5 万亿卢布 [①]。

5. 双方推进战略互动的积极实践

自 2007 年 3 月俄罗斯东部开发被提到国家战略高度以来，推进战略互动对接得到了中俄双方的共同关注。两国中央政府、地方政府及相关部门等通过编制合作规划纲要、举办发展研讨会、启动重点项目等方式推进双方战略的互动对接。为落实 2007 年中俄两国元首会晤取得的互访成果，我国有关部门率先编制完成了《中国东北地区老工业基地与俄罗斯远东地区合作规划纲要》（以下简称《规划纲要》）。2009 年 3 月，俄罗斯不仅对跨境基础设施、口岸、通道建设等方面进行了回应，而且提出了一批资源及加工、建材建筑和能源等领域的地方合作重点项目，增加了地区环保合作内容；7 月，中俄双方对《规划纲要》进行了磋商；9 月双方签署了《中华人民共和国东北地区与俄罗斯联邦远东及东西伯利亚地区合作规划纲要（2009~2018 年）》；在第十四次中俄总理定期会晤期间，双方就落实这一纲要达成共识。这一具有战略性的《规划纲要》将为双方实现战略互动对接提供依据和方向。

为推进中俄双方发展战略的互动对接，我国地方政府也采取了相应措施，如作为东北地区唯一一个沿海省份的辽宁省，启动了对俄合作规划编制工作。规划将以对俄开放为主线，重点突出辽宁省区位、人才、产业、技术等比较优势，全面促进经济、技术、人文等领域合作，实现双方互利，共同发展。规划区域范围包括辽宁省 14 个市，合作对象则主要是俄罗斯远东及外贝加尔地区，同时也涉及俄其他地区 [②]。为落实《规划纲要》，推进中俄双方发展战略的互动对接，2009 年 9 月，年产 3 万吨海绵钛项目一期工程开工暨佳泰钛业有限公司揭牌仪式在黑龙江省佳木斯市隆重举行。这一合作项目采用了中俄双方共同投资、乌克兰国家钛研究设计院提供生产技术、俄罗斯阿穆尔州矿山提供钛精矿、中国铝业公司负责销售海绵钛产品的运作模式，充分体现了中俄双方产业互动发展的思想，将提高双方产业合作的融合度，对继续推进中俄双方战略互动对接具有重要的示范作用。

---

① 曹志宏：《俄实施东部开发战略及其对我国东北地区的影响》，《西伯利亚研究》2008 年第 3 期。

② 《辽宁省启动对俄合作规划编制工作》，振兴东北网，www.chinaneast.gov.cn，2013 年 10 月 18 日。

　　俄罗斯十分重视推进其东部地区与中国东北地区的合作。2009 年 5 月 21 日，俄罗斯总统梅德韦杰夫就中俄地区合作问题发表了重要讲话。一方面强调了其东部地区开发的具体问题，主要包括"俄东部地区开发决策应充分考虑地区具体情况，俄东部地区开发关键是发展地方基础措施，俄联邦不能因经济危机而停止东部地区开发"。另一方面强调了其东部大开发与中国合作的重要性和对与中国东北地区振兴规划相结合的充分肯定等，主要包括"俄东部地区的发展与开展对中国和蒙古国边境合作的前景相互关联，俄东部地区开发规划将与中国东北地区振兴规划相结合，俄欲与中国共同实施远东和外贝加尔地区的能源领域合作项目，中国是俄罗斯十分重要和富有前景的合作伙伴，不仅拥有容纳俄工业产品的庞大市场，而且拥有可能投资俄经济的可观金融资源"[①]。

　　目前，共同推进中国东北与俄罗斯东部地区的合作已得到中俄双方政府的共同关注。在 2009 年 9 月 23 日的中俄两国元首会晤中，推动中俄毗邻地区合作成为双方会晤的核心内容，双方正式批准了《中华人民共和国东北地区与俄罗斯联邦远东地区及东西伯利亚地区合作规划纲要（2009~2018 年）》。中俄两国元首分别对双方合作的积极进程给予了肯定，并对未来合作提出了期望。

　　胡锦涛充分肯定了《中华人民共和国东北地区与俄罗斯联邦远东及东西伯利亚地区合作规划纲要（2009~2018 年）》对推动中俄毗邻地区合作的重要意义，同时对加强中俄能源、环保等领域的合作提出了希望。胡锦涛指出，这是一份内容充实、很有分量的文件，希望两国有关部门抓紧落实，推动两国地方合作不断迈上新台阶。今后，双方应该加强交流与合作，推进国际金融体系改革，维护中俄和广大发展中国家的共同利益。

　　时任俄罗斯总统梅德韦杰夫对《中华人民共和国东北地区与俄罗斯联邦远东地区及东西伯利亚地区合作规划纲要（2009~2018 年）》的重要意义给予了充分的肯定，他认为"这是双边关系成熟稳健的重要标志，俄方将认真落实"[②]，

---

① 《俄罗斯总统梅德韦杰夫期待中俄关系取得新发展》，《人民日报》2009 年 5 月 22 日。
② 张朔：《中俄元首会晤批准毗邻地区合作规划纲要》，中国新闻网，www.chinanews.com，2013 年 9 月 23 日。

同时对胡锦涛提出的加强能源、环保等领域合作的希望,给予了赞同。俄方愿意继续同中方开展电力、核能等有关领域的合作,希望继续同中方加强环保、移民等领域合作,并提出了两国海关应积极合作,促进双边贸易积极发展。两国政府对促进双方毗邻地区合作的重视,对合作方向的引导等,必将对推动中国东北地区与俄罗斯东部地区合作、中俄地方国际化产业集群的形成起到积极的作用。

2009 年 10 月 13 日,中俄总理第十四次定期会晤期间,时任国家总理温家宝和时任俄罗斯总理普京就目前中俄在各领域交流合作问题深入交换了意见,达成了七项共识。就两国经贸合作问题,双方一致同意要深化两国经贸合作,建设好大型合作项目,创新合作模式;进一步扩大机电产品贸易规模,优化贸易结构;规范市场秩序,扩大本币结算;扩大相互投资和经济技术合作,促进贸易便利化,反对贸易和投资保护主义。双方还一致同意扩大能源合作,加强在航天航空、科技、交通运输、通信和信息技术、林业、质检、环保等领域合作,落实《中华人民共和国东北地区与俄罗斯联邦远东及东西伯利亚地区合作规划纲要(2009~2018 年)》,深化两国地方合作。

2014 年 9 月,中国提出建立中蒙俄经济走廊,为三国的合作搭建一个新的平台,该走廊将跨越整个欧亚大陆,将中国的"一带一路"思想、蒙古国的"草原之路"思想和俄罗斯推进的跨欧亚走廊的想法结合在一起,中方将全力推进经济走廊的建设[①]。中蒙俄经济走廊的建设为中俄区域合作指明了方向,也为中俄区域合作注入了新的活力,为中俄区域互利共赢合作提供了保证。

中国振兴东老工业基地战略和俄罗斯东部大开发战略的互动发展,是双方利用中国东北三省和俄罗斯东部地区优势,合作建设中俄地方国际化产业集群的重要前提条件和基础。中俄地方国际化产业集群建立后将发展成为东北亚地区重要的经济增长极,改变东北亚的分工体系,深化各国贸易、资金和技术等领域的合作,在实践上发挥中俄合作的合力作用,进而促进东北亚经济一体化发展。

---

① 《中国提出中蒙俄经济走廊》,今日俄罗斯,http://ria.ru/east,2015 年 4 月 2 日。

第二章 寻求发展路径：
俄罗斯东部地区开发的国际合作

在经济全球化与区域经济一体化进程的背景下，国家间相互依存度增强、经济与文化相互融合加深。实现全球经济可持续发展、推动文化多样性和社会信息化成为全球性议题。目前，全人类面临的共同任务，包括维护共同和平、安全与稳定，加强国际合作，促进共同发展等，已上升为国际关系的首要议题，因此开展国际合作成为世界各国发展的必然趋势。在这种趋势下，俄罗斯不可能置身事外，利用自身优势积极参与到全球性的国际合作中成为俄罗斯的当务之急，俄罗斯东部地区自身的优势为俄罗斯东部地区开发和开展国际合作提供了可能，借助国际合作开发俄罗斯东部地区是俄罗斯区域经济发展的重要举措。

一 俄罗斯东部地区开发的国际合作动因

（一）开发资金严重短缺

自20世纪90年代俄罗斯实行市场化改革以来，其东部地区发展一直比较艰难。俄罗斯专家认为，俄罗斯东部地区经济现状成为制约俄罗斯经济发展的主要因素。在俄罗斯确立东部大开发战略之际，资金短缺成为制约东部地区发展的主要问题。俄罗斯科学院远东研究所副所长奥斯特洛夫斯基认为远东地区发展的资金缺口较大，新推出的国家计划最重要的缺失就是来自中央财政的支持力度偏弱。即便将地方预算列入其中，与所需数据仍相差很远 [1]。2012 年 5 月 14 日《俄罗斯消息报》报道，高盛公司一项有关俄罗斯基础设施建设的调查显示，由于长期财政投资不足，俄罗斯交通体系严重落后。修建西伯利亚和贝加尔—阿穆尔铁路线路，到 2020 年大约需投资 333 亿美元 [2]，而俄罗斯铁路公司自身根本保证不了所有的资金投入。根据俄罗斯科学院西伯利亚分院石油天然气地质研究所的计算结果，2020 年前西西伯利亚的地质勘探需投入 265 亿美元。为保障到 2030 年东西伯利亚的石油开采量达到 8000 万吨的水平，需投入不少于 145 亿美元。萨哈林大陆架开发还需要投入 28 亿~30 亿美元 [3]。俄罗斯自身无法满足如此多的资金需求。因此，加强同其他国家的国际合作，尤其是利用俄罗斯东部地区地处亚太的地理优势，积极引进外国资金，使俄罗斯东部地区发展融入蓬勃发展的亚太地区已是俄罗斯发展的当务之急。

（二）东部地区特殊的地理位置

西伯利亚和远东地区地理位置特殊，交通便利。该地区靠近全球经济最活跃、资本流通最频繁、发展最快的东亚经济圈，与中国、日本、韩国相邻。特别是中日韩三国，它们同为东北亚地区的重要经济体，据中国统计的数据，2014 年三国 GDP 合计达到 16.4 万亿美元，约占全球 GDP 的 20.9%，三国 GDP 占东亚 GDP 的 90%，占亚洲的 70%；三国也是全球贸易大国，2014 年三国进出口总额约为 5.4 万亿美元，占全球贸易总量的 40% [4]。三国中既有世界上人口最多、经济发展迅速的最大发展中国家中国，又有新型工业化国家韩国和发达国家日本。这一方面为俄罗斯丰富的自然资源提供了总人口超过 15 亿的大市场；另一方面又可以在一定程度上解决俄罗斯开发东部地区时面

---

① 《俄罗斯远东大开发：资源优势与制约因素分析》，中国绥芬河，http://www.suifenhe.gov.cn/，
2013 年 4 月 12 日。
② 《发展远东地区需长期资金支持》，中华人民共和国驻俄罗斯联邦大使馆经济商务参赞处，http://
ru.mofcom.gov.cn，2012 年 7 月 4 日。
③ 《东西伯利亚和远东是俄罗斯的未来》，莫斯特中俄贸易网，http://www.mostgroup.com，2012 年
9 月 15 日。
④ 《齐鲁商品：中日韩 FTA 将促进区域经济的可持续发展》，新浪财经，http://finance.sina.com.cn，
2015 年 4 月 3 日。

临的资金短缺和轻工产品加工技术不过关的难题。苏联解体之后，俄罗斯不能自由使用黑海、波罗的海的一些港口，而在俄罗斯东部地区，横贯欧亚的西伯利亚大铁路和贝加尔—阿穆尔大铁路的发达交通网可以通往远东各港口；并且远东地区优良港口众多，滨海边疆区的符拉迪沃斯托克、纳霍德卡、东方港，哈巴罗夫斯克州的瓦尼诺港等可全年通航。

西伯利亚和远东地区优越特殊的地理位置不仅对国家经济发展非常重要，而且对国家安全十分重要。古俄罗斯地处东欧平原，周围是一望无际的平原，没有任何自我保护的天然屏障，这种"易攻难守"的地理特点使俄罗斯人产生了一种不安全感。而欧洲西部强邻、东部和南部游牧民族的侵略和侵扰，让俄罗斯人认识到在广袤草原上要想生存下去并维护国家安全必须加强平原的防御纵深，获得安全的缓冲地带，也就是今天经常说的战略空间，为此自沙俄时期起就不断地攻城略地，不仅要获得更多的领土，而且要获得在俄罗斯看来至关重要的出海口。俄罗斯历史上形成的这种地缘安全观[①]和海洋安全观影响了当代俄罗斯对其东部地区的对外政策。苏联解体以后，俄罗斯欧洲地区的战略空间大为缩减。随着北约东扩，俄罗斯的昔日盟友波兰、匈牙利和捷克等纷纷加入北约，俄罗斯因此面临巨大压力，以至不得不重视东部地区在整个俄罗斯国家安全中非常重要的战略地位。所有这些使得东部地区的重要性更加明显，也使得俄罗斯政府高度关注这一地区，特别是远东地区的发展。

（三）东部地区产业结构单一

传统上，俄罗斯一直把欧洲作为政治、经济和文化中心，西部地区开发时间早，人口密度大，经济发展程度高；而西伯利亚和远东地区远离欧洲，位置偏远，大部分地区被冻土和森林所覆盖，人烟稀少。如远东地区，虽然面积为621.6万平方公里，但每平方公里的人口仅有1.06人。更严重的是人口流失严重，劳动力匮乏，1990年该地区的人口还有804万人，15年后的2005年，这一数字却下降到659万人，15年间减少了145万人，下降幅度近20%[②]，

由此远东地区成为俄罗斯人口减少最快的地区。加之道路交通、信息通信等基础设施缺失或不完善，资金缺乏，所以该地区发展缓慢。虽然苏联在不同历史时期对东部地区进行了一系列国际开发，但主要是集中在西伯利亚地区，且程度不高；由于东部地区开发的国际合作是在高度集中的计划经济体制下进行的，长期以来也没有改变重重工业、轻轻工业的思路；与美国长期的冷战，更加剧了东部地区经济发展结构的不合理，使得大机器制造和军工等重工业占主导地位，且集中于几个城市。而且20世纪90年代开始，在俄罗斯近十年的经济转轨过程中，整个国家的经济衰退严重，东部地区经济衰退则更为严重，变得更加萧条。所以由于历史和现实的原因，俄罗斯东西部地区的发展存在很大差距，整个东部地区内部的发展也极其不平衡。

长期以来，俄罗斯东部地区发展主要依赖其丰富的自然资源。在东部地区对外贸易中，能源原材料所占比重较大，不仅附加值低，而且世界原材料价格波动比较大，增加了俄罗斯东部地区的投资风险。可以说，俄罗斯的出口商品结构极不合理。进入21世纪后，整个世界面对的是一个高科技迅速发展并为人所用的时代、越来越多的科学技术的竞争，由此俄罗斯以能源、原材料出口为主的外贸结构显然不能够长期推动俄罗斯经济的快速发展，即使初始阶段能够帮助国家摆脱经济困境，但是长此以往，非但不能推动国家经济发展反而还有使国家经济陷入"比较优势陷阱"的可能，因此就需要大量的资金和技术投入来改变当前的状况，但是只依靠俄罗斯自身的力量难以达到这一目的。这就需要俄罗斯在发展创新型经济的背景下，加强全方位的国际合作，针对该地区产品附加值低、技术落后、资金不足的情况，引进其他国家的资金和先进技术，注重科技领域的合作，调整产业结构，使经济增长由粗放型向集约型转化，这也是俄罗斯开发东部地区的一个迫切任务。

（四）实现经济崛起的迫切愿望

俄罗斯自古就以大国自居，它是地跨欧亚且领土面积最大的国家，曾经在很长一段时间内充当"欧洲宪兵"的角色，也曾建立过世界上第一个社会主义国家，领导过共产主义运动，即使在经历了苏联解体的沉重打击，面临严重的政治、经济危机之时，也不忘记自己曾经的大国地位，不甘落于人后，也要寻求一切可能的机会恢复自己往日在世界上的政治、经济影响力。亚太地区在世界政治和经济领域的地位不断上升。该地区集中了美国、中国、俄罗斯、日本、朝鲜、韩国、东盟等政治经济联系较为紧密的国家和地区，也是世界上各种矛盾较为集中的地区，如朝核问题，俄日、中日领土争端。进入 21 世纪后，俄罗斯逐渐将发展与亚太地区国家的合作作为一项国家战略。无疑，俄罗斯西伯利亚和远东地区正是俄罗斯参与亚太地区经济发展的前沿地带。所以俄罗斯主动申请加入亚太经济合作组织并积极参与各种活动，把亚太经济合作组织作为其表达自己声音的场所。快速发展的亚太地区成为其实现东部地区快速发展及提高国家影响力的平台。2000 年 11 月 8 日，普京总统公开发表《俄罗斯东方新的前景》一文，文章充分肯定了《21 世纪俄罗斯在亚太地区发展战略》这个纲领性文件，同时强调："在新世纪，俄罗斯将继续坚定不移地向亚太地区倾斜；俄罗斯将大规模开发西伯利亚与远东的自然资源，希望与中国、日本等东北亚国家开展合作。"[①] 2008 年 11 月，时任俄罗斯总统梅德韦杰夫发表《巩固亚太地区蓬勃发展的平等伙伴关系》一文，文章指出："扩大亚太地区之间的联系，首先对俄罗斯西伯利亚与远东具有非常重要的意义。我相信，俄罗斯参与亚太地区一体化，有助于更有效地完成国家的经济社会发展规划。"[②] 一方面俄罗斯为扩大在亚太地区的政治、经济影响力，提高其在解决地区事务中的主导能力，避免成为周边国家的原料供应地以及被边缘化的危险，发挥大国作用，需要借助东部地区开发，利用本地的资源优势及在地缘上邻近亚太地区的优势，把东部地区作为前沿地带，充分发挥能源外交的力量，加强加深同亚太国家的政治经济联系，以此为平台实现推动亚太地区经济一体化及重返亚太的战略步骤，增强其在亚太地区的影响力和号召力，并达到与美国抗衡的目的；另一方面，以加强同亚太国家合作为契机，吸引亚太国家的资金和先进技术以开发俄罗斯相对落后的东部地区，并将不断得到开发和发展的东部地区作为俄罗斯经济发展的后盾，

---

①　赵欣然：《俄罗斯与亚太经合组织关系评述》，《西伯利亚研究》2009 年第 3 期。

②　赵欣然：《俄罗斯与亚太经合组织关系评述》，《西伯利亚研究》2009 年第 3 期。

最终实现重返亚太和东西战略平衡的政策目的，为其增加在世界上的话语权和实现国家复兴提供条件。

（五）国际市场对俄罗斯资源的需求

从国际环境来看，在当今世界各地因资源纷纷告急而不得不研究采用新技术，开发"新能源""新资源"，甚至探索到外星去开发、获取资源的时候[1]，俄罗斯东部地区丰富的资源成为维护世界能源安全的重要力量。2000年以来世界石油价格持续上涨，由2000年的每桶27美元上涨到2008年的每桶94美元[2]，让越来越多的国家更加重视本国和世界的能源安全问题，这进一步凸显了俄罗斯东部地区在资源，尤其是油气等战略性资源供给方面的重要性。而俄罗斯西伯利亚和远东地区的自然资源，除石油、天然气资源外，还包括其他资源如极其丰富的煤炭、森林及其他稀有资源，能够满足国内需求并大量出口。根据《2013年前远东和外贝加尔地区社会经济发展联邦专项纲要》中的数据，远东和外贝加尔地区有用矿物包括：120亿吨铁矿、1500万吨锰、200多万吨锡矿、40万吨钨矿、180万吨铅矿、250万吨锌矿、80万吨铜矿、1670万吨萤石矿、3.8万吨银矿、2000吨黄金、3.1万吨汞矿、350万吨硼矿、1030万吨钛矿、25.4万吨锡矿和47万吨铂砂矿[3]。东部地区还有独一无二的自然资源潜力，例如，贝加尔湖拥有世界上1/4的淡水资源，被列入联合国教科文组织自然遗产名录。东部地区拥有众多大江大河，水资源及水力资源潜力巨大。堪察加边疆区约30%的地区和萨哈共和国30%的地区是自然保护区。森林资源极其丰富，从远东和外贝加尔地区来看，其80%的地区都被森林所覆盖。总之，该地区有众多影响全球的战略性资源。如此巨大的资源优势如何转化为经济优势是俄罗斯最终要解决的问题。

对于一些发达国家和新兴工业化国家来说，在国内市场相对饱和的情况下，急需开拓国外市场，而俄罗斯东部地区的开发为其提供了机会。俄罗斯东

---

[1] 薛君度、陆南泉：《俄罗斯西伯利亚与远东——国际政治经济关系的发展》，世界知识出版社，2002。

[2] Энергетической стратегии России на период до 2030 года, http://www.scrf.gov.ru/documents/2009-11-13.

[3] Экономическое и социальное развитие Дальнего Востока и Забайкалья на период до 2013 года, http://www.scrf.gov.ru/documents/2009-07.

部地区，尤其是远东地区，既是一个人类没有大规模涉足的地区，又是一个等待大规模开发的地方。面对这样一个具有巨大发展潜力和空间的地方，世界上诸多有能力的国家都希望在俄罗斯东部地区开发之初就抢占先机，占据一定的市场。随着东部地区开发规模的扩大，该地区将拥有广阔的生产资料、生活资料及日用品消费市场。苏联时期近70年重重工业、轻轻工业的开发建设，恶劣的自然气候条件等，导致这一地区的轻工业和农业发展缓慢甚至落后，人民的日常生活用品需求得不到满足，处于长期短缺状态。在俄罗斯政府大规模开发东部地区之际，许多大型的项目需要开展，如道路、信息通信、住房等社会基础设施等，这需要大量的建筑工业材料和劳动力，而俄罗斯东部地区长期以来人口增长速度缓慢甚至于近几年出现负增长现象，人口流失又极其严重，使得这一地区劳动力匮乏，俄罗斯总统驻远东地区前代表米勒·伊斯哈科夫曾经对外表示：俄罗斯远东地区的发展离不开外国劳动力，否则远东地区将无法生存。这就为其他国家提供了一个输出产品和劳动力的广阔市场。

俄罗斯东部地区有着进行国际合作的各种优势，俄罗斯也急需利用东部地区的这一优势实现国家的一系列发展战略，然而由于俄罗斯自身无法完全独立开发这一广袤地区，因而在开发中进行广泛的国际合作就有了特殊的意义。

二　俄罗斯东部地区开发的国际合作进程描述

在苏联时期俄罗斯对东部地区的开发没有间断过，开展国际合作的努力没有停止过。列宁非常注重利用外国优势发展苏联经济，列宁之后的历届领导人，包括斯大林、赫鲁晓夫、勃列日涅夫、戈尔巴乔夫，都继承了列宁的这一思想，并且对其进行了发展。在斯大林时期，苏联就曾经采取一系列优惠政策吸引西方国家的资金技术，加速东部地区的开发建设；赫鲁晓夫冲破斯大林关于"两个世界市场"的思想束缚，积极同西方国家进行合作，制定了"突出重点合作伙伴，开展全方位合作开发地区自然资源"的对外开放方略，并选定日本为主要的合作对象；勃列日涅夫也积极地同其他国家开展对外经济合作，与日本、经互会国家及西方资本主义国家都开展了不同程度的国际合作；到戈尔巴乔夫时期，他继承了赫鲁晓夫和勃列日涅夫时期通过全方位国际合作开发建设西伯利亚和远东的策略，并将合作重点放在西方国家，希望得到西方国家的援助。不难看出，苏联历届领导人都有着同外国开展国际合作开发东部地区的思想和愿望，这为以后俄罗斯进一步开展国际合作提供了实践经验。

（一）苏联时期东部地区开发的国际合作（1917 年 11 月~1991 年 12 月）

十月社会主义革命胜利之后，列宁提出了合理布局苏联生产力，实行有计划的工业东移的战略思想。列宁非常注重对外经济技术合作在苏维埃国家经济建设中的作用，曾明确主张："在经济上极力利用、加紧利用和迅速利用资本主义的西方"[①]。从列宁开始，苏联历届领导人都认识到东部地区对整个苏联国民经济建设的重要性，因此都非常重视西伯利亚和远东地区的经济发展，而且都继承了列宁利用外国资金、先进技术设备等开发西伯利亚和远东地区的思想。因此苏联时期，中央政府在调动大量的人力、物力、财力对这一地区进行大规模开发建设的同时，积极引进其他国家，主要是西方国家的资本、技术、设备，并取得了很好的效果。本书以苏联时期历任领导人的执政时间为限，分五个时期对苏联时期东部地区开发的国际合作进行分析。

1. 列宁时期在东部地区开发中的国际合作（1917 年 11 月~1923 年 2 月）

这一时期苏联对东部地区的开发可以分两个阶段来看，首先是国内战争时期，十月革命胜利之后，新生的苏维埃政权受到国内反革命势力和外国武装势力的威胁，面对内忧外患的严峻形势，保护和巩固新生的苏维埃政权成为这一时期的主要任务，为了集中全国的人力、物力、财力等保证国内战争的胜利，苏联在全国范围内实行了军事共产主义，战时条件下苏联对东部地区的开发没有形成体系。当时苏联东部地区亦受到来自国内外的威胁，西伯利亚有白匪军，远东地区有日本干涉军。为避免对日作战，列宁决定在苏联

[①] 《列宁全集》第 32 卷（第 306 页），转引自薛君度、陆南泉《俄罗斯西伯利亚与远东——国际政治经济关系的发展》，世界知识出版社，2002。

东部建立远东共和国作为缓冲国，以此恢复与美国等西方资本主义国家的贸易。该共和国保持自由贸易，同外国发展经济联系，与美、英等国的大公司开展租让谈判，吸引了大量中国等国家的劳务人员。这在证明列宁决策正确的同时，说明俄罗斯东部地区可以利用其丰富资源和靠近国际市场的优势得到发展。其次是国内战争结束之后，国内战争结束后，整个国家百废待兴，而经过战争的苏联根本没有快速发展国内经济的能力，为了适应国内发展建设的需要，苏联开始实行符合经济规律的新经济政策。1920年11月23日《租让制法令》签发，规定由苏维埃国家同外国资本家签订合同，把暂时无力经营和开发的森林、矿山、油田等租让出去，以利用外资及外国的先进技术和设备迅速发展当地的生产 [1]。除实行租让制外，列宁还主张同外国资本组建合资企业和股份公司，并认为这是使苏联工业得到恢复的有效途径。《租让制法令》颁布之后，几年内就有20多个国家提交了数千份租让申请，其中几百份租让协议被批准并实施，更为重要的是租让项目主要分布在西伯利亚和远东地区。租赁制、半租让制的实行，将西伯利亚和远东地区的森林、矿山等租让给西方的资本家，吸引了大量资金、技术和人才，对东部地区的大型资源进行了开发，形成了用资源入股、建立合资企业、引进外资的模式，并且培训了大批技术工人和管理人员。这一时期主要是美国、英国、日本、联邦德国、瑞典、法国等西方国家合作开采苏维埃国家的自然资源，其投资总额占到80%。各国租让所涉及的领域主要是采矿、采金、采煤、森林、渔业、石油等自然资源部门。

2.斯大林时期在东部地区开发中的国际合作（1923年2月~1953年3月5日）

应当说斯大林继承了列宁利用外国优势开发东部地区的思想。在斯大林时期，社会主义苏联虽然取得了国内战争的胜利，粉碎了帝国主义扼杀新生苏维埃政权的阴谋，但是作为世界上唯一的社会主义国家，其仍然面临周边资本主义国家的威胁。因此，为了保卫国家安全，改变不合理的生产力布局，在重点发展重工业，迅速实现工业化的过程中，苏联实行生产力东移。这里所说的生产力东移，指的就是利用俄罗斯东部地区丰富的自然资源，发展新的重工业部门，提高东部地区在全苏联重工业中的比重，这是优先发展重工

---

[1] 薛君度、陆南泉：《俄罗斯西伯利亚与远东——国际政治经济关系的发展》，世界知识出版社，2002。

业方针在东部地区的体现 [①]。根据俄罗斯东部地区自然资源丰富的优势,在全苏联统一的国民经济发展计划框架内,苏联开始安排西伯利亚与远东的生产力布局。

卫国战争前,苏联开发东部地区的目的之一就是在大力恢复远东地区经济的同时,加紧把该地区建设成为支援苏联欧洲地区的战略后方和巩固社会主义政权的东方前哨。为此,苏联在西方资本主义国家发生经济危机的情况下,采取一系列优惠政策吸引西方国家的资金技术,加速东部地区的开发建设。斯大林在会见美国客人埃里克·约翰斯敦时坦言:20 世纪 30 年代前后,苏联全国约 2/3 的大型企业都是由美国援建的,其余 1/3 则是由德、法、日、英、意等西方工业化国家援建的 [②]。值得注意的是,斯大林将西方国家援建的许多重要的关乎国家安全的重工业和军事工业配置在了西伯利亚和远东地区。另外,20 世纪 30 年代苏联曾是世界上进口机械设备最多的国家,将许多设备配置在东部地区,并在东部地区新建大量重工业企业,使这一地区迅速发展为国家原材料产品出口基地和国防工业基地。虽然东部地区的对外经济联系加强,但这是计划经济的结果。从第一个五年计划(1929~1932 年)起,为了国家安全,东部地区较宽松的经济自主权被收回,远东由原来的开放地区变成封闭地区。在高度集中的计划经济体制下,全国经济实行中央计划管理,东部地区所需的投资及产品全部由中央统一调拨,得到了国家财政的大力支持,不仅比其他地区发展得快,而且居民生活水平稍高于全俄平均水平。卫国战争期间,苏联全国及全国人民的根本任务是保家卫国,因此,整个国家的国民经济都被纳入军事轨道。为了抗敌,苏联当时在西伯利亚和远东地区采取了各项应急性的措施,没有制定长期有效的经济开发战略。战后的 20 世纪 50 年代,美苏之间的冷战开始,苏联对东部地区开发的目标之一是使远东地区成为苏联欧洲工业区和全国工业化的原材料供应地以及第二个"军火生产车间",

---

① 薛君度、陆南泉:《俄罗斯西伯利亚与远东——国际政治经济关系的发展》,世界知识出版社,2002。

② 陈日山:《俄国西伯利亚与远东在不同历史时期的对外经贸方略》,《西伯利亚研究》1994 年第 2 期。

以满足备战的需要。这一时期，以苏联为首的社会主义阵营和以美国为首的资本主义阵营尖锐对立，苏联的对外经济联系也一直受到斯大林"两个平行的世界市场"的影响，这导致东部地区与西方国家的经济技术合作大为减少。

3. 赫鲁晓夫时期在东部地区开发中的国际合作（1953 年 9 月~1964 年）

1953 年，赫鲁晓夫成为苏联最高领导人。20 世纪 50 年代中期，苏联欧洲部分的燃料、动力资源和其他一些工业原料的产量开始下降，甚至濒临枯竭，产生了原料供应和生产需求之间的矛盾，例如，当时苏联最古老的巴库油田已经濒于枯竭，产量急剧下降，苏联最大的伏尔加—乌拉尔油田已经达到开采顶峰，易采区的储量逐年递减[1]。为了保证苏联工业心脏地区的进一步发展，在这样严峻的形势下，苏联政府把解决这一供需矛盾的希望寄托在了西伯利亚和远东地区身上，工业发展需要来自西伯利亚和远东的大量原材料物资。所以，苏联及时地把能源（石油、天然气）的勘探重点转向了西伯利亚地区，赫鲁晓夫本人也一直非常重视西伯利亚的开发与建设。但是，国家不能像卫国战争前那样提供大量财政支持。1956 年 2 月 14 日，他在《苏共中央委员会向党的第二十次代表大会的总结报告》和 1959 年在苏共二十一大上做的《1959~1965 年苏联发展国民经济的控制数字》的报告，都对苏联西伯利亚地区的生产力配置，经济发展的主要方向、重点和要求，提出详细而具体的指示意见[2]。并在所谓的七年计划报告中强调加速发展苏联东部地区的经济，并提出应大力增加对西伯利亚和远东地区的基建投资。

赫鲁晓夫时期苏联东部地区的开发主要是从工业和农业两个方面入手。在工业发展方面，这一时期规定的东部地区基本的经济开发战略目标是把西伯利亚看成是全苏联最大的燃料动力供应基地和耗能最多的产品生产基地。在农业发展方面，赫鲁晓夫同样采取了一系列重大措施，根据当时进一步扩大谷物生产和开垦生荒地的决策，苏联主要在东部地区开展大面积种植玉米的运动。1954~1960 年，西伯利亚和远东地区垦荒 1109.8 万公顷[3]。

---

① 陈日山：《俄国西伯利亚与远东经济开发概论》，黑龙江人民出版社，1994。
② 陈日山：《俄国西伯利亚与远东经济开发概论》，黑龙江人民出版社，1994。
③ 李华：《20 世纪 50 年代苏联全民垦荒运动》，《南通大学学报》（社会科学版）2010 年第 3 期。

利用东部地区有利的自然条件，大规模开垦荒地，对苏联的农业发展发挥了积极作用。

在对外关系上，赫鲁晓夫执政后，进行了理论观念的更新，改变了斯大林时期与西方国家以对抗为主的方针，代之以"和解"和对抗相结合的方针。在对外政策方面，赫鲁晓夫提出了以"和平过渡""和平竞赛""和平共处"为主要内容的"三和路线"，并通过具体的行动表明诚意，如1955年苏联与联邦德国建交、1959年赫鲁晓夫访问美国等。利用与西方国家关系缓和的机会，冲破斯大林"两个平行的世界市场"思想的束缚，积极同西方国家进行合作。制定了"突出重点合作伙伴，开展全方位合作开发地区自然资源"的对外开放方略。在开发西伯利亚和远东的过程中，首先选定日本为合作伙伴，一方面是因为日本有着雄厚的经济、技术实力，但资源匮乏；另一方面，苏联东部地区和日本海上交通便利，联系方便。除了与日本积极开展经济技术合作之外，苏联还与亚洲其他社会主义国家及其他不发达国家发展对外经济联系，以期得到苏联所需要的蔬菜、水果、粮食，并开拓轻工业产品和机器设备的出口市场。

4. 勃列日涅夫时期在东部地区开发中的国际合作（1964年10月~1982年11月）

勃列日涅夫继续秉承生产力合理布局的思想，开发西伯利亚和远东地区。在勃列日涅夫时期，苏联采取有计划分阶段对西伯利亚和远东进行投资建设的方式，非常注重这一地区的综合开发，坚持专业化生产部门和薄弱部门同时发展的原则，并注重生产和社会基础设施的建设。勃列日涅夫同样认识到世界经济变得越来越开放，经济、生产、资本国际化也越来越明显，苏联作为当时世界上与美国平行的一极，不可能也不应该脱离世界经济的大市场。所以他更加积极地发展同其他国家的对外经济合作。特别是20世纪60年代以后，苏联同西方国家的经济联系加强，在对西伯利亚和远东进行开发建设的进程中积极引进外资和技术设备，加快了这一地区的经济发展，并增强了其军事力量。

这一时期补偿贸易在苏联东部地区开发建设中起到重要作用。补偿贸易是通过卖方贷款和补偿贸易等形式积极利用外国资金、技术及设备来开发西伯利亚和远东的自然资源 [①] 。这一时期日本是同苏联开展补偿贸易的主要国家，双方合作涉及多个领域，如开采及加工远东森林、开发南雅库特煤田、开发萨哈林石油天然气、建设东方港等。尤其是在森林资源开发上，苏日分别于 1968 年、1974 年和 1981 年签订了不同形式的木材补偿贸易合同。除日本之外，经互会国家波兰、匈牙利、罗马尼亚、保加利亚、民主德国、捷克斯洛伐克等积极参与该地区的森工综合体和铁路建设项目，投入资金、设备及劳动力。另外，西方国家法国、联邦德国、意大利、芬兰、英国、美国也同苏联开展补偿贸易合作，但合作主要集中于西伯利亚和远东地区自然资源的开发利用领域。

日本在积极参与苏联东部地区补偿贸易的同时，积极开展沿海贸易，远东地区同日本沿海地区之间的地方贸易开始于 1963 年。为此 1964 年苏联在纳霍德卡成立远东外贸公司，在同日本开展沿海贸易的同时，同其他亚太国家开展边境地方贸易。需要注意的是，所有部门级单位的产品出口和外贸业务洽谈均要通过该外贸公司。除补偿贸易与沿海贸易外，边境地方贸易也得到发展，苏联主要开展同朝鲜、蒙古国、中国及越南的贸易。蒙古国对苏联有较强的依赖性，与远东地区经济联系比较紧密，而远东地区与朝鲜的商品流转额不大。另外由于商品结构上较强的互补性及便利的海上运输条件，远东地区积极开展同越南的地方小额贸易。而远东地区同中国的边境贸易也于 1982 年恢复，中国的轻工业产品迅速打入俄罗斯西伯利亚和远东地区，虽然最初与俄开展贸易的仅限于黑龙江省，但 1983 年之后通过黑龙江省的对俄窗口，全中国对俄的边境贸易发展迅速。韩国也以雄厚的资金和技术为后盾，积极参与到与俄罗斯远东地区的经贸合作中去，打破了日本在苏联东部地区对外经济联系上的绝对优势地位。

但是，勃列日涅夫时期西伯利亚和远东地区的开发建设仍然是在优先发展重工业思路的总体框架下进行的，所以苏联东部地区在得到发展的同时，产业结构畸形越来越严重。勃列日涅夫时期也是美苏争霸最激烈的时期，为

[①]　薛君度、陆南泉：《俄罗斯西伯利亚与远东——国际政治经济关系的发展》，世界知识出版社，2002。

了在与美争霸中占据优势，苏联积极开展军备竞赛，西伯利亚和远东地区的经济建设实际上是为军备竞赛服务的，这在很大程度上束缚了东部地区的发展。也正因为处于冷战环境中，这一时期苏联的国际经济合作较大地受到国际政治因素的影响。

5. 戈尔巴乔夫时期在东部地区开发中的国际合作（1985 年 3 月 ~1991 年 12 月）

戈尔巴乔夫继承了赫鲁晓夫和勃列日涅夫时期通过全方位国际合作开发建设西伯利亚和远东的策略。在"公开性"和"民主化"原则推动下，苏联逐渐放弃对东欧经互会国家的政治原则，转而以经济利益为重，并在平等互利原则基础上，继续发展并完善与它们的传统经济关系。因为开发西伯利亚和远东地区需要大量的资金和技术，所以戈尔巴乔夫将合作的重点放在西方国家，希望得到西方国家的资金援助。

与赫鲁晓夫不同，戈尔巴乔夫特别关心苏联远东地区的经济发展，他强调在新地区政策中，要优先发展远东地区，并于 1986 年 7 月 28 日对远东地区进行了视察，制定了发展远东地区的新战略。戈尔巴乔夫将远东地区的综合经济发展战略思想条理化和具体化，以使其更加切实可行。在世界经济全球化、国与国之间联系越来越紧密的发展趋势下，戈尔巴乔夫高度重视远东地区的地缘优势，强调要利用这一优势来发展该地区的外向型经济，密切与亚太地区的合作，使之成为俄罗斯通往亚太地区的窗口和门户，加紧远东地区进出口商品基地的建设，发展对外经贸技术合作，从而使这些成为推动远东地区生产力水平迅速提高的强大动力。

苏联历届领导人都非常重视西伯利亚和远东地区的开发建设及其在整个苏联国民经济建设中的作用。在不同的历史时期，在不同的背景下，针对不同时期国家发展的需要，采取了不同的方针政策，确定了不同的发展重点和区域。整个苏联时期对东部地区进行的不同层次的开发建设，使这一地区的资源优势和经济潜力越来越显现在世人面前。

然而，苏联时期东部地区开发的国际合作有着自己的特点和局限。首先，其特点包括以下几个方面。第一，背景特殊。国内实行高度集中的计划经济体制，国际上是东西方两大阵营尖锐对立，这就决定了东部地区开展国际合作的特殊背景。第二，戈尔巴乔夫之前的国际合作主要针对的是西方资本主义国家。经过第二次世界大战的洗礼，新建立的社会主义国家百废待兴，而西方资本主义国家由于其较好的工业基础而经济发展速度较快，实力雄厚，能够提供苏联急需的资金。第三，受政治因素影响大。苏联与西方各国的国际合作受制于"冷战"的国际大背景，政治因素对其影响较大，1973年苏美乌连戈伊油气田的开发计划及苏、日、美开发南雅库特天然气计划的取消就是很好的例证。第四，合作领域集中于开发自然资源。从"租让制"的实施开始，合作领域主要是西伯利亚和远东地区自然资源的开发与利用。

尽管苏联政府给予东部地区财力、物力、人力方面的大力支持，但是总体来看，整个东部地区的经济发展水平仍然较低。这种现象可以用黑洞效应的原理来解释。经济学上的黑洞效应就是一种自我强化效应，当一个企业达到一定规模后，会像一个黑洞一样产生非常强的吞噬和自我复制能力，将它势力所及的大量资源吸引过去，而这些资源使得企业更为强大，形成一个正向加速循环漩涡。苏联东部地区经济发展的最大国内条件是处于高度集中的计划经济体制下，最大国际背景则是东西方两大阵营的尖锐对立。也正是因为与以美国为首的西方资本主义阵营的尖锐对立，苏联更加重视军事工业、航空航天等重工业和尖端行业的发展，造成东部地区经济结构严重畸形，重工业高度发展，轻工业极度落后，东部地区逐渐发展为整个苏联的原材料供应地和"军火生产车间"。而中央政府利用高度集中的计划经济体制向东部地区重工业企业统一调拨大量财力、物力及人力，这必然吞噬本应用于其他产业的物质资金。由于"冷战"需要，国家不遗余力地发展军事工业，然而其发展越迅猛，为了满足这个无底的"黑洞"，就会有越多的财富被吞噬，最终相应的基础产业没有被带动起来，反而因高端产业的发展而削弱，导致高端产业与低端产业的比值和结构严重失调，形成了经济增长中能够吞噬增长成效的深渊，这就是经济增长中的"黑洞"效应。这也是苏联中央政府支持东部地区发展而东部地区却发展水平低下的原因。

（二）俄罗斯时期东部地区开发的国际合作（1992 年至今）

苏联时期对西伯利亚和远东地区不同时期不同层次的开发和建设，使得这一地区的经济水平得到了明显的提高，为俄罗斯进一步开发利用这一地区奠定了基础。俄罗斯独立之后，国家实行改革开放政策，俄罗斯东部地区，尤其是远东地区在封闭多年之后向世人揭开了神秘面纱。经过叶利钦时期对东部地区比较艰难的开发建设，普京更加重视东部地区在俄罗斯经济发展中的作用。虽然普京在 2008~2012 年担任俄罗斯总理一职，但俄罗斯发展的大方向仍然是在梅德韦杰夫的领导下遵循普京的经济发展思想和思路，所以在此我们以叶利钦和普京两个时期为划分标准，来分析俄罗斯东部地区开发中的国际合作的相关问题。

1. 叶利钦时期在东部地区开发中的国际合作（1992~1999 年）

1991 年年底苏联解体到 1992 年秋，独立后的俄罗斯为得到西方发达资本主义国家的经济援助，采取"亲西方，一边倒"的对外政策，把发展同美国及其他西方国家的关系放在对外政策的首位，为了得到西方国家的经济援助，俄罗斯做出了巨大让步。1992 年英国答应给予俄罗斯 2.8 亿英镑的贷款，加拿大允诺提供 2500 吨粮食，法国提供 40 亿法郎，西方七国集团则提供 240 亿美元的经济援助，尽管俄罗斯要接受诸多苛刻的附加条件，俄罗斯某些领导人还是表示了对此种援助的喜悦。但是西方国家并不希望再次出现一个强大的俄罗斯，西方一些政治精英经常问："如果俄罗斯重新变得强大，它是否会谋求重获失去的帝国领地？到那时俄国能同时成为一个帝国和一个民主的国家吗？"[①] 所以以美国为首的西方国家逐渐淡化了对俄罗斯的经济援助政策，经济援助最终大多是口惠而实不至。1992 年西方七国集团允诺的 240 亿美元的经济援助实际到账 150 亿美元；1993 年西方七国集团承诺的 434 亿美元的经济援助实际到账只有 50 亿美元左右[②]。在对外贸易中俄罗斯也持续遭

---

① 《欧亚大陆的核心地位》，中国网，www.china.com.cn，2013 年 2 月 11 日。

② 徐志新：《俄罗斯与西方关系（1992~1999）》，环球导报市场信息杂志社，www.ems86.com，2014 年 10 月 12 日。

遇西方歧视性贸易政策，商品竞争力大大降低。"亲西方，一边倒"的对外政策使俄罗斯在同传统盟友关系疏远的同时，非但没有提高俄罗斯国际影响力，维护现实的国家利益，反而招致西方国家对俄罗斯的轻视，进一步削弱了其影响力，并使俄罗斯付出了沉重的政治、经济代价。所有这些深深伤害了俄罗斯民族自尊，让俄罗斯对西方心灰意冷，决定改变这种"一边倒"的对外政策。

1992 年，俄罗斯开始调整其对外政策，1993 年 12 月 27 日，俄总统叶利钦签署《俄罗斯联邦外交政策构想》，这成为俄对外政策方向转变的一个标志，俄罗斯开始修复与邻近的独联体国家的关系，开始对西方国家说"不"，并强烈反对北约东扩。1994 年，俄罗斯提出大国复兴战略，强调世界发展的多极化。至此，俄罗斯对外政策正式调整为全方位的"双头鹰"外交，不仅面向西方，而且要面向东方，主要是面向亚太国家。1993 年 10 月，叶利钦访问日本，并与日本签订《经济宣言》，日本同意与俄罗斯开展经济领域的合作。但是，两国之间存在的南千岛群岛（俄日争议岛屿，日本称其为"北方四岛"）领土争端问题一直没有解决，这在很大程度上阻碍了两国经济合作规模的扩大。

1992 年，以盖达尔为首的亲西方派开始在俄罗斯实行激进式的"休克疗法"，同时进行私有化的市场化改革，东部地区的经济发展不再得到政府的计划补贴，而且在全国统一的经济政策面前不再享受特殊待遇，这些变化使得本就不发达的东部地区处于极为不利的地位，出现了一系列的政治、经济及社会问题。为了消除危机、发展经济，俄罗斯政府先后制定了发展西伯利亚和远东地区的联邦专项纲要。1994~1999 年叶利钦并未担任总统，这段时间俄罗斯面临严重的政治、经济及社会问题。

1996 年 4 月 15 日，俄联邦政府批准了《远东和外贝加尔地区 1996 年至 2005 年经济与社会发展联邦专项纲要》[①]（又称《远东纲要》）。纲要规定，要启动许多大型的开发建设项目。这些项目的启动需要大量的人力、物力、财力，而俄罗斯东部地区所拥有的能力远不能达到建设需求，所以纲要多次

[①]　Федеральная целевая программа экономического и социального развития Дальнего востока и Забайкалья на 1996-2005 годы，http://www.scrf.gov.ru/documents/04-15-2013.

提到，要把吸引外资作为开发建设远东和外贝加尔地区的主要方式。因此要通过吸引外资来提高远东和外贝加尔地区专业化部门——采掘工业、森林工业和渔业的出口能力。除此之外，为了扩大外资规模，该地区要采用有利于吸引外资的现代机制，并且国家对外国投资者进行担保，支持该地区建立自由经济区等。该纲要特别提到的一点是，在纲要实施的所有阶段面临的一个现实问题是要通过与亚太国家的经济合作，使远东和外贝加尔地区融入世界经济。这足以显示出俄罗斯政府在发展西伯利亚和远东地区时重视亚太地区的政策，也表明俄罗斯与外国进行合作的愿望和积极态度。

发展西伯利亚的联邦专项纲要继《远东纲要》之后出台。根据1996年5月19日俄罗斯联邦总统《关于国家支持西伯利亚经济与社会发展的补充措施》的第737号命令，1998年9月俄罗斯完成了拟定西伯利亚联邦专项纲要草案的工作，即《西伯利亚纲要》。但是鉴于在当时国内严峻的社会经济形势下国家没有财力对该纲要的项目进行投资，因此在联邦经济部的建议下，制定者把纲要草案的综合部分以《1998~2005年西伯利亚经济与社会发展基本方针》的形式呈报给联邦政府[①]。

当时因"休克疗法"的负面影响加大，整个国家面临严峻的经济形势，在这种背景下，发展西伯利亚和远东地区的专项纲要暴露出了一系列的问题，其实施非常不顺利。可是尽管如此，该纲要极大地表现出俄罗斯政府要开发这一地区的积极态度和愿望，这也为东部地区在21世纪的继续发展提供了一定的经验，奠定了一定的基础。

2. 普京时期在东部地区开发中的国际合作（2000年至今）

自普京就任俄罗斯代总统以来，他所面临的就是一个政治、经济都陷入混乱的烂摊子。1999年12月30日，普京发表了纲领性文章《千年之交的俄罗斯》。文章指出，俄罗斯正处在历史最困难时期，在未来200~300年的时间里俄罗斯有沦为世界上二流国家，甚至是三流国家的危险[②]。对普京来说

---

① 薛君度、陆南泉：《俄罗斯西伯利亚与远东——国际政治经济关系的发展》，世界知识出版社，2002。

② Владимир Путин, Россия на рубеже тысячелетий, http://www.scrf.gov.ru/documents/1999-12-30.

这是绝对不允许的，普京对俄罗斯所面临的主要问题也有非常清醒的认识，越来越强调加速开发西伯利亚和远东地区的重要性，尤其是从 2013 年普京再次参加总统竞选并成功当选的过程中，可以看出其对东部地区的重视程度，普京把对东部地区的大力开发作为其参加竞选的一个重要纲领。2000 年普京正式当选俄罗斯总统之后，俄罗斯开始从战略层面对东部地区进行开发。为了更好更系统地开发西伯利亚和远东地区，俄罗斯政府制定了一系列发展该地区的联邦专项纲要。普京在不同时期对东部地区提出了不同的开发政策和战略，我们可以分三个阶段来看。

第一阶段，2000~2008 年普京担任俄罗斯总统期间。

普京正式就任总统后，俄罗斯对西伯利亚和远东地区的开发建设就没有间断过，并且对其重视程度非但没有下降反而日益增强，为此制定了一系列发展战略。

2000 年俄罗斯政府制定了《国家关于西伯利亚长期发展的构想》，为随后制定的《21 世纪西伯利亚与远东长期发展战略》奠定了思想基础。根据 1996 年制定的《远东和外贝加尔 1996 年至 2005 年经济与社会发展联邦专项纲要》，2002 年 3 月 19 日俄罗斯政府出台了重新修订的《1996~2005 年和 2010 年前远东与外贝加尔地区经济社会发展联邦专项纲要》[①]。纲要指出远东和外贝加尔地区边境合作（经济、生态、人文、技术及文化方面）的作用是相互的，合作双方可以在边境贸易、交通网建设、环境保护、国际旅游、教育、科学和文化及自然资源方面的相互合作中采取协同一致的措施。该纲要还强调要深化远东和外贝加尔地区的改革，这一地区各联邦主体应积极开展与蒙古国、中国及韩国的多方位合作，其合作方向包括扩大和加深经济生产联系，将合作方向与俄罗斯对东方国家的战略目标更紧密地联系起来，加强边境合作创新的重要性。2006 年，俄罗斯东部地区的萨哈（雅库特）共和国成为普京全国视察的第一站，这体现了中央对东部地区加以重视的倾向。其间，普京向萨哈共和国总统提出的主要任务涉及社会、交通、能源开发等方

---

① Экономическое и социальное развитие Дальнего Востока и Забайкалья на 1996-2005 и до 2010 года，http://www.scrf.gov.ru/documents/2002-03-19.

面。但是，这段时间俄罗斯对东部地区的开发并没有形成系统。直到 2007 年 2 月，根据普京签署的第 2094 号总统令，俄罗斯政府正式将开发西伯利亚和远东地区纳入国家发展整体规划 [①]，因此可以将这一时间看作俄罗斯正式进行东部开发的开始。

第二阶段，2008~2012 年普京就任总理时期。

这一时期，是东部地区开发继续实施阶段。俄罗斯对东部地区开发的目标和方向更加明确，进一步将这一地区的开发提高到战略高度，继续制定发展西伯利亚和远东地区的联邦专项纲要，并与外国签订长期合作规划纲要。

2009 年 7 月，俄罗斯政府批准《2013 年前远东与外贝加尔地区社会经济发展联邦专项纲要》[②]，2010 年 3 月又讨论决定将该纲要的实施期限延长至 2018 年，2008 年 8 月 28 日批准了《2020 年前能源发展战略》，紧接着 2009 年 11 月 13 日又批准了《2030 年前能源发展战略》[③]。《2020 年前能源发展战略》规定了俄罗斯燃料动力综合体未来发展的主要方向，即向创新和高效发展之路转变，改变能源生产规模和结构，营造市场竞争环境，与世界能源体系接轨。而《2030 年前能源发展战略》的主要目标也是要建立创新高效的能源部门，以满足经济发展对能源资源日益增长的需求和维护俄罗斯对外经济利益。为实现这一目标，需要完成一系列任务：提高燃料动力资源再生产、开采和加工的效率，从而满足国内外的需求；在大规模技术革新的基础上建设新的能源基础设施，并实现其现代化；依靠能源和经济结构的转变及能源节约技术的增强来提高俄罗斯经济和能源领域的能源和生态效益；在能源领域形成稳定有利的制度环境；使俄罗斯继续与世界能源体系接轨。2010 年 1 月 20 日俄罗斯总理普京批准了《2025 年前远东和外贝加尔地区社会经济发展

---

① 《俄罗斯东部大开发战略提出的背景与推动因素》，大公网，http://www.takungpao.com/news/content/20-12-2012，2012 年 12 月 20 日。

② Экономическое и социальное развитие Дальнего Востока и Забайкалья на период до 2013 года.2009-07.

③ Энергетической стратегии России на период до 2030 года, http://www.scrf.gov.ru/documents/13-11-2014.

战略》[①]。2010 年 7 月俄罗斯政府批准了《2020 年前西伯利亚发展战略》[②]，该战略规定了 2010~2020 年俄罗斯西伯利亚发展的战略目标、优先方向和长期任务。其中，西伯利亚发展的战略目标为在稳定创新型社会经济体系和保证国家安全情况下，确保居民生活水平和质量的稳定提高，加速经济发展，实现俄罗斯在世界上的战略利益。该战略规定的西伯利亚经济发展的优先领域非常广泛，包括信息通信技术，机械（生产硼用的、矿山用的、管道用的、交通用的、能源和电工技术中用的、金属冶炼用的、住宅和公用事业用的、建筑用的）和飞机制造，医疗设备和精准仪器生产，采掘工业（石油、天然气、煤炭、黑色及有色金属、稀土金属的开采），地质勘探，深加工业（初级原材料石油、天然气、煤炭等的深加工），纸浆造纸，燃料—润滑油材料、木质地板、家具及金属产品的生产，农工综合体，能源综合体，铁路、公路、航空、海运、河运、管道等交通基础设施，建筑材料工业，经济适用房，应用科学和工业、交通、建筑及农工综合体领域的科学，提高交通、金融、教育、旅游休闲、保健及文化服务的质量等。2009 年 9 月 23 日，中俄正式签署《中华人民共和国东北地区与俄罗斯联邦远东及东西伯利亚地区合作规划纲要（2009~2018 年）》。该纲要明确规定双方将对相关口岸及边境基础设施进行建设与改造，在运输、建设合作园区、劳务、旅游、人文、环保等领域开展广泛合作，并具体规划了俄罗斯境内及中国境内的 205 个具体开发项目。

第三阶段，2012 年至今普京再次任俄罗斯总统。

普京再次执政之后加大对东部地区的开发力度。普京将俄罗斯东部地区开发作为其参加 2013 年总统大选的竞选纲领之一。俄罗斯联邦经济发展部也于 2013 年 3 月底制定了《西伯利亚和远东发展法（草案）》。

2012 年 5 月 21 日，普京颁布总统令，成立远东发展部，这是俄罗斯唯一不设在首都的联邦一级的部级机构，由俄罗斯联邦总统驻远东联邦区全权

---

① Стратегия социально-экономического развития Дальнего Востока и Байкальского региона на период до 2025 года, http://www.scrf.gov.ru/documents/28-12-2013.

② Стратегия социально-экономического развития Сибири до 2020 года, http://www.scrf.gov.ru/documents/01-11-2010.

代表伊沙耶夫兼任发展部部长。该部设 5 名副部长，有 253 名工作人员，其中有 200 名常驻哈巴罗夫斯克，还有 50 名由 1 名副部长带领，常驻莫斯科的代表处。该部的主要任务是协调和监督此前零散的联邦、部门和地区三级与远东地区有关的所有发展纲要的实施，管理远东地区的国家企业、国有股和土地 ① 。专门发展部门的成立使国家对东部地区的开发更有针对性和指导性。

2012 年 9 月亚太经合组织（APEC）峰会在俄罗斯符拉迪沃斯托克召开。2012 年 9 月 7 日，普京在参加 APEC 事务性会议时发表的演讲中说"俄罗斯是亚太地区不可分割的一部分"，认为俄罗斯能够保证世界和亚太地区在粮食和能源领域的安全，表明了与其他国家加强农业领域合作的积极态度，他提出重视创新领域的合作，希望增加高校、研究中心及科学组织间的联系，鼓励学生互换，东部地区将以远东联邦大学为平台与其他国家进行科学教育合作，以创建新的科学教育和智力中心 ② 。俄罗斯利用这次会议再一次向世界表明其在东部地区开发中进一步加强国际合作的积极态度。在这之前，普京也曾明确表示要让俄罗斯"经济之帆"乘上"中国风"的机遇，将"中国的潜力"用于俄罗斯西伯利亚和远东地区的"经济崛起"上。除此之外，俄罗斯政府加大外来投资规模、吸引外来劳动力及改善基础设施方面的政策也不断向东部地区倾斜。

俄罗斯对东部地区的开发建设应该说是目前国内最重要的事情。2012 年 10 月 11 日，时任俄罗斯总统梅德韦杰夫在莫斯科召开的会议上就加速远东和外贝加尔地区的社会经济发展措施进行了研究，包括要实现巨大的投资项目，为该地区的新企业制定特殊的税收制度等，并对一些项目的具体实施进行了规划 ③ 。一个星期之后（2012 年 10 月 17 日），俄罗斯联邦驻远东联邦区全权代表兼远东发展部部长伊沙耶夫在记者招待会上宣布远东发展部正在着手制

① 《俄政府确定远东发展部编制与职责》，中国共产党新闻网，http://dangjian.people.com.cn/08-12-2013，2013 年 12 月 8 日。

② Владимир Путин принял участие в работе Делового саммита АТЭС，http://www.kremlin.ru/news/01-09-2012.

③ Медведев обсудит меры по ускорению развития Дальнего Востока и Забайкалья，http://fondvostok.ru/11-19-2012.

定有关远东地区的联邦法律草案，并对此表示支持。伊沙耶夫认为，应该给予在东部地区进行投资和生产的企业，不管是国内企业还是国外企业，税收优惠和补贴 [①] 。这再一次说明俄罗斯对东部地区开发中国际合作的重视，并逐渐改变了以前宣言多于行动的做法。

2013 年 4 月，普京任期内最后一次政府工作报告拉开了俄罗斯"东部大开发"的序幕，普京表示，在未来的 10~15 年，保证俄罗斯东部地区的经济增长速度高于全国平均水平，截止到 2020 年，该地区的地区生产总值增加两倍，并新建大约 500 万个工作岗位。从普京在其竞选纲领、公开讲话及就职当天签署的总统令中，可以看到普京再次执政后对东部地区开发开放政策的调整。同年 3 月底俄罗斯联邦经济发展部制定了《西伯利亚和远东发展法（草案）》。

俄罗斯独立之后，东部地区开发的国际合作表现出新的特点和问题。首先，其特点包括以下几个方面。第一，更加重视同东方国家的合作。俄罗斯在独立初期不成功的"亲西方，一边倒"外交政策之后，逐渐将国家外交政策调整为既面向西方，又重视东方的全方位的"双头鹰"外交，并更加重视同东方，尤其是同亚太国家的合作。第二，把东部地区开发上升到国家战略高度。1996 年《远东和外贝加尔地区 1996 年至 2005 年经济与社会发展联邦专项纲要》颁布以来，俄罗斯陆续批准了一系列有关东部地区开发的联邦专项纲要和战略。第三，合作领域更加广泛。国际合作领域不仅涉及自然资源开发利用领域，还包括自然资源的深加工、科学技术等领域。

目前，俄罗斯在东部地区开发的国际合作过程中虽然遇到种种困难，但是东部地区开发的步伐不会停止，仍在有条不紊地进行。俄罗斯政府相关战略所规定的目标和发展方向都是根据东部地区的现实提出的，但从目前俄罗斯的经济实力来看，想要完成所有的任务和目标仅靠自己的力量是完全不可能的，所以俄罗斯有必要加强与世界上其他国家的经济技术合作，在引进资本及先进科学技术的基础上开发利用西伯利亚和远东地区的资源，并将该地区的资源优势转化为经济优势，为俄罗斯国家复兴提供有力的支撑。

[①]　Дальний Восток получит собственный закон, http://fondvostok.ru/17-10-2012.

三　俄罗斯东部地区开发中国际合作的重大举措

俄罗斯东部地区丰富的自然资源是人所共知的。在这些丰富资源的基础上，俄罗斯积极开展同其他国家的合作，在使这些资源得以开发利用的同时，大力促进国内经济发展。俄罗斯东部地区开发中的国际合作主要表现在合作开发项目上，主要的大项目包括以下几个。

（一）萨哈林大陆架油气资源开发的国际合作

俄罗斯萨哈林大陆架的油气开采始于 1999 年。萨哈林大陆架是指俄罗斯东部地区围绕萨哈林岛的大陆架部分。萨哈林岛（库页岛）是俄罗斯第一大岛，位于亚洲大陆东北部、太平洋西北岸，西隔鞑靼海峡同大陆相望，南隔拉彼鲁兹海峡（宗谷海峡）同日本北海道相对，东部和北部濒临鄂霍次克海。其南北长 948km，东西宽 6~160km，全岛面积约为 7.64 万平方公里[①]。

俄罗斯建设钻井平台的第一次尝试是在里海，开采石油的国际财团在这里工作。第二次就是在萨哈林，在这里有不同的公司正在开采或将要开采 9 个油气项目，即萨哈林 1~9 号油气资源开发项目。在此，主要就萨哈林 1~3 号项目进行详细描述分析。

1 号项目：萨哈林 –1 号项目的产品分成协议签署于 1995 年 6 月，于 1999 年 1 月生效[②]。该项目于 2005 年 10 月 1 日开始投产。该项目包括三个主要的油气田，即柴沃、奥多普图和阿尔库通达吉。总投资超过 120 亿美元，参与该项目的财团有美国的埃克森美孚公司、日本萨哈林石油和天然气发展公司、印度石油天然气公司、俄罗斯石油公司。它们所持股份分别为 30%、30%、20% 和 20%。由于其地理位置特殊，萨哈林 –1 号项目的石油主要销往亚太国家。

---

① 《中石化受挫萨哈林未阻中国油企入俄找油》，搜狐新闻，http://news.sohu.com/20100928/n275331979.shtml，2010 年 9 月 28 日。

② 刘锋：《关于俄罗斯产品分成协议问题的研究》，《俄罗斯中亚东欧市场》2012 年第 1 期。

2 号项目：萨哈林 –2 号项目的产品分成协议早在 1994 年 6 月 22 日就签署了，1999 年 1 月正式生效[1]，并首先对皮利通 – 阿斯托赫油气田进行开采，其余主要的油气田还有伦斯基油气田。起初，英荷壳牌石油公司、日本三井物产和日本三菱商事共同参与萨哈林 –2 号项目，其所占股份分别为 55%、25%、20%，萨哈林能源集团是萨哈林 –2 号工程的事业主体[2]，由此可见，萨哈林 –2 号项目是俄罗斯境内唯一没有俄方股份参与的能源合作项目。但是 2006 年 12 月，迫于压力，英荷壳牌石油公司、日本三井物产和日本三菱商事分别将自己一半的股份出售给俄罗斯天然气工业公司，这样俄罗斯天然气工业公司得到 50% 加 1 的股权，其他各方的股权分别为 27.5%、12.5%、10%[3]。萨哈林 –2 号是比较成功的案例，不但发现油气，而且壳牌还在那里设立了一个液化天然气（LNG）工厂。

3 号项目：预计其石油储量为 8.5 亿吨，天然气为 8000 多亿立方米。萨哈林 –3 号是俄罗斯远东太平洋沿岸规模最大的一个油气开发项目。1999 年 5 月初，时任总统叶利钦批准用产量分成法开采俄罗斯东部地区萨哈林 –3 号区块的决定。萨哈林 –3 号项目是由俄罗斯石油公司、中石化及萨哈林石油公司共同投资的，三方各持股 49.8%、25.1% 和 25.1%[4]。当时三方商定，经勘探确定油气储量之后，中石化将从其中获得相应比例的"份额油"。2005 年 7 月中石化与俄罗斯石油公司签署了正式的项目合作文本，根据协议，双方对萨哈林 –3 号项目的一个深海区块进行油气勘探[5]，但是勘探结果并不理想。

根据产品分成协议，2009 年，萨哈林 –1 号项目的矿产使用税、利润税和利润产品分成达到 262.7 亿卢布（约合 8.29 亿美元），萨哈林 –2 号项目收益为 2.845 亿美元[6]。产品分成协议规定，投资方在成本全部收回之后，才与

[1]　刘锋：《关于俄罗斯产品分成协议问题的研究》，《俄罗斯中亚东欧市场》2012 年第 1 期。
[2]　李英、王万萍：《俄罗斯的环保与能源政策》，《中国石油企业》，2014 年 11 月 20 日。
[3]　刘锋：《关于俄罗斯产品分成协议问题的研究》，《俄罗斯中亚东欧市场》2012 年第 1 期。
[4]　《中石化受挫萨哈林未阻中国油企入俄找油》，搜狐新闻，http://news.sohu.com/20100928/n275331979.shtml，2010 年 9 月 28 日。
[5]　《中石化受挫萨哈林未阻中国油企入俄找油》，搜狐新闻，http://news.sohu.com/20100928/n275331979.shtml，2010 年 9 月 28 日。
[6]　刘锋：《关于俄罗斯产品分成协议问题的研究》，《俄罗斯中亚东欧市场》2012 年第 1 期。

俄罗斯政府进行利润产品分成，在 2006 年，萨哈林 –1 号和萨哈林 –2 号都没有进入利润产品分成期，由此，英荷壳牌石油公司提出追加萨哈林 –2 号项目的成本，引起俄方不满，成为俄罗斯与项目投资方利益分配矛盾的导火线。最后的结果是俄罗斯天然气工业公司出资购买萨哈林 –2 号项目的股权，此项目才得以继续下去。

油气资源是战略性资源，尤其是在世界能源价格上涨，世界能源安全堪忧的情况下，油气资源更显示出其珍贵价值。而俄罗斯也不忘利用自身的资源优势及一切可能利用的机会维护国家利益，凸显其能源外交的力量。

（二）基础设施建设方面的中俄合作

俄罗斯在实施东部大开发过程中，将发展基础设施作为其重要的战略方向。具有代表性的东部大开发战略都明确规定俄罗斯要大力发展基础设施建设。例如，《2020 年前西伯利亚社会经济发展战略》第三部分内容明确规定要发展西伯利亚的交通、能源和信息通信基础设施。《2025 年前远东和外贝加尔地区社会经济发展战略》也阐述了发展交通等基础设施的重要性及前景。

2010 年 12 月 28 日中俄政府出台了《中华人民共和国东北地区与俄罗斯联邦远东及东西伯利亚地区合作规划纲要（2009~2018 年）》（以下简称《地方合作规划纲要》）。该纲要规定了中俄加强合作的领域，并明确了中俄双方进行地区合作的重点项目。双方商定，要在中俄口岸及边境基础设施的建设与改造领域、中俄地区运输合作方面加强合作，进一步发展和改造中俄口岸，完善旅检、货检系统，加快口岸电子化，提高通关效率，完善与口岸相关的基础设施。进一步完善中俄间的铁路、公路、航空及港口建设，尤其是航空方面的建设，以加强两国的交流互动。

其实，中俄间就基础设施建设开展的合作早在 20 世纪 90 年代就已经开始了。以远东石油管线为例，1994 年，俄罗斯尤科斯石油公司向中国提出修建中俄原油管道项目（俄罗斯安加尔斯克—中国大庆，即"安大线"）的建议。2001 年 9 月，中俄两国政府签署了《中俄关于共同开展铺设中俄原油管道项目可行性研究工作的总协议》，此后两年多双方完成了"安大线"的技术论证等工作。但是，极度渴望得到石油的日本从 2002 年年底开始介入，建议修建从安加尔斯克到纳霍德卡的石油管线，2003 年 6 月日本前首相森喜朗和日本外务大臣在对俄游说的同时，向俄抛出提供 75 亿美元资金、协助开发东西伯利亚新油田的诱饵，虽然这一承诺在当时因为日本国内不景气的经济状况而难以实现，但成为阻碍"安大线"顺利开工的一大障碍，就此中俄石油管线项目"安大线"流产。俄罗斯石油管道运输公司于 2002 年年底提出了所谓的"安纳线"，但是因环境问题，"安纳线"最终被 2004 年提出的"泰纳线"（东西伯利亚泰舍特—纳霍德卡）方案取代，2004 年 12 月 31 日，时任俄罗斯总理米哈伊尔·弗拉德科夫签署文件，决定由俄罗斯石油运输公司修建"泰纳线"石油运输管道。实际上"泰纳线"是"安纳线"的改良版。"泰纳线"的管道设计总长度为 4130 公里，途经伊尔库茨克州、阿穆尔州和哈巴罗夫斯克边疆区，管道建设周期预计为 4 年，管道的年输油设计能力为 8000万吨，输油管道的直径为 1220 毫米，沿途将修建 32 个油泵站。与"安纳线"不同的是，"泰纳线"要长出 230 公里，而且远离贝加尔湖，其起点设在了距安加尔斯克西北约 500 公里的泰舍特，与"安纳线"距贝加尔湖 75 公里相比，"泰纳线"往北后撤了 150 公里，距贝加尔湖 225 公里。该管线穿越贝加尔湖北部，然后沿着贝加尔—阿穆尔大铁路南下，途经腾达和斯科沃罗季诺，并沿着中俄边境地区一直通向纳霍德卡附近的佩列沃兹纳亚湾。根据规划，"泰纳线"的一期工程为从西伯利亚中部的泰舍特到距中国东北边境仅 60 公里的斯科沃罗季诺；二期工程将铺设从斯科沃罗季诺到纳霍德卡的管道。

　　中国与俄罗斯有关石油管线的谈判没有停止过，双方决定在"泰纳线"一期工程的基础上建设中国支线，即俄罗斯斯科沃罗季诺到中国大庆的线路。2008 年 10 月 28 日，时任总理温家宝与时任俄总理普京签署《关于在石油领域合作的谅解备忘录》，中国承诺向俄罗斯提供 250 亿美元的贷款。双方于2008 年 10 月、11 月、12 月进行了三轮谈判，但因为汇率等问题谈判曾一度中止。2009 年 2 月 17 日，中俄就"贷款换石油"的合同细节达成一致，并签署了正式协议。协议规定，未来 20 年，俄罗斯将向中国提供 3 亿吨的石油，即每年 1500 万吨；而中方由中国开发银行向俄罗斯提供 250 亿美元的贷款，即向俄罗斯石油公司提供 150 亿美元贷款，俄方以石油供应作担保，另外向俄罗斯石油管道建设运输公司提供 100 亿美元贷款，俄方以基础设施作担保。

显然，这一石油管线项目对中俄两国来说是互利共赢的。首先对于俄罗斯来说，当时正值全球金融危机之时，大量外资从俄罗斯流出，使其国际储备减少了 600 亿美元，几大石油公司也陷入了债务危机，而且要想在扩大再生产及在世界上抢占资源，必须拥有自有资金，因此，250 亿美元的长期贷款将会给俄罗斯带来巨大的好处，另外，可以让俄罗斯减轻对欧洲市场的依赖。长期以来，俄罗斯的油气主要供给欧洲国家，对其依赖过大，以至于面对来自西方的压力时反压力的能力较低；再加上欧洲市场已经饱和，所以俄适时加快开辟东方市场是必要选择，这不仅能为其提供经济发展所需的资金，而且能在加速本国东部地区开发的同时逐步缩小地区发展差距，防范地区分离主义，维护国家统一。其次，对于中国来说，与其说是"贷款换石油"不如说是"石油换贷款"，据有关专家计算，按照一吨原油等于 7 桶计算，250 亿美元贷款换来的是 21 亿桶（3 亿吨）原油供应，平均每桶供应的贷款额大约是 12 美元，或者说是每 12 美元贷款换来 1 桶原油供应[①]。另外，提高了中国的能源保障能力。我们知道，中国已经成为仅次于美国的世界第二大石油消费国，石油消耗的一半需要进口来补充，中国的石油进口长期依赖中东，但是中东政局不稳，被美国不断渗透，并且中国的远洋运输能力不强，远洋运输途中海盗猖獗，所以能够获得邻国俄罗斯的石油供应，将大大减轻中国对中东石油的依赖，在一定程度上获得能源保障，增强能源安全。总之，石油管线的顺利铺设对中俄两国有着不可小觑的意义。

（三）原材料深加工方面的合作

俄罗斯拥有丰富的森林资源，森林资源品种繁多，居世界第一，资源比较优势明显，而且主要分布在西伯利亚和远东地区。但是比较优势不等于竞

[①] 《俄签署贷款换石油协议》，新浪财经，http://finance.sina.com.cn/roll，2012 年 2 月 19 日。

争优势。比较优势强调的是土地、劳动、自然资源等要素的丰裕程度，而竞争优势来自要素的成本效率，往往强调价格竞争[①]。虽然俄罗斯拥有别国不曾有的自然资源禀赋，但是长期依赖出口较为丰富的产品，很可能导致贸易条件的恶化，非但不能使国家摆脱贫困，还有陷入"比较利益陷阱"的危险。而俄罗斯就面临着这样的问题，在俄罗斯林产品的对外贸易中，大量出口原木，然后再用所得的外汇收入大量购入木材深加工产品，最终导致贸易利益的减少。资源是有限的，即使像森林这种可再生资源，如果不加以合理利用，乱砍滥伐、浪费严重，也有枯竭的一天。然而这种单纯依靠自然资源优势建立起来的比较优势是可以转化为竞争优势的。波特指出竞争优势有层次之别[②]。属于低层次优势的是单纯的资源禀赋优势，而像通过对技术、设备、科研等大量投入而获得的技术优势属于高层次优势。低层次优势由于没有什么技术含量，很容易被模仿，而高层次优势则更稳定。那么对于俄罗斯来说，加快木材深加工产业的发展，改变目前以出口原木为主的贸易结构，是俄罗斯的一项长期任务。但是目前俄罗斯木材深加工产业发展面临的最大瓶颈就是资金短缺和技术落后，所以加强同其他国家的合作是必然选择。除了资金和技术不足外，俄罗斯还缺少劳动力和技术熟练工人，许多成熟林和过熟林不能及时得到采伐，出现不必要的资源浪费和森林灾害等，大量的森林资源有待开发，这也需要俄罗斯加强与其他国家在开发利用方面的合作，以弥补自身的不足。为此，从2006年起，俄罗斯不断提高原木出口关税，并提高本国对木材的深加工能力。

　　具有代表性的俄罗斯联邦社会经济发展战略，即《2025年前远东和外贝加尔地区社会经济发展战略》和《2020年前西伯利亚社会经济发展战略》，都强调要在本地区大力发展加工工业，足见俄罗斯政府对东部地区发展加工工业的重视。其中《2025年前远东和外贝加尔地区社会经济发展战略》认为对于发掘远东和外贝加尔地区森林加工部门出口潜力来说，在外贝加尔地区

[①]　顾晓燕、余伟:《从比较优势向竞争优势转变——俄罗斯林产品贸易可持续发展的关键》，《江苏商论》2007年7月。

[②]　顾晓燕、余伟:《从比较优势向竞争优势转变——俄罗斯林产品贸易可持续发展的关键》，《江苏商论》2007年7月。

和阿穆尔河沿岸地区组建木材加工综合体发挥着特殊作用，包括在伊尔库茨克州发展纸浆造纸工业等。而木材加工综合体的前景在于在利用外国投资的基础上进行生产。并且指出为了使森林资源得到利用不至枯竭并提高其在国际市场上的竞争力，重要的事情之一就是要签署国际协议，首先是要与中国生产者签订协议。这表明俄罗斯在木材深加工方面与中国积极合作的态度。

我们知道，木材的体积大，这无疑会增加木材运输成本，所以在森林资源领域的对外贸易中，地缘优势发挥了重要的作用。俄罗斯地跨欧亚，毗邻世界上两个最为巨大的木材需求市场：欧洲和亚洲。虽然欧洲的木材进口量在世界上排第一位，但是由于西伯利亚和远东地区距离欧洲市场较远，木材运输道路设施落后，运输成本较高，这为俄罗斯森林资源开发主要面向亚洲市场提供了可能。亚洲有世界上人口最多的国家中国，有资源极度匮乏的日本，也有经济快速发展的韩国，整个亚洲的木材进口量仅次于欧洲，居世界第二位，市场极为广阔。

对于中国来说，中国拥有广阔的木材市场，且在地缘上与俄罗斯相邻；而且中国改革开放步伐的加快和经济效率的提高，使得森林工业对木材的需求明显加大，而且出现人员富余和设备闲置的状况。因而中国积极参与俄罗斯森林资源合作开发，不仅有利于充分利用中国森林工业的闲置设备和富余人员，解决森林工业企业生产、员工就业、增加收入等基本问题，而且更重要的是，其战略意义在于可以锻炼企业队伍，促进企业熟悉国际规则和制度，逐步在全球范围内进行采伐和加工，优化配置各种要素和资源，成长为大型跨国公司。所以中国积极鼓励有实力的企业赴俄罗斯开展木材深加工合作，引导企业在境外从单一的木材贸易合作，逐步向森林资源开发利用、建立工业园区、木材综合加工、野生动植物保护、森林防火以及林业科技交流方面发展。

在《中俄地方合作规划纲要》的附件即《中华人民共和国东北地区与俄罗斯联邦远东及东西伯利亚合作重点项目目录》中，双方商定不仅要加强基础设施方面的合作，同时要在资源深加工方面密切合作，包括木材深加工、水生物资源深加工等，其中主要是木材深加工，这在中俄地区合作的重点项目中已明确规定。在外贝加尔边疆区、伊尔库茨克州、阿穆尔州、犹太自治州、哈巴罗夫斯克边疆区、布里亚特共和国、滨海边疆区、萨哈林州、马加丹州、堪察加边疆区等，要建立各种形式的原木深加工企业，木材加工综合体，森工综合体，薄板、OSB 板生产企业。特别是在哈巴罗夫斯克边疆区，确定了多个木材深加工项目，例如在阿穆尔河畔共青城建立 OSB 板生产企业，在阿穆尔斯克市建立大型的原木深加工中心等。整体来看，在该重点项目目录中，俄罗斯境内有关林业开发的项目就有 22 个，占项目总量的 23%，将近 1/4。其中外贝加尔边疆区有 2 个，伊尔库茨克州有 3 个，阿穆尔州有 1 个，犹太自治州有 1 个，哈巴罗夫斯克边疆区有 7 个，布里亚特共和国有 3 个，滨海边疆区有 1 个，萨哈林州有 2 个，马加丹州有 1 个，堪察加边疆区有 1 个。今后中俄加强林业合作的潜力巨大。

以中国内蒙古森工集团与俄罗斯联邦阿穆尔州洁雅木材生产联合体股份有限公司的合作为例来了解中俄木材深加工合作的相关情况。2010 年 10 月 22 日，中国内蒙古森工集团与俄罗斯联邦阿穆尔州洁雅木材生产联合体股份有限公司签订了合作开发森林资源合同。该合作项目投资总额为 350 万美元，其中中方投资额为 105 万美元，占投资比例的 30%；俄方投资额为 245 万美元，占投资比例的 70%。合同期限为 10 年（2010 年 11 月 1 日至 2020 年 11 月 1 日）。据悉，内蒙古森工集团与俄罗斯联邦阿穆尔州洁雅木材生产联合体股份有限公司根据《中华人民共和国合同法》以及中俄相关法律法规的规定，本着平等互利的原则，经过友好协商，决定共同合作开发森林资源，开展木材深加工项目。该项目合同总金额为 2 亿美元。协议规定，中方负责提供生产所需的劳务技术人员 260 名，负责采伐、集材、清林、运输、卸车、造材、选材、归楞、装车、锯材加工和木材检验全部生产工序；俄方提供合作项目所需的充足的可采资源、贮木场地和铁路专运线，办理引进劳务技术人员许可证，垫付生产所需油脂、材料、关税和铁路运费等资金。根据合同约定，该项目生产经营范围是森林采伐，木材深加工生产，销售原木、锯材和其他林产品。合作项目投产后，预计可以达到年采伐木材 10 万立方米，加工锯材 2 万立方米，年产值将突破 1 亿元人民币。并且随着生产经营的发展，生产规模可增加到年产木材 15 万立方米，加工锯材 4 万立方米。合作项目将向密度板、细木工板和木材削片等方向发展 ① 。

我们知道，俄罗斯是中国重要的木材来源地，中国是俄罗斯最大的木材出口市场。但是双方的木材深加工合作要远远落后于双方的贸易水平，合作水平较低，这成为制约两国林业合作的瓶颈。中俄在森工合作上，还不同程度地存在规模小、效益低、投入少、不规范等问题。尽管存在诸多问题，但是在俄罗斯积极推动深加工企业发展的背景下，中俄两国在森工领域的合作前景将非常广阔。

（四）俄罗斯北极地区开发的国际合作

北极地区是俄罗斯联邦的地缘战略利益区。对国家经济发展和位于这一地区的俄罗斯联邦区域的稳定发展来说，北极地区的经济和自然资源潜力发挥着重要的作用。那么，俄罗斯对北极地区的开发就显得尤为重要，首先我们要明确俄罗斯北极地区的范围。在这里，我们以《2020 年前及更远的未来俄罗斯联邦在北极的国家政策原则》（以下简称《原则》）为依据，《原则》是俄罗斯联邦总统于 2008 年 9 月 18 日批准的。在《原则》中俄罗斯北极地区包括下列行政区划的部分或全部领土：萨哈（雅库特）共和国、摩尔曼斯克州、阿尔汉格尔斯克州、克拉斯诺亚尔斯克边疆区、亚马尔 - 涅涅茨自治区、楚科奇自治区。这些行政区划是根据《有关北极事务的相关决议》（附属于苏联部长会议的国家北极委员会于 1989 年 4 月 22 日制定）和《关于苏联的土地和岛屿在北冰洋的声明》（苏联中央执行委员会主席团于 1926 年 4 月 15 日公布）划分的，具有法律效力。此外，俄罗斯的北极地区还包括这些行政区划邻近的土地、内海（河）中的岛屿、领海、专属经济区和大陆架，俄罗斯对上述地区拥有无可争辩的主权，这符合国际法的规定。

俄罗斯对北极地区似乎有着一种特殊的感情，早在彼得一世时期，沙俄就曾经多次组织探险队到北极进行考察，收集相关地理信息。而进入 21 世纪后，俄罗斯对北极地区的开发更加迫切。作为主要的北极国家（俄罗斯、美国、加拿大、挪威、芬兰）之一，俄罗斯将北极地区视为"21 世纪的能源基

---

① 刘玉荣：《中俄签订合作协议共同开发森林资源》，中俄蒙资讯网，http://www.nmg.xinhuanet.com/nmgwq/26-10-2010，2010 年 10 月 26 日。

地"。2001 年，俄罗斯就对北冰洋近百万平方公里的海域向联合国提请了权益诉求，诉求因"证据不足"而遭驳回。但是俄罗斯对北极的热度依旧不减，于 2007 年首先在新一轮的北极争夺战中宣誓主权，并于这年的 8 月 2 日，利用深海潜水器，将一面用钛合金制成的俄罗斯国旗插在 4300 米深的北冰洋洋底，随后又建立起漂浮水电站，并派遣战略轰炸机巡视。2008 年，时任俄罗斯总统梅德韦杰夫批准了《2020 年前及更远的未来俄罗斯联邦在北极的国家政策原则》，俄罗斯开始实施北极战略。

俄罗斯对北极地区的重视源于北极地区丰富的油气资源和极具战略意义的北极航道。据美国地质勘探局保守估计，北极地区有 900 亿桶的石油储量，占全世界石油储量的 13%，而天然气储量却是石油储量的 3 倍，其未完全探明的、可获取的天然气储量约为 47 万亿立方米，占全球未探明储量的 30%。由此，北极地区也获得了"新的休斯敦"（美国石油工业的发源地）、"第二个中东"这样的称号。而除了丰富的石油、天然气资源之外，北极还有大量其他的重要资源，如煤炭、铜 – 镍 – 钚复合矿、铁、金、金刚石、铀等。这极大地刺激了俄罗斯及其他北极国家对这一地区的兴趣，引发了日趋激烈的争夺。

随着全球气候变暖，北极地区的冰雪大面积融化，融冰条件使得对这一地区的油气资源的开发更加便利，同时也为北极航道 [①] 长时间的通航提供了条件，其夏季通航能力越来越强。

俄联邦北极地区具有一些独特的特点，这些特点对俄罗斯国家北极政策的制定具有很大影响：①自然条件和气候条件恶劣，覆盖永久冰盖层，并有大量浮冰；②北极地区的开发比较缓慢，工农业不发达且人口密度低；③俄罗斯北极地区远离国家主要工业中心，本地经济活动所需的原料、燃料以及居民的基本生活必需品（包括粮食）都需要从外地调配，但是北极地区的资源非常丰富，且尚未得到有效开发利用；④北极地区的生态系统

---

① 北极航道由加拿大沿岸的西北航道和西伯利亚沿岸的东北航道（又称北方航道）构成。西北航道东起戴维斯海峡和巴芬湾，向西穿过加拿大北极群岛水域，到达美国阿拉斯加北面，连接大西洋和太平洋，东北航道西起西欧和北欧港口，经西伯利亚以及北冰洋邻海，绕过白令海峡到达中、日、韩等国港口。

比较脆弱，一旦遭到人为破坏，就会对地球的生态平衡和气候造成无法估量的损害。

俄罗斯国家北极政策的主要目标涉及多个领域，包括社会经济发展、军事安全、生态安全、信息技术和通信、科学技术及国际合作等。而国际合作就是要确保在国际公约和国际协议的基础上（前提是俄罗斯必须是这些国际公约和国际协议的参加国之一），建立俄罗斯与其他主要北极四国互利互惠的双边或多边合作机制。

俄罗斯国家北极政策的战略重点包括若干方面：①在有关国际法和双边协议的基础上，在充分考虑俄罗斯国家利益的前提下，与北极四国开展积极的互动，以求最终划定海洋边界；②与北极四国加强合作，共同建立统一的地区搜救系统，并努力防止发生技术性（人为）灾害或当该类型灾害发生后，五国能共同采取有力措施以减轻其对北极自然和生态环境的影响，包括统一协调五国搜救队伍在执行任务过程中的行动；③通过发展双边关系，增强俄罗斯与北极委员会、巴伦支海欧洲北极地区理事会等区域性组织的联系，改善并巩固俄罗斯与北极四国之间的睦邻友好关系，积极开展与这些国家的经济、科学技术、文化等方面的交流与合作，以及跨边界合作（包括五国共同合理开发北极地区的自然资源和保护北极地区的自然环境）；④依据俄罗斯联邦有关法律及俄罗斯联邦签署的国际公约的相关规定，对穿越北极空中航线和"北方海航线"的飞机和船只实施有效组织和管理；⑤俄罗斯政府机构和各社会团体都要积极参与与北极问题有关的国际性会议和论坛，俄罗斯议会要加强与欧盟之间的沟通与协作，进一步促进俄欧之间的合作伙伴关系；⑥在北冰洋完成划界行动，确保俄罗斯在斯匹次卑尔根群岛与挪威实现互利共存；⑦改善俄罗斯北极地区社会经济发展的国家管理机制，推进对北极地区的基础性科学研究和应用科学研究；⑧提高北极地区当地居民的生活水平，改善当地经济条件，为该地区经济的发展提供必要的社会条件；⑨大量使用先进科学技术，充分发挥北极地区的资源优势；⑩通过翻新和新建公路、港口等交通业、渔业所需的基础设施，大力推动俄罗斯北极地区的基础设施建设，为经济的迅速发展创造良好的条件。

要想顺利实现俄罗斯国家北极政策，俄罗斯联邦中央政府和地方各级政府（包括各共和国、州、自治州、边疆区、直辖市、自治区）需要通力合作，各工业企业、商业团体和社会组织也可以依据国家的有关法律和政府开展合作，甚至俄罗斯联邦还可以同外国和国际组织开展合作，共同开发俄属北极地区，具体包括：①在不损害俄罗斯国家利益及不违背俄罗斯联邦法律的条件下，在确保俄属北极地区社会经济发展、环境保护、军事安全、边界不受侵犯的基础上，可在北极地区开展科研活动，并通过国际合作的方式共同开发俄属北极地区，同时要遵守国际法和履行俄罗斯所承担的国际义务；②利用中央政府与各级地方政府共同出资、预算内拨款和预算外追加拨款的灵活方式，实现俄属北极地区的开发；③俄罗斯联邦各主体分别制定各自的社会经济发展战略、社会经济发展计划和土地发展规划；④向国际媒体宣传和解释俄罗斯的北极政策，并通过举办展览、国际会议、"圆桌会议"等各种形式向外界证明俄罗斯拥有对北极地区无可争辩的主权和合法权益，树立俄罗斯积极正面的国际形象；⑤建立国家北极政策监察和分析机制。

俄罗斯国家北极政策的实施主要是通过《2020 年前及更远的未来俄罗斯联邦在北极的国家政策原则》来体现的，该原则的相关目标分三个阶段来实施。第一阶段（2008~2010 年）：通过地质、地理、水文、测绘等手段确定俄罗斯在北极地区的疆域，并准备好充足的数据和证明材料；为有效开发俄属北极地区的自然资源，积极开展国际合作；利用多种渠道筹集资金，中央政府和各级地方政府都要为北极的开发投入大量资金，确保该原则顺利实施；在俄属北极地区建立高技术产业，即能源产业和渔业；对俄属北极地区有前景的发展项目采取公私共同出资、合作经营的方式。第二阶段（2011~2015 年）：设法让国际社会承认俄属北极疆域，在开采和输送北极能源资源方面形成竞争优势；完成俄属北极地区经济结构调整的任务，着手建立原材料基地和海洋生物资源基地；为了保障"北方海航线"的畅通，建设沿岸的基础设施和交通管理系统；建立俄属北极地区统一的信息空间。第三阶段（2016~2020 年）：把北极地区变成俄罗斯主要的"自然资源战略基地"①。该原则对俄罗斯北极地区的特点、开发目标、战略重点、国际合作的相关问题及相关内容的实施阶段进行了详细的说明和规划,对俄罗斯北极开发战略具有系统指导意义。

除了《2020年前及更远的未来俄罗斯联邦在北极的国家政策原则》以外,2010年7月5日批准的《2020年前西伯利亚社会经济发展战略》(以下简称《战略》),将北极地区的开发看作西伯利亚经济专业化发展的重点方向之一。就俄罗斯北极地区的地缘战略地位和俄罗斯国内经济发展的需要,《战略》明确了确保这两个任务实现的一系列具体措施。为此,俄罗斯政府积极与外国,尤其是北极国家进行国际合作,共同开发这一几乎未被人类涉足的地区。

俄罗斯和加拿大两国政府于2011年12月1日公布了《2012~2013年俄罗斯-加拿大政府间经济委员就北极和北部地区的工作组行动计划》(以下简称《计划》)。《计划》明确了俄加双方的合作领域,包括以下几个方面。第一,跨越极地的航空、海上干线及道路建设方面的合作,如"北方空中桥"项目(区域合作框架下),这一项目旨在联合并增强俄罗斯(克拉斯诺亚尔斯克)和加拿大(温尼伯)利用现有跨极地线路在全球范围内输送旅客和货物的中心优势。第二,研究和生产适于北极地区海上用的水路两用汽车,建立研究和生产这一汽车的联合公司,以确保俄罗斯联邦和加拿大北极地区经济和社会发展的交通条件。第三,北方少数民族地区社会经济发展方面。例如,建设当地少数民族传统自然资源利用的现代区域,以加强俄罗斯和加拿大在保护当地民族传统生活方式问题上的相互合作,为当地民族发展创造条件,建立不使自然资源利用枯竭并保护和恢复生态多样性的系统。除此之外还要建立"涅涅茨无线电"项目,保证北极地区当地民族的无线电广播,并就北方少数民族儿童的学校模式问题交换意见,加强双方的文化、经济交流与合作。第四,保护和恢复北方地区的生态多样性并保护环境,在农业和林业领域开展合作。在《萨哈(雅库特)共和国环境保护》这一共和国专项纲要的框架下,通过圈养和半圈养的方式保护北美野牛,在保护北极动植物区

---

① Основы государственной политики Российской Федерации в Арктике на период до 2020 года и дальнейшую перспективу, http://www.scrf.gov.ru/documents/98.html, 2014-04-20.

系方面交流经验并增加民族经济部门的工作岗位，同时加强在药用制剂、化妆品及肉类生产和深加工方面的合作并增加北方当地民族常住地区的工作岗位。第五，科学技术领域。在亚马尔－涅涅茨自治区采用适合北极地区条件的风力发电设备，以取代过时不适用的发电机，促使北极地区获得可观的生态和社会效益。第六，体育和旅游方面。举行各种类型的体育比赛等。第七，酷寒条件下高效建设住房方面。加强这方面的经验交流和合作。第八，远程医学和教育领域。第九，其他方面。如根据主要合作方向进行事务交流；通过吸引加拿大相关企业和投资者参与联合项目的方式给予萨哈（雅库特）共和国的中小企业以财政和信息支持；在教育和科学研究领域同加拿大的高校和科学中心建立战略伙伴关系。

总的来看，俄罗斯对北极地区的开发非常重视，并且鉴于北极地区的特点及俄罗斯自身的情况，俄罗斯政府积极寻求同其他国家，主要是北极国家的合作。尽管各主要北极国家及一些非北极国家都对地位日趋显现的北极地区的开发跃跃欲试，但是就目前来看，任何一个国家，包括各方面实力雄厚的美国，都没有足够的能力独立承担起开发北极地区的任务，所以对于俄罗斯来说，通过加强国际合作来开发这一地区也成为必然选择。

俄罗斯经历了苏联解体之后的经济混乱时期，在俄罗斯经济继续转轨的今天，要实现经济振兴、国家强大的目标，俄罗斯目前及在可预见的将来很大程度上仍然依赖国内丰富油气资源的开发及出口。所以寻找新资源供应地成为俄罗斯的迫切任务。北极地区被视为俄罗斯的"自然资源战略基地"，对国家实现社会经济发展目标具有十分重要的作用，这也是俄罗斯联邦在北极地区的国家利益所在。但是俄罗斯政府既不能为开发北极提供充足的资金，又缺乏远洋勘探和开采的经验技术，在这种情况下，引入战略投资非常有必要。

北极地区位于高寒或极寒地带，要想顺利地对北极地区进行开发并非易事，北极地区开发存在诸多难题。首先，北极地区的地理位置和气候条件特殊，与其他地方相比，需要投入的资金无疑会增加，据专家估计，北极地区每桶原油的生产成本达到 30 美元，而据俄罗斯石油公司预测，为开发俄罗斯北极大陆架（不算争议地区），在 2050 年之前需要投资 61.6 万亿卢布（约合

2.5 万亿美元），如果开发争议地区，则还需要追加 10 万亿 ~12 万亿卢布。其次，在高寒及深海地区作业，需要必要的技术，但是目前这样的技术还不成熟，尤其是让石油远离冰面喷涌的技术目前几乎为空白。这无疑让另一个问题，即北极地区的生态问题成为各国重点考虑的问题。当然这些问题对俄罗斯来说也不例外，而对于中国这个非北极国家来说，这些问题却是积极参与北极地区开发重大契机。中国作为一个石油净进口国，为满足本国经济快速发展的需要，特别需要北极地区丰富的油气资源，而从地缘上来看，北极距中国本土较近，这就更加增加了北极对中国的重要性。另外，全球气候变暖，北极航道的夏季通航时间变长，而北极航道可大大缩短中国到欧洲及美洲的距离，材料显示，这条航道可以使上海到欧洲（鹿特丹）、上海到北美洲东岸（纽约）的海运里程缩短约 3000 海里，从现在的 1.1 万海里缩短至 8000 海里；除此之外，还可增强中国海运的安全性和运力，以往马六甲海峡、苏伊士运河的航线上海盗猖獗，过往船只吨位受限，而北极航道不存在这些问题，这在一定程度上也会减少中国的运输成本。这些优势使得中国不得不重视北极地区的开发，并要积极地参与。虽然俄罗斯曾经明确表示不欢迎中国插手北极事务，但是现实表明，中国是世界上最大的发展最快的发展中国家及负责任的大国，没有中国的参与，许多事情并不能圆满地解决。除同俄罗斯外，中国也应该加强同其他北极国家在科学考察、生态环境保护、资源开发、文化交流等方面的合作，以加强在这一地区的影响力。

就目前来看，俄罗斯东部地区开发的国际合作主要是围绕这一地区丰富的自然资源进行的。俄罗斯自然资源极其丰富，而其周边国家自然资源相对贫乏，但资金技术相对充裕，这样就形成了以俄罗斯为中心，以周边国家为外围，并且中心资源与外围资金技术不断流通的状况，即俄罗斯在东部地区开发过程中开展广泛的国际合作。

（五）陆续颁布对外合作的相关政策

20 世纪 90 年代，由于苏联解体、激进式的市场化改革，俄罗斯国内曾一度处于混乱状态，致使国内外投资环境极差。俄罗斯政府虽极力改善国内投资状况，但是为维护国家利益也设置了重重限制。2008 年颁布的《战略领域外国投资法》限制 42 个战略行业的外国投资，这些战略行业涉及能源，航空，国防，矿业，空间技术，核能，大众电信服务业，邮政服务，供暖、供电行业，观众和听众超过全国半数人口的电视、广播公司，日发行量超过 100 万份的印刷媒体等。该法规定，必须获得相关委员会批准，外商才能在战略行业企业持股 50% 以上；但如果公司有外国国有公司参股，则外商只要购买 25% 以上的股份就要经过获准[①]。2011 年 7 月 26 日联合国发表《年度国别投资环境报告》，报告显示俄罗斯当时投资环境不被看好，油气领域开放速度缓慢，外国投资者非常感兴趣的油气领域基本被封闭，以致引进外资水平远低于预期。尽管普京曾表示允许外国企业参与私有化过程，私有化计划也不断出台，但是附加条件过多且苛刻，私有化改善投资环境的积极影响并未显现。

尽管如此，俄罗斯历届政府并未中断投资环境改善工作，为此出台了各项措施。签署《俄罗斯联邦外国投资法》，设立"外国投资者利益保护中心"；通过修改法律改善国内商业和投资环境；设立"投资检查员"职位，以便在政府与企业之间进行沟通；在 2011 年第一次外资管理委员会会议上，普京宣布修改《外国投资法》，外资进入食品业、医疗业、银行业及地下资源使用行业的手续得以简化；2011 年俄外国投资咨询委员会调低外资进入战略性企业的门槛，即外国公司和国际组织无须外国投资咨询委员会同意便可购得、持有开发联邦级地下资源的俄原料公司 25% 的股份[②]。2011 年 5 月外经银行与政府联合成立"直接投资基金"，2011 年 6 月梅德韦杰夫亲自启动该基金，以吸引投资。俄罗斯外经银行行长曾称，众多国际主权投资资金及私募基金，包括中投在内，对俄"直接投资基金"表现出浓厚兴趣。2011 年 8 月初，梅德韦杰夫签署总统令，任命七大联邦区的副代表为负责投资事务的全权代表，其任务就是减少行政壁垒，为俄商业和投资发展创造良好条件。各代表每季

---

①　《战略领域外国投资法巩固俄市场透明规则》，俄新网，http://rusnews.cn/eguoxinwen/eluosi_neizheng/，2011 年 8 月 31 日。

②　《俄罗斯将设外国投资者利益保护中心》，中国俄罗斯东欧中亚研究网，http://euroasia.cass.cn/news，2011 年 8 月 19 日。

度要向总统办公厅和经济发展部提交投资者的诉求、修改相关法律法规的建
议①。同时俄罗斯领导人对改善国内投资环境给予高度重视，2011年时任俄罗
斯总理普京表示，俄罗斯要改善投资环境，减少外国资本遇到的行政障碍，改
善海关程序，允许海外企业参与私有化过程。2011年时任俄罗斯总统梅德韦杰
夫也表示尽管出台了一系列新措施，但对改善俄投资环境还远远不够。综上可
以看出俄罗斯在保护国家利益前提下改善投资环境的决心和态度。

同样是20世纪90年代，俄罗斯东部地区不再享受国家优惠政策，人口
外流严重，且多数外流人口是技术熟练的专业人员和年轻人，该地区人口数
量不断减少。进入21世纪，东部地区人口非但没有增加，反而继续减少。另
外，俄罗斯劳动力市场就业人员老龄化问题日渐明显，尤其是远东地区，俄
罗斯联邦统计局公布的有关2005~2010年俄罗斯社会经济发展以及居民生活
水平指数数据显示，就业者的平均年龄正在上升，2005年参与经济活动的从
业人员平均年龄为39.6岁，2010年达到39.9岁②。虽然俄罗斯一直将向其
东部地区移民作为一项国策，但是由于该地区吸引外来移民的优势已不存在，
所以该地区人口不增反降。俄罗斯东部地区，尤其是远东地区本身地广人稀，
地理上远离中央，人口不断流失，外国移民不断迁入，使得该地区有被分离
出去的危险；俄罗斯人认为大量非法外国移民造成社会的不稳定，减少了本
国公民的工作机会。据统计，2012年俄罗斯境内有1000多万外国人，其中
21%为逾期居留、非法就业，2012年上半年莫斯科已侦破的犯罪案件中有
1/6为外国移民和无国籍人士所为③。而俄罗斯传统上形成的安全意识加剧了
俄罗斯人对外国移民排斥心理。俄罗斯在非常矛盾的心理下既制定发展东部
地区战略，又出台种种移民政策。

2009年时任俄罗斯总理普京认为，俄罗斯应该慎重考虑2010年吸引外
国劳动力的配额，应该进一步缩减这个配额，并确定最适宜的数字。在2012

① 《俄罗斯将设外国投资者利益保护中心》，中国俄罗斯东欧中亚研究网，http://euroasia.cass.cn/
news，2011年8月19日。
② 《俄劳动力市场老龄化现象趋于明显》，俄罗斯安全委员会，http://ru.mofcom.gov.cn/aarticle/
jmxw，2012年10月20日。
③ 《俄不允许出现外国人聚居地》，人民网，http://world.people.com.cn，2012年8月10日。

年 10 月的政府会议上，俄总理梅德韦杰夫要求阻止大量外国移民涌入人口稀少的远东地区，以使该地区免受外国公民过度扩张的影响，禁止俄罗斯境内形成外国移民聚居地 [①]。但同时他强调这不意味着俄罗斯害怕外国移民，而是俄罗斯要彻底改变国内移民进程管理，建立文明、平衡的劳动力市场，让技术熟练的劳动力保障俄罗斯经济 [②]。俄罗斯规定，前来俄罗斯工作的外国移民必须通过俄语考试，还必须通过有关俄罗斯历史和法律的基础考试。而俄罗斯移民局局长康斯坦丁·罗莫达诺夫斯基表示，俄语考试只针对中等技能、低技能及无技能的外国劳工，对于高技能的外国专家没有此等要求。梅德韦杰夫指出俄罗斯移民局的首要任务是有效调节移民进程，以适应俄罗斯发展方向，为引入业务熟练、文化素养高的高端外国专家及促使其融入社会创造条件。

2012 年 6 月俄罗斯总统普京批准《2025 年前俄罗斯联邦国家移民政策构想》（以下简称《构想》），俄罗斯总统网站全文登载了《构想》。《构想》共分为 7 个章节、32 个条款。《构想》提出将建立新移民模式。针对不同类型的移民，建立不同的引进机制，有差别地吸引、挑选和利用外国劳动力。俄罗斯移民政策的重要任务是创造长期吸引俄罗斯经济需要的不同行业高级和中级专业人才、企业家和投资者的条件和机制。采取"两种资源，两个提高"的政策，即充分利用国外俄侨资源和外国人才资源；提高普通移民门槛，提高对非法移民的打击力度。

在《构想》中，允许临时居住机制被取消，外国劳工配额制度得以修订，高技能外籍专家赴俄机制得到简化。另外对外国劳工社会和医疗保障的完善、外国留学生就学期间工作机会的提供进行关注。对行政违法法典进行修订，规定把多次违法入境和居留，并且无证就业的外国公民驱逐出俄罗斯。还将加强对违反引进外国公民既定程序的雇主的责任追究力度。《构想》还希望在俄居住的外国公民学习俄语。此外，外国人只有在通过医疗鉴定后方能获得工作许可。

《构想》确定俄罗斯移民政策的性质和宗旨是保障国家安全，充分吸

---

① 《俄不允许出现外国人聚居地》，人民网，http://world.people.com.cn，2012 年 8 月 10 日。

② 《梅德韦杰夫：俄罗斯需彻底改变移民进程管理》，中国新闻网，http://www.chinanews.com/hr/10-08-2012，2012 年 8 月 10 日。

引、有效利用国外人才资源，最大限度保障本国人的富足安康，稳定和增加人口数量，满足经济发展对劳动力的需求，促进现代化和创新发展。在《构想》中，俄罗斯 13 年（2012~2025 年）移民政策计划分三步走。第一步，即 2012~2015 年，从法律上保障移民政策及规划目的、任务和基本方向的有序推进，制定具体实施细则，建立各地移民中心和移民体检中心。国家和个人联合出资建立移民人员生活基础设施，有利于移民适应和融入社会的教育中心、培训中心，向他们提供法律援助和信息服务，举办俄罗斯语言、文化、历史、法律基础知识学习班。第二步，即 2016~2020 年，通过实施移民政策主要方向的行动规划，检查移民构想落实情况，并对其进行总结分析，以实现区域移民的平衡流动。第三步，即 2021~2025 年，对构想实施的结果和有效性进行评价，进一步确定今后的战略取向，形成向远东和西伯利亚移民的高潮，从而更好实施俄罗斯远东发展战略，达到振兴全国的宏伟目标 [1]。

根据此项计划，俄罗斯联邦移民局与其他 17 个涉及移民工作的部门要在机制、措施、资金上予以充分保障。俄罗斯已提出 800 亿卢布预算，主要用于移民适应环境和融入社会的培训和教育，建立移民遣返中心及打击非法移民相关项目，进行移民需求、流动及市场的分析和预测。此外，俄罗斯还将加强国际合作，这种合作主要在两个层面展开，一个是国家间法律法规的"协同"，一个是相关机构和机制间的"协作" [2]。

《构想》旨在改善移民进程的管理，也勾勒出俄罗斯移民政策的远景轮廓。目前俄罗斯移民政策的法律基础是 1991 年的《俄罗斯联邦人口就业法》、1993 年的《难民法》及 1995 年的《出入境法》，《2025 年前俄罗斯联邦国家移民政策构想》是对现有法律基础的充实。

由于俄罗斯东部地区地广人稀，俄罗斯对外国居民大量移民入境抱有戒备心理，特别是在引进中国劳动力问题上更是制定了种种限制政策。但是俄罗斯东部地区不仅有中国移民，还有来自中亚、高加索、越南、朝鲜等各国

---

[1] Концепция государственной миграционной политики Российской Федерации на период до 2025 года, http://www.kremlin.ru/acts, 2012-06-30.

[2] 《俄拟定 2025 年前移民政策新构想》，法制网，http://www.legaldaily.com.cn/News_Center/content/13-11-2012，2012 年 11 月 13 日。

移民。据俄罗斯移民局数据，外国劳动移民约占全俄劳动就业的 6%~8%。这
与法国（7%）、奥地利（8%）、比利时（9%）^① 等部分欧洲国家比例相当。
另据俄罗斯移民局数据，每年都有 1300 万 ~1400 万人来到俄罗斯，其中 77%
的人都是独联体国家的公民，10% 的人来自欧盟国家 ^②。

2010 年人口普查结果显示，1989~2010 年，俄罗斯人口减少了 1200 万人，
同期的外来人口为 800 万人，在很大程度上填补了人口减少造成的缺口。而
且俄罗斯联邦统计局预测，2016 年起俄罗斯劳动力将大量减少，2026 年将降
至最低，2030 年前俄罗斯人口约为 1.39 亿人，劳动力将减少 1100 多万人 ^③。
这说明在可预见时期内，俄罗斯急需外来移民。

正如俄罗斯总理梅德韦杰夫所说的那样，俄罗斯实施的诸多移民政策和措
施一方面有利于巩固法治、加大对违反移民法人员的惩罚力度；另一方面可以给
予守法公民、技术熟练和市场需要的外国工作人员额外的优惠条件，能够吸引更
多高层次人才，更有利于保证外国移民在俄罗斯居住生活及工作的合法性。

另外，俄罗斯不断有新的吸引外资的项目，这为中俄两国合作提供了切
实的契机。例如，俄西伯利亚工贸公司（Сибирская торгово-промышленная
компания）寻求中国合作伙伴，合作内容包括木材采伐、运输和加工。该公
司有 20 年的采伐许可，年许可采伐量为 93000 立方米，有完备的基础实施和
采伐设备 ^④；俄一机械维修厂欲寻找中国合作伙伴，建立工业品合资生产企
业，该厂位于克拉斯诺达尔市，有工业用地 6.5 公顷 ^⑤。除此之外，更多的投
资项目正在实施或招商之中。

正在实施或处于招商阶段的投资项目涉及多个领域，既有矿产资源开采，

---

① 《俄拟定 2025 年前移民政策新构想》，法制网，http://www.legaldaily.com.cn/News_Center/
content/13-11-2012，2012 年 11 月 13 日。

② 《俄总统批准 2025 年前移民政策构想完善劳工机制》，中国新闻网，http://www.chinanews.com/
hr，2012 年 4 月 28 日。

③ 数据根据俄罗斯联邦统计局相关数据整理得出。

④ 《俄西伯利亚工贸公司寻中国合作伙伴》，中华人民共和国驻俄罗斯联邦大使馆经济商务参赞处，
http://ru.mofcom.gov.cn，2012 年 4 月 5 日。

⑤ 《寻求合作伙伴建工业品合资生产企业》，中华人民共和国驻俄罗斯联邦大使馆经济商务参赞处，
http://ru.mofcom.gov.cn，2012 年 2 月 13 日。

又有原材料深加工、基础设施建设。这为中国参与俄罗斯东部地区开发提供了切实的机会。俄罗斯一直致力于改善国内投资环境，出台了一系列鼓励外国投资的政策，并修改法律，这在很大程度上能够为中俄合作提供政策和法律保障。

（六）符拉迪沃斯托克自由港建设

2015 年俄罗斯提出了建设符拉迪沃斯托克自由港，为与俄罗斯合作的各方提供了俄罗斯独立以来最有利的条件。

第一个条件是这是一种新型的经济自由区。它的意义在于，为远东地区的投资者降低风险并提高盈利能力。依靠什么提高盈利能力？在第一个 5 年内，投资者不需要支付土地税、财产税，从获利时起的第一个 5 年内不需要支付利润所得税。投资者将享受税率为零的进出口关税。加工品进口增值税为零。保险费不再是 30%，在 10 年内投资者缴纳的保险费，或是其他国家称为社会税的费率将为 7.6%。投资者能够优惠、便利地获得土地和基础设施。该区为出口商提供增值税退税的快速程序。所有这些，都能够提高投资者的盈利能力。

第二个条件是面向快速发展区以外投资项目的专用针对性支持。投资者不一定会进入这些快速发展区。在远东地区资源领域的投资者们对于这一产品有着非常高的需求。在产品的框架内，所有的必要文件已经被俄罗斯政府批准，文件指出依靠国家支持建设此类投资者所需的专用基础设施。

第三个条件是专门设立的远东发展主权基金。这是 100% 属于国有企业"对外经济银行"的股份公司。两位远东发展部的副部长是这一基金的理事会成员。如果投资者对此有兴趣，基金可以对正在实施的项目进行共同投资、共同融资。目前，基金提供资金的条件是"联邦贷款债券盈利加 20%"，这指的是同联邦债券盈利之间 1.2∶1 的比率。目前，这是俄罗斯资本市场上最好的条件之一。

第四个条件就是符拉迪沃斯托克自由港。俄罗斯已经制定好了滨海边疆区建设自由港的相关法律。事实上，符拉迪沃斯托克自由港是快速发展区法律中所含意见和条款的进一步发展和深化。自由港的法律的适用范围将包括滨海边疆区的所有港口，从扎鲁比诺至纳霍德卡，共有 15 个滨海自治区域，其人口占滨海边疆区总人口的 75%。得益于自由港建设，任意国家公民通过任意边检站进入自由港区域，都能够获得 8 天的签证。虽然目前这还不是免签制度，但已经非常接近。此外，所有海关程序、植物检疫程序、边境、运输和各类检测都将采用统一窗口模式，在通关时还将为对外经济活动的参与者提供预先申报和绿色通道等便捷服务 [①] 。

四 俄罗斯东部地区开发中国际合作的影响因素

俄罗斯为了加快东部地区开发的步伐，非常重视同世界其他国家的合作，出台了一系列优惠政策。但是我们知道，任何国际合作都是在维护本国利益的前提下进行的，所以在具体国际合作开展过程中难免会遇到各种摩擦和阻力，俄罗斯也不例外，东部地区开展国际合作存在诸多难点。下面我们就内外两个层面对影响俄罗斯东部地区开发中国际合作的因素进行归类分析。

（一）俄罗斯国内投资环境不容乐观

俄罗斯国内制约国际合作的因素涉及自然、政治、经济、社会、文化等各个方面，我们将其统称为俄罗斯国内的投资环境，即俄罗斯国内的投资环境不容乐观。我们就从"软""硬"投资环境两方面具体分析一下俄罗斯国内对东部地区开展国际合作的影响。

1. 阻碍国际合作的"软环境"分析

（1）俄罗斯国内普遍存在矛盾心理

俄罗斯的政治家既明白和其他国家共同开发东部地区的必要性，又害怕"失去"这片土地，其中的复杂心态已经在俄罗斯东部地区开发问题上的左右

---

① 《签署符拉迪沃斯托克自由港法案》，俄罗斯总统官网，http://www.kremlin.ru，2013 年 12 月 7 日。

为难体现出来。就与亚太地区的合作为例，俄罗斯在远东开发与亚太地区发展"战略对接"上面临艰难选择，如果不借助亚太地区这个世界上经济发展最快、最活跃的平台，俄罗斯东部大开发战略不会高效落实；但是融入亚太地区、加强一体化又会增强其他国家在俄罗斯领土上的影响力，加强俄罗斯亚洲部分与外国的联系而减弱该地区与俄罗斯中央的联系，俄罗斯害怕丧失对这一地区的主权和影响领土完整，而一个落后的东部地区，尤其是远东很可能是影响俄罗斯长治久安的"定时炸弹"。美国学者指出，远东和西伯利亚长期无人开发，理应成为"全人类共同财富"，这不能不引起俄罗斯国内上下的担忧，而且在俄罗斯国内存在着诸如"人口威胁论""原料附庸"的言论。一方面急于开发，另一方面又无比担心，因此造成俄罗斯在既希望外国投资者积极对俄东部地区投入资金的同时，又并不能保持完全开放的姿态。在中俄边境俄罗斯一侧，"冷战"时期设定的 500 公里隔离带依然存在，隔离带依然不得建设民用设施。此前，中国表示愿意单方出资在中俄界河上建桥，但被俄罗斯军方以国防安全为由"一票否决"。2011 年，俄罗斯远东四个海港（符拉迪沃斯托克港、东方港、瓦尼诺港和普里格罗德诺耶港）吞吐量总和仅为 4510 万吨，而中国青岛港和大连港分别达 3.7 亿吨和 3.37 亿吨。中国和韩国都愿意为俄罗斯远东海港改扩建投资，但俄罗斯以"地缘政治考虑"为由拒绝。这在很大程度上伤害了外国投资者的感情，挫伤了其积极性。

（2）俄罗斯国内政策多变、附加条件苛刻

俄罗斯从本国利益出发，在与外国合作的同时，或是经常变换政策，或是附带非常苛刻的条件，给投资者设置种种障碍，这种政策的非连续性和附加条件的不合理性降低了外国投资方对俄罗斯东部地区的投资信心。最典型的事件就是 2006 年萨哈林 –2 号项目的股权变更。由于萨哈林 –2 号项目的投资成本由 1994 年的 98 亿美元上升到 2006 年的 200 多亿美元，利润产品分成期相应地由原计划的 2006 年一直向后推迟。2006 年 8 月，俄罗斯自然资源部以可能的环境灾难为由，要求萨哈林能源集团停止在萨哈林岛沿岸铺设石油管道的工作，并对该集团提出指控。2006 年 9 月 18 日俄罗斯自然资源部以可能破坏萨哈林地区的环境为理由，收回萨哈林 –2 号的环境许可。萨哈林 –2

号项目是否能够继续下去成为问题。此令一出，对自然资源匮乏、石油和天然气几乎完全依赖进口的日本来说可谓是一个重大打击，日本本希望通过参与萨哈林-2号项目，扩大来自俄罗斯的天然气进口，改变能源来源过于集中在中东地区的状况。俄方的决定使日本政府不得不重新调整本国的能源战略。最终，俄罗斯天然气工业公司出资分别购买原投资方一半的股份，获得50%加1的股权。这样，萨哈林能源公司控股股东由英荷壳牌石油公司变为俄罗斯天然气工业公司，在此之后，俄罗斯政府取消对萨哈林能源公司的指控，而且开发成本也提高到194亿美元。俄罗斯政府也由此获得承诺，2010年后俄罗斯政府每年将从萨哈林油气开发项目上获得固定分红，并根据收益情况获得浮动分红。通过此事件，我们可以看出俄罗斯政府为获得国家利益，对外国投资者设置种种障碍，而平时少有建树的俄罗斯自然资源部成为设置障碍的机器。无独有偶，为了能够在中国不断扩大的能源市场上取得利益，在确定中国支线走向的谈判中，俄罗斯要求中国承诺在中国合资建设以俄罗斯石油为原料的大型炼化企业。由于俄罗斯政策多变，"游戏规则"多变，欧美对俄罗斯的投资环境并不持乐观态度，这就使得吸引欧美投资的难度增大。

2. 阻碍国际合作的"硬环境"分析

俄罗斯东部地区虽然拥有丰富的自然资源，但是首先，长期以来由于东部地区以出口能源原材料为主，所以该地区开发条件相对较好的原料产地的能源已经趋于枯竭，而其他的矿产资源产地则多分布在气候恶劣、人烟稀少、基础设施不足的地方。尤其是整个东部地区大部分位于高纬度寒冷地区，很多地方是常年冻土地带，对技术的要求高，对资金的需求量大，这在很大程度上增加了东部地区开发的难度。其次，俄罗斯东部地区的交通物流及信息通信等基础设施缺失或不完善。自苏联时期起，俄罗斯为了保护这一地区的主要产业——军工产业，对这一地区实行封闭的对内对外政策，不仅造成这一地区长期与世隔绝，而且使得这一地区的基础设施落后于其他地区；再加上苏联解体，新独立的俄罗斯采取激进式的经济改革，在减少对这一地区财政扶持的同时，造成严重的经济危机，严重缺乏资金的东部地区的基础设施面临设备老化、技术落后等问题，最终这一地区的公路、铁路密度低下，港口的吞吐量小，严重制约了整个地区的发展，也给外国投资者造成该地区基础设施落后、投资成本过高的不良投资印象。第三，很长一段时间以来，东部地区的人口死亡率上升，出生率下降，人口外流现象严重，人口数量呈逐年下降趋势，劳动力不足。而且由于气候恶劣，基建设施条件差，东部地区吸引劳动力的能力极低，普京 2006 年提出吸引 1800 万人到远东的宏伟计划，实际上到 2012 年年初，总共才吸引了 3000 人 [①]。所有这些不仅要求外国投资者在参与东部地区开发时投入大量资金，而且要投入必要的技术和劳动力。据初步估算，2012 年在开发远东地区时，仅基础设施项目的直接预算投资就超过 40 万亿卢布（当年汇率为 32 卢比比 1 美元）[②]。这就导致了过高的开发成本，其中生活和商业成本将比其他地区高出 25%~40% [③]，这不可能不让外国投资者望而却步。

（二）来自国外的影响合作的制约因素

1.各方利益争夺制约国际合作

哪里有利益，哪里就有竞争。在地理上俄罗斯东部地区靠近亚太地区，这里集中了美国、中国、日本、韩国、朝鲜等国家，也因此成为世界上矛盾冲突较为严重的地区，各国为了自身利益而进行激烈的争夺。在对俄罗斯东部地区油气资源的争夺上，中日两国的能源企业表现得尤为明显，最明显的是输油管线的修建问题。1994 年俄方首先提出修建从安加尔斯克到中国大庆的输油管线，但是由于日本政府的干涉（日本政府坚持要求俄政府承诺，这条长距离的输油管道必须先抵达太平洋沿岸的纳霍德卡，之后俄方才可以修建到中国大庆的支线，否则日本政府将收回 115 亿美元的融资 [④]），这条管线最终改道，首先到达俄罗斯的纳霍德卡，以便日本也分一杯羹。为此，2009 年中俄双方才达成新的协议，从泰纳线（泰舍特—纳霍德卡）修建通往中国

---

① 《开发远东：普京的历史抉择》，中华人民共和国新闻网，http://dangjian.people.com.cn，2012 年 8 月 22 日。

② 《开发远东：普京的历史抉择》，中华人民共和国新闻网，http://dangjian.people.com.cn，2012 年 8 月 22 日。

③ 《鉴于与美欧关系的改善俄抓住难得机遇开发远东》，国际在线，http://gb.cri.cn，2011 年 2 月 23 日。

④ 《中石化受挫萨哈林未阻中国油企入俄找油》，搜狐新闻，http://news.sohu.coml，2011 年 2 月 23 日。

大庆（斯科沃罗季诺—大庆）的支线。俄罗斯东部地区不仅靠近亚太，而且其北部很大部分位于北极圈内，由于北极地区丰富的油气资源以及具有重要战略意义的北极航道的吸引，北极地区开发牵动了主要北极国家的神经。2007 年 8 月 2 日俄罗斯首先宣誓北极主权之后，其他北极国家纷纷效仿。美国于 2007 年 8 月 6 日派出"希利"号重型破冰船从西雅图港起锚，驶往北极海域；2007 年 8 月 7 日，加拿大在北极地区开展了为期 10 天的军事演习，时任加拿大总理哈珀亲临助阵并宣布一系列开发北极新计划；而丹麦宣称北极非丹麦莫属，因为"北极点与格陵兰岛最为接近"[①]。除了主要的北极国家外，一些非北极国家，包括中国、韩国、日本、印度等采取单独或与北极国家联合的方式，在北极进行科学考察、资源勘探、环境检测等活动，不断涉足北极事务，就是为了在愈演愈烈的利益争夺战中，实现自身的利益。

2. 国际组织相关规定制约国际合作

国家间的合作还需要遵守国际组织的一些相关规定，否则合作将不能顺利进行。2013 年 5 月联合国教科文组织世界遗产委员会专家认为经过乌科克高原建设天然气管道是不能容许的，需要寻找替代路线实施管道建设项目，所以中俄"阿尔泰"天然气干线管道项目的实施受到阻碍[②]。另外俄罗斯已于 2012 年 8 月 22 日正式成为世界贸易组织第 156 个成员。对俄罗斯来说，入世不仅意味着俄罗斯已经迈出融入世界经济体系、参与全球化与国际分工的重要一步，同时也说明俄罗斯需要在世贸组织的相关统一框架内开展同其他国家的对外经贸合作。

3. 边界领土争端制约国际合作

历史遗留下来的领土问题会在一定程度上影响两国的经济合作，其中最典型的就是俄罗斯与日本之间的领土争端。20 世纪三四十年代，世界上大部分国家都被卷入了第二次世界大战的漩涡中，战争灾难席卷各国，但是随着战争的结束，一些战争后遗症和战争遗留问题产生了。1945 年苏联对日宣战

[①] 《北极的诱惑：地球上最后一个资源待开发富集区》，新浪财经，http://finance.sina.com.cn/world，2012 年 9 月 14 日。

[②] 《中俄天然气管道西线建设方案遭联合国教科文组织专家否定》，中华人民共和国驻俄罗斯联邦大使馆经济商务参赞处，http://ru.mofcom.gov.cn/aarticle/jmxw，2012 年 5 月 20 日。

之后，于当年的 8 月底到 9 月初陆续攻占被日占领的萨哈林岛南部和整个千岛群岛，包括齿舞、色丹、国后、择捉诸岛。1946 年 1 月美英默认苏联对这四岛的实际占有，而日本并无异议，随后在 1946 年 2 月苏联将四岛并入苏联版图，并在 1947 年将其划归萨哈林州，从此便形成了二战结束后苏联实际控制南千岛群岛的局面。但是进入 20 世纪 50 年代后，以苏联为首的社会主义阵营和以美国为首的资本主义阵营尖锐对立，双方在世界范围内激烈争夺。美国为对抗苏联拉日本入伙，南千岛群岛的主权之争便拉开帷幕。在美国主导下拟定并签署的《旧金山对日和平条约》规定：日本放弃对萨哈林岛南部和千岛群岛的领土主权。由于条约并没有指定日本放弃给谁，因此造成此地区主权归属的模糊化，这也成为之后的北方领土问题滋生的温床 [①]。自此，俄日之间的领土争端一直延续至今。而且随着梅德韦杰夫于 2010 年 1 月和 2012 年 7 月两次登上南千岛群岛，领土问题升级。在经济上日本对俄罗斯投资的大部分投到了俄罗斯东部地区，这对俄罗斯东部地区的开发建设无疑有着重要的意义，但是日本传统上奉行的是"政经不可分"原则，所以这在一定程度上会妨碍彼此间的经济合作。

长期以来，中俄两国的边界问题是两国关系中非常敏感的问题，从 1685 年的雅克萨战争到 1969 年的珍宝岛冲突，中俄边界问题引发的武装冲突和以武力相威胁的争端就一直延续着 [②]。直到进入 20 世纪 70 年代，苏联有意改变同中国的紧张关系，特别是 1986 年戈尔巴乔夫担任领导人之后。中俄双方就中俄东部边界问题的解决进行积极的磋商谈判，并于 1991 年签订共有十项条款的《中苏国界东段协定》，确定了两国东段绝大部分边界的走向。但是直到 2004 年 10 月 14 日，随着《中华人民共和国和俄罗斯联邦关于中俄国界东段的补充协定》的签订，中俄两国的边界问题才真正得以解决。边界问题的解决为两国的政治、经济及社会文化合作提供了良好环境，有利于两国在边界地区经贸、环境保护、资源利用、航运业务、打击犯罪等许多具体领域的合作。

---

① 孙瑜：《旧金山对日和约签订的影响》，《现代日本经济》2005 年第 4 期。

② 姜毅：《中俄边界问题的由来及其解决的重大意义》，《欧洲研究》2006 年第 2 期。

4.全球经济危机影响投资信心

由于 2008 年经济危机的影响，俄罗斯能源市场震荡严重，加上投资者对经济危机的影响心有余悸，其投资策略势必会受到影响，同时为了防止经济危机重演，投资者对长期项目的投资变得更加谨慎。

（三）俄罗斯东部地区开发的中国因素

经济全球化和区域经济一体化不断推进，作为世界第二大经济体的中国和世界上主要经济体的俄罗斯，不可能置身事外，开展大范围、多领域、多层次的国际合作对两国来说是利大于弊的事情，是中俄两国形成全面战略协作伙伴关系的重要内容。对于中俄两国来说，双方有着进行广泛合作的条件与基础。不仅俄罗斯强烈需要中国这样资金相对雄厚的国家对其东部地区开发进行投资，而且中国急需获得俄罗斯东部地区的资源和市场。地理上中国是俄罗斯最大的陆上邻国，两国的东部和西部都接壤，两国的陆上边界长达4300 公里，天然的地缘优势有利于两国开展广泛而深入的边境贸易，跨境交通、通信、管道等基础设施建设。改革开放以来，中国的经济迅速发展，科学技术突飞猛进，很多甚至达到或超过了世界先进水平，因此中国不仅能为俄罗斯东部地区的开发提供必要的资金，而且能提供不可或缺的技术支撑。更重要的现实是虽然中国自然资源种类繁多，数量大，但是人均占有量极低，土地、森林、草原、矿产资源等的人均占有量都不及世界人均占有量，因此从这个层面上来看，中国又是资源匮乏的国家；而俄罗斯正好相反，幅员辽阔，资源极其丰富，它是世界上唯一的各类自然资源都能够自给的国家。因此，中国利用现有资金及技术优势积极参与俄罗斯东部地区油气资源项目、资源原材料深加工项目的前景广阔。

1994 年，中俄两国关系由 1992 年的"友好国家"发展为 1994 年的"新型建设性伙伴关系"，1996 年则又发展为"面向 21 世纪的平等、互信战略协作伙伴关系"，2000 年 7 月 5 日，在中、俄、哈、吉、塔五国元首会晤期间，中俄两国元首进行了普京就任总统以来的首次会晤，2000 年 7 月 17~19日，普京就对中国进行了国事访问，双方一致认为，中俄在人权、反导、军控、地区安全、联合国改革等一系列重大国际问题上进行了卓有成效的合作。访问期间，双方签署了两国政府关于继续在开发能源领域共同合作的协定。2001 年中俄签署《中华人民共和国和俄罗斯联邦睦邻友好合作条约》，建立了至今为止一直在延续的"睦邻、友好与合作关系"。2004 年双方终于解决了困扰两国 300 多年的中俄边界问题，为两国进一步开展深入有效的合作提供了良好基础。政治互信及其深入发展为两国的经贸往来及经济合作提供了良好的政治基础，进入 21 世纪后，两国在友好的政治氛围中相继签署了一系列的合作协议和开发纲要，如《中俄投资合作规划纲要》（2009 年）、《关于批准俄罗斯联邦和中华人民共和国政府鼓励和相互保护投资协定及其协议书》（2009 年）、《中华人民共和国东北地区与俄罗斯联邦远东及东西伯利亚地区合作规划纲要（2009~2018 年）》及《中俄林业合作二期规划》等。

2012 年普京就任俄罗斯总统之后将其首访国家定为中国，2013 年新当选中华人民共和国主席习近平应普京总统邀请，将其首访国家定为俄罗斯，并于 2013 年 3 月 22 日抵达莫斯科对俄进行国事访问。从两国元首的首访互访可见两国对彼此的重视，这也从另一方面为中俄两国开展国际合作提供了良好的政治基础。访问期间，双方共同签署《中华人民共和国和俄罗斯联邦关于合作共赢、深化全面战略协作伙伴关系的联合声明》，为完成中俄两国面临的战略任务，即把两国前所未有的高水平政治关系优势转化为经济、人文等领域的务实合作成果，双方批准实施《〈中华人民共和国和俄罗斯联邦睦邻友好合作条约〉实施纲要（2013 年至 2016 年）》，提出了具体的合作领域。为实现两国经济合作量和质的平衡发展，双方规定促进双方贸易结构多元化，提出了贸易额 2020 年前达到 2000 亿美元的目标；要加快落实《中俄投资合作规划纲要》，实现相互投资额的提升；积极开展在石油、天然气、煤炭、电力和新能源等能源领域的合作，构建牢固的中俄能源战略合作关系，共同维护两国、地区以及世界的能源安全；加快制定和实施中俄森林资源开发利用合作规划，开展林业领域的贸易和投资合作；深化中俄边境地区合作；确保跨境交通基础设施建设有序开展，加强中国货物经由俄罗斯铁路和远东地区港口过境运输合作；重申加大《中华人民共和国东北地区与俄罗斯联邦远东及东西伯利亚地区合作规划纲要（2009~2018 年）》的实施力度，扩大地区合作范围，提高地方合作效率；除此之外，还强调要加强农业、环境保护、核能、高科技及航空制造领域的合作①。在农业合作领域应加强包括农产品贸易、相互投资、动植物检疫在内的合作等；在环保领域要改善跨界水体水质，保护生物多样性，提高跨界突发环境事件通报和紧急救灾体系的效能；在高科技领域要不断推动开展从合作研发、创新到成果商业化、产业化的科技合作；在核能方面要继续在和平利用核能领域密切协作；在航空制造领域则要开展联合研制、联合生产等大项目合作，采取积极措施保证《2013~2017 年中俄航天合作大纲》项目的执行和完成。双方在加深政治合作的同时也要实现经济合作的深化，改变以往形成的"政热经冷"局面，实现"政热经也热"。

2013 年，习近平到访俄罗斯之时，在机场迎接习近平的正是俄罗斯远东发展部部长伊沙耶夫，这从另一个侧面表明俄罗斯想借访问机会推动两国在远东地区合作的姿态。

虽然俄罗斯在经历了 20 世纪 90 年代的政治、经济危机之后，经济实力有所下降，但是中国仍然要看到，俄罗斯作为世界上地跨欧亚大陆、领土面积最大、曾为昔日强国、现在又在加紧发展的国家，有着巨大的发展潜力。因此中国应该抓住当前俄罗斯重视东部地区国际合作开发并给予诸多优惠政策的机遇，在同俄罗斯开展经贸往来的同时，进行多方面交流，促进两国的国际合作从以能源原材料贸易为主的低水平合作向大规模高水平合作纵深发展，加大对俄投资，加强科技合作，保证中俄合作的可持续性和健康发展。针对俄罗斯政策多变的实际，中国的企业一方面应该深入了解俄罗斯的相关法律法规和文化心理观念，以便在遇到纠纷摩擦时运用法律手段维护自身利益；另一方面，应该跟踪俄罗斯针对东部地区国际合作开发的相关政策，及时了解信息，以做到未雨绸缪，灵活应对。

---

① Совместное заявление Российской Федерации и Китайской Народной Республики о взаимовыгодном сотрудничестве и углублении отношений всеобъемлющего партнёрства и стратегического взаимодействия, http://news.kremlin.ru/ref_notes, 2013-03-22.

第三章　助力合作升级：中俄区域合作的"伞"型新模式

2003 年，中国政府提出了东北地区等老工业基地的振兴战略，并陆续颁布了多项深化改革与开放、促进东北振兴的区域发展的优惠政策。2004 年和 2005 年中俄两国总理定期会晤公报都强调，支持中国企业参与俄罗斯西伯利亚和远东地区的开发，鼓励俄罗斯企业参与中国西部大开发和振兴东北老工业基地建设。这标志着东北振兴战略的提出，为中俄两国区域合作创造了新空间，中俄区域合作已由单纯互补性的初级贸易阶段向以互补性为基础，双方高层次互动性合作的阶段转变。2007 年 1 月，在东北全面振兴的背景下，俄罗斯政府提出了东部大开发战略，即对俄罗斯的西伯利亚和远东地区进行深度开发。2009 年 9 月 23 日，中俄正式批准《中华人民共和国东北地区同俄罗斯联邦远东及东西伯利亚地区合作规划纲要（2009~2018 年）》，该纲要标志着中俄两国地区性合作已经进入一个新的实质性操作阶段，为中俄两国地区合作开启了新的一页，指引了一个新的方向。在中俄总理第十四次定期会晤期间，时任国家总理温家宝和时任俄罗斯总理普京对落实该纲要达成了共识。在新的合作形势下，本书从中国东北和俄罗斯东部地区经济发展的实际出发，着眼于推进中俄区域的深入合作、更好地规划东北亚区域合作的发展前景，依据区域经济发展理论，首次提出了推进中国与俄罗斯东部地区合作全面升级的"伞"型合作新模式。

一　中国东北与俄罗斯东部地区"伞"型新模式

"伞"型新模式强调的是以中俄合作的合力效应作为"伞"柄，形成制高点或增长极，以此向周边辐射，通过"伞"骨使东北亚各国的生产要素自由流动，进而达到最佳配置的效果，确立中俄在国际区域合作中的主导地位。

（一）"伞"型新模式提出的意义

中国东北与俄罗斯东部地区合作的"伞"型新模式是随着中俄区域经济合作规模的不断扩大、合作领域的不断拓宽、合作层次的不断深入、合作途径的不断增加，打破原有合作模式的束缚，顺应历史发展的必然产物。俄罗斯东部地区是指俄罗斯的亚洲地区，新模式是指中国东北与俄罗斯东部地区应该大力开展技术贸易，以此为先导推动双方的产业合作，从而形成中俄区域互动发展的合力，达到最佳资源配置的合作效果，并以此为中心向东北亚区域辐射，形成联动效应，确立中俄在东北亚区域经济合作中的主导地位。俄罗斯东部地区是指俄罗斯的亚洲地区，从俄罗斯的行政地理划分上来看，它包括西伯利亚和远东地区，占俄罗斯领土总面积的 2/3。

1. "伞"型新模式的具体形态

"伞"型新模式的形态是在中国东北与俄罗斯东部地区大力开展以技术贸易为先导的产业合作的基础上，形成地方国际化产业集群，促使其成为东北亚区域合作的支撑点和产业合作的凝聚点，进而形成新的经济增长极，这一增长极的区域效应呈现为"伞"型。区域效应体现在利用中国东北与俄罗斯东部地区位于东北亚腹部的区位优势，以双方产业合作的合力优势为"伞"柄，利用回波效应的作用，促进中俄地方国际化产业集群尽快形成，并以此为制高点向整个东北亚地区辐射，通过"伞"骨——能源、科技、资金、物流、人才等要素的流动将区域内各国、各地区的经济合作联结起来，形成东北亚区域合作的新模式——"伞"型新模式。

2. "伞"型新模式的具体内容

"伞"型新模式的内容是把发展以技术贸易为先导的产业合作作为中国东北与俄罗斯东部地区合作战略升级的突破口，把扩大贸易合作和产业发展有机地结合起来，统筹考虑区域经济发展的整体战略。首先，大力开展技术含量高的资源加工业、以深加工为主的农副产品加工业、以高科技为引领的新兴产业以及资金和技术密集型的机械制造业等领域的全面合作，以产业合作为龙头带动中俄边境地区的贸易方式与高层次、规范化的国际规则接轨。

其次，明确中俄区域合作的发展方向，中俄区域合作的发展方向应该是形成突破国界的经济增长极，表现为地方国际化产业集群，这是在产业集群的理论和实践上新的探索。其重点是要改变以国界来划分经济主体的习惯，以地方国际化产业集群的方式，对中俄边境地区的自然资源、人力资源、科技资源和资金等生产要素进行重新配置，达到中俄区域合作利益的最大化。中俄地方国际产业集群的特征是资源技术互补型、高新技术主导型、专业人才共享型、经济效益双赢型，是推动中俄区域经济发展的原动力和必然趋势。

最后，确立中俄区域合作形成合力的领域，让这些领域成为东北亚各国参与区域合作的主要方向。中俄合作区域凭借跨国大项目、产业发展的优势以及独特的资源优势凝聚东北亚地区的资金、技术和人才，成为东北亚区域经济的重要支撑点。

3. "伞"型新模式的理论意义

构建"伞"型新模式的目的在于通过中俄两国区域经贸的合作与发展，重新确立中俄在东北亚区域合作中的地位和作用。

第一，打破国际区域合作以整个国家为单位的经验和理论。"伞"型新模式的实质是促进东北亚区域经济一体化，区域经济一体化是世界经济一体化目标在区域层次上的率先实现。世界各国、各地区经济发展水平差异的长期存在，决定了世界经济一体化的实现是一个漫长的过程。在各个相对独立的区域内部，一些国家基于区域自身优势条件或者迫于外部经济、政治和安全因素的压力，利益共同点比较多，有可能首先在区域层次上建立一体化组织^①。在以

---

① 《区域经济一体化》，星韵地理，www.xingyun.org.cn，2012 年 12 月 20 日。

往的相关理论中，国际区域经济合作或区域经济一体化，都是以整个国家为主体，而"伞"型新模式则是以两个国家的部分地区为主体与其他国家开展合作，这种合作形式目前在理论上还无人探讨。

第二，打破国际区域集团的主导国是发达国家的理念。目前所形成的关于区域经济一体化的理论基本上是以市场经济国家为研究对象，如欧盟、北美自由贸易区、亚太经合组织等，并据此提出衡量区域经济一体化程度的六种形式以及区域经济一体化的开放性、排他性、广泛性、竞争性、多层次性和不平衡性等特点 [1] 。这就决定了不同的区域经济一体化形式有相应的经济合作规则和政策，形成不同程度的贸易创造、贸易转移和贸易扩大效应。而"伞"型新模式是发展中国家和转轨经济国家通过合作形成区域主导力量，以此对区域经济发展形成日益强大的凝聚力，从而实现新国际区域合作形式下的效应最大化。

第三，利用地方国际化的后发优势推动区域集团形成。"伞"型新模式所推动的是东北亚区域经济合作与区域经济一体化，其核心是以中俄合作的后发优势，来支撑整个东北亚区域经济一体化的发展，从而确保中国东北和俄罗斯东部地区以产业集群的方式取得东北亚经济发展中心的地位。

4. "伞"型新模式的实践意义

"伞"型新模式的实践意义主要包括以下几点：一是推动中俄两国区域经贸合作的发展，提高中俄在东北亚区域合作中的地位；二是东北振兴离不开俄罗斯，俄罗斯东部地区开发也离不开中国，经济互补和共同发展是中俄两国合作的重要内容，"伞"型新模式为双方顺利实施地区经济振兴战略提供新的思路；三是改变双方区域合作以货物贸易为主的现状，寻求多领域、多形式的全方位合作，实现中国对俄经贸合作战略升级；四是整顿中俄边贸秩序，在俄罗斯加入 WTO 之后，规范历史上形成的民间认可的贸易形式，尽快转变贸易方式，使中俄贸易方式与国际贸易规则接轨。

---

① 周延丽：《中国东北振兴战略与俄罗斯开发远东战略的联动趋势》，《俄罗斯中亚东欧市场》2006年第12期。

（二）"伞"型新模式的内涵

实现东北老工业基地振兴的重要途径之一就是扩大对外开放，通过引进国外资金和先进技术，优化资源配置，调整产业结构，提高生产效率，重现老工业基地的辉煌。毫无疑问，这也是中俄区域合作新模式提出的基本出发点和内涵所在。

1. "伞"型新模式提出互动发展

互动性是指双方在科学发展观及构建和谐社会战略思想的指导下，以互补性为基础，实现合作内容、方式、机制更为紧密的协同和联动，双方相互理解和支持，在共同的需求和利益中实现经济互相促进和向前发展。互动性更强调人的互动，包括人才的培养、文化的认同、信任的构建、和谐的培育、自律性和责任心的增强。经贸投资合作阶段最大的制约因素将是人才，而人的因素问题则只能采用互动的方式解决，提高互动性是推动中俄区域经济合作全面战略升级的根本保证。振兴中国东北老工业基地与开发俄罗斯东部地区战略的同步实施，为这两个毗邻地区经济的互动和经济合作的互动发展提供了难得的机遇，互动将会推动中俄双方经济进入一个新的发展阶段。

2. "伞"型新模式重视共生发展

目前，中俄两国都处于经济加速发展的新阶段，两国间互依性合作要素必将越来越多，其中有些要素是其他合作伙伴难以替代，甚至无法取代的。随着时间的推移，两国经济发展的互依性愈加明显，互依性要素必然导致共生性合作。共生性合作不仅仅局限于考虑从对方身上"获取"互补性要素，同时在合作时，还考虑对方发展的需要，把共同发展的利益和需要作为双方合作的出发点、基点和目标，从而达到共赢的目的。因此，共生性合作更能体现"战略协作伙伴关系"的内涵真谛。共生发展合作是中俄两国战略利益的汇合点，两国共生发展合作的战略利益，对两国各自的国家利益有包容性，或者说两国共生发展合作的战略利益并不排斥两国各自的国家利益，有利于促进中俄两国各自的经济发展。

3."伞"型新模式强调和谐发展

中俄作为两个正在崛起的大国，经济实力快速增长，在国际经济格局中的地位在逐渐提高。近十余年来，中俄经济的稳步增长，为"伞"型新模式的推进奠定了坚实的基础，同时也为中俄区域进一步和谐合作提供了良好的条件。从表3-1和表3-2中，可以明显地看出，中国经济的持续增长已是不争的事实。而俄罗斯除受世界经济危机影响的主要年份外，正常年份的经济增长速度在世界各国中也名列前茅。

从表3-1和表3-2中，可以明显地看出两国经济的发展情况，中俄两国都已经走上了国家崛起的道路。制定适宜的经济发展战略，协调国内经济均衡增长，在经济高速增长的同时，保证经济增长的质量，已经成为中俄两国经济发展的重要任务。为此，中俄分别制定和实施了东北振兴和东部开发战略。在新的形势下，"伞"型新模式凝聚了中俄两国经济发展战略的共同点，有利于在互动发展和共生发展的基础上实现和谐发展，在经济发展中取得双赢。这是中俄两国人民的共同愿望，也是分散两国经济发展风险的战术选择，更是两国成功实现崛起的战略需要。

表3-1 2001~2013年俄罗斯国内生产总值及人均国内生产总值

年份	GDP（当年价格）		GDP（2008年价格）		人均GDP	
	百万卢布	增长率（%）	百万卢布	增长率（%）	卢布	美元
2001	8943582	22.4	26062528	5.1	61367	2100
2002	10819212	21.0	27312267	4.7	74458	2375
2003	13208234	22.1	29304930	7.3	91365	2977
2004	17027191	28.9	31407837	7.2	118391	4109
2005	21609765	26.9	33410459	6.4	150997	5339
2006	26917201	24.6	36134558	8.2	188910	6948
2007	33247513	23.5	39218672	8.5	233948	9145
2008	41276849	24.2	41276849	5.2	290771	11700
2009	38808748	-6.0	38048376	-7.8	273476	8609
2010	45166047	16.4	39669023	4.3	317201	10442
2011	54369084	20.4	41384824	4.3	380342	12939
2012	62356920	14.8	42899186	3.7	436062	14033
2013	66689094	6.9	—	—	465.386	14.586

资料来源：根据俄罗斯联邦统计局网站相关数据计算整理。

表3-2 2001~2014年中国国内生产总值及人均国内生产总值

年份	GDP		人均GDP	
	亿元	增长率（%）	元	美元
2001	109655.2	8.3	8622	1041
2002	121717.4	11.0	8398	1135
2003	137422.0	12.9	10542	1273
2004	161840.2	17.8	12336	1490
2005	187318.9	15.7	14185	1739
2006	219438.5	17.1	16500	2052
2007	270232.3	23.1	20169	2553
2008	319515.5	18.2	23708	3386
2009	349081.4	9.3	25608	3590
2010	413030.3	8.3	29991.8	4283
2011	489300.6	18.5	35000	5414
2012	540367.4	10.4	38354	6100
2013	595244.4	10.2	43320	7220
2014	643974.0	8.2	46629	7771

资料来源：中国国家统计数据库，http://data.stats.gov.cn/，2015年11月20日。

（三）"伞"型新模式的新理念

1. 以技术贸易为先导

"伞"型新模式提出通过开展以技术贸易为先导的产业合作来促进中俄合作区域的经济振兴。中国东北通过与俄罗斯东部地区开展技术贸易，引进俄罗斯的先进技术，争夺技术领域的优势地位，通过技术领先创造新的投资机会，发展新产业，创造出新的比较优势。与原有的自然资源产业比较优势不同的是，未来技术产业比较优势是创造出来的，并不是与生俱来的，新技术往往会成为建立国际性重要新产业的基础。通过发展战略技术和战略产业，提升产业素质，从而提升比较优势，打破多年来中俄区域经济合作一直以货物贸易为主的局面，促进双方的合作向更高层次的技术贸易和产业合作方向发展，从而促使生产要素得到优化配置，提高生产效率。

2. 以地方国际化产业集群为路径

"伞"型新模式提出了中国东北与俄罗斯东部地区形成多个产业合作的

地方国际化产业集群的命题。在国内外区域经济发展中，无论是高科技产业集群，还是传统产业群都取得了很大的成功。高科技产业集群如美国的硅谷、印度的班加罗尔地区、以色列的特拉维夫、英国的剑桥工业园、法国的索菲亚等，传统产业集群如意大利艾米利亚——罗马格纳地区、浙江嵊州的领带集群、海宁的皮装集群等，都是成功的例子。本模式的命题是在已有的产业集群概念的基础上，突破地域界线，以中俄两国部分地区产业的共同发展来形成新的地方国际化产业集群。这一命题的提出源于跨边境地区产业集群的宏观背景，源于经济全球化和区域集团化的发展趋势，而它的微观动力则在于发挥资源互补性所取得的经济效益能够加快实现两国地方间的多种产业链的合作，促进双方地方经济的快速发展。

3. 以"伞"柄的合力为支撑

"伞"型新模式以中国东北与俄罗斯东部地区的合作为"伞"柄，采用以此为支点向周边辐射的合作方式。目前，东北亚各国及学界对合作模式尚未有成型的概念和理论。韩国首先提出了"东北亚中心国家"的概念，即建设以仁川为中心的东北亚物流中心[①]；日本在 20 世纪 80 年代末，就提出了以日本为领头雁的东北亚区域"雁"型合作模式[②]；俄罗斯制定了"新东方政策"，通过东部地区的开发，扩大其在东北亚区域合作中的影响和作用；2003年，中国提出东北振兴战略，主要内容之一就是进一步加强对外开放的力度，扩大与俄罗斯东部地区的经济技术合作。"伞"型新模式的出发点和支撑点正是通过扩大对俄罗斯的开放，强化中俄跨国的区域产业合作，目的是在新模式的框架下，激活中俄区域技术、经济合作的潜力，建立中俄地方国际化产业集群。俄罗斯东部地区大开发战略的提出和《中俄地区合作规划》的签订，已经初步表明双方产业合作向纵深发展的趋势。中俄地方国际化产业集群的区域效应具体表现为促进中国东北和俄罗斯东部地区的深层次合作，形成东北亚区域发展的推动力和支撑力。而这一区域效应的实现，将改变东北亚以日本为领头雁的传统合作模式，形成以中俄"伞"柄为支撑的、辐射整个东

---

① 《卢武铉就职演讲》，韩国之窗，http://v.ku6.com/show，2003 年 3 月 25 日。

② 尤安山：《东亚经济多边合作的发展趋势》，《世界经济研究》2004 年第 4 期。

北亚的新区域合作模式。

4. 以互动互利发展为引力

"伞"型新模式提出在互补基础上的互动合作是实现中俄区域资源优化配置的科学发展观。中俄区域合作新模式的提出是以能源、科技、劳动力资源和轻工业互补为基础的，而在合作中绝对优势互补能否实现，资源配置能否优化，还取决于双方是否具备互动合作的条件。根据科学发展观的理念，中俄区域经济合作发展的目标不仅仅是实现进出口总额、投资额等单纯性经济指标的增长，而应该是综合发展，如中俄边境地区整体经济增长、人民生活水平普遍提高、社会文明程度提高及社会环境的祥和安定等。而相邻区域的和谐是两国长期可持续合作的基本要求，具体表现为中俄双方对平等信任、尊重理解、责任心和自律性的认可支持程度。形成中俄双方人文合作的理念是互动合作的核心和出发点，也是实现区域资源优化配置的必要保障。

二 构建"伞"型新模式的基础和依据

自 1992 年俄罗斯独立以来，中俄双方在各领域的合作逐渐展开，尤其是在区域贸易合作中双方的贸易规模逐年扩大，贸易额快速增长。中国东北三省对俄贸易额 2005 年与 2004 年相比增长 49.23%，2006 年同比增长 22.11%，2007 年同比增长 58.36%[①]。2008 年以来，东北三省的对俄贸易额一直呈上升趋势。但在东北地区与俄罗斯的货物贸易中还存在众多的问题，如俄罗斯政策多变性、不可忽视的"灰色清关"的存在、对初级产品征收的高关税等，都对中国商品出口造成不利影响。从中俄经济发展形势来看，现有的合作模式已不能满足双方经济发展的需求，中俄区域经济合作急需另辟新途径。"伞"型新模式的构建从实质上来讲是，中俄双方通过开展技术贸易，推动中俄地方国际化产业集群建立，使其成长为东北亚地区重要的经济增长极的过程。

---

① 根据黑龙江省商务厅、吉林省商务厅、辽宁省商务厅各年统计数据整理。

（一）国际技术贸易发展的牵引

国际技术贸易是指不同国家或地区的企业、经济组织或个人，按照商业条件签订技术协议或合同，进行有偿的技术转让，它是以技术为交易标的的国际贸易行为 ①。二次世界大战之后，知识经济时代的来临促使技术成为影响经济增长的重要生产要素，经济全球化减少了技术在国家间转移的壁垒，因而国际技术贸易迅速发展起来，其速度不但快于货物贸易，而且也快于一般的服务贸易，成为国际技术转移的主要形式之一。

科学技术是第一生产力，在现代经济增长理论中技术是影响经济发展的重要内生变量，技术进步和技术创新成为经济增长的核心内容。由于当代科学技术涉及的领域愈来愈广，开发和更新速度不断加快，技术研究和开发所需费用剧增，就算是科技发达的美国、西欧或日本等国家和地区也无法在所有的产业和技术层次上保持领先地位，对于多数的发展中国家而言，独立进行原始技术创新更是困难。在这样的情形下，国际技术贸易在国际贸易中的重要地位日益凸显。技术贸易的开展对于技术引进国和技术输出国来说都是有利的，一方面可以直接提高技术引进国的技术水平，节约技术研发费用和研发时间，增强企业创新能力，另一方面技术输出国也可以通过技术输出筹集资金，及时进行技术升级和产业结构调整。

无论是从古典贸易理论还是现代贸易理论来看，各国生产自己具有优势的产品，通过国际交换获得自己不具有优势的商品或稀缺产品，对贸易双方都是有利的。因为双方根据优势进行分工，使资源得到优化配置，提高了生产效率，从而提高了社会福利水平。国际货物贸易和国际技术贸易都是国际贸易的重要组成部分，二者对提高世界技术水平、促进各国经济发展及推进经济全球化进程起到了重要作用。

国际技术贸易是在国际货物贸易发展到一定程度和规模的基础上产生和发展起来的；以国际技术贸易的发展为契机，国际货物贸易的规模和领域进

---

① 饶友玲：《国际技术贸易理论与实务》，南开大学出版社，2006。

一步扩大。由于各国经济发展水平、技术、人力资本及资金情况有所差异，国家的技术创新能力不同，从而出现了技术差距。正是这种技术差距的存在，导致技术先进的国家希望利用自身的技术优势获取经济利益，而技术落后的国家同样期望获得先进的技术，为经济增长提供技术动力支持。

根据技术差距论和产品生命周期的观点，技术先进国最初可以凭借技术优势，通过货物贸易在国际市场上占据垄断地位，随着贸易规模的不断扩大，为了获得特殊的利益，技术先进国会通过技术贸易的形式将技术转让给技术落后国，从而促使双方贸易形式从最初的货物贸易向技术贸易方向发展。具体来说就是，技术先进国通过与技术落后国的商品贸易获得垄断利润，但是随着该产品贸易规模的扩大，技术落后的国家通过对进口产品的模仿学习逐步缩小了与技术先进国的差距，加之消费者对产品需求提高，从而导致双方之间产品贸易规模下降。为了保持自己在国际市场上的优势地位，技术先进国需要及时进行技术创新和产品升级换代，而此时技术落后国虽然通过货物贸易掌握了一部分技术，但是由于贸易不涉及生产过程，对于产品的核心生产技术并不了解，因此技术先进国和技术落后国之间就存在技术供给和技术需求的关系，从而促使双方技术贸易迅速发展起来。

与传统的国际货物贸易相比，从某种意义上来说国际技术贸易对技术引进国的影响更直接、更有力。首先，技术贸易为技术引进国进行自主创新提供了技术和人力资本支持。自主创新是提高一国竞争力和科技地位的核心，在开放的国际环境下，自主创新应建立在对技术先进国科技成果的引进和学习的基础之上。无论是通过国际技术贸易引进成套生产设备，还是引进专利技术，都直接提高了技术引进国的技术水平。同时新技术引进的过程也是对新技术学习、掌握的过程，因而国际技术贸易提高了技术引进国的人力资本存量。

其次，国际技术贸易有利于完善技术引进国的技术创新诱导机制。从引进技术到实现技术产业化这一过程中，技术贸易会产生一系列的外部效应，表现为改变国内企业、政府等主体的内在创新意识，并改善技术创新主体内外部制度环境，从而使国内整个创新诱导机制反应更加灵敏，最终完善国家技术创新机制和提高国家技术创新能力 [①] 。

最后，技术贸易的开展提高了技术引进国在国际分工中的地位。技术作为生产要素在国家间流动改变了根据国内静态生产要素进行国际分工的局面，国内技术水平的提高和技术创新能力的增强会提高技术引进国在国际产业链上的分工地位。同时改善技术引进国的出口产品结构和国际贸易环境，能够使其从国际贸易中获得更多的利益。

（二）国际技术贸易对产业集群形成的作用

1. 国际技术贸易与技术进步

从经济学的角度来说，技术进步可以理解为既定产出下生产成本的节约或既定成本下产出的增加。经济学家熊彼特认为技术进步是一个包括技术发明、技术创新和技术创新扩散三个环节的过程，而且这三个环节是紧密相连的。技术发明具有一定独创性和实用性，技术创新指将技术发明用于生产，实现其社会经济价值，当更多的企业被吸引到该技术创新队伍时就实现了技术创新扩散，在扩散的过程中又会出现新技术、新成果和新知识，因而技术发明、技术创新和技术创新扩散形成了相互联动的环节，它们之间的演进过程被称为技术进步 [②] 。国际技术贸易成为促进技术发明、实现技术创新、推动技术在世界范围内扩散的重要途径。

国际技术贸易的基本方式主要包括许可证贸易、技术服务与咨询、特许经营、合作生产以及含有知识产权和专有技术许可的设备买卖、国际工程承包、利用外资等 [③] ，其中利用外资将利用外资和引进技术结合起来，成为当前国际经济技术合作领域中新的发展方向。各国根据自身实际情况对技术贸易方式有不同的规定，《中华人民共和国技术进出口管理条例》第二条规定："技术进出口是指从中华人民共和国境外向中华人民共和国境内，或者从中华人民共和国境内向中华人民共和国境外，通过贸易、投资或者经济合作的方

---

① 余敏：《国际技术贸易与技术创新关系》，《商情》2008 年第 5 期。
② 饶友玲：《国际技术贸易理论与实务》，南开大学出版社，2006。
③ 谢富纪：《技术转移与技术贸易》，清华大学出版社，2007。

式转移技术的行为",“包括专利权转让、专利申请权转让、专利实施许可、技术秘密转让、技术服务和其他方式的技术转移。”①

国际技术贸易主要是通过跨国公司实现的。跨国公司凭借其雄厚的资金实力、丰富的人力资本、所掌握的先进技术及遍布全球的生产和销售网络，在国际技术贸易中占据支配地位，通过独资经营、合作经营、特许经营等各种各样的方式促进国际技术贸易发展。它所进行的直接投资活动本身就涉及资本、知识和技术等生产要素的国际流动，同时直接投资与一般的技术贸易形式相结合，可以有效地提高生产要素的利用效率，因而近年来各国都加大了吸引外资的力度，通过利用外资，引进先进技术。

跨国公司的对外直接投资对技术进步的影响主要表现为以下几点。首先，对跨国公司而言，它可以通过扩大市场范围并利用技术优势获得高额的垄断利润，有利于进行新技术的研究和开发，从而维持甚至增强公司的竞争力。此外，目前跨国公司发展的一个明显趋势就是在世界各地设立研发中心，充分吸收当地的优势资源并结合当地市场特征进行技术创新。跨国公司将分布在各国的研发中心结合为一个整体，利用每个中心的优势，形成遍布全球的技术创新网络。通过技术创新网络的发展，跨国公司的技术研发能力和市场适应能力不断提升，公司的国际竞争力得到增强。

其次，跨国公司通过各种途径向东道国进行投资，这一过程不仅涉及资金、技术向东道国的转移，而且具有相关的设备、管理经验、企业家才能等转移的可能性。跨国公司通过技术扩散② 带动东道国技术进步的途径主要表现为以下三方面。

第一，跨国公司有意识地以技术贸易的形式向东道国转移技术，从而获取收益，同时直接提高了东道国的技术水平。

没有技术输出的对外投资，往往缺乏竞争耐力和市场扩张力，跨国公司

---

① 饶友玲:《国际技术贸易理论与实务》，南开大学出版社，2006。
② 熊彼特、舒尔茨等对技术扩散都有不同的定义。在此将技术扩散定义为在贸易、投资或其他经济行为中，先进技术拥有者有意或无意地转让、传播技术，其他经济体通过各种渠道获得该项技术的过程。其中有意识的技术扩散称为技术转移，无意识的技术扩散称为技术外溢。

凭借自身的技术优势、资金优势、科学的组织管理体系等，并结合当地的区位优势，使技术投资本土化和资本化[①]。越来越多的跨国公司通过向海外子公司直接输出先进技术，培养其核心竞争力，从而达到占领市场的目的。在这一过程中，跨国公司对直接提高东道国企业技术水平的作用有限，主要就是在当地雇用的员工在与外方的技术人员及管理人员接触过程中，逐渐掌握了技术。

跨国公司对外投资的另一条途径就是与东道国企业合作建立合资公司。双方共担风险和共享利润，因而为了在国际市场竞争中占据更大的市场份额，获得更多的利润，双方需要共同保证生产技术的先进性和产品质量。在利益的驱动下，跨国公司会尽可能地将先进技术转移给东道国公司，在此过程中，跨国公司的管理经验和企业文化对东道国公司也产生了潜移默化的影响，从而增强双方的共同性，减少合作过程中的摩擦。跨国公司对东道国公司的技术转移直接提高了公司的技术水平，并且东道国公司通过先进的组织管理，提高了资金、技术的利用效率，对东道国的技术进步具有重要作用。

第二，通过技术外溢效应，促进东道国人才培养，增强企业吸收、改造和发展技术的能力，同时促进相关产业技术发展。相对于正式的技术转让协议来说，技术外溢成为更重要的促进东道国技术进步的途径。

马库森将跨国公司对外投资产生的技术外溢分为水平型技术外溢和垂直型技术外溢，前者指跨国公司对东道国内同行业企业产生的技术外溢，后者指跨国公司对与其所在行业相关联的其他行业产生的技术外溢[②]。技术外溢的途径包括竞争效应、示范效应、培训效应、关联效应。

跨国公司对外投资产生的竞争效应和示范效应是紧密结合在一起的。跨国公司向其子公司或者合资经营公司转移一项新技术以后，子公司和合资经营公司凭借其先进的技术和管理经验等优势，无疑会打破东道国原有的市场状态，加剧本地市场竞争，刺激本地企业改善经营管理、努力提高技术水平，以达到增强市场竞争力的目的。本地企业通过引进新设备、新产品，模仿学

---

① 刘志伟：《国际技术贸易教程》，对外经济贸易大学出版社，2006。

② 王文治：《外商直接投资后向关联效应的经验分析》，《中央财经大学学报》2008年第4期。

习跨国公司先进的生产技术和产品选择、营销策略、组织管理方式等非物化的技术，促进企业技术进步，提高生产要素的利用效率。在这一激烈的竞争过程中，一些竞争力不强的企业不可避免地被淘汰，从而使资源流向效率高的企业，资源得到优化配置，东道国整个行业的竞争力得到提升。

为了适应东道国市场、减少交易成本以及保证投资项目顺利进行，跨国公司进行本土化生产和经营的趋势越来越明显，这必定要依靠东道国当地的人力资源，这就为提高东道国人力资源的技术能力创造了有利条件。为了保证企业的顺利运营，跨国公司会对员工进行一系列培训，这些员工在培训学习的过程中积累了相关的技能，东道国人力资本的质量和数量提高了。当他们流动到东道国的本土企业或自己创办公司时，在跨国公司所学的各种技术会随之外流，技术外溢也随之发生。

跨国公司通过产业链的前向及后向联系，提高东道国内与其密切相连的上下游企业的技术水平。后向联系是指跨国公司与东道国当地供应商之间的联系。东道国当地供应商在向跨国公司提供原材料、零部件和各种服务的过程中，为了达到跨国公司投入品的质量要求，会通过各种途径提高自身技术水平。同时，跨国公司往往会帮助当地有前途的供应商建立生产设施，为提高产品质量或推动产品技术创新，对其提供技术援助或信息支持，为当地企业提供人员培训，并协助其管理 [①]。前向联系是指跨国公司与下游企业之间的联系。东道国企业通过购买跨国公司生产的中间技术产品，提高自身产品的质量和生产效率，跨国公司的相关技术（如维修、操作等）随之向东道国企业转移，这种前向联系将促进东道国下游企业技术进步。

第三，通过技术创新效应，增强东道国相关企业的创新意识和创新能力，为其培养创新环境，从而实现技术水平的全面提高。

技术创新是一个企业、一个产业增强竞争力，实现可持续发展的重要动力。跨国公司进入东道国市场后，本身就会刺激当地企业进行技术创新，此外技术外溢又为企业进行模仿创新提供了有利条件。因而，跨国公司首先会

---

① 白露、王向阳：《FDI 技术溢出机理及对策研究》，《工业技术经济》2009 年第 5 期。

刺激同行业的企业进行创新，进而带动与其密切相关产业进行技术创新，提高企业和个人的创新意识，这对提高国家创新能力和形成国家创新机制具有重要意义。

此外，东道国国内进行技术创新的制度环境也将得到改善。对企业来说，竞争的压力迫使其不断地进行技术创新，技术创新需要大量的人力、资金投入，因而企业希望可以获得相应的收益，否则其就会产生创新惰性，只是单纯地模仿学习。此时，国家需要建立起一整套专利制度和知识产权保护制度，使企业能够获得创新利益。为了保证企业能够引进先进的技术并顺利投入生产，政府需要建立专门的技术金融制度，为企业提供足够的资金支持。

跨国公司在东道国设立的研究中心也有利于当地技术创新能力的提高。这些研发中心所进行的研发活动更多的是为了适应当地的市场需求，因此它们所雇佣的科技人员更多的是来自东道国的高素质人才，这些人通过培训和学习，技术创新思维和技术创新能力将不断提升。

2. 技术进步与产业集群建立

国际技术贸易促进了各国技术进步，加强了各国间的经济联系，推动了产业集群的建立和发展。

（1）产业集群的形成

最早开始关注产业集群现象的是经济学家马歇尔，此后人们从产业集群形成的原因及其对区域经济发展的作用等各个不同角度进行了研究，目前产业集群已经成为各国政府促进经济发展的重要政策工具。

第一次工业革命以来，工业生产存在两种范式，一是在工厂制基础上发展起来的大批量标准化生产，即"福特制"生产；另一种是根据顾客需求而进行的灵活生产，即"弹性"生产[①]。这两种生产方式各有利弊，"福特制"生产可以实现规模经济，但是生产产品单一，缺乏创新，而"弹性"生产可以根据客户需要专门定制，但是无法实现规模生产，生产成本较高。

在这样的情况下，产业集群迅速发展起来，产业集群吸收了两种生产方

---

① 柳琦、丁云龙：《产业集群的技术成因分析》，《中国科技论坛》2005 年第 4 期。

式的优点，同时又规避了它们的缺点。产业集群的概念来自美国经济学家迈克尔·波特的新竞争经济学，指的是在某一特定区域中大量联系密切的企业以及相关支持机构以一个主导产业为核心，依靠比较稳定的分工协作在空间上集聚，并形成持续竞争优势的现象 [①]。从目前世界各国的经济发展情况来看，产业集群已经成为一国实现经济增长的有效模式。在中国，我们也可以看到产业集群对经济增长的巨大作用，长江三角洲、珠江三角洲以及环渤海地区是产业集群分布的密集区，其中既有传统产业集群又有高新技术产业群，也是中国经济增长最快的地区。

从本质上来说产业集群是大量企业通过产业技术链聚集在某一地区的一种产业组织形式，是产业技术链的空间聚集，大量企业聚集在一起既能实现规模经济，又能形成专业化分工，从而实现灵活性生产。从生产的角度来讲，产业集群有利于降低企业的生产成本；从交易的角度来讲，产业集群有利于降低交易成本。生产成本和交易成本则是产业获得竞争优势的两个重要方面，因而对于各地区来说，建设具有竞争力的产业集群是实现经济发展的重要途径。

（2）技术进步与产业集群

国际技术贸易通过技术转移、技术溢出、技术创新等效应促进各国技术进步，为技术创新营造良好的环境，而技术进步对产业集群的形成和发展具有重要作用。

从宏观范围来看，技术进步主要表现为通过生产工具、设备的改善，生产工艺原理的创新以及生产技术流程突破原有的路径依赖，实现以内生增长为主的扩大再生产，从而提高经济效益的过程。技术进步要实现社会价值，一方面要求创新的技术大面积扩散和充分社会化，从而有效地降低企业之间的技术壁垒，为企业共享同源技术（具有相同的运行原理、生产的产品具有替代性的技术）提供有利条件 [②]。另一方面，技术进步的直接结果就是技术效率不断提高，技术内容日趋丰富，一些落后的技术逐渐遭到淘汰，大企业

---

① 〔美〕迈克尔·波特：《国家竞争优势》，李明轩等译，中信出版社，2007。
② 柳琦、丁云龙：《产业集群的技术成因分析》，《中国科技论坛》2005年第4期。

凭借着雄厚的资本实力和丰富的人力资本储备，成为技术创新中心地，同质企业（指在技术谱系的某一环节上具有同源技术的企业，这些企业在技术上具有相通性）[①]　为了及时获得先进技术，并在模仿的基础上进行再次创新，就会不断地聚集到技术创新中心地的周围。总的来说，技术进步减少了企业间技术交流的障碍，同质企业为了获得先进的技术不断地向技术创新中心地聚集。

　　生产效率的提高与专业化分工密切相关，技术作为影响产业发展的一个重要内生变量，与专业化分工是共同演进的，专业化分工推动技术进步，同时技术进步促进产业间及产业内专业化分工不断细化、深化。随着技术进步，企业将有限的资源投入到获益最大的生产部门，实现专业化生产，从而提高生产效率。专业化分工一方面使企业实现了规模经济，降低了生产成本，另一方面企业更多的依赖市场进行交易，增加了企业的交易成本。为了充分利用专业化分工的益处，同时加强与其密切相关的企业之间的紧密合作关系，降低企业之间的交易成本，相互关联的企业必然会在空间、地理上呈现出集聚的状态。

　　这些同质企业以及相互关联的企业，在特定区域内不断聚集，相互之间的交流与合作不断增多，逐渐形成了一条完整的产业技术链，多条类似的产业技术链聚集在一起，便形成了产业集群。从理论上说，以一条产业技术链为基础，就可以形成产业集群，但现实中更多的产业集群是以众多相关联的产业技术链相互交织形成的产业技术网络为基础构建的[②]。技术网络增强了上下游企业间的关系，不仅有利于同行业间技术的交流与学习，而且为企业实现技术合作提供了方便。产业集群内部相互关联的企业通过产业技术链中横向或纵向的专业化分工，不但可以共享区域内人才、技术、信息等资源，而且推动区域产业快速发展，不断增强产业竞争力。

　　在国际技术贸易的带动下，产业集群的建立和发展提高了产业竞争力，成为促进区域经济发展的重要动力，推动区域间分工与合作的进一步发展，进而对产业集群形成一种反作用力，促使双方通过合作来构建地方国际化产

---

① 柳琦、丁云龙：《产业集群的技术成因分析》，《中国科技论坛》2005 年第 4 期。

② 柳琦、丁云龙：《产业集群的技术成因分析》，《中国科技论坛》2005 年第 4 期。

业集群。首先，区域间的垂直分工合作，有利于提高产业的专业化水平，直接推动产业集群建立；其次，区域合作减少了生产要素区际流动的障碍，尤其是对于流动性强的人才、资金、技术来说，这些生产要素在市场规律的作用下流向收益最大的区域，为产业集群的形成和发展提供了有力的保障；再次，区域合作加强了双方的文化交流，增强了企业之间信任关系，有利于降低企业的交易费用，提高产业集群的生产效率；最后，区域合作拓宽了产品销售市场范围，推动了产业集群内企业生产规模的扩大和新企业数量的增加，导致产业集群的规模不断扩大。

从理论角度分析，通过发展国际技术贸易促进中俄地方国际化产业集群建立是有基础的，也是可行的。国际技术贸易通过技术转移、技术溢出、技术创新等效应促进技术引进国和技术输出国的技术进步，而技术进步通过吸引同质企业和相互关联企业在特定区域聚集，推动完整的产业技术链形成，进而促使其发展成为产业集群。

三　中俄地方国际化产业集群的形成机理

中俄地方国际化产业集群是"伞"型合作模式形成的基础和必要条件。从目前的形势来看，中俄地方国际化产业集群的形成需要时间和过程，但是有一点是可以明确的，中俄两国在产业合作的进程中，已经实实在在地向前跨进了一大步，它的里程碑就是中俄两国签订了以产业合作为主的《中俄地区合作规划纲要》，开辟了中俄两国区域合作的新空间。

（一）建立中俄地方国际化产业集群依据

根据产业集群理论，建立产业集群需要一些必要条件。那么目前中俄双方是否已经具备建立地方国际化产业集群所需的基础条件呢？我们从区位条件、经济效益、市场需求和产品差异化几个方面来具体分析。

首先，中国东北三省和俄罗斯东部地区具有优越的区位条件，而区位因素是形成产业集群的基础。通过对现实的产业集群研究发现，在产业集群形成初期起主要作用的是区位因素，因而大多数产业集群都位于区域效应强的地区。这里的区位因素是指区域内的自然条件以及社会条件能为产业的生产经营活动带来与其他区域相比的优势，它是由区域本身的特性决定的。韦伯在对工业区位研究中认为区位因素包括地价与地租，厂房，机械设备，其他固定资产，材料、动力和燃料成本，运输成本，利率，固定资产折旧率七大类，经过层层剖析，他将一般区域因素归结为运输成本和劳动力成本两大类[①]。中国东北三省和俄罗斯东部地区处于东北亚的中心地带，靠近经济发达的日本、韩国，俄罗斯东部地区有着丰富的自然资源，并且技术实力雄厚，中国东北地区自然资源的优势正在消失，但是有着良好的工业基础，丰富的劳动力，双方在资源方面存在互补性优势。此外，中国东北三省和俄罗斯东部地区边境城市毗邻而居，交通便利，节约了生产要素流动成本。

其次，中俄企业都具有追求规模经济效益的特征，而追求规模经济导致的递增收益是企业集聚在一起形成产业集群的根本原因。产业集群并不是一般的产业集聚，它是大量相关产业集聚在一起，而这种规模经济带来的外部性成为产业集群形成的关键因素。大量相关企业集聚在一起不但会加剧它们之间的竞争，迫使单个企业进行创新、改进技术，同时也会加强它们之间的有效合作，这体现在产业集群区内相关企业通过合作或者联盟的方式进行生产、销售等活动，从而吸引大量的劳动力和专业化供应商在此聚集。而集群导致的知识溢出更是帮助企业减少了创新成本。中俄地方国际化产业集群所要发展的装备制造业、能源产业集群都具有规模经济的特征，也就是说这些产业中的企业需要达到一定生产规模后才会出现长期平均成本下降。企业规模生产需要大量的劳动力、资金和技术，因而产业集群所产生的外部规模经济的影响对企业的发展非常重要。目前在中国东北地区和俄罗斯东部地区，装备制造业与能源产业都有了一定的发展，两国具备了合作建立装备制造业

---

① 吴德进:《产业集群论》，社会科学文献出版社，2006。

和能源产业国际化产业集群的基础。

再次，中俄两国的产品面临着广阔的市场需求，市场需求可以通过企业规模和企业数量影响产业集群的发展。一般认为，市场需求增加时企业的生产规模也应该扩大，企业从而获得更多的利润，但是根据生产理论，企业的生产规模是不能一直无限扩张的，要受到规模经济的内在约束。企业的最佳生产规模位于长期平均生产成本的一段区域中，当超过这段区域就会出现规模不经济，也就是说企业的生产规模扩张是有一定边界的。这样来看，市场增加的需求不能完全由集群内企业来满足，而应该吸引新的企业加入，企业数量的增加促进产业集群规模的进一步扩大。

最后，中俄企业产品差异化推动产业集群的发展。大量生产相似产品的企业集中在一起，企业之间的竞争势必会非常激烈，而企业为了在竞争中胜出，需要花费大量的成本，此时市场就会出现挤出效应。部分厂商为了维护自己的市场势力希望远离竞争者，从而迁出该地区，当挤出效应大于集群带来的集聚效应时，这个产业集群就不会存在了。但是，产品差异化可以在一定程度上缓解企业之间的竞争，也就是说当产品差异达到一定程度时，产品的可替代程度就会降低，此时企业不仅可以利用价格手段参与竞争，而且可以利用产品特性优势占领市场，集聚效应大于挤出效应时就出现了企业的集聚。中国东北三省同时聚集着不同规模的汽车生产厂商以及零部件供应商，而各厂商所生产产品的差异性使它们拥有不同的市场。从汽车产品设计到生产、销售，生产者在各道程序的创新都能够帮助企业在激烈的竞争中占据一席之地。

此外，中俄政府对加强双方区域合作的政策支持，大量的科研机构、金融机构、行会等公共机构，良好的基础设施都是促使中俄地方国际化产业集群建立的重要因素。

（二）国际贸易对中俄地方国际化产业集群的推动作用

中俄之间有着悠久的贸易历史，尤其是中国东北三省同俄罗斯之间的贸易额逐年增长。2003 年中国东北与俄罗斯的贸易额为 33.85 亿美元，2007 年增至 128.8 亿美元，增长了近 3 倍。以黑龙江省为例，由于地理位置临近以及产业结构互补，俄罗斯一直在黑龙江省对外贸易中占据重要位置。从表 3-3 和表 3-4 可以看出近几年来双方的贸易关系越来越密切，贸易额大幅度增长。2007 年黑龙江对俄贸易进出口总额大致为 2000 年的 8 倍，占黑龙江省对外贸易进出口总额的 62%；2008 年即使是在不利的经济环境中，黑龙江省对俄贸易在金融危机之后仍占据了黑龙江省对外贸易的半壁江山。

表 3-3　2000~2014 年黑龙江省对俄贸易额占比统计

单位：亿美元，%

年份	黑龙江省对俄贸易进出口总额	黑龙江省对外贸易进出口总额	对俄贸易占对外贸易的比重	中国对俄贸易进出口总额	对俄贸易占中国对俄贸易的比重
2000	13.7	29.8	46.0	80.0	17.1
2001	17.9	33.8	53.0	106.7	16.8
2002	23.3	43.4	53.6	119.3	19.5
2003	29.5	53.2	55.5	157.6	18.7
2004	38.2	67.9	56.3	212.3	18.0
2005	56.7	95.7	59.2	291.0	19.5
2006	66.8	128.5	52.0	333.9	20.0
2007	107.2	172.9	62.0	481.6	22.3
2008	161.6	298.7	54.1	568.0	28.5
2009	55.7	162.2	34.3	387.9	14.4
2010	74.7	255.0	29.3	554.5	13.5
2011	189.86	385.13	49.3	792.5	24.0
2012	213.09	378.2	56.3	750.9	28.4
2013	223.61	388.8	57.5	683.3	32.7
2014	232.8	389.0	59.8	884.0	26.3

资料来源：根据历年商务部网站国别数据、《黑龙江省对俄贸易简要统计》、黑龙江省商务厅对俄贸易处、哈尔滨海关统计处、中华人民共和国海关有关数据整理。

表 3-4 2000~2014 年黑龙江省对俄罗斯贸易差额统计

单位：亿美元

年份	出口额	进口额	差额
2000	4.65	9.1	-4.45
2001	7.8	10.2	-2.4
2002	9.7	13.6	-3.9
2003	16.4	13.2	3.2
2004	21.5	16.7	4.8
2005	38.4	18.4	20
2006	45.4	21.5	23.9
2007	81.7	25.6	56.1
2008	81.2	80.4	0.8
2009	32.7	23.1	9.6
2010	42.8	31.8	11
2011	43.4	146.3	-102.9
2012	51.55	161.53	-109.98
2013	69.09	154.55	-85.46
2014	90.54	142.26	-51.72

资料来源：根据历年黑龙江省商务厅对俄贸易处统计数据整理。

从区域经济学的观点来看，影响企业区位选择的区位力分为聚集力和分散力两种。聚集力促使企业经济活动从一个区域向另一个区域持续转移或者集中，促使聚集力产生的因素包括市场接近效应和生活成本效应。市场接近效应是指在其他条件相同的情况下企业更偏好市场规模较大的区域；生活成本效应指企业聚集地区生活成本比较低，会吸引更多的消费者迁入，导致市场规模的扩大，进而吸引更多的企业迁入。分散力指的是区域内企业的过于集中导致企业竞争成本增加，降低了企业的盈利能力，因而企业会选择迁出企业聚集地。当聚集力大于分散力时，会形成一条聚集性的循环累积因果链，在它的作用下地区的区位优势不断增强，从而吸引更多的企业聚集[①]。

随着中俄贸易的开展，中俄的边境上出现了许多因贸易而兴起的港口城

————————————

① 安虎森:《新区域经济学》，东北财经大学出版社，2008。

市，这些城市有着广阔的市场、便利的运输条件，其区位优势条件逐渐形成一种聚集力，吸引着大量的中俄企业。边境贸易的不断发展也使得这些企业的规模不断扩大、利润逐年增加，从而强化了这一地区的区位优势，吸引了更多的企业到此投资，因而出现了产业集聚现象。以黑河市为例，为了促进中俄贸易迅速发展，1992 年国务院批准建立了黑河边境经济合作区。黑河市利用国家给予的优惠政策，积极发挥口岸优势，发展出口导向型工业和第三产业，2007 年黑河边境经济合作区生产总值为 2.2 亿元，同比增长 24.3%，对外贸易进出口额为 1.04 亿美元，同比增长 25.6%，招商引资达到 5.85 亿元，同比增长 32.9%。黑河边境经济合作区内的企业从 2005 年的 102 家增加到 2010 年的 450 家，这些企业的从业人员也增加到 6841 人[1]。2014 年招商引资成效显著。全年新签利用外资项目为 102 个，协议利用外资额为 61.4 亿美元，比 2013 年增长 19.4%，其中，外商直接投资额为 58.6 亿美元，增长 17.3%。实际利用外资额为 51.6 亿美元，增长 11.1%，其中，外商直接投资额为 50.9 亿美元，增长 10.3%[2]。

中俄传统商品贸易的发展为中俄合作建立地方国际化产业集群奠定了良好的基础，但是传统商品贸易的局限性，如对产品创新、企业技术改造、生产规模扩大等作用有限，使产业集群的发展受到了很大的限制。随着中俄合作规模的不断扩大、领域的不断扩展、层次的不断提高，原有的传统贸易的局限性也越来越明显。中国振兴东北老工业基地战略和俄罗斯东部大开发战略的实施，也需要中俄改变现有的贸易模式，进行贸易结构升级。国际技术贸易是国际贸易发展的高级阶段，与传统的商品贸易相比，技术贸易对一国经济的发展具有更大的推动作用。由于商品贸易交易的只是商品，企业得到的只是商品的使用权和所有权，而在现代知识经济社会人们加强了对知识产权的保护，阻碍了企业通过产品获得和利用核心技术的行为。但是国际技术贸易却可以解决这一问题，技术引进国可以根据自身的需求，通过技术贸易直接引进所需技术，节约技术研发费用和研发时间，迅速增强国家的技术实力。

---

① 《黑龙江统计年鉴（2011）》，黑龙江省出版社，2011。
② 《黑龙江省 2014 年国民经济和社会发展统计公报》，黑龙江省人民政府，www.hlj.gov.cn，2015 年 2 月 26 日。

利用东北三省同俄罗斯东部地区地缘接近、贸易历史悠久、存在技术差距等条件，积极同俄罗斯开展技术合作，推动技术合作随着合作的升级逐渐发展成为技术贸易。技术贸易产生的技术扩散、技术创新等效应将带动整个地区的技术进步，而技术进步通过一系列的作用机制促进产业集群的形成和发展，从而推动中俄地方国际化产业集群的建立。中俄地方国际化产业集群会在边境地区产生多种积极的效应，使边境地区的生产要素实现重组，进而实现区域效应利益的最大化。

（三）中俄地方国际化产业集群区域效应的形成机理

中国东北三省和俄罗斯东部地区技术贸易的发展将会推动中俄地方国际化产业集群的建立，而该产业集群将促使生产要素在区际流动，深化专业化分工、制度创新，利用社会资本，降低集群内企业的生产成本和交易成本，提高企业竞争力，从而增强能源产业和装备制造业的竞争力，带动中国东北三省和俄罗斯东部地区经济发展，促使双方区域合作进一步加强。

1. 生产要素流动

中俄地方国际化产业集群最大的特征在于它是由中俄双方通过技术贸易合作共同建立的跨国界的产业集群。在目前情况下，中国东北三省和俄罗斯东部地区任何一方都没有能力独自建设具有强大国际竞争力的产业集群，因而双方应在各自优势的基础上，加强地区间的跨国合作，共同建设中俄地方国际化产业集群。双方技术贸易的开展，会改变生产要素和资源仅在一个国家或地区内部聚集的状况，生产要素尤其是流动性较强的劳动力、资本、技术，将打破地区行政规划的束缚，在中国东北三省和俄罗斯东部地区内依据市场原则自由流动，从而实现资源的优化配置。

俄罗斯技术资源相对丰富而中国东北三省的科技资源相对稀缺，因而在市场机制作用下，为追求生产要素收益最大化，中国东北三省以技术贸易的方式从俄罗斯东部地区引进技术，对双方来说都是有利的。这不仅可以提高中国东北三省的技术水平、科研创新能力，而且会带动相应的人力资本和资金流动。双方生产要素的自由流动是中俄地方国际化产业集群建立的基础，而产业集群的建立会进一步加速生产要素的区际流动。

企业是生产要素的载体，生产要素流动实质上是企业的迁移，本书以劳动要素为例来分析中俄地方国际化产业集群建立对生产要素流动的影响。相对于俄罗斯东部地区而言，中国东北三省劳动力数量和质量都具有一定的比较优势。随着双方能源产业集群的建立和发展，俄罗斯东部地区能源开采和加工所需劳动力短缺的现象越来越明显，该地区对中国东北三省劳动力的吸引力不断增强。中国东北三省劳动力可以通过单纯的劳务输出实现流动，也可以跟随企业投资向俄罗斯东部地区迁移。当中俄双方的市场开放度达到某一特定值时，产生的聚集力就会大于分散力，从而促使循环累积因果链形成。在这一因果链的作用下，与能源开采和加工有关的企业不断地向俄罗斯东部地区聚集，而这些企业发展所需的劳动力也会不断地向这一地区流动，进而促进产业发展。能源产业集群是一个完善的生产链，某一个环节能力增强都能带动其上下游产业发展，能源开采和加工业的发展会带动当地基础设施建设、吸引专业化供应商到来等，进而推动能源产业集群进一步发展。

企业发展是产业发展的核心，只有增强企业的竞争力，产业的竞争力才会增强。在现代生产中资本、技术以及组织管理成为影响企业发展的重要因素，获得这些生产要素也就成为企业发展的关键，而企业要获得这些要素不外乎有两条途径：一是自身创造，二是通过与其他企业的合作获得。企业进行创新需要投入大量的资金、人力，因而对于一些中小企业来说自行创新需要面对巨大的风险，多数企业会选择与其他企业合作，通过学习进行模仿创新。产业集群内生产要素的流动无疑增强了企业间的联系，为相互学习创造了良好的环境。

由于中俄地方国际化产业集群的特殊性，集群内企业之间的合作和生产要素的流动会涉及国家间的政治问题。但是从经济发展的角度来说，由于生产要素具有稀缺性，只有合理利用有限的资源才能够最大程度地发挥其促进经济增长的作用。

2. 深化专业分工

开展国际贸易会促进国家间的分工，技术贸易作为贸易发展的高级阶段，这一作用更明显。从亚当·斯密的古典经济学理论到后来以杨小凯为代表的新兴古典经济学理论，都认为劳动力分工的日益深化和不断演进是促进经济增长的主要因素。一方面专业化分工有利于规模经济的出现，另一方面专业化分工导致交易成本的上升，这两方面的作用都促使企业到特定区域集聚，从而发展成为产业集群。因而我们可以认为产业集群是企业追求专业化分工产生的递增收益和降低专业化分工产生的交易成本的一种空间表现形式[①]。中俄地方国际化产业集群是众多企业以产业链为基础聚集在一起的，这些企业不仅通过产业链形成一个整体，而且进行着专业化分工，因而产业集群的建立不但会进一步深化中俄间的产业分工，而且会推动产业内企业间的专业分工。

（1）实现规模经济

最早提出规模经济的是马歇尔，他认为大量企业之所以聚集在特定区域，最初的原因是自然资源或者是国家政策的允许，而到了工业化时期企业集群则是为了追求外部规模经济的效益。规模经济就是指长期平均生产成本随着生产规模的增加而下降，包括外部规模经济和内部规模经济两类。前者是指整个产业的发展导致该产业内单个企业的成本降低，这同产业集群有很大关系；后者指单个企业生产要素投入增加，企业的产出会以更大规模增加，这同企业的技术、组织及管理效率有关。中俄技术贸易的开展，可以促进技术引进企业和技术输出企业的技术进步，因而会出现企业内部规模经济，提高企业的生产效率，促进企业成长。对于其他企业而言，重要的是获得产业集群带来的外部规模经济。

马歇尔从新古典经济学的角度分析了产业集群带来的外部规模经济，克鲁格曼将其归结为以下三个方面。

第一，专业性劳动力市场。在产业集群区内，经营水平不同的企业集聚在一起，会吸引具有专业技能的工人聚集，有利于创造完善的劳动力市场，产业集群内存在着许多潜在的劳动力需求和劳动力供应，"雇主们往往能找到

---

① 惠宁：《产业集群的区域经济效应研究》，中国经济出版社，2008。

他们所需要的专门技能的工人，同时找工作的劳动者自然也能找到需要他们专业技能的雇主”①。设想在装备制造业中有许多的生产厂商，他们都需要使用一种特殊的劳动力比如说高级焊接工，但它们生产的产品具有很大的差异性，面临不同的消费市场需求，因而它们对劳动力的需求也是不确定的，而且是不完全相关的。与此同时这些生产厂商处于不同的生命周期阶段，它们对劳动力的需求也会存在差别，当一部分企业对劳动力需求量大时，另一部分企业对劳动力的需求可能较少，因此这些企业对劳动力的需求可以相互弥补。产业集群降低了工人的失业风险，他们只不过是从一个企业转到另一个企业工作，转换工作地点而已，同时也确保了劳动供应，使企业不会面临劳动力短缺的问题。

第二，专业化生产所得的中间产品。产业集群可以支持多种专用中间产品的生产，只有众多使用该中间产品的企业集中在一起才能使中间产品制造商使用专业化的、先进的机械设备，以较低的成本来供应众多的消费者。从企业价值链来看，企业的成功运营依赖于各个连接点的协调，其发展依附于上游供应商和下游营销商及消费者，在产品的生产到销售这一过程中，良好的协调配合、中间投入品的低运输成本、良好的售后服务等都能增强企业的竞争力。此外，许多产品的生产以及新产品的开发需要专门的设备和配套服务、需要投入大量资金，单个企业无法提供足够大的消费市场维持众多供应商的存在，只有众多企业集聚在一起才能扩大需求市场，使各种各样的专业化供应厂商生存，从而形成专业化供应商网络。供应商网络越密集竞争也就越激烈，因而集群区内企业能够更容易获得最新的设备、最好的服务、最合理的产品价格，降低生产成本和交易成本，增强企业价格竞争优势。以汽车生产为例，汽车生产过程中需要大量的零部件，而单个汽车厂商无法自己生产全部的零部件，它的需求也无法支持众多零部件供应商的生存。因而汽车厂商需要在一定的地域集中生产，经过专业化分工吸引一系列专业化供应商在其附近进行生产，正是由于这个原因中国东北地区聚集着哈飞、吉林一汽、

①　徐康宁：《产业聚集形成的源泉》，人民出版社，2006。

华晨等整车制造商，以及众多的零部件生产企业。同样，分工的细化和专业化促进了资源的合理利用，延长了产业集群的生产链条，扩大了产业集群的生产规模。

第三，技术与信息的交流。在马歇尔生活的时代，信息、技术的传播是同距离紧密相关的，知识在当地的流动要比远距离流动更容易，"行业的秘密不再是秘密，而成为众所周知的事了，优良的工作受到正确的赏识，对于机械流程和企业一般组织上的发明及改进，因其所取得的成绩将迅速地为人所研究。如果一个人有了新思想，就会为别人所采纳，并与别人的意见结合起来，因此它又成为新思想之源泉"[1]。在现代社会中，产业集群同样有利于知识的传播。企业一般通过自主创新和模仿创新获得专业化的知识和技术，而进行模仿创新的前提是自主创新的知识溢出，自主创新需要企业拥有研究和开发（R&D）能力及人才。当企业在某一地区集聚时，更多的人才会被吸引到这里，为创新提供必要的人力资本，同时企业之间激烈的竞争，激发出更多的创新思想。在产业集群区内，具有专业技能的劳动者的流动性非常强，这同样有利于知识溢出，能够带给企业模仿对手的机会。此外，企业之间的合作也会由于地理位置的临近而变得更频繁和简单，因而产业集群区内的企业比外部企业更方便获得创新知识。

韦伯在分析工业区位选择时提到了集群因素，认为企业在进行区位选择时虽然应重视运费与劳动成本，但是还应重点分析集群因素，他将集群因素分为四类。第一是技术设备的发展。技术设备的专业化会促使一些企业独立出来，发展辅助性的产业，从而大大提高这些专业机器的使用效率，使企业从过去与技术设备相互依存转为为集中专业化的设备服务。第二是劳动力组织的发展。韦伯将充分发展的、新颖的、综合的劳动力组织看作一定意义上的设备，认为劳动力组织的专业化促进了产业集群的发展。第三是市场化。产业集群可以最大限度地提高批量购买和出售的规模，因而企业能够得到供应商最低价格的供货。第四是经常性成本的节约。产业集群会促进基础设施

---

[1] 徐康宁：《产业聚集形成的源泉》，人民出版社，2006。

的建设，而煤气、自来水、通信等基础设施的建设有利于企业经常性成本的减少。

马克思在《资本论》中提出，社会生产力的发展必须以大规模的生产与协作为前提。他认为大规模生产是提高劳动生产效率的有效途径，是近代工业发展的必由之路。只有生产达到一定规模后"才能组织劳动的分工和结合，才能使生产资料由于大规模积聚而得到节约，才能产生那些按其物质属性来说只适于共同使用的劳动资料，如机器体系等等，才能使巨大的自然力为生产服务，才能使生产过程变为科学在工艺上的应用"① 。同时马克思还指出生产规模的扩大会带来产、供、销联合，资本的扩张，生产成本的降低。

因而从规模经济的角度来看，产业集群区内大量供应商的集中使企业以较低的成本获得上游产品，大量相似的企业集聚在一起创造了广阔的消费市场，而企业之间的竞争，更好地发挥了市场机制的作用，推动了产业集群的良性发展。

（2）降低交易成本

在经济发展的初期阶段由于生产力水平较低，人们选择自给自足，也就没有分工。随着经济的发展，生产效率逐渐提高，人们也开始认识到分工的好处，因而依据比较优势进行分工交易。但是随着生产分工越来越细，产品在质量、功能等方面呈现出多样化的特征，企业要面对的中间产品市场也越来越复杂，这就意味着企业为了生产所支付的搜寻成本不断增加，同时企业数量增多导致的信息不对称也会增加交易的风险。因而，在本地区交易同在外地交易所花费的费用显然是不同的，相关企业从自身利益的角度考虑会本能地选择集聚在一起。首先，相关企业集聚在一起会缩小企业的搜寻范围，减少企业的搜寻成本；其次，企业地理位置的接近会降低产品的运输成本，让企业共享基础设施；最后，大量企业集聚在一起有助于企业相互了解和学习，相同的文化氛围降低了欺诈行为导致的交易风险。总之，专业化分工的发展，将促进企业之间交易次数的增加、交易效率的提高，增强交易企业的

---

① 吴德进:《产业集群论》，社会科学文献出版社，2006。

相互依赖程度，企业发现交易集中在同一地点要比在多个地点交易有效率，因而企业逐渐聚集于某一地。同时，分工的不断细化还伴随着产业链条的逐渐延长、中间产品的不断增多，更多的厂商被吸引过来，因此产业集群也慢慢地发展起来。

从上面的分析可知，专业化分工促进了企业的集聚，进而促进了产业集群的形成，产业集群形成后会实现自我螺旋式的上升，促进交易成本进一步降低，推动分工更加细化和专业化，为技术发展和创新提供有利条件，吸引更多的企业进入，促进产业集群进一步发展。

3. 利于制度创新

对于中国东北三省来说，进行技术贸易将技术引进国内只是第一步，重要的是实现技术产业化，使其发挥促进经济增长的作用。技术引进到国内以后，最初仅仅在技术引进企业内部使用。随着产品生产和销售规模的扩大，技术外溢会产生，为企业模仿学习和进行技术创新奠定了基础。技术外溢需要一个良好的环境，需要制度的支持。制度的基本功能就是降低交易成本，产业集群是一种降低交易成本的制度安排，从这一角度来说，产业集群的建立可以为企业相互学习与合作创造良好的制度环境，降低技术外溢和技术创新的成本。企业因为合作获得了比产业集群外企业高的效益，会吸引新的企业进入，从而促使产业集群的规模扩大。

科斯认为交易成本指的是不同经济主体在交易过程中进行谈判、讨价还价、搜集信息等所产生的费用。威廉姆森认为交易成本包括以下几个方面：第一，搜寻成本，厂商搜集商品与交易对象信息所花费的成本；第二，信息成本，取得交易对象信息和与交易对象进行信息交换所需的成本；第三，议价成本，针对契约、价格、质量讨价还价的成本；第四，决策成本，进行相关决策与签订契约所需的内部成本；第五，监督成本，监督交易对象是否按照合同进行交易所需的成本；第六，违约成本，违反契约所付出的事后成本[①]。相关企业在某一地区的集聚逐渐发展成为产业集群，首先表现为生产

---

① 卢现祥：《新制度经济学》，武汉大学出版社，2004。

规模的扩大，生产成本的降低，其次表现为企业的交易成本降低。这是因为：第一，处在同一制度安排下，企业之间的摩擦减少，企业之间交流的障碍减少；第二，地缘接近、文化的相似性，便于各企业面对面的交流，有利于复杂知识的传播；第三，企业间非正式交流增多；第四，各种资源的共享也降低了企业的交易成本；第五，大量企业集聚在一起加剧了竞争，刺激了技术创新。

依照诺斯的解释，制度包括正式制度和非正式制度两部分。正式制度是指人们有意识创造的一系列政策制度的总和，包括政治制度、经济制度以及由此形成的等级制度。政府是正式制度的制定主体，可以通过正式制度创新促进产业集群的发展。正式制度创新指政府根据自己的发展利益，通过制定一些差别制度来限制或者约束企业的行为，可以分为强制性制度创新和诱导性制度创新，前者指政府直接利用政策限制企业具体区位和活动范围，后者指政府通过制定一系列的优惠政策诱导或者吸引企业到政府期望的具体区位或活动范围内去[①]。企业愿意接受制度的约束在某一地区集聚的原因就在于企业可以获得制度创新的收益。政府为了吸引企业到它所希望的地区聚集，往往会实行一些特殊的优惠政策，如土地政策、税收政策、财政补贴等。随着技术贸易的发展，政府同样会对那些引进新技术的企业给予一定的优惠政策，鼓励企业引进新技术、进行技术创新。当企业在某一地区聚集后，它不但会获得制度创新的收益，同时还会得到额外的聚集收益，例如，企业之间距离缩短，加速了信息在企业间的流动，为企业相互竞争、相互模仿、相互学习提供了有利条件。某一产业的发展必然会吸引与其密切相关的产业和中介网络组织，从而延长该产业集群的产业生产链条。同时产业集群的发展有利于提高公共部门服务水平，不但促进区域产业竞争优势的提升，而且促进产业集群的进一步发展。

非正式制度指人们在长期交往中无意识形成的、具有持久生命力的并能够代代相传的那部分文化，一般包括价值观念、伦理道德、风俗习惯、意识形态等因素[②]。产业集群区域经济效应的形成与发展既受到正式制度的影响，

---

① 惠宁：《产业集群的区域经济效应研究》，中国经济出版社，2008。

② 邱成利：《制度创新与产业集聚的关系研究》，《中国软科学》2001年第9期。

又受到非正式制度的影响，非正式制度同样有利于企业交易成本的降低。单纯地依靠正式制度并不能完全消灭企业合作过程中的欺诈行为，企业还需要依靠道德约束自身行为。由于中俄双方的企业有着完全不同的文化背景，文化差异导致企业支付很高的交易成本，因而企业之间的相互信任对于降低交易成本具有重要的作用。新制度经济学代表人物诺斯、麦克尼儿、威廉姆森等认为信任为交易双方提供了稳定预期，能够节约交易成本并限制机会主义行为，从而保证经济交易的持续进行。经济社会学家也认为信任有助于建立社会生活秩序，并保证其稳定性与持续性，他们认为将行为者联系在一起的并不是单纯的利益，还包括情感关怀、道德、责任、规范等社会因素[①]。信任同样有助于知识在企业间的传播，一般认为知识分为显性知识和隐性知识，前者也指编码知识，是可以通过各种有形媒介传播的，而后者指的是未编码知识，它是人们在实践中感觉、领悟到的，难以具体化和系统化，如果没有面对面的交流很难传播或者说传播得很慢，例如劳动者的某项技能。产业集群区内企业之间的信任关系为知识传播，尤其是隐性知识传播，创造了良好的条件。不同企业员工之间大量的非正式交流，企业之间的相互学习，不但促进了自身技术进步，同时也有利于技术创新。

4. 社会资本

（1）社会资本概述

根据科尔曼的解释，社会资本是由构成社会结构的要素组成的，主要存在于人与人的关系结构之中，并为结构内部的个人行动提供便利。由于某些行动者的利益部分或全部处于其他行动者的控制之下，为了实现各自的利益，行为者相互进行交换，甚至单方转让对资源的控制，其结果就形成了持续存在的社会关系，这种社会关系不仅是社会结构的组成部分，而且是一种个人资源，这就是社会资本。权威关系、信任关系、规范的信息网络、多功能的组织、有意创建的组织等都是社会资本的表现形式[②]。王珺等根据民营企业发展对社会资本的需求，将社会资本分为个人关系资本与集群网络资本。个人关系资本指民

---

① 林竞君:《网络、社会资本与集群生命周期研究》，上海人民出版社，2005。
② 王雷:《社会资本积累与企业集群的持续竞争优势》，《广西大学学报》2004 年第 12 期。

营企业主从亲戚、朋友关系中获得机会与资源的能力，而集群网络资本是建立在企业参与专业化分工网络基础上的相互认同、互惠与信任。社会资本的形成不但依赖于当地的文化传统、意识形态，而且需要正式制度保障，地方政府可以通过创造鼓励诚信、鼓励合作的制度环境，促使社会资本的积累[①]。

产业集群是网络关系的综合体，企业是产业集群的核心，因而企业网络也成了产业集群网络的核心。产业集群区内企业充分利用社会资本形成企业网络，促进专业化分工，降低交易成本，提高交易效率。首先，企业网络可以降低企业各种不确定交易成本，增强企业抵御风险的能力；其次，网络关系可以创造各种基于资源与技术共享的合作氛围，提高企业的研发和创新能力；最后，网络关系可以实现企业间资源互补，使企业突破自身能力的局限。总之，企业网络增强了企业的生产能力，扩展了企业的生产边界。由于地理位置临近、产业关联、工作人员频繁交流，集群网络凝聚力不断增强。为了减少风险和不确定性，企业会尽量利用这种特殊的信任关系降低企业交易活动的不确定性，提高企业的经济效率[②]。

（2）模型分析

本书根据张毅、陈雪梅（2005）构建的模型来分析说明社会资本对促进中俄企业专业化分工的作用以及专业化分工对产业集群发展的促进作用。

首先模型设定的前提条件包括以下几点。

第一，假定在中国有一个汽车生产厂商，该汽车生产厂商为了生产汽车需要投入一定的劳动力以及发动机这一中间产品。该汽车生产厂商可以自己生产发动机，也可以选择从俄罗斯厂商处购买发动机。该汽车生产厂商生产汽车的生产函数为 $y=a \cdot (x+x^d) \cdot L_y$。其中 $a>0$，表示该厂商生产汽车的专业化水平，即投入同样的资源，专业化水平越高，产出越大。x 表示该厂商自己生产发动机的数量，x^d 表示从俄罗斯厂商那里购买的发动机数量。假定生产技术是外生变量，L_y 表示该厂商生产汽车所需投入的劳动力。

第二，该汽车生产厂商生产发动机的生产函数为 $x=b \cdot L_x$。其中 $b>0$，表

[①]　张毅、陈雪梅：《分工演进、社会资本与产业集群》，《当代经济科学》2005 年第 3 期。

[②]　惠宁：《产业集群的区域经济效应研究》，中国经济出版社，2008。

示该汽车生产厂商生产发动机的专业化水平，L_x 为该汽车生产厂商投入生产发动机的劳动力。

第三，该汽车生产厂商若从其他生产者处购买发动机，就需要支付一定的费用，那么它的预算约束为 $P_x \cdot x^d \leq P_y \cdot y$，其中 P_x 为中间产品发动机的价格，P_y 为最终产品汽车的价格。假定汽车为标准产品，它的价格 $P_y=1$，那么约束条件就变为 $P_x \cdot x^d \leq y$。

第四，若该汽车生产厂商在生产过程中只使用自己的劳动力而不雇佣其他的劳动力，那么劳动力成本就不必进入成本预算约束，但是由于劳动力的数量有限，那么生产者就需要考虑劳动力在生产中的分配问题，假定生产者只有 1 单位的劳动力，则 $L_x+L_y=1$，$0 \leq L_x$，$L_y \leq 1$。

第五，市场处于出清状态，生产可以全部转化为有效需求，因此厂商追求利润最大化的目标就转变为期望产出最大。

下面具体分析该模型。

如果汽车生产厂商选择从其他生产者那里购买发动机，由于文化差异以及市场的变动，双方交易存在风险，也就是说俄罗斯发动机厂商会有违约的可能，这对中国的汽车生产厂商来说是一种不可预测的损失。以 m 衡量交易效率（$0 \leq m \leq 1$），m 越大表示交易成功的概率越大，那么汽车生产厂商就有（$1-m$）的可能性自己生产发动机。在这种不确定的条件下，汽车生产厂商的目标仍是追求利润最大化，但是汽车生产厂商并不知道哪种结果事实上会发生，所以它只是事先做出最优的决策，以最大化它的产出，实现利润最大化。于是得到汽车生产厂商的期望产出为：

$$E(y) = m \cdot [a \cdot (x+x^d) \cdot L_y] + (1-m) \cdot (a \cdot x \cdot L_y) \quad (3-1)$$
$$= m \cdot a^2 \cdot b \cdot L_y^2 (1-L_y) / (P_x-a \cdot L_y) + a \cdot b \cdot L_y - a \cdot b \cdot L_y^2$$

下面分析在不同的交易效率下汽车生产厂商的生产选择，以及集群所特有的社会资本对专业化分工的影响。

情况一：当 $m=0$ 时，也就说此时交易风险非常大，交易成本非常高。

$$E(y)=a \cdot b \cdot L_y - a \cdot b \cdot L_y^2 \qquad (3-2)$$

要得到产出最大时的劳动投入量就要使 $E(y)$ 对 L_y 的一阶导数为零，也就是：

$$\mathrm{d}E(y)/\mathrm{d}L_y = a \cdot b - 2a \cdot b \cdot L_y = 0 \qquad (3-3)$$

解得 $L_y = 1/2$，所以 $L_x = 1/2$。

由此我们可以认为，当交易风险非常高时，汽车生产厂商会选择将自己一半的劳动力投入汽车的生产，另一半劳动力投入发动机生产。由于交易风险太高，汽车生产厂商选择自己生产发动机，而不会从俄罗斯厂商那里购买发动机，因而也就没有专业化分工。

情况二：当 $m=1$ 时，就是说中国汽车生产厂商同俄罗斯发动机供应商之间拥有稳定的供应关系，双方之间不会出现违约的情况，不存在任何交易风险：

$$E(y)=a^2 \cdot b \cdot L_y^2 (1\ L_y)/(P_x - a \cdot L_y) \mid a \cdot b \cdot L_y - a \cdot b \cdot L_y^2 \qquad (3-4)$$

同理为了得到最大期望产出，对 L_y 求一阶导数，使其为零，即：

$$a \cdot L_y^2 - 2L_y \cdot P_x + P_x = 0 \qquad (3-5)$$

解得 $a = P_x \cdot (2L_y - 1)/L_y^2$，因为在第一个假设条件中 $a>0$，所以得出 $L_y > 1/2$。为了保证上面所求的结果为极大值，所以要求二阶导数小于零，即 $2a \cdot L_y - 2P_x < 0$，解得 $a < P_x/L_y$。

由此得出，当交易效率非常高时，汽车生产厂商会将更多的劳动力投入到汽车生产中，同时也不再自己生产发动机，而是从俄罗斯厂商处购买。因而在交易效率非常高时，专业化分工的倾向出现了。厂商之间的信任、稳定的合作关系，这些集群所特有的社会资本降低了双方交易的风险，提高了交易效率，推动了生产向专业化方向演进。

下面接着分析交易效率对期望产出的影响，用期望产出对交易效率求一阶导数，即 $dE(y)/dm=a^2 \cdot b \cdot L_y^2 (1-L_y)/(P_x-a \cdot L_y)$，根据上面求得的 $P_x-a \cdot L_y>0$，可以得到 $dE(y)/dm>0$。期望产出是交易效率的增函数，也就是说交易效率的提高有助于期望产出的增加。

汽车生产厂商可选择的潜在交易伙伴越多，交易的可替代性就越强，这一厂商遭受的风险损失也越小，即使原来的俄罗斯交易伙伴不履行合约，它仍能选择其他的合作伙伴。假设 r 为合约能够履行的概率，N 为交易者的数量，那么生产厂商在这样的一个市场中交易成功的概率为 $P=1-(1-r)^N$，很明显 P 为 N 的增函数。产业集群中众多企业的存在，不但会增强企业间的合作，而且会加剧企业间的竞争，竞争者之间的可替代性促进了交易效率的提高。

通过推论可以得出，中间产品价格同样会影响厂商的期望产出，由于 $dE(y)/dP_x= -1/(P_x-a \cdot L_y)^2<0$，也就是说中间产品价格越低，期望产出越大。因为汽车生产者越倾向于专业化分工，生产效率越高，这意味着发动机的生产趋向专业化，因而发动机供应商也可以提高发动机的生产效率，降低发动机的生产价格。

通过这个模型，可以看出产业集群所特有的社会资本，包括企业之间的相互信任以及稳定的企业网络，促进了交易效率的提高，降低了企业交易的风险（体现为 m 的提高），从而推动了整个行业上下游生产的专业化分工，降低了中间产品价格，最终促使企业产量增加，使资源在企业之间得到有效配置。同时一批专业化的中间产品供应商的出现，不但能扩大产业集群的生产规模，而且可以延长产业集群的生产链条，进一步促进产业集群的发展[①]。

5. 增强区域创新能力

通过技术贸易引进新技术的企业，无论是在技术创新还是在与技术利用相关的制度创新方面，无疑都会成为产业集群发展的核心区，也就是技术扩散的中心区。根据克鲁格曼的中心—外围理论，中心区的创新能力较强，

---

① 张毅、陈雪梅：《分工演进、社会资本与产业集群》，《当代经济科学》2005 年第 3 期。

外围地区的创新能力较弱，并且创新中心不会轻易发生转移，具有很强的区位锁定作用。但是知识具有水平效应，也就是说知识可以溢出，这种知识或技术的溢出可以降低其他企业的学习成本，增加知识的积累，提高经济效率 [1] 。

知识的溢出是局部的溢出而不是全域溢出，是随着空间距离的增加而递减的，也就是说由于知识传播受距离限制，因而离创新核心区越远，所能得到的溢出知识也就越少。在中俄地方国际化产业集群内地理位置临近、社会资本以及集群网络制度的存在，使知识在集群企业间传播比集群外更便利。知识溢出的直接作用就是会降低企业 R&D 投入成本，越来越多的企业在这一地区集聚，会使该地区的产品同时具有成本优势和多样化优势，进而提升产业集群内企业整体的创新能力。

通过上面的分析我们可以认为，传统的商品贸易为中俄建立地方国际化产业集群奠定了良好的基础，两国间技术贸易的开展则直接推动了该产业集群的建立。中俄所特有的区域因素、产品面临的广阔市场需求、规模经济及其外部性、产品差异化是中俄地方国际化产业集群形成的基础。随着两国技术贸易的进一步开展，区域整体技术水平的提高、技术进步产生的技术外溢和技术创新等效应，推动中俄地方国际化产业集群建立。该产业集群建立后会促进生产要素区际的流动、深化专业化分工、为制度创新以及利用社会资本提供良好的外部环境，从而降低企业的生产成本和交易成本，增强企业的竞争力和区域创新能力，推动产业集群发展，为中俄区域经济增长提供新动力。区域经济发展促使双方区域合作向更高层次、更宽领域发展，推动双方技术贸易发展，形成了一个不断增强的循环机制。

---

[1]　安虎森：《新区域经济学》，东北财经大学出版社，2008。

第四章　优化要素配置：中俄优势互补型的互利共赢合作

生产要素是指进行社会生产经营活动所需要的各种社会资源，是维系国民经济运行及市场主体生产经营所必须具备的基本因素。现代西方经济学认为生产要素包括劳动力、土地、资本、企业家才能四种，随着科技的发展和知识产权制度的建立，技术、信息也作为相对独立的要素被投入生产中。这些生产要素通过市场交换，形成各种各样的生产要素价格及其体系。本项目研究涉及的四大生产要素是指劳动力、资源、资本和技术。实现生产要素在中俄区域跨境自由流动和互补，是中俄区域互利共赢的基础。

一　俄罗斯东部地区人力资源分析

（一）人力资源对俄罗斯东部地区发展的重要性

人力资源包括具有劳动能力的适龄劳动人口以及超龄人口，并体现在数量和质量两个方面。人力资源是社会生产活动的第一要素和主体，具有主观能动性和创造性，是生产力系统中最活跃最积极的要素，从根本上推动着社会经济发展。尤其是在知识经济时代，作为科学技术和知识的载体，人力资源的水平，直接决定着区域经济发展的速度和水平，高水平的人力资源是区域经济可持续发展和创新进步的最根本保证。

俄罗斯东部地区地广人稀但是自然资源丰富，2007 年俄罗斯政府正式提出了东部大开发的战略，人力资源要素就显得尤其重要。其重要性主要体现在以下几个方面。

1. 对经济发展的重要性

俄罗斯东部地区拥有1200多万平方公里的土地，而人口却仅有不到2600万人，人口密度仅为2人/平方公里。同时这广阔的土地拥有大量的石油、天然气以及各种金属非金属矿石资源，如果能够加以开发利用，将会很好地促进东部地区的经济发展。俄罗斯政府2007年提出的东部大开发战略，正是以该地区丰富的自然资源为依托，但是稀缺的劳动力资源使这一国家型经济战略成效甚微。自然资源的开发离不开劳动力，只有拥有足够的劳动力资源，才能充分利用好这一地区的资源优势，推动经济发展。

劳动力资源的稀缺，更体现在高科技人才的缺乏和流失。进入21世纪后，虽然各国或地区的经济发展模式不尽相同，但它们都把经济、社会和科技发展的依据放在"人才"这一支撑点上，都把人力资源开发战略规划放在重要的位置。当前我们正处于知识经济时代，科学技术的作用日益重要，发达国家经济发展中科学技术所起的作用已超过80%，而掌握科学技术的主体——人的重要性可见一斑。有了人才以及随之而来的科学技术，才能够更好地利用资源优势，促进该地区又好又快地发展。

2. 对社会生产的重要性

社会的生产活动离不开人，人力资源是社会生产的第一要素。俄罗斯东部地区人力资源匮乏，工业、农业以及服务业都存在大量的劳动力缺口，这严重制约了东部地区的生产活动以及产业发展。工业不能很好地发展，与人们生活息息相关的基础设施建设就得不到保障；农业不能很好地发展，导致食物以及生活必需品的供给不足，需要大量进口；服务业不能很好地发展，人们的生活质量就得不到提高。可以说，人力资源匮乏使得俄罗斯东部地区的社会生产活动受到极大的影响，已经危及人们的日常生活生产活动。

3. 对政治安全稳定的重要性

一个国家或地区的政治安全稳定，需要有良好的社会生产环境以及强大的安全队伍。根据上面的分析，良好社会生产环境离不开人力资源。强大的安全队伍，更需要大量的高素质军队予以保证。俄罗斯东部地区地广人稀，又与多个国家相邻，人力资源对于东部地区乃至整个俄罗斯的政治安全显得更加重要。缺少人力资源保障的地区，就像失去保护的孩子，安全会受到威胁，政治易失去稳定性。

4. 对全俄经济均衡发展的重要性

俄罗斯人口分布极不均匀，东部地区拥有全俄 4/5 的土地，人口却不足 1/4。拥有大量人力资源的欧洲地区经济发达，GDP 达到全俄的 80%，俄罗斯东西部发展严重失衡，正因为这样，俄罗斯政府才提出了东部大开发的战略。而造成这一失衡的根本原因就在于东部地区人力资源的缺失。如果东部地区有足够的人力资源，利用好丰富的资源并发展高新技术产业，那么与西部地区的差距将会大大缩小，经济会实现均衡发展。

5. 人力资源重要性的理论分析

人力资源正日益取代土地资源或材料、能源等物质资源，成为国家经济发展中最重要的战略性资源。国家间的竞争、地区间的竞争乃至企业间的竞争，都归根于人才的竞争。作为第一资源，各国非常注重人力资源的开发战略规划，都把教育放在国民经济发展的重要位置，加快人力资源的培养与积聚；并且通过改善基础设施、美化环境等措施提高生活质量，增强对高素质人才的吸引力。

然而，长期以来，自然条件恶劣、经济不景气、人口出生率下降等各种原因，导致俄罗斯东部地区人口数量不断下降，从 1989 年的 2901.8 万人降低到 2010 年的 2554.6 万人 [1]。在俄罗斯东部地区，采矿业、石化工业、林业是传统的支柱产业，在经济改革阶段，由于企业私有化改革和企业不景气，大量的企业倒闭和裁员出现了，导致失业人员增加。而随着社会经济的不断进步，诸如公用事业、医疗、教育、金融等服务行业和新能源、新材料等新兴产业缺乏大量人才，东部地区的结构性失业，特别是高新技术人才的欠缺

---

[1] 程亦军：《俄罗斯人口发展与社会问题》，《俄罗斯中亚东欧市场》2006 年第 2 期。

制约着东部地区传统产业的升级和新兴产业的发展。随着俄罗斯东部大开发战略的深入实施，人力资源成为俄罗斯东部地区开发首先要解决的一个问题。

（二）俄罗斯东部地区人力资源现状

1. 数量

（1）人口总量规模呈负增长

俄罗斯人口负增长始于 20 世纪 90 年代初，进入 21 世纪后人口问题已经成为俄罗斯"最严峻的问题之一"，这其中又以俄罗斯东部地区最为突出。这主要是因为俄罗斯人口分布很不均匀，在经济发达的欧洲部分，人口相对稠密；而在经济相对落后的东部地区，人口则极度稀少。2010年，仅占国土面积 3.8% 的中央联邦区集中了 32.9% 的国内生产总值，其人口也占到俄总人口的 26.9%；而最大的远东联邦区占俄国土总面积的36%，地区生产总值只占俄国内生产总值的 5.0%，人口也仅占全俄总人口的 4.4%[①]。

问题的严重性还在于，俄罗斯东部地区的人口数量将长期运行在下降通道中。2002~2010 年，俄罗斯东部地区的人口数量减少了 1210 万人，占全俄人口减少总量的 53.5%。这主要基于两个原因，一方面，该地区人口的出生率低、死亡率高，人口自然增长率常为负数。2010 年俄罗斯东部的西伯利亚和远东两个联邦区的人口出生率分别为 14.1‰ 和 13.2‰，死亡率分别为14.2‰ 和 13.8‰，人口自然增长率分别为 –0.1‰ 和 –0.6‰。另一方面，随着苏联解体，自由迁移的限制被取消，很多生活在经济落后、条件艰苦的东部地区的居民，永久性地离开自己的家园，开始大规模西移，回归经济发达的欧洲部分[②]。2013 年，整个东部地区的人口迁移率为 –61‰，西伯利亚地区的人口迁移率为 –8‰，而远东地区则达到 –53‰（见表 4–1）。

---

① 郭力：《俄罗斯东部开发中生产要素贡献率测度分析》，《俄罗斯东欧中亚研究》2014 年第 5 期。
② 〔日〕田畑朋子：《俄罗斯远东人口减少问题》，郑宇超译，《俄罗斯学刊》2014 年第 1 期。

表 4-1　2013 年全俄及东部地区人口情况

单位：万人，‰

地区	总人口	出生率	死亡率	人口自然增长率	迁移率
全俄	14366.7	13.2	13.0	0.2	21
西伯利亚地区	1929.2	14.8	13.3	1.5	−8
远东地区	622.7	13.9	12.6	1.3	−53

资料来源：根据《俄罗斯统计年鉴（2014）》、俄罗斯联邦统计局网站相关数据计算整理。

从表 4-1 可以看出，首先，东部地区的人口增长趋势与全俄的基本情况相同。自然环境的恶劣、人们生活水平不高是造成出生率低、死亡率高的直接原因。俄罗斯新一代年轻人由于不能得到很好的生活环境和较高的生活质量，以及对于培养下一代所需物质存在担忧，往往选择不生孩子，这加剧了出生率低的糟糕情况。其次，从人口迁移率这项来看，东部地区人口外流情况严重，严寒的气候、基础设施水平低、收入低下使得大量的年轻人选择向西部发达地区迁移。同时，年轻人的迁移，更造成该地区劳动力资源的减少，不管是从人口的数量上看，还是从质量上看，俄罗斯东部地区人力资源要素的整体水平都在呈下降趋势。俄罗斯东部地区人口总量趋势变化如表 4-2 所示。

表 4-2　1989~2013 年全俄及东部地区人口总量趋势变化

单位：万人

人口类型	年份	全俄	中央联邦区	西伯利亚地区	远东地区
全部人口	1989	14702.2	3792.0	2106.8	795.0
	2002	14516.7	3800.0	2006.3	669.3
	2010	14290.5	3843.8	1925.4	629.2
	2011	14305.6	3853.8	1926.1	626.6
	2012	14334.7	3867.9	1927.8	625.2
	2013	14366.7	3882.0	1929.2	622.7
城市人口	1989	10795.9	2953.0	1513.3	602.7
	2002	10642.9	3036.7	1427.3	508.2
	2010	10531.8	3126.1	1385.4	470.4
	2011	10571.8	3144.7	1390.6	469.3
	2012	10607.7	3160.1	1395.7	469.5
	2013	10660.1	3175.5	1413.4	468.9

续表

人口类型	年份	全俄	中央联邦区	西伯利亚地区	远东地区
农村人口	1989	3906.3	839.0	593.5	192.3
	2002	3873.8	763.3	579.0	161.1
	2010	3758.7	717.7	540.0	158.8
	2011	3733.8	709.1	535.5	157.3
	2012	3727	707.8	532.1	155.7
	2013	3706.6	706.5	515.8	153.8

资料来源：根据《俄罗斯统计年鉴（2014）》整理。

从表4-2可以看出，虽然全俄的全部人口总体在递减，但是相比而言，东部地区的西伯利亚和远东地区人口总量减少的趋势更加明显，而西部地区，尤其是经济发达的中央联邦区，人口不但没有减少，而且有少量的增加。从人口流失的情况看，城市人口的流失趋势更加明显，比重大于农村人口，这更加说明更多的高素质劳动力向发达地区迁移的特点。

（2）劳动力资源匮乏

俄罗斯东部地区的发展进程显示，劳动力资源匮乏已成为制约这一地区经济发展的主要因素之一。人口密度低是造成劳动力资源匮乏的基本因素。在东部地区1276万平方公里的土地上，居住人口只有2500多万人，人口密度仅为每平方公里2人。艰苦的自然条件加上配套基础设施的短缺使得这一地区的人口密度不仅远低于其他亚太地区国家，而且低于俄罗斯其他地区。虽然绝对数量不多，但东部地区劳动力资源的利用率还是很高的（见表4-3）。

表4-3　2013年全俄及东部地区劳动力资源数量及利用率

单位：万人，%

地区	总人口	劳动力资源数量	就业人数	劳动力资源利用率	失业率
全俄	14366.7	7552.9	6790.1	89.9	10.1
东部地区	2551.9	1327.7	1234.7	93.0	7.0
西伯利亚地区	1929.2	984.3	906.1	92.1	7.9
远东地区	622.7	343.4	328.6	95.7	4.3

注：劳动力近似选取16~59岁的男性、16~54岁的女性。
资料来源：根据俄罗斯联邦统计局网站相关数据计算整理。

从表 4-3 可以看出，虽然该地区的劳动力资源利用率很高，但是劳动力资源的绝对数量和相对数量都很低。人口出生率低以及大量适龄人口的迁移，使得这一地区的劳动力资源比重小、人口老龄化情况严重、人口结构不合理。

（3）人口结构失衡

从年龄结构看，2002 年以来俄罗斯东部地区低于 24 岁的人口数量不断减少，而超过 70 岁的人口数量逐年增多，俄罗斯东部地区人口趋于老龄化。儿童比重越来越低，老龄人口比重不断上升，人口质量指数下降，平均寿命缩短，性别比失衡加剧，并且人口简单再生产已无法保障。

少年儿童的状况令人担忧。少年儿童数量减少不仅导致进入劳动年龄的人口数量萎缩，而且预示着人口总量将继续减少。在俄罗斯东部地区，相当一部分少年儿童存在健康问题。目前在远东地区只有 35% 的儿童在某种程度上是健康的。同时，俄罗斯东部地区一周岁以下新生儿死亡率（近几年有所下降）高于全俄水平。2010 年西伯利亚地区的婴儿死亡率为 8.4‰，远东地区为 9.6‰，全俄 7.5‰。显而易见，在如此状况下，东部地区难以形成发展物质生产和知识潜力的劳动力资源后备。

人口平均寿命缩短。近十年来俄罗斯人口平均寿命不断缩短，特别是男性寿命为欧洲国家最低；而俄罗斯东部地区人口平均寿命低于全俄水平。目前西伯利亚有 8 个地区的人口平均预期寿命排在全俄各地区最后之列，哈巴罗夫斯克边疆区的人口平均寿命比全俄水平低 4 岁。而且在可预见的将来，东部地区人口平均寿命仍达不到全俄水平。据俄专家预测，1999 年出生的远东人可能只能活到 64.4 岁（男 58.9 岁、女 70.6 岁），低于全俄的 65.9 岁（男 59.9 岁、女 72.4 岁）。

此外，出生人口减少，有劳动能力年龄段的人口死亡率高及大量迁出，势必造成人口迅速老龄化。目前俄罗斯东部地区退休年龄以上的人口占总人口的比重近 20%，虽然略低于全俄平均值，但也处于较高的水平（见表 4-4）。

表 4-4 全俄及东部地区人口结构统计

单位：万人，%

地区		全俄	东部地区	西伯利亚地区	远东地区
总人口		14191.45	2600.15	1956.11	644.04
分年龄段 人口数量	0~15 岁	2285.44	455.56	342.87	112.69
	16~59 岁（男性） 16~54 岁（女性）	8835.97	1645.6	1231.76	413.84
	60 岁以上（男性） 55 岁以上（女性）	3070.05	498.99	381.48	117.51
分年龄段 人口比重	0~15 岁	16.1	17.5	17.5	17.5
	16~59 岁（男性） 16~54 岁（女性）	62.3	63.3	63.0	64.3
	60 岁以上（男性） 55 岁以上（女性）	21.6	19.2	19.5	18.2

注：截至 2013 年 1 月。

资料来源：根据俄罗斯联邦统计局网站相关数据计算整理。

从性别结构来看，俄罗斯东部地区性别比例失衡且有加剧趋势。自苏联解体以来，俄罗斯男女比例失衡情况愈发严重。至 2010 年，整个东部地区女性数量超过男性数量 158 万人，2013 年俄罗斯东部地区人口性别比例如表 4-5 所示。

从城乡人口比重来看，俄罗斯东部地区城镇化水平较高，城镇人口比重达 72.65%，与全俄平均水平相差不大。其中西伯利亚地区城镇人口比例为 71.95%，远东地区为 74.76%。

表 4-5 2013 年全俄及东部地区人口性别比例

地区	男女比例（男性基数为 100）			
	1989 年	2002 年	2010 年	2013 年
全俄	100：114.0	100：114.7	100：116.3	100：115.9
西伯利亚地区	100：108.9	100：113.4	100：115.1	100：114.9
远东地区	100：99.5	100：105.6	100：108.3	100：108.1

资料来源：根据俄罗斯联邦统计局网站相关数据计算整理。

2. 质量

人力资源是数量与质量的统一，质量方面的特征更为重要，它是一国或地区经济发展的潜力之所在，是区域创新能力的保障，是科技强国的支柱。此处分析俄罗斯东部地区人力资源质量方面的特征，采用人口的受教育程度指标进行分析。

俄罗斯教育发达，俄罗斯人受教育程度普遍比较高，但人才外流现象非常严重。同时应该指出的是，俄东部地区的智力潜力在下降。少年儿童数量减少使接受学前教育、普通教育的人数减少。俄专家指出，几年后远东地区的高等院校将面临大学生生源问题。同时，外迁人口中 55% 受过高等教育，大批科技人才流向国外，这导致该地区科学发展潜力下降。东部地区的教育水平高于全俄的平均水平，但是适龄受教育人口的不足和高素质人才的大量外流，制约着该地区经济的发展。2013 年俄罗斯东部地区受教育人口占总人口比例如表 4-6 所示。

表 4-6 2013 年全俄及东部地区受教育人口占总人口比例

单位：万人，%

地区	总人口	学生人数			占总人口比重		
		学前教育	基础教育	高等教育	学前教育	基础教育	高等教育
全俄	14366.7	634.73	1364.32	564.67	4.41	9.50	3.93
西伯利亚地区	1920.2	90.49	204.21	73.26	4.71	10.63	3.82
远东地区	622.7	30.83	66.89	22.62	4.95	10.74	3.63

注：不包括夜校和初中级职业教育人数。

资料来源：根据《俄罗斯统计年鉴（2014）》、俄罗斯联邦统计局网站相关数据计算整理。

3. 对俄罗斯东部地区经济发展的影响

人力资源数量上的缺乏以及科技人才的严重流失影响了俄罗斯东部地区工农业及其他行业的发展，成为俄罗斯东部大开发最迫切需要解决的问题。为此，俄罗斯政府计划在 2007~2012 年向西伯利亚和远东地区移民几十万人。2007 年俄罗斯政府拨款 40 亿~50 亿卢布实施这一计划。然而，气候恶劣、生活费用高以及配套设施不完善等原因，导致俄东部地区大量的科技人才及技术人员西移。为此，俄罗斯不得不另寻出路，从 2007 年开始推行《使侨胞自愿迁居俄罗斯计划》。但海外俄侨移民俄罗斯将是一个漫长的过程，不仅需要很长时间进行与移民相关的立法工作，而且安置移民也需要大量的资金投入。

在人力资源问题上，俄罗斯正面临人口出生率较低、性别比失衡、人口平均预期寿命较短、人口老龄化、人口地区分布不均衡和大量人才外流等棘手问题。如果这些问题得不到及时有效的解决，将对俄罗斯社会经济发展产生重大而深远的影响。

（三）解决人力资源短缺的措施

1. 政策上重视

人口数量减少是俄罗斯东部地区社会和经济稳定发展的严重威胁，增加远东地区和外贝加尔地区的人口数量，应该被放在保障俄罗斯地缘战略的优先地位。作为劳动力资源极其短缺的地区，远东地区经济地理条件特殊，要使区域发展加快，需要相当漫长的时间，极有可能超出社会的、经济的、自然环境的、心理的承受能力，阻碍经济发展的正常进程。《远东及外贝加尔地区经济和社会发展的联邦专项规划》已明确提出，要"完善国家对俄流入人口的调节机制和劳动力按区分配的机制，确定中国公民居留俄罗斯的法律制度和其他制度，制定实施这种制度的相应机制"。由此可见，中国东北与俄罗斯远东地区在人口与劳动力资源上的互补性构成了双方劳务合作的经济基础。

2. 利用移民手段

为解决人口问题，俄罗斯东部地区遏制人口外迁，并通过移民补充人口和劳动力资源。远东联邦区也曾提出方案，要采取一系列措施吸引俄罗斯中部地区的、独联体和波罗的海沿岸国家的居民来远东。首先是吸引俄罗斯公民和无国籍讲俄语的人来远东，其次是利用外国劳动力。但目前这些措施并未取得预期效果，俄罗斯东部地区人口形势继续恶化。

3. 鼓励多生育

俄罗斯政府已采取了一系列措施鼓励多生育，但是鼓励多生育措施不奏效。2005 年俄罗斯人口又减少了 73.5 万人，其东部地区与全国形势一样，生育率下降、死亡率上升，人口自然减少数量超过 2004 年。西伯利亚地区死亡人数超过出生人数约 60%，阿穆尔州出生率为 10.9‰，死亡率为 19.6‰。俄专家认为，要使长期以来已经较低的生育率提高，难度是相当大的。

4. 减少人口外流

减少人口外流的办法成效不大。俄罗斯东部地区具有劳动能力和高技能的人持续迁往生存条件较好的俄欧洲部分，而人口迁入量远不抵迁出量。如 2005 年仅滨海边疆区就有近 3 万人迁出，而迁入量仅为 24784 人，迁移使该地区减少了 4600 多人。

5. 提高居民收入

俄罗斯在诸多发展规划中都提到要增加远东地区居民的收入，改善居住环境和生活条件，这是远东地区留住现有人口的必要措施。

二 俄罗斯东部地区自然资源要素分析

（一）自然资源对东部地区发展的重要性

自然资源的范围很广，包括一切人类在当前以及未来可以利用的自然生成物、环境因素以及其他条件。自然资源在生产力系统中承担着生产资料的角色，是人类生产生活过程中不可或缺的原材料和物质基础。在新经济地理学中，自然资源的分布是形成块状经济的基础条件，也是区域经济中聚集力产生的根本原因。根据循环累计因果理论，两个地区非均衡力产生的根本原因在于自然资源的分布不同，进而在循环累计因果效应的作用下，两个地区产生地区差异。如中东地区，就是依靠其丰富的石油资源发展经济。自然资源最大的特点就是具有稀缺性和有限恢复能力。过度地开发自然资源，不仅不能促进经济的发展，而且会起到阻碍作用，甚至危及人类的生存。

自然资源是国民经济和人民生活的重要资源和条件，各个区域的自然资源的多寡、结构、分布与可开采性会对该区域的经济发展产生很大的影响[①]。对于俄罗斯东部地区来说，自然资源的重要性尤其明显。

（二）对东部地区发展的拉动作用

俄罗斯东部地区面积广阔，自然资源丰富且种类繁多。其对东部地区经济的拉动作用不可替代。众所周知，俄罗斯是能源大国，能源产业是俄罗斯最主要的支柱产业，而大部分能源都来自俄罗斯的亚洲部分，即东部地区。东部地区的发展有赖于自然资源的开发。

1. 加快东部地区开发

通过对自然资源的开发，可以改善东部地区的基础设施建设，改善居民的生活条件，进而加快转变经济发展模式，实现可持续的发展，带动整个东部地区经济水平的提高。同时，对自然资源的开发还可以带动其他生产要素的流动，如吸引外资、外来务工人员以及外来移民。这对缩小俄罗斯东西部差距具有极大的推动作用。从对 GDP 的贡献来看，2010 年整个东部地区的GDP 达 6200500 百万卢布，而直接利用自然资源的采矿业产值达到 1584116百万卢布，占东部 GDP 的 25.55%。

2007 年俄罗斯正式提出东部大开发战略，而之前俄罗斯政府也特别重视东部地区的开发。为了实现东西部经济的均衡发展，俄罗斯政府制定了一系列的开发政策，所有的政策都是以东部地区的自然资源为基础和条件的。如：1996 年出台的《远东和外贝加尔地区 1996~2005 年经济与社会发展联邦专项纲要》，其目的是使远东地区利用资源优势，建立现代化的基础设施，并使远东地区的发展成为俄罗斯参与亚太经济一体化政策中的主要环节[②]；2002 年俄罗斯政府批准的《西伯利亚经济发展战略》以及 2006 年修订的《西伯利亚发展联邦专项纲要》，都把提高自然资源的利用效率、通过自然资源的开发来发展经济放在首要位置；而东部大开发战略也明确指出要加强国家干预，开发东部地区的油气资源。

[①] 豆健民：《区域经济发展战略分析》，上海人民出版社，2009。

[②] 张颖春：《俄罗斯经济发展战略的区域经济学分析》，《俄罗斯东欧中亚研究》2008 年第 4 期。

2. 吸引外资

自然资源不单单能直接拉动经济的增长，而且可以吸引大量的外国投资，东部地区依据其资源禀赋优势，在弥补自身资金不足的短板的同时，还能带动该地区其他行业的发展。东部地区自然资源储量丰富，但是开采量却很低，很大的原因就是资金的不足。进入 21 世纪后，各国对于能源资源以及其他稀有金属矿产资源的需求不断加大，尤其是俄罗斯东部毗邻的几个国家，如中国、日本、韩国。因此俄罗斯可以通过生产要素的优势互补，利用自身的资源来吸引大量的外资，扩大东部地区的再生产水平，从而带动整个地区的快速发展。

3. 加快经济结构转变

东部地区的工业水平较低，与其丰富的自然资源形成鲜明的对比。对于自然资源主要采取粗放型的开采及加工方式，缺少对资源产品的深加工。这样不仅经济效益低下，而且是对环境的破坏。而俄罗斯作为资源出口大国，需要改变这种单纯依靠能源以及原材料出口的经济发展结构。因此，自然资源作为东部地区，乃至整个俄罗斯经济发展的基础和最有利的条件，在对其进行开发利用过程中，有必要进行产业结构的升级，对资源类产品进行深加工，同时依托自然资源开发所带来的先进技术和知识水平，带动其他行业的发展，转变目前这种不利的经济发展模式，真正实现可持续发展。

4. 加强对外合作

随着全世界资源的日益紧张和资源需求的不断增长，俄罗斯东部地区由于其丰富的能源储量开始成为世界瞩目的焦点。俄罗斯政府也深深意识到东部地区自然资源的开发对于国家战略的重要性。同时，因为东部地区自然条件的恶劣以及资源开采的难度很大，俄罗斯政府积极寻求与其他国家合作，来加快这一地区的开发建设。周边国家拥有大量的富余劳动力、资金以及先进的技术，并且对资源需求量很大，因此，加强对外合作是实现多边共赢的需要。

从地缘政治和安全的角度来看，东部地区资源的开发和出口，能够很好地平衡大国关系，使俄罗斯摆脱对西方国家单一的资源出口的依赖，提高其在国际重大问题上的话语权和主动性，并且通过自然资源的开发带动东部地区的发展，可以增强其远东地区的边防安全和政治稳定。

除以上几点之外，东部地区人口稀少，劳动力资源紧缺，丰富的自然资源成为吸引外来移民发展本地区经济的基础和有利条件。

（三）俄罗斯东部地区自然资源的描述性分析

1. 储量丰富但开采量有限

（1）油气资源

从产量上看，2000 年以来，西伯利亚联邦区的石油生产呈现稳步上升态势，石油（包括凝析油）产量由 2000 年的 701.9 万吨，占全俄总产量的 2.1%，增加到 2010 年的 2940.4 万吨，占全俄总产量的 5.81%，比 2009 年增产 1048.3 万吨，增长幅度达 55.4%。2010 年西伯利亚联邦区石油产量位居八大联邦区第四。包括秋明州在内的乌拉尔联邦区传统的石油生产基地产量已经进入高峰期，加之没有发现新的较大的油田，产量增长速度逐渐减缓，产量水平的上升空间不大，而东部大开发战略的实施，为西伯利亚联邦区石油资源的开发提供了广阔的前景。

在远东地区，石油的主要产地为萨哈（雅库特）共和国和萨哈林州。远东联邦区（包括萨哈林岛）2009 年石油产量为 1737.8 万吨，比 2008 年增加 374.3 万吨，2010 年其石油产量在八大联邦区中排名第五，达到 1828.3 万吨，比 2009 年增加 90.5 万吨（见表 4-7）。远东联邦区产量大幅度增长的原因是 2008 年塔拉坎油田投入开发，2009 年苏尔古特油气公司在该油田生产石油，并且油田与东西伯利亚—太平洋输油管线系统连通。萨哈林州也是远东地区最重要的石油产地，约有 62 个油气田，大多是中小型油气田，石油和天然气远景储量分别为 9.97 亿吨和 4.157 万亿立方米。目前，萨哈林大陆架的石油天然气开采工程将继续实施萨哈林 -1 号、萨哈林 -2 号一直到萨哈林 -6 号的大陆架开发项目。在堪察加半岛、楚科奇自治区和哈巴罗夫斯克边疆区还发现了一些规模不大的油气田。

表 4-7 石油（包括凝析油）产量

单位：万吨

年份	俄罗斯联邦	西伯利亚联邦区	远东联邦区
2000	32351.7	701.9	378.1
2001	34813.3	793.0	420.3
2002	37956.3	1099.7	367.0
2003	42134.1	1457.4	357.2
2004	45931.8	1759.9	390.5
2005	47017.5	1434.6	442.7
2006	48050.7	1334.6	657.3
2007	49088.2	1377.4	1522.6
2008	48802.1	1438.5	1363.5
2009	49429.9	1893.2	1737.8
2010	50536.2	2940.4	1828.3
2011	51238.8	3537.0	2083.7
2012	51874.7	4198.4	2089.1
2013	52168.8	4594.8	2153.2

资料来源：根据俄罗斯联邦统计局网站相关数据计算整理。

西伯利亚联邦区的天然气资源主要集中在托木斯克州、克拉斯诺亚尔斯克边疆区、伊尔库茨克州、新西伯利亚州等地。远东联邦区陆地天然气资源主要分布在萨哈（雅库特）共和国、勒拿—通古斯流域、哈坦加—维柳伊流域、萨哈林州北部、阿穆尔河中下游、阿纳得尔河流域、堪察加北部和乌苏里斯山地。俄联邦统计署数据显示，2009 年西伯利亚联邦区和远东联邦区的天然气和半生气产量分别达到了 61.95 亿立方米和 207.01 亿立方米。2010 年两联邦区产量都有所增长，产量分别达到 64.10 亿立方米和 265.05 亿立方米，较 2009年分别增加 2.15 亿立方米和 58.04 亿立方米（见表 4-8）。2007 年后，远东联邦区的天然气和半生气产量超过西伯利亚联邦区，并且增长幅度相当大，2009年的产量占到了全俄总产量的 3.5%，2010 年占到全俄总产量的 4.07%。随着萨哈林大陆架石油天然气的进一步开发，这一数值还将增加。

表 4-8　天然气和半生气的产量

单位：亿立方米

年份	俄罗斯联邦	西伯利亚联邦区	远东联邦区
2000	5839.33	30.05	35.51
2001	5814.43	41.35	37.85
2002	5951.06	48.77	36.78
2003	6202.34	58.89	36.22
2004	6326.23	61.84	35.88
2005	6408.01	59.87	35.25
2006	6562.71	58.40	38.56
2007	6527.40	62.72	84.41
2008	6655.25	64.23	109.72
2009	5844.77	61.95	207.01
2010	6513.23	64.10	265.05
2011	6708.37	72.37	280.86
2012	6546.50	84.07	297.57
2013	6676.11	101.96	307.61

资料来源：根据俄罗斯联邦统计局网站相关数据计算整理。

　　从储量上看，据统计，俄罗斯东部地区的油气资源剩余储量占整个东北亚地区的 88.81%，达 3319.77 亿桶油当量（见表 4-9）。截止到 2011 年 8 月，俄罗斯东部地区油气探明储量为 4904.34 亿桶油当量，以天然气为主，原油、天然气和凝析油比例分别为 30.9%、66.6% 和 2.5%。2010 年俄东部地区石油、天然气开采量分别为 4768.7 万吨、329.15 亿立方米，分别占全俄的 9.4% 和 5.05%[①]。俄罗斯《2030 年能源战略》预测，到 2030 年俄东西伯利亚和远东地区的原油、天然气产量将分别为 1.01 亿~1.08 亿吨、1300 亿~1520 亿立方米，产量份额将占全俄的 19.1%~20.2% 和 14.7%~16.2%（见表 4-10）。

---

　　① 俄罗斯联邦国家统计署：《俄罗斯各地区社会经济指数》，2011。

表4-9 东北亚地区油气资源剩余储量及分布

单位：亿桶油当量，%

国家或地区	总计	所占比例	油田	气田	油气田
俄罗斯东部	3319.77	88.81	2.58	91.38	3225.82
中国东北华北	412.27	11.03	1.40	60.92	349.95
日本	4.20	0.11	0.023	2.05	2.13
韩国	0.95	0.03	——	0.39	0.56
蒙古国	0.78	0.02	——	——	0.78
朝鲜	0.005	0	0.005	——	——

资料来源：王春修、贾怀存《东北亚地区油气资源与勘探开发前景》，《勘探开发》2011年第11期。

表4-10 2030年东西伯利亚和远东原油、天然气产量预测

	东西伯利亚地区	远东地区	俄罗斯合计	两地所占比例（%）
原油（万吨）	6900~7500	3200~3300	53000~53500	19.1~20.2
天然气（亿立方米）	450~650	850~870	8850~9400	14.7~16.2

资料来源：ЭНЕРГЕТИЧЕСКАЯ СТРАТЕГИЯ РОССИИ НА ПЕРИОД ДО 2030 ГОДА, http://xn--80agflthakqd0d1e.xn--p1ai/docs/base/, 2015-12-05。

可以看出，虽然东部地区的油气资源储量丰富，但是开发程度较低，与其丰富的储量并不相称，与此同时，从目前的开发状况以及近几年来开采量的增长态势来看，俄罗斯东部地区油气田随着俄西部地区油气资源的枯竭，将成为俄罗斯油气生产的主力接替区，具有很大的开发潜力。俄罗斯在2009年11月发布的《俄罗斯2030年前能源战略》中也肯定了这一点。该战略的目标是最有效地利用自身的能源资源潜力，强化俄在世界能源市场中的地位，并为国家经济赢得最大实惠。根据《俄罗斯2030年前能源战略》的规定，今后石油储量年增长率要实现10%~15%，天然气储量年增长率要实现20%~25%。新能源战略的要点之一是，准备在俄东西伯利亚和远东地区、极地地区周围，甚至是北冰洋大陆架地区建立新的油气综合体。

（2）煤炭资源

俄罗斯拥有世界已探明煤炭储量的1/5。俄罗斯国家统计局的数据显示，俄罗斯现有煤炭企业的工业储量约为190亿吨，其中焦煤约为40亿吨。按照俄罗斯目前的开采能力，已探明煤炭资源储量最少可供开采500年。俄罗斯

煤炭资源分布极不平衡，3/4以上分布在俄罗斯东部地区。2008年俄罗斯煤炭产量世界排名第五，达3.285亿吨。目前，俄罗斯煤炭主要产自西伯利亚联邦区，其次是远东联邦区。

据俄罗斯国家统计局相关数据，2010年远东联邦区和西伯利亚联邦区的煤炭生产总量达到30057.5万吨，占全俄总产量的93.4%（见表4–11）。其中，在西伯利亚联邦区，煤炭开采主要集中在克麦罗沃州、克拉斯诺亚尔斯克边疆区、外贝加尔边疆区、伊尔库茨克州、哈卡斯共和国，除此之外新西伯利亚州、布里亚特共和国和图瓦共和国煤炭产量也相当可观。2010年西伯利亚联邦区的煤炭产量达26890.2万吨，占全俄总产量的83.6%，比2009年增加1475.1万吨，是八大联邦区中煤炭产量最高的地区。远东联邦区2010年的煤炭产量达到3167.3万吨，比2009年增加387.8万吨，成为仅次于西伯利亚联邦区的第二大煤炭生产基地。2013年俄罗斯西伯利亚联邦区和远东联邦区的煤产量占全俄总产量的93.8%。

表4–11　2000~2013年煤炭产量统计

单位：万吨

年份	俄罗斯联邦	西伯利亚联邦区	远东联邦区
2000	25828.7	19374.6	2835.3
2001	26956.0	20658.3	2817.9
2002	25575.4	19850.2	3006.1
2003	27666.4	21991.9	3071.6
2004	28174.4	22353.6	3189.4
2005	29850.0	23983.2	3250.5
2006	31003.5	25169.8	3205.4
2007	31378.7	25695.3	3218.8
2008	32855.4	27198.2	3233.3
2009	30128.9	25415.1	2779.5
2010	32170.1	26890.2	3167.3
2011	33629.4	28232.8	3221.3
2012	35678.0	29905.9	3530.9
2013	35122.9	29698.6	3258.3

资料来源：根据俄罗斯联邦统计局网站相关数据计算整理。

俄罗斯东部地区煤炭资源的储量以及开采量都很可观，在整个俄罗斯占有绝对性的优势。近年来的开采量稳中有升，但是增长幅度很小。与其丰富的储量相比，其年开采量还有很大的潜力。

（3）其他矿物资源

俄罗斯 90% 的贵重金属矿床集中在东部地区，远东的马加丹州是俄罗斯最主要的黄金产区，其砂金矿可维持多年的开采。该州地下金矿也非常丰富。但是，由于地质勘探条件差，地下金矿开采成本比开采金沙矿高 1.5~2.2 倍，因此，地下金矿的开采量仅占金矿总产量的 3%~5%。萨哈共和国也是俄罗斯重要黄金产地之一，黄金产量约占俄罗斯黄金总产量的 34%，储量和产量仅次于马加丹州，居俄罗斯第二位。俄罗斯金矿主要分布在南部的阿尔丹河流域、因迪吉尔卡河上游的乌斯季—涅拉、北部的亚纳河流域等产金地区，此外滨海边疆区和西伯利亚联邦区也是俄罗斯黄金的重要产区，其年产量都在 20 吨左右。

从探明储量来看，远东和东西伯利亚地区铁矿石约为 120 亿吨、锰超过 1500 万吨，锡的储量超过 200 万吨，铜为 80 万吨，银为 38000 吨，硼为 350 万吨。同时比较丰富的有色金属还有铅、锌、锑、汞、镁、钛、钾、镍、钨钼等。其中，铜主要分布在东西伯利亚赤塔州北部的乌多坎，储量达 100 万吨。锡主要分布在远东地区、滨海边疆区、萨哈共和国、马加丹州和哈巴罗夫斯克边疆区。铅锌矿主要分布在俄罗斯远东滨海边疆区的达利涅戈尔斯克、东西伯利亚布里亚特共和国、图瓦共和国和克拉斯诺亚尔斯克边疆区。菱镁矿主要分布在俄罗斯远东的萨哈共和国、东西伯利亚伊尔库茨克州的东萨彦岭地区。西西伯利亚还是俄罗斯钛矿的重要产地。俄罗斯远东地区是俄罗斯钨矿的重要产区。锡霍特阿林山脉的东方 2 号钨矿，是优质钨矿产地，已建立了采矿选矿联合企业。

远东和西伯利亚地区的黑色金属也储量非凡，是俄罗斯重要的铁矿产区，铁矿石储量为 89 亿吨，其中俄罗斯远东联邦区储量为 25 亿吨，西伯利亚邦邦区储量为 64 亿吨。其中，磁铁矿占 70%，赤铁矿占 15%。俄罗斯远东联邦区的铁矿石主要分布在萨哈共和国、阿穆尔州、哈巴罗夫斯克边疆区的兴安岭—布列亚山区、滨海边疆区。西伯利亚联邦区的铁矿主要分布在克麦罗沃州南部山区、伊尔库茨克州、克拉斯诺亚尔斯克边疆区等地。

（4）森林资源

森林资源是俄罗斯东部地区宝贵的自然财富之一。这里是俄罗斯森林资源最丰富的地区之一，截止到2011年，俄罗斯远东和西伯利亚地区森林总面积达8.78亿公顷，其中远东地区为5.05亿公顷，西伯利亚联邦区为3.72亿公顷。两区的木材蓄积量为542.4亿立方米，其中远东联邦区的木材蓄积量为207.28亿立方米，占全俄罗斯的24.9%。西伯利亚联邦区的木材蓄积量为351.13亿立方米，占全俄罗斯的40.2%。西伯利亚联邦区森林覆盖率高达50.9%，该区不仅森林覆盖面积和森林覆盖率居全国前列，森林的更新速度也非常快，2010年俄罗斯联邦森林更新面积达81.15万公顷，其中西伯利亚联邦区森林更新面积达到22.51万公顷，远东联邦区达19.93万公顷。分别占全国森林更新面积的27.7%和24.6%。其中，西伯利亚联邦区80%以上属针叶树种，60%属成熟林和过熟林。远东联邦区的树种以落叶松为主，其面积达1.667亿公顷，占森林总面积的33%；其次是桦树，面积2070万公顷，占4.1%。此外，这里的贵重树种数量在俄罗斯占第一位，有大量的冷杉和云杉，还有朝鲜雪松、黄檗、刺楸、俄罗斯远东桦、辽东桦、胡杉楸等珍贵树种。值得一提的是，远东森林中还蕴藏着大量的非木材资源，其中有1000多种药材、350多种山野菜、400多种食用菌。每年可采松子、榛子为48.53万吨，浆果为120万吨，蘑菇为50万吨。此外远东森林中还生活着40多种珍贵的毛皮兽和其他野兽，这无疑为林产品采集、野生动物养殖业、山珍业的发展提供了良好的条件。2013年俄罗斯东部地区森林资源状况如表4-12所示。

表4-12　2013年俄罗斯东部地区森林资源状况

地区	森林覆盖面积（万公顷）	木材蓄积量（百万立方米）	森林覆盖率（%）
西伯利亚联邦区	37292.5	33513.7	53.8
远东联邦区	50552.3	20728.2	48
俄罗斯联邦	118325.7	83386.3	46.6

资料来源：根据俄罗斯联邦统计局网站相关数据计算整理。

俄罗斯东部地区森林资源丰富，但是劳动力缺乏、设备落后、气候条件恶劣等不利因素，使得木材生产量在全俄所占的比重并不具有优势，2013年西伯利亚和远东地区的木材生产量，仅占全俄木材总产量的42.7%（见表4—13）。主要原因是采伐的地理条件恶劣，造成东部地区成、过熟林比例过大，可采森林资源与已开采资源比重失衡，使木材资源严重浪费。

表4—13　木材生产量

单位：万立方米

地区	2009 年	2010 年	2011 年	2012 年	2013 年
俄罗斯联邦	10070.0	11220.0	12270.0	12180.0	11980.0
西伯利亚联邦区	3398.9	3525.5	4178.4	4131.5	4010.7
远东联邦区	1042.3	1173.3	1240.5	1205.9	1109.7

资料来源：根据俄罗斯联邦统计局网站相关数据计算整理。

（5）渔业资源

俄罗斯东部地区的渔业资源主要集中在远东联邦区，远东海域同时也是俄罗斯最重要的捕渔区，年捕鱼量为300万吨左右，占俄罗斯捕鱼量的近65%。远东联邦区拥有全俄罗斯最好的发展渔业的原料基地。该地区江河提供的淡水占全世界淡水储量的10%以上。仅阿穆尔河中就栖息着约100种鱼，其中20种为特有鱼种，具有较大经济价值。远东联邦区有很大一部分地区濒临太平洋和北冰洋，海岸线长达1.77万公里（包括岛屿海岸线），占俄罗斯海岸线总长的29%，这些都为远东联邦区发展渔业提供了得天独厚的条件。俄太平洋200海里水域里有2000多种水生生物，有大约2600万吨鱼和海产品，年海产品允许捕捞量为450万吨。远东联邦区捕捞的对象主要有鲟鱼、鲑鱼、明太鱼、比目鱼、虾、蟹等。渔业主要作业区是北太平洋水域，包括鄂霍次克海、白令海和日本海在内的太平洋西北部渔区。

渔业是远东联邦区的主要产业之一（见表4—14），2006年在远东联邦区所有经济活动中渔业占地区生产总值的3.5%，虽然这个数字到2008年已下降到2.9%，但远东联邦区在八大联邦区中还是位列第一[①]。2010年俄罗斯联

① 俄罗斯联邦国家统计署：《俄罗斯各地区社会经济指数》，2011。

邦鲜活鱼和冷冻鱼产量为 126.4 万吨，其中远东联邦区产量达 89.3 万吨，占全俄总产量的 70.6%，较 2009 年 93.7 万吨下降了 4.7%。远东联邦区内的萨哈林州、堪察加边疆区、马加丹州、滨海边疆区和楚克奇自治区是俄罗斯渔业的主产区。俄远东渔业捕捞区的海洋生物资源占全俄的 50% 以上。该区海产品除供应本地区外，主要出口到美国、韩国、日本、德国和中国香港等地，是该区主要的出口产品之一。价格低廉的海鱼及其半成品占据了该区出口的大部分份额，而其成品的出口量则较少。

尽管远东联邦区每年捕捞大量鱼产品，但俄罗斯国内水产市场被大量进口鱼充斥，目前有 15%~20% 的鱼类和海产品从国外进入俄罗斯。远东联邦区出产的鱼产品由于运费和销售环节加价过高而缺乏市场竞争力。目前在俄罗斯本国市场上，鱼产品出现了进口量增长的势头，大约 80% 的品种来自国外的生产商。尤其在俄罗斯中西部地区，由于远东捕捞鱼类每公斤须增加 10 卢布运费，价格大大超过当地进口鱼，从而降低了远东鱼产品的市场竞争力和占有率。

表 4-14　2013 年俄罗斯各个联邦区鲜活鱼及冷藏鱼的总产量

单位：万吨

地区	2012 年	2013 年
俄罗斯联邦	139.9	146.1
中央联邦区	2.16	2.08
西北联邦区	13.3	17.8
南部联邦区	5.87	6.31
北高加索联邦区	0.96	1.23
伏尔加河沿岸联邦区	0.97	1.08
乌拉尔联邦区	1.88	1.92
西伯利亚联邦区	1.28	1.04
远东联邦区	113.4	114.6

资料来源：根据俄罗斯联邦统计局网站相关数据计算整理。

综上所述，俄罗斯东部地区自然资源整体情况是储量丰富，开采量（包括渔业）与储量形成鲜明对比，虽然各种资源的年产量都有所增加，但是幅度较小，开发的潜力还很大。造成这一问题的原因，主要是该地区自然条件恶劣，基础设施水平差，缺乏劳动力并且不具备大规模开发所必需的技术和资金。要想改变这种不利局面，俄罗斯政府必须加大东部地区的开发力度，制定更加优惠的政策吸引外来资本和技术，改善该地区的基础设施。这样才能更好地利用这一地区丰富的自然资源，并以此带动该地区的全面发展。

2. 俄罗斯东部地区自然资源吸引外资分析

（1）吸引外资的概况

东部地区自然资源丰富，对外资有着极大的吸引力。近年来，外资投入最多的是自然资源领域，主要集中在燃料工业、采矿业、森林开采和木材加工等领域。燃料工业是远东联邦区对外资最具有吸引力的领域。在世界能源资源日趋紧张的情况下，远东联邦区丰富的燃料资源对外资产生了强大的吸引力，该领域吸引的外资占远东利用外资总额的 60% 以上。采矿业是东部地区的支柱产业，也是东部地区对外国投资最具有吸引力的领域。在采矿业中，利用外资最活跃的是采金业和开采金刚石业。东部地区矿产开发领域的外资主要投向了这两个部门。2007~2010 年，矿产资源开采业累计吸引外资 9016.509 亿卢布，占整个东部地区外资总额的 89.35%，2010 年东部地区矿产资源开采业吸引外资 30852.84 亿卢布，占外资总额的 25%，其中油气开采业的吸引外资额占矿产资源开采业的 83.66%。2007 年东部地区采矿业吸引外资额远比全俄吸引外资额高出 8.07 个百分点，2008 年、2009 年略有下降，分别高出 6.41 和 4.98 个百分点，但到 2010 年采矿业吸引外资额猛增，比全俄采矿业吸引外资额高出 11.35 个百分点，采矿业保持吸引外资的绝对优势[1]。森林采伐和木材加工领域是远东联邦区具有比较优势的行业。目前，该领域的外资主要集中在森林的开采和初加工，深加工领域投资少、产业链短，该领域吸引外资的潜力还没有充分发挥出来。随着俄罗斯限制原木出口、鼓励向加工领域投资的力度增加，远东联邦区木材加工领域对外资的吸引力将会不断增强。

（2）吸引外资面临的主要问题

首先，东部地区自然环境恶劣，交通不便，导致该地区的经济开发成本

---

[1] 《俄罗斯吸引外资情况及政策》，中国矿产网，www.goldore.cn/news，2013 年 10 月 20 日。

较高；其次，吸引外资的法律法规不断变化，造成引资机制不稳定和不连贯，对吸引外资会产生负面影响。

（3）吸引外资的前景分析

从需求上看，随着世界范围的能源需求逐渐旺盛和能源产品价格不断攀升，能源投资已经成为资本输出的最重要的选择。从地理位置上看，俄罗斯东部地区是俄罗斯与中国、朝鲜、蒙古国的接壤地，同时又与日本和美国隔海相望，有利于吸引外资，开展国际合作。从投资方向上看，目前，对资源领域的投资主要集中在资源的开采上，而加工领域投资较少。随着俄罗斯产业结构调整力度的加大，资源加工领域将成为吸引外资的领域。从东部地区自身发展态势上看，随着地区经济形势的好转和投资环境的改善，外国投资商对其进行投资的信心将会逐渐增强。

第一，产业结构亟待升级。

作为传统的资源依赖型经济国家，长期以来俄罗斯一直致力于发展以资源出口为导向的经济，主要依靠自然资源特别是石油的大量出口实现经济的高速增长，经济增长方式以粗放和资源依赖为基本特征。从 20 世纪 90 年代起，俄政府开始在金融、税收等方面对能源产业实行倾斜性政策，对资源型企业的投资额一度占到俄投资总额的 3/4。燃料能源综合体占俄工业生产总值的近 30%、联邦预算收入的 32%、出口总额的 54%、外汇收入的 45%。2007 年，俄罗斯原油和石油制品出口实物量比 1995 年增长 1 倍以上，包括能源在内的矿产品出口额也从 1995 年的 333 亿美元增至 2007 年的 2280 亿美元，增长近 6 倍。俄罗斯经济增长对能源的依赖程度已经接近石油输出国组织（OPEC）国家的水平，能源出口在俄罗斯经济中发挥了举足轻重的作用。

在俄罗斯东部地区以自然资源为基础的产业占据主导地位，其中采矿业更是其最主要的支柱产业之一。但是可以看出，自然资源的相关加工产业却并不发达，从出口的产品也可以看出，该地区出口的资源类产品以原油、原材料、原木等未经过深加工的产品形式直接出口。这是这一地区经济收入的主要来源。

单纯依靠廉价的原材料出口来拉动经济的增长不是长久之计，这种方式所带来的利润也很低，并且会对东部地区的资源环境造成破坏，不具有可持续的发展前景。俄罗斯政府也充分意识到这一点，因此在制定东部地区开发策略时，把减少原材料出口、提高制造业水平作为重要的政策，同时积极寻求与其他国家进行各类资源开发的项目合作，以此提高资源类产品的加工水平，创造更大的经济价值，同时改变目前的产业结构和经济结构。

然而，尽管俄罗斯政府努力改变东部地区目前的产业结构和经济结构，但是多年来效果并不明显。东部地区的发展还是主要依赖能源资源和矿产资源等原材料出口。主要原因在于缺少资金、劳动力以及技术。因此与其他国家的合作来共同开发资源，是一条可持续发展的捷径。

第二，加强与其他国家的合作。

俄罗斯东部地区拥有丰富的自然资源，能够提供大量的资源，而与东部地区毗邻的其他国家，如中国、日本、韩国等对资源，尤其是能源资源具有很大的需求。通过双边合作，不但可以加快东部地区自然资源的开发进度，而且能更好地促进其产业结构升级、带动经济良性发展。

目前来看，俄罗斯东部地区寻求与别国进行合作的项目多是天然气、石油的开采以及与资源相关的基础设施的建设。如萨哈林大陆架的石油天然气开采工程萨哈林-1号、萨哈林-2号一直到萨哈林-6号的大陆架开发项目，东西伯利亚—太平洋输油管线系统的建设等。通过这些项目的合作，可以很好地解决俄罗斯东部地区自然资源开发过程中资金不足、技术水平低的问题，加快资源的开发和东部地区经济的发展。

随着新油气田的勘探和东部地区资源潜力的开发，这一地区会寻求与其他国家更多的合作机会。

三　俄罗斯东部地区资本要素分析

资本不仅仅包括金融资本，还包括厂房、设备等不能轻易移动的固定资本。对于俄罗斯东部地区的资本要素，本书主要是通过资本投资情况、金融机构情况等来进行综合分析的。金融资本要素具有极强的流动性，在商品经济时代，是不可或缺的重要生产力之一，是当代社会扩大再生产的原动力。在发展中国家，资本对于经济增长的贡献率是最大的，也是发展中国家最稀缺的生产力，只有解决了金融资本要素的短缺问题，才能带动经济进一步发展。在循环累计因果理论中，非均衡力产生以后，首先发生转移的就是资本要素，资本的流向决定这一地区经济的发展方向和未来。

（一）资本要素对东部地区发展的重要性

1. 促进区域经济增长

在现代经济增长中，现代科技和资本要素被称作推动 21 世纪经济增长的两个巨轮，资本要素通过资本市场对推进产业结构调整、推动风险投资和技术创新、推动企业组合等的作用，随着市场经济的发展越来越明显[①]。在市场经济中，区域金融状况的好坏不仅影响货币政策在地区层面上传导机制的有效性，而且影响该地区金融业的持续快速健康发展，同时也直接决定该地区对金融资源的利用效率。金融资本要素作为流动性最强的生产要素，对一国或一区域经济增长的拉动作用具有不可替代的作用。西方经济学中许多的经济模型，如哈罗德－多马经济增长模型、柯布－道格拉斯生产函数模型都将资本要素作为分析经济问题的重要因素。

资本的投入，尤其是固定资本的投入，能够大大改善俄罗斯东部地区的基础设施和生产设备条件，提高社会生产中的科学技术水平，带动这一地区工业生产效率的提高。俄罗斯东部地区拥有丰富的自然资源，石油、天然气等能源资源的开发和出口更是其支柱产业，但是东部地区拥有的自然资源禀赋，并没能带来持续快速的经济增长，资金不足、基础设施不健全和开发利用资源效率的低下严重阻碍了其经济发展进程。因此发展东部地区，就必须改善金融投资环境，加大资本投资量，进而加快东部地区的经济发展，缩小

---

① 李炳军、刘俊娟：《资本要素对不同区域经济发展的作用效果及比较分析》，《华东经济管理》2004 年第 2 期。

与西部地区的差距，实现全俄经济的均衡发展。

2. 加强对外合作

良好的金融投资环境，以及稳定高效的金融资源基础，能够带来更多的外来投资。企业对于拥有大量固定资产的地区会有更大的投资偏好，而固定资产的费用、金融条件对于小型企业尤其是处于创始期企业的区位选择具有重要的影响。

俄罗斯东部地区拥有丰富的自然资源，但是其吸引外资的能力与不具有资源禀赋优势的西部地区相比还是有很大的差距。改善投资环境，加大固定资产的投资能够在发展地区经济的同时，吸引更多的国内外企业来该地区投资，加强这一地区的对外经济合作水平，带来更快的经济增长。

3. 带动产业结构升级

产业结构在一定程度上决定了一个地区经济增长的速度，俄罗斯东部地区以自然资源的开发利用为支柱产业和最主要的经济部门，但是在实际生产活动中，自然资源的开发主要停留在初级加工和原材料的直接出口上，这不利于东部地区的可持续发展，也是对资源和经济效益的浪费。要想促进其产业结构升级和优化，实现该地区创新型经济的目标，就必须提高生产活动中的科学技术水平。

俄罗斯东部地区，尤其是西伯利亚地区拥有强大的科技研发实力，但是由于资金的缺乏，许多科研成果没有转化成生产力，这制约着该地区创新型经济的发展，加大对东部地区的资本投资是摆脱这一困境最直接的办法。由此可见，金融资本要素对于提高该地区科技水平和推动产业结构升级具有重大的意义。

（二）俄罗斯东部地区资本要素现状分析

1. 金融投资环境不佳

评价一个地区的金融投资环境，很重要的一个指标就是看该地区金融企业和组织数量的多少，金融企业和组织包括银行机构、证券机构、期货公司、信托公司以及产权交易中心等。

从表 4-15 的数据可以看出，俄罗斯东部地区金融企业和组织比重低于全俄的平均水平，更是远远低于西部的中央联邦区。而整个东部地区，西伯利亚和远东两大联邦区的全部金融企业和组织数之和还不及中央联邦区的 1/3。

表 4-15　2013 年俄罗斯东部金融企业和组织情况

单位：个，%

地区	企业和组织总数	金融企业和组织数	金融企业和组织比重
全俄	4843393	101701	2.10
中央联邦区	1900574	44901	2.36
西伯利亚联邦区	533580	11017	2.06
远东联邦区	191655	3522	1.84

资料来源：根据俄罗斯联邦统计局网站相关数据计算整理。

金融投资环境不佳不仅表现在金融企业和组织数的不足，而且包括政策上的阻碍。俄罗斯政府因为担心大量的外来投资会控制其国内的战略性产业，因而在制定对待外资的政策时反反复复犹豫不决，同时，民间对外资持怀疑态度，并没有充分认识到外资对地方经济发展的促进作用。因此，东部地区的金融投资环境相较于其他发达国家和地区有一定的差距，而且在全俄看来也处于落后水平。

2. 资本投资额绝对量少但增长潜力巨大

资本投资量，尤其是固定资本投资量是考量一个地区金融资本要素情况的最重要因素。

从表 4-16 可以看出，就俄罗斯东部地区整体的资本投资情况来看，其在全俄罗斯所占比重很小，绝对资本投资量很少，整个东部地区的资本投资量之和远低于发达地区的中央联邦区。但是同时也可以看出，东部地区资本投资量的增长速度高于全俄的平均水平，也高于经济最为发达的中央联邦区。2001~2010 年，整个东部地区的资本投资量增加了 6.3 倍，尤其是远东联邦区的资本投资量更是增加了 7.5 倍，而同一时期中央联邦区的资本投资量只增加了 4.4 倍，全俄平均增加了 5.1 倍。可见，东部地区的资本投资量增长速度很快，具有很大的潜力。

表 4-16　俄罗斯东部地区资本投资情况

单位：百万卢布

年份	全俄	中央联邦区	西伯利亚联邦区	远东联邦区
2001	1504712	349312	135116	85743
2002	1762407	435810	150109	113779
2003	2186365	563111	193614	135723
2004	2865014	770409	255399	216743
2005	3611109	964158	346105	276291
2006	4730023	1225593	483721	330825
2007	6716222	1779599	708951	436849
2008	8781616	2278329	945556	584745
2009	7976013	1928138	834593	686111
2010	9151411	1890966	889719	725659
2011	11035652	2458312	1219287	1060505
2012	12586090	2961584	1459474	971353
2013	13255537	3287363	1377696	814456

资料来源：根据俄罗斯联邦统计局网站相关数据计算整理。

　　从固定资本投资的分布来看，东部地区的固定资本投资主要集中在非住房类的建筑及相关设施产业上，其中远东联邦区 68.2% 的固定资本投资集中在这一行业。排在第二位的是机械设备和运输设施业。东部地区与俄罗斯整体的固定资本投资分布情况相似。

　　从固定资本投资的来源来看，西伯利亚联邦区和远东联邦区的固定资本投资者主要是私人企业和组织，所占比例近 60%，与俄罗斯平均水平几乎相同。而从国有企业和政府投资比重来看，东部地区略高于全俄的平均水平，说明俄罗斯政府很注重对东部地区的投资。

　　良好的金融资本环境和稳定可靠的经济政策，能够吸引更多的外来企业和个人进行投资。俄罗斯东部地区吸引外资的能力远不如欧洲部分的发达地区。如表 4-17 的数据所示，对于固定资本投资中的外资投资额，东部地区落后于发达地区的代表中央联邦区，整个东部地区占全俄固定资本投资中的外资投资额的比例不足 1/3。但是，从表 4-17 可以看出，近十年来，东部地区外资投资额逐年稳定增加，即使在受金融危机影响的 2008 年、2009 年，其增长势头也没有减弱。反观中央联邦区，自 2005 年以来固定资本投资中的外资投资额增长缓慢，受外部环境影响很大，甚至部分年份有减少的趋势。这说明，欧洲部分发达地区的固定资本投资中的外资投资额已经接近饱和，今后的几年，外资极有可能转向资源更加丰富、投资环境逐渐转好、投资收益率提升潜力更大的东部地区。

表 4–17 俄罗斯东部地区固定资本投资中的外资投资额

单位：百万卢布

年份	全俄	中央联邦区	西伯利亚联邦区	远东联邦区
2001	174172	45965.6	6605.7	14722.6
2002	247459	70940.8	20226.	25602.6
2003	327230	102448	26541.1	26834.6
2004	429413	134133.3	36204.7	54308.1
2005	667291	250638.1	58452.6	77501
2006	832895	266388.6	78245	127903.9
2007	1093751	375609.8	104937.3	118515.4
2008	1176239	268028.8	147816.8	145638.9
2009	1117339	318833.7	169544.6	108214.8
2010	1159310	282567.5	192176.4	129184.4
2011	1602164	466878.5	224922.8	164477.7
2012	1675072	382305.4	299528.0	176746.1
2013	1841899	446098.6	255863.6	187909.7

资料来源：根据俄罗斯联邦统计局网站相关数据计算整理。

（三）资本要素在区域经济增长中的地位

对于固定资本投资对经济增长的影响和作用，我们通常用固定资本投资对 GDP 增长的贡献率来表示。这个公式可以表示为：

$$贡献率（\%）=\frac{\Delta I}{\Delta Y}$$

其中，ΔI 表示固定资本投资的变动值，ΔY 表示 GDP 的变化值。

从表4-18可以看出，2003~2008年，俄罗斯东部地区固定资本投资对GDP增长的贡献率整体呈现上升趋势，资本要素对该地区经济增长的作用日益增加。也就是说，俄罗斯远东地区保持经济持续增长，长期需要巨额的资本。

表4-18　俄罗斯东部地区固定资本投资对GDP增长的贡献率

单位：%

年份	2003	2004	2005	2006	2007	2008	2009	2010	2011
贡献率	2.10	2.60	3.20	2.90	4.00	5.40	-0.70	20.94	17.88

资料来源：根据俄罗斯联邦统计局网站相关数据计算整理。

同时也可以看到2009年，在经历了全球金融危机后，俄罗斯固定资本投资对GDP增长的贡献率急剧下降，而金融危机过后，在经济逐渐复苏的2010~2011年，该指数又出现急剧的上升。可以得出，固定资产投资对GDP增长的贡献率受外在因素，尤其是金融危机的巨大影响。

从上述资本要素现状分析中，可以看出该地区资本要素的不足，有待通过各种途径进一步促进资本要素向该地区聚集。

四　俄罗斯东部地区科技资源要素分析

（一）科技资源对东部地区发展的重要性

从区域经济形成的理论来看，自然资源是区域经济发展的独特条件和基础，也是其区别于其他地区，具有比较优势的内在原因。然而，这样的发展也存在难以克服的问题。最典型的问题就是对自然资源的依赖，造成各地区经济发展的不均衡；而具有比较优势的地区，也会因为这种对资源的依赖性而不具备长远的可持续发展能力。

摆脱对自然资源的依赖性，最关键的一点就是利用科技资源，促进区域经济的发展。科技在社会生产中的作用，更多地体现在推动生产力的质的进步上，具体来说有以下几个方面。

提高产品质量和劳动效率。利用科技资源创造新的生产技术和工艺的开发及运用，如自动化技术、高分子合成技术、基因重组技术等，都在很大程度上提高了产品质量和劳动效率，对解放生产力、发展生产力起到举足轻重的作用。

有效利用资源。科技的进步以及科技资源的广泛应用，在社会生产中提高了对自然资源的利用效率，减少消耗和对环境的污染；不仅如此，还在很多方面找到了替代不可再生的自然资源的技术，增强经济发展的可持续性。

科技资源是可再生的要素。科技资源是以科技人才、科技活动资金、科技信息以及科技研究设备等为依托的生产要素，不同于自然资源在生产中的稀缺性，科学技术是不断进步、发展的，具有取之不尽用之不竭、可再生的要素特点。

涉及社会生产的各个方面。现代的科技进步发生在社会生产过程中的各个部门、各个领域，全面影响着人们的日常生活和工作。科技资源的广泛应用，尤其是在交通运输、通信以及电子信息方面，大大提高了生产力水平，是推动经济全球化的主要力量。

21世纪，全球已经进入了知识化、信息化的时代，自然资源的差异化分布在经济发展中的作用正在逐渐淡化，取而代之的是各国、各地区在科技资源基础上的全面竞争。科学技术已经成为第一生产力，科技资源在很大程度上是促进其他生产要素流动的关键。其对区域经济发展具有不可替代的重要性。

1. 合理高效地开发利用东部地区的自然资源

俄罗斯东部地区面积辽阔，自然资源尤其是能源资源非常丰富，堪称"世界上唯一一块尚未被开发利用的宝地"。但是丰富的自然资源并没有给俄罗斯东部地区带来高速的经济增长，该地区整体的经济发展水平落后于全俄的平均水平，更落后于西部发达地区。虽然该地区的自然资源储量丰富，但是开采量和出口量相对较小，这一资源优势并没有得到充分利用。

提高该地区的科技资源水平，有利于加快开发并合理利用其丰富的自然资源。东部地区气候条件恶劣，以及开采设备的老化，都是资源不能高效合理利用的原因。而通过改进技术，可以克服这些劣势，升级基础设施和开采设备，提高效率，最终提高开采量和开采效率。此外，科学技术水平的提高还可以改进勘探设备及技术，增加勘探的储量。

2. 提高人民生活水平

俄罗斯东部地区地广人稀，人口密度不足 2 人 / 平方公里，且常年呈现人口负增长和人口流失现象。同时，在吸引外资和引进人才方面，东部地区也不具有优势，各项指标均落后于西部地区。究其原因，主要是该地区基础设施不完善，气候条件恶劣，生活成本过高，生活质量下降。而科学技术作为 21 世纪的第一生产力，通过提高科技水平，可以大大改善目前的这种状况，给居民提供更好的生活条件，从而产生联动效应，吸引更多的人才和技术。软硬环境的优化改善，能够使该地区更具有投资吸引力，带来更多的国内外投资。

3. 发展创新型经济

长期以来，俄罗斯主要依靠能源资源的出口来换取外汇，带动经济增长。但几次经济危机的教训使俄政府深深地意识到转变经济结构和发展创新型经济的必要性和紧迫性。而在转变经济结构、发展创新经济的进程中，关键点就是科学技术。

科学技术水平的提高，可以带动东部地区产业结构的升级，减少初级加工品和原材料的出口，替代以高附加值的深加工产品，除了带来更高的经济效益外，还可以减少对环境的破坏，实现经济的可持续发展。同时，还可以减少对能源资源的依赖性，延长产业链条，带动第三产业的发展，进而使经济实现快速增长。

4. 实现东西部均衡发展

俄罗斯东西部经济发展极不均衡，为此俄罗斯政府一直致力于东部地区的开发。普京重新执政以后，尤其重视东部地区的发展，以提升俄罗斯在亚太地区的影响力，进而实行亚太战略。这就要求俄罗斯加强与亚太地区周边国家，尤其是中国的合作。要想扩大对外合作规模，单纯依靠矿产资源的出口是远远不够的，要通过科技资源的发展，实现生产要素的自由流动，优化该地区的要素配置，这样才能在对外经济合作中达到经济效益最大化，最大限度地发挥东部地区的比较优势，从而实现其亚太地区主导地位的战略规划目标。

同时，为平衡东西部差距，更好地利用东部地区的资源禀赋优势，东部地区必须重视发展科技资源，从而带动区域经济发展，实现全俄的均衡发展目标。

新增长经济理论认为，科技水平和人才水平的提高能够使生产要素的边际收益和规模收益都出现递增的现象，科学技术是一种直接的、现实的生产力，它是引起各国家或地区经济增长率出现差异的根源，因此，对于发展东部地区的经济，科技资源要素的重要性可见一斑。

（二）俄罗斯东部地区科技资源现状分析

1. 科研机构数量和人才储备

俄罗斯东部地区有着雄厚的科技研发基础和研发潜力，尤其是西伯利亚联邦区，拥有俄罗斯科学院最大的分院——西伯利亚分院，再加上远东联邦区的远东分院，二者构成了东部地区的高科技研发核心。而西伯利亚分院所在的科学城，早在20世纪80年代，就已经发展成为与美国硅谷和日本筑波齐名的世界科学城。但是，就科研机构数量和研发人员数量来看，东部地区还是处于落后的地位，如表4-19和表4-20所示。

表4-19 俄罗斯东部地区科研机构数量

单位：个

年份	全俄	中央联邦区	西伯利亚联邦区	远东联邦区
2001	4037	1597	457	154
2002	3906	1539	444	151
2003	3797	1490	437	153
2004	3656	1437	415	146
2005	3566	1393	419	142
2006	3622	1426	425	156
2007	3957	1536	464	178

续表

年份	全俄	中央联邦区	西伯利亚联邦区	远东联邦区
2008	3666	1445	429	169
2009	3536	1383	410	166
2010	3492	1358	404	164
2011	3682	1365	424	178
2012	3566	1318	424	171
2013	3605	1327	428	—

资料来源：根据俄罗斯联邦统计局网站相关数据计算整理。

表4-20　东部地区研发人员数量

单位：人

年份	全俄	中央联邦区	西伯利亚联邦区	远东联邦区
2001	885568	453329	63271	14356
2002	870878	440577	63052	14816
2003	858470	431718	63376	14949
2004	839338	420375	62494	14673
2005	813207	408330	60986	14347
2006	807066	411958	58647	14051
2007	801135	415522	56427	14143
2008	761252	396272	53956	13496
2009	742433	385392	53463	12923
2010	736540	381795	53024	12776
2011	735273	380363	52794	13407
2012	726318	373461	52685	13227
2013	727029	375087	53769	—

资料来源：根据俄罗斯联邦统计局网站相关数据计算整理。

可以看出，东部地区同全俄总体趋势一样，无论是科研机构数量，还是研发人员数量，自21世纪以来，都呈现小幅下降趋势。就在全俄所占比例来看，东部地区远远落后于西部。其中，2010年东部地区科研机构数量占全俄的16.3%，研发人员数量占全俄的8.9%。2013年二者所占比重有所增加，但是幅度不大。

2. 资金投入

科技研发的进程离不开资金的支持，东部地区拥有良好的科研基础和传统，但是研发资金投入情况不容乐观。

总体来看，2010 年，东部地区的研发资金投入占全俄的比重仅为 8.34%，而同期西部的中央联邦区集中了全俄研发资金投入的 55.21%。2013 年西伯利亚联邦区的研发资金投入占全俄的比重仅为 6.36%。尽管西伯利亚联邦区的情况稍好，研发资金投入一直呈上升趋势，且增长速度较快，但是与中央联邦区相比，还是有相当大的差距，2012 年远东联邦区和西伯利亚联邦区研发资金投入的总额，才占中央联邦区的 16%，如表 4–21 所示。

表 4–21 东部地区研发资金投入情况

单位：万卢布

年份	全俄	中央联邦区	西伯利亚联邦区	远东联邦区
2002	135004492	68550880	8708735	2972874
2003	169862369	87117122	11343464	3788959
2004	196039870	99798359	13205701	3923303
2005	230785150	120183210	15001111	4923577
2006	288805212	155694829	18475916	6326570
2007	371080327	206465206	23846673	7421035
2008	431073185	238761894	28689815	9650404
2009	485834338	277118289	31539494	10174558
2010	523377234	288960048	33869973	9758661
2011	610426700	331758900	40713400	11104700
2012	699869800	369069500	47011700	12144600
2013	749797600	398597200	47666300	—

资料来源：根据俄罗斯联邦统计局网站相关数据计算整理。

从支出的类型来看，东部地区的研发资金主要用于基础研究和试验发展，而应用研究的投入相对较少，不足全部支出的 1/4（见表 4–22）。这就间接导致东部地区的研发成果实际应用得较少，许多科技研究成果不能转变为先进的生产力，科技对经济增长的作用也不如西部地区那样显著。

表4-22 2013年东部地区研发资金的支出类型

单位：百万卢布

地区	总计	基础研究	应用研究	试验发展
俄罗斯联邦	699948.9	114829.1	133788.0	451331.8
西伯利亚联邦区	45883.7	17571.5	7961.4	20350.8
远东联邦区	8350.9（应用研究除外）	7403.9	—	947.0

资料来源：根据俄罗斯联邦统计局网站相关数据计算整理。

五 促进中俄生产要素流动的几点思考

（一）中俄区域人力资源合作

1. 优势

俄罗斯东部地区拥有良好的科技研发基础和潜力，再加上俄罗斯整体的教育水平很高，东部地区拥有大批高质量的科研人员。截至2013年，其研发人员占东部地区全部人口的2.58‰，这一数字与西部地区还是有些差距，但是与其相邻的中国东北地区相比，具有一定的比较优势。俄罗斯东部地区的受教育人口比重较高，如表4-6所示，这就为该地区的高素质人才队伍的建设提供了良好的后勤保障。

2. 劣势

俄罗斯东部地区人口数量稀少，且人口外流现象严重。种种因素造成该地区基础劳动力资源不足，存在巨大的劳动力缺口，其劳动力资源甚至不能满足基本的社会经济发展需要。虽然俄罗斯政府采取了一系列措施减少东部地区劳动力的外流，但没有从根本上解决问题。据统计，俄罗斯在东部大开发过程中还需要500多万的劳动力。

3. 劳务合作与人才交流

基于以上俄罗斯东部地区人力资源的现状，中国尤其是中国东北地区，可以针对这一特点与俄罗斯进行劳务合作。中国东北地区劳动力充沛且相对薪酬水平低，而俄罗斯政府尤其是东部地区各州政府也始终把引进外国劳工作为解决劳动力紧缺问题的优先考虑政策。在此基础上，双方政府可以通过协商降低外出务工人员的门槛，增加中国东北地区对俄罗斯东部地区的劳动力输出。

与此同时，俄罗斯东部地区和中国东北地区都在进行经济建设和开发，急需大批高科技的人才和行业专家。双方可以通过人才交流活动或者人才引进的合作方式，更好地为经济建设服务，达到双边共赢的结果。

（二）中俄区域自然资源合作

1. 合作开发

俄罗斯东部地区的自然资源储量丰富，但开采量很有限。俄罗斯政府制定了一系列依托自然资源开发的政策来促进东部大开发战略的实施。在此过程中，许多自然资源的开发项目都通过公开对外招标进行合作开发。中国在实施振兴东北老工业基地的区域战略时需要大量的石油、天然气、煤炭等能源资源作为支撑，因此中国应该利用其地缘优势，积极参与俄罗斯东部地区资源开发项目。

2. 合作加工

俄罗斯在制定东部大开发战略时制定了一系列政策来减少原材料的出口，提高制造业水平，以深加工产品出口代替原材料及初加工产品的出口，实现自然资源的可持续开发，带来更多的经济利润。

然而，由于缺少资金、劳动力和技术，俄罗斯产业结构的调整并没有取得显著效果，制造业水平没有得到很大程度的提高，同时政策对原材料出口的限制，势必对俄罗斯东部地区自然资源的出口起到阻碍的作用。中国东北地区有丰富的劳动力资源、相对先进的制造业技术以及资金支持，因此与俄罗斯东部地区进行合作加工，不仅可以满足中国对能源资源的需求，而且能促进俄罗斯资源的出口，中国应在对俄罗斯的资源合作中占据先机。

（三）中俄区域金融资本合作

中国东北地区与俄罗斯东部地区的金融合作起步较晚，合作的内容也相对较少。随着近年来中国对俄投资力度的逐步增大，以及双边贸易合作的连年增长，双方有必要摒弃一直以来以美元作为结算货币的方式，减小美元汇率波动对双方金融合作的负面影响，以人民币或者卢布进行结算，为双方的金融合作创造一个良好的金融环境 [①] 。

同时，中方对俄投资主要集中在自然资源的开发中，而这也是中国面临最激烈竞争的行业。在未来双方的金融合作中，中国应扩大对俄投资的领域，如加大对俄罗斯东部基础设施建设的投资、对自然资源加工业的投资等。

（四）中俄区域科技合作

中国东北地区与俄罗斯东部地区在科技方面具有一定的互补性。中国东北地区的制造业、轻工业水平要高于俄罗斯东部地区，而俄罗斯东部地区重工业、军工产业的技术具有领先优势。因此，双方在进行科技合作时，应发挥各自的比较优势。并通过合作，提高双方不具有比较优势领域的科技水平，实现共同发展。具体的合作方式有以下几种。

1. 项目合作

俄罗斯东部地区的科研成果丰富，但是成果转化率不高，因此并没有对俄罗斯东部地区的经济产生很大的贡献。而中国东北地区属于老工业基地，重工业设备和科技水平较为落后，对实现振兴东北的战略目标起到了阻碍作用。因此，双方可以通过项目合作的方式，将俄罗斯东部地区的科研成果转化应用，带动双方的经济发展，同时也可以提高俄罗斯东部地区的制造业和轻工业科技水平。

2. 技术引进

双方在科技合作的过程中，应该顺应地区发展的需要，降低技术引进的门槛和限制，有针对性地通过技术和技术人才引进的方式进行合作，这样可以更快地提高对方的科技水平，使地区经济发展更有效率。

---

① 杨学峰：《中国东北区域与俄罗斯远东地区经济合作分析》，《对外经贸》2013 年第 12 期。

3. 合作研发

这是科技合作的一种新的形式，同时也是卓有成效的合作形式。它会通过项目将中俄的科学家组合起来，就某个技术问题有针对性地进行研究，从而得到共同研究、共同公关的应用类科研成果，解决国民经济发展中的瓶颈问题。

俄罗斯东部地区各区位要素的优势和劣势显著，简单来说，其自然资源具有绝对的比较优势，而人力资源和资本要素则不具有比较优势，科技资源总体情况良好，且具有较大的开发潜力。从生产要素流动的角度来看，俄罗斯东部地区各生产要素并没有达到最佳的配置和流动。人口外流问题没有从根本上解决，吸引投资能力不强，自然资源的出口以初级产品为主，经济效益差，科技资源基础虽好，但科技人才外流，科学成果没有带动地区经济发展。俄罗斯政府在制定东部大开发战略政策的时候，也对各个区位要素制定了具有明显针对性的策略，以达到更好促进东部地区生产要素流动、东西部地区均衡发展的目标。通过对俄罗斯东部地区各区位要素的简单分析，可以得出俄罗斯政府在东部地区开发过程中的战略侧重点以及战略目标，对于中国，尤其是中国东北地区来说，可以有针对性地与俄罗斯进行双边合作，达到效率和效益的双丰收。

第五章 推进重点领域：中俄链条式的区域产业联动发展

中俄区域合作的重要内容是双方间的产业合作，这是关注中俄合作的有识之士的共识。为协调实施中俄地区发展战略、中国《东北地区振兴规划》与俄罗斯《远东及外贝加尔地区 2013 年以前经济社会发展联邦专项规划》，根据 2007 年的《中俄联合声明》，中俄两国领导人在 2014 年 9 月签署了《中华人民共和国东北地区与俄罗斯联邦远东及东西伯利亚地区合作规划纲要（2009~2018 年）》。这个规划纲要内容充实、很有分量，对推动中俄毗邻地区合作具有重要意义。纲要中有 205 个中俄合作的产业项目，开辟了中俄进行大规模产业合作的先河，也表明俄罗斯产业外向化发展已成为趋势。

一　俄罗斯东部地区产业外向型发展的基础条件

进入 21 世纪以来，创新科技与创新型经济的发展，不断推进社会经济的国际化进程，深化国际分工与国际协作，促进世界市场相互渗透、相互依赖、相互影响，推动生产的国际化向前发展。在此背景下，俄罗斯经济发展随着国际能源价格的提高进入了快车道，西伯利亚和远东地区的开发再次受到关注，凭借着地缘和资源优势，俄罗斯东部地区不断增强与世界各国的经贸联系。

（一）经济全球化发展的实践与趋势

1.先行国家经济外向型发展的实践

二战后，在跨国公司与新技术的推动作用下，国际贸易迅速扩张，经济全球化趋势不断显现，一些实行出口导向发展战略的国家和地区，一方面积极顺应经济全球化与国际贸易迅速发展的客观形势；另一方面，为了缓解民族经济在实现工业化发展进程中所面临的技术落后和资金不足的困难，在维护国家经济主权的前提下，划出特定区域，为外国资本提供优惠与便利，发展出口加工业，逐渐走向经济外向型发展的道路。其中既包括日本、韩国这样资源贫乏、市场容量有限的国家，又有如巴西等国土辽阔、资源丰富的大国。20世纪80年代，中国为了满足国内经济发展的需要，率先开放东部沿海地区，根据国际市场的需求调整产业结构，积极参与国际分工和国际竞争，发展外向型经济。如今，中国沿海地区的经济运行机制已逐步与国际接轨，对全国经济的快速发展产生了巨大的拉动作用。目前，中国根据各地区的地理位置、资源分布、交通条件以及能源供应条件，已经初步形成有重点、多层次、全方位的对外开放格局。

发展中国家在经济外向型发展过程中所采取的经济发展战略依次为初级产品出口战略、进口替代战略和出口替代战略。在初始阶段，为了满足经济发展对资金的需求，具有农矿原料资源的发展中国家，实行初级产品出口战略。但是初级产品生产往往只限于少数的几种，容易受国际市场需求变化的冲击，国际市场上初级产品与制成品价格剪刀差的存在，使得推行这一战略国家的经济依然处于不稳定和低水平的状态，许多发展中国家转而采取进口替代战略。进口替代战略一般从发展非耐用消费品生产进而取代这些产品的进口入手，以满足国内市场消费并节省外汇。但是，这一战略所实行的限制进口与高汇价的政策，使得一些新产品的生产受到过分保护，使企业生产效率下降，产品质量难以提高，竞争力下降，无法在实现国内需求替代后，将产品推向国际市场。为此，一些发展中国家和地区开始进一步调整发展战略，推行出口替代战略。出口替代战略的优势在于，工业制成品的世界市场广阔，出口加工业较进口替代工业更易于形成规模经济、发挥出口潜力，有利于改善国际收支，推动工业乃至整体经济的增长。而经济自由区，特别是其中出口加工区的设立正是一些发展中国家和地区由进口替代战略向出口替代战略转换的产物。伴随着科技革命与国际技术转让的发展，发达国家的产业结构调整与升级、资本主义市场的扩大为发展中国家经济发展与结构调整提供了外来资金、技术和市场等。在这样的背景下，在 20 世纪 70 年代末和 20 世纪 80 年代初，一些发展中国家和地区出现了出口加工区产业升级和兴建科技型经济自由区——科学工业园的趋势。目前，这种科技型经济自由区在促进设区国的产品更新换代与经济结构调整和升级方面起着重要作用。

2. 外向型经济发展经验总结

经济全球化加速了各国市场的开放，促使世界形成了统一的全球市场，推动生产要素在全球范围内的自由流动，最终实现了生产要素的优化配置，在加速发达国家经济增长的同时为发展中国家提供了新的增长契机。但是经济全球化在给予各国经济更大的发展空间的同时，也进一步加剧了世界市场的激烈竞争，使矛盾激化。这使围绕能源、信息和高科技竞争的经济战更加激烈，世界经济将在竞争—冲突—协商—调整中逐步缓慢发展。

二战后许多国家的经济发展历程亦表明，凡是推行外向型经济的国家和地区，经济发展一般要快于推行内向型经济的国家。从实践上看，外向型经济发展模式对推动一些发展中国家对外贸易和经济增长，起到一定的积极作用：第一，它为国家和地区的经济腾飞创造了条件，加速其经济发展进程；第二，这些国家和地区的经济运行被纳入世界经济的循环体系之中，提高了它们的国际经济地位和国际竞争能力；第三，它使这些国家和地区的产业结构得到明显改善，如促使以农业为主的韩国、中国台湾等转变为以工业和服务业为主的现代化经济体；第四，促进出口贸易大幅度增长；第五，改善了实施外向型发展模式的国家和地区的国际收支状况，同时，也直接推动了与出口工业有关的其他经济部门的发展，使民经济出现了较快的增长。尽管如此，在外向型经济发展过程中，也出现了一些应该注意的问题，如：国民经济的增长受以发达国家为主的国际市场对产品的吸收能力的制约；对某些出口产业实施政策扶持，容易造成出口促进部门的过度发展，使为国内市场生产产品的部门资源和资金匮乏，形成不均衡发展等。

3. 经济全球化的总趋势

经济全球化是一国的生产和再生产过程超越本国界限扩大到世界范围的过程和趋势，是生产发展的直接结果，是一国经济社会化、专业化和分工协作超出本国范围的表现。而产品市场和要素市场以及产业发展的全面高度开放，国际投资的领域不断扩大并趋向自由化和国际化是经济全球化的主要表现。因此，经济全球化客观上要求各国不断提高经济外向化水平，以融合于世界经济之中，外向型经济产业结构趋向国际化成为必然趋势。

作为不可逆转、不断深化的人类经济发展和社会进步的历史进程，经济全球化显示了强大的生命力和创造力，任何国家既无法反对，又无法逃避，只能去适应它。发展中国家只有根据自身优势，实行适当的政策措施，扬长避短，才能利用机遇在激烈的国际竞争中保护本国利益。随着亚太地区区域经济一体化进程的加快，亚太地区逐步成为世界经济发展的主要动力。俄罗斯认识到在经济全球化与区域经济一体化的背景下，如果俄罗斯东部地区不与亚太地区经济发展的趋势接轨，不能与亚太国家之间形成良性互动，对实现俄罗斯长远发展目标将形成重大障碍。因此凭借自身的资源与地缘优势，不断拓展与世界各国的经济联系并吸引外资、技术及先进的经营管理经验，走外向型发展道路，是该地区社会经济正常发展的必要条件。2012 年 8 月俄罗斯正式加入世界贸易组织，这有助于俄罗斯建立完善的商业环境，增强对外国资本的吸引力，扩大本国产品的出口规模[①]。俄《专家》杂志的文章认为，俄罗斯加入世界贸易组织不仅可以吸引更多的国外资本和先进的技术，扩大出口规模，而且有助于俄罗斯建立自由、平等的竞争环境，促进经济体制改革和产业结构调整，摆脱经济发展对资源出口的严重依赖，提高经济的整体竞争力，实现经济现代化[②]。俄罗斯政府于 2010 年年初批准了《远东和

---

① 《俄罗斯正式加入世贸组织》，北京日报网，http://bjrb.bjd.com.cn/，2012 年 7 月 10 日。

② 《俄罗斯入世利好大于冲击将助推国际贸易发展》，新华网，http://news.xinhuanet.com/，2011 年 12 月 19 日。

贝加尔地区 2025 年前经济社会发展战略》，将东部地区的开发与开放视为推动国家经济发展的最重要的战略之一。依据战略部署，俄罗斯计划以扩大能源合作为基础，发挥俄罗斯横跨亚欧大陆的地缘优势，深化俄罗斯与亚太国家的合作与交流，推动俄罗斯东部地区乃至全俄社会经济的繁荣发展。俄罗斯东部地区开发开放战略明确指出，为确保俄罗斯最大限度地参与亚太地区经济一体化，必须有效推进俄罗斯与周边国家的经贸、科技、文化和人文交流 [①]。

（二）俄罗斯东部地区的区位优势

发展外向型经济的国家，往往采取因地制宜的原则，根据自身所具有的区位优势选择经济发展的具体模式，然后依靠扩散效应最终实现经济的全面健康发展。因此，一国或地区所拥有的区位优势和优势的大小，决定着经济外向型发展模式的选择和外向型经济发展的好坏。一国的区位优势主要由资源、劳动力、工业聚集、地理位置、交通等要素中的一个或多个组成。俄罗斯东部地区作为俄罗斯的亚洲部分，其发展外向型经济的区位优势主要体现为资源优势、技术优势和地缘优势。

1. 外向型发展的资源优势

俄罗斯东部地区产业的发展是以本地区丰富的自然资源为基础的，丰富的油气、煤炭、森林资源以及远东地区富足的渔业资源构成地区产业外向型发展的资源优势，对俄罗斯的经济社会发展具有潜在的战略意义。

（1）丰富的石化能源

俄罗斯是世界上唯一能够实现燃料自给，并可达到一定出口创汇目的的工业国家。据探测，俄罗斯石油探明储量占世界总储量的 6%，居世界第七位；天然气储量占世界总储量的 33%，居世界第一位；煤炭储量占世界总储量的 11%，居世界第二位 [②]。据探测，全俄 65% 的探明石油储量、85% 的探明天然气储量、75% 的探明煤炭储量分布在西伯利亚地区，开采的 90% 的天然气、

---

① 刘清才、徐博：《俄罗斯东部地区开发开放战略评析》，《现代国际关系》2010 年第 10 期。

② 《俄罗斯经济发展概况》，中国商品网，http://ccn.mofcom.gov.cn/，2013 年 6 月 15 日。

70%的石油和煤炭也出自这里；远东地区则占全俄预测石油储量的6%和天然气储量的7%[①]。根据俄罗斯《石油工业长期发展方案》，俄罗斯东部地区未来将为俄罗斯经济发展贡献更多的原油，并在俄罗斯原油总产量中占有更大比重（见表5-1）。根据俄罗斯《关于建立东西伯利亚和远东天然气开采、输送和供应统一系统并考虑可能向中国及其他亚太国家市场出口天然气的规划》，到2020年，俄罗斯东西伯利亚地区和远东地区的天然气年产量将达到1500亿立方米，每年向国内供气量将达到270亿立方米，每年通过LNG向亚太地区出口的量达到280亿立方米；到2030年，该地区的天然气年产量达到1620亿立方米，每年向国内供气量将达到320亿立方米，每年通过LNG向亚太地区出口的量保持在280亿立方米（见表5-2）。

表5-1 俄罗斯东部地区原油产量预测

单位：万吨/年，%

年份	东西伯利亚地区	远东地区	东部地区	俄罗斯	东部地区所占比例
2015	2840	150	2990	51490	5.8
2020	3640	130	3770	52800	7.1
2025	5320	110	5430	53350	10.2
2030	7220	90	7310	53410	13.7

资料来源：俄罗斯能源战略研究院《石油工业长期发展方案》，2010。

表5-2 俄罗斯东部地区天然气产量和销售规划目标

单位：亿立方米/年

年份 \ 规划目标	产量	国内供气量	出口量	管道	LNG
2015	850	180	230	90	210
2020	1500	270	710	500	280
2030	1620	320	780	500	280

资料来源：《关于建立东西伯利亚和远东天然气开采、输送和供应统一系统并考虑可能向中国及其他亚太国家市场出口天然气的规划》，2007年9月3日。

[①] 《俄罗斯燃料动力工业的现状和未来》，俄罗斯联邦驻华大使馆，http://www.russia.org.cn/，2006年2月8日。

（2）森林资源

在俄罗斯经济发展过程中，森林是仅次于石油和天然气的重要资源。据统计，俄罗斯森林面积占国土面积的46.6%，森林面积和木材蓄积量均居世界第一位，木材蓄积量为833亿立方米（见表5-3），人均森林面积达5.6公顷，位居世界前列[①]。但是，森林资源在俄罗斯的地理分布并不均衡，木材蓄积量的65%分布在西伯利亚联邦区和远东联邦区[②]。该地区丰富的森林资源为森林工业的发展提供了资源基础，如今林业与木材加工业已经成为该地区重要的专业化生产部门和支柱产业之一，同时也解决了大量的人口就业问题。

表5-3 俄罗斯森林资源分布

地区	森林面积（亿公顷）	木材蓄积量（亿立方米）	森林覆盖率（%）	适合加工的木材（亿立方米）
俄罗斯	7.9623	833	46.6	398.357
西伯利亚联邦区	2.7658	335	53.8	218.063
远东联邦区	2.9628	210	48.0	114.384
西北联邦区	0.8845	103	52.5	2.431
中央联邦区	0.2270	40	35.0	2.186
乌拉尔联邦区	0.6980	30	38.4	13.240
伏尔加河沿岸联邦区	0.3797	58	36.8	0.238

资料来源：根据俄罗斯联邦统计局网站相关数据计算整理。

（3）渔业资源

俄罗斯作为滨海国家，其海岸线长度位居全球第四，专属经济区（EEZ）约为760万平方公里，涵盖3大洋12个海区。渔业资源丰富，并且主要集中在远东地区[③]。远东地区三面临海，海岸线漫长，像深入到太平洋和北冰洋的一个巨大半岛。远东捕鱼区作为著名的世界渔场，海产品产量约占世界总产量的40%[④]。远东海域年捕鱼量达300万吨，占全俄捕获量的近65%，其

① 《俄森林资源储备和分布》，中国建材网，http://www.bmlink.com/news/，2008年6月2日。
② 《俄罗斯森林资源及森林工业简况》，中华人民共和国商务部，http://www.mofcom.gov.cn/，2007年5月10日。
③ 辛文：《俄罗斯渔业局：捕捞水平恢复到苏联时期》，《中国渔业报》，2011年4月4日。
④ 崔亚平：《俄罗斯远东渔业的现状与未来》，《俄罗斯中亚东欧市场》2011年第1期。

中海洋鱼量占全俄海洋鱼总量的 90% 以上[①]。近年来，俄罗斯在海上作业的拖网渔船，不再像以往那将渔获物带回母港卸货，而是在海上通过运输船将渔获物运载回母港，争取了更多的作业时间，提高了捕捞效率，使得渔业总产量不断回升。

然而，俄罗斯东部地区除了拥有丰富的油气、森林和渔业资源外，还拥有丰富的水资源、土地资源及包括有色金属和黑色金属在内的金属矿产等其他矿物资源，这些资源共同构成了俄罗斯东部产业外向型发展的资源基础。

2. 外向型发展的技术优势

随着时代的发展，科学技术作为推动生产力发展的重要因素，其发展水平逐渐成为国际竞争的关键。俄罗斯东部地区产业外向型发展也将依靠本地区的技术优势在国际市场中获得持续的竞争优势。俄罗斯东部地区的科研力量主要集中于俄罗斯研究院西伯利亚分院和远东分院，多年来两所分院不但培养了大批具有世界学术水平的科研人员，而且研发出大量的科研成果，使俄罗斯在基础研究、航空航天、新材料、新能源、信息技术以及生物科技领域形成一定的技术优势。首先，俄罗斯东部地区在航空航天以及军工领域的科技优势有目共睹，西伯利亚航空科技学院作为东部地区最大的航空科学研究中心，研究领域涉及 200 多种飞行器和各种现代航空器。其次，俄罗斯东部地区西伯利亚分院和远东分院等多家科研院所和高等院校重点开展以纳米材料为主导的新材料研究，并获得突出成就。再次，拥有俄罗斯"硅谷"之称的新西伯利亚市，在信息技术方面的科研水平逐渐达到世界水平，并建立了新西伯利亚科技园，这是俄罗斯首家 IT 科技园。最后，俄罗斯东部地区的生物科技水平世界领先，其科技成果不仅应用在基因工程、疫苗重组、生物芯片、诊断试剂等领域，而且在农业、食品加工、油气以及环境保护等领域得到广泛应用。当前，俄罗斯东部地区先进的科学技术不仅为能源、工业产业外向型发展提供技术支持，而且拥有推动高新技术产业外向型

[①] 王殿华：《中国与俄罗斯渔业合作的潜力分析》，《俄罗斯中亚东欧市场》2006 年第 11 期。

发展的能力。

3. 外向型发展的地缘优势

俄罗斯东部地区指乌拉尔山脉以东的广大地区，从乌拉尔山脉一直延伸到太平洋沿岸，从北冰洋沿岸向南到达哈萨克斯坦、蒙古国和中国边境，面积合计1133.07万平方千米，相当于全俄领土面积的66.36%[①]，包含西伯利亚和远东两个联邦区。其中西伯利亚联邦区是联结亚欧大陆的枢纽，横贯东西的西伯利亚大铁路和贝加尔—阿穆尔铁路使该地区的地缘优势进一步增强，既有助于同独联体和波罗的海沿岸国家建立新型的经贸关系，又有助于同西欧发达国家保持传统的贸易伙伴关系，深化国际合作，优化产业结构，参与欧洲经济一体化。同时，西伯利亚联邦区的地理优势也将促使其不断加强同东北亚各国的经贸往来。除此之外，西伯利亚联邦区的南北走向的两条大河，即鄂毕河和叶尼塞河，与北方海路相连，同铁路、公路、航空一起构成北方运输系统，既可以将西伯利亚联邦区的产品出口到挪威、瑞典和芬兰等欧洲市场，又可以将西伯利亚联邦区的商品运往亚太地区的国际市场。而且，西伯利亚联邦区南部与哈萨克斯坦的中北部以及蒙古国和中国接壤，对于推动西伯利亚边境贸易发展有重大意义。

俄罗斯远东联邦区东临太平洋，与日本和美国隔海相望，北濒北冰洋，与中国、朝鲜北部接壤，长达1.77万公里（包括岛屿海岸线）的海岸线上分布着符拉迪沃斯托克、纳霍德卡、东方港等许多优良港湾，是俄罗斯通往亚太地区的门户[②]。近几年，随着亚太地区经济的发展，亚太各国对能源的需求量不断增加。而拥有丰富能源的俄罗斯东部地区正好能够满足周边国家对能源的需求，加上运输成本较低，该地区的能源对亚太国家有着极强的吸引力，有利于俄罗斯东部地区凭借资源优势深化与亚太国家的产业合作。因此，俄罗斯东部地区优越的地理位置，成为加速地区产业外向型发展的地缘优势。

[①] 程亦军：《俄罗斯东部地区人口安全形势分析》，《俄罗斯学刊》2011年第4期。

[②] 《俄罗斯远东大开发：资源优势与制约因素分析》，中国绥芬河政府网，http://www.suifenhe.gov.cn/contents/，2013年4月12日。

4. 有利的政策软环境

进入 21 世纪以来，俄罗斯根据国民经济发展的需要，不断推动对外经济政策的调整，逐步加强与亚太国家的经贸合作，同时，将俄罗斯东部地区经济的发展作为实现全俄经济繁荣昌盛的优先方向，通过发挥远东和西伯利亚地区的资源、科技和地缘优势，融入亚太地区特别是东北亚地区的区域经济一体化。为了实现这一进程，俄罗斯颁布了一系列加速东部地区经济社会发展、促进东部地区融入区域经济一体化和经济全球化的政策方针，为东部地区乃至整个俄罗斯经济的长期发展，提供了政策支持。2008 年，俄罗斯推出了东部大开发战略，将东部地区开发视为俄罗斯国家经济发展的优先方向，推进俄罗斯与亚太国家开展更广泛的经贸合作 ① 。

2008 年，俄罗斯颁布《俄罗斯外交政策构想》，明确指出亚太地区对于俄罗斯多向性外交政策有着重要意义，搭上亚太地区经济快速发展的"列车"将有助于实现俄罗斯经济的高速发展 ② 。在东部开放和开发战略中，俄罗斯再次强调了俄罗斯东部地区深化与周边国家经贸、科技和人文交流与合作的重要性，以及积极参与到共建亚太地区经济一体化进程中的重要意义 ③ 。《俄罗斯联邦远东及外贝加尔地区 2025 年前经济社会发展战略》主张坚持以俄罗斯东部地区的资源优势为基础，利用俄罗斯横跨欧亚的地缘优势，深化俄罗斯与亚太各国的经贸合作，加强同各国的科技与文化交流 ④ 。为了进一步推动俄罗斯东部地区经济发展，俄罗斯于 2012 年专门成立了远东发展部，并提出将会推进相关法律的出台，为俄罗斯东部地区新设企业免税 5 年，同时加强相关基础设施建设 ⑤ 。对于俄罗斯经济发展不断"东移"的趋势，《朝日新闻》认为：俄罗斯试图通过深化与亚太国家的经贸合作，提高其在亚洲的影响力 ⑥ 。为了进

---

① 徐博、刘清才：《俄罗斯东部地区开发开放战略评析》，《现代国际关系》2010 年第 10 期。

② 《俄罗斯联邦外交政策构想》，俄罗斯联邦驻华大使馆，http://russia.org.cn/chn/，2010 年 7 月 25 日。

③ Страгетия социально-экономического развития дальнего востока и Байкальского района на период до 2025 года，http://www.government.ru/gov/results/，2010–07–25.

④ 徐博、刘清才：《俄罗斯东部地区开发开放战略评析》，《现代国际关系》2010 年第 10 期。

⑤ 张涵：《普京访华推中国领跑远东开发》，21 世纪网，http://jingji21cbh.com，2014 年 5 月 21 日。

⑥ 《俄罗斯将靠远东致富》，央视网，http://jingji.cntv.cn/，2012 年 6 月 11 日。

一步发挥俄罗斯东部地区的地缘和资源优势，俄罗斯联邦远东发展部2014年7月30日宣布，确定在远东地区的14个地点建立经济特区 ①。一系列政府政策和发展规划的出台为俄罗斯东部地区产业外向型发展提供了政策支持，将进一步刺激企业外向型发展的积极性，加快产业外向型发展进程。

（三）俄罗斯东部地区产业外向型发展的描述性分析

国家发展外向型经济有助于扩大国内与外部经济的联系，能够更加充分地利用国内外资源与市场，实现优势互补，加速本国的现代化步伐，这样既适应了经济全球化的总体趋势，又满足了产业在客观经济规律下规模扩张的外向型发展诉求。

1. 俄罗斯东部地区产业布局

产业是构成国民经济的基础，包括生产、流通、服务以及文化、教育等各个部门，而且产业的发展是实现国民经济增长的必要条件。俄罗斯东部地区产业的发展是基于地区的资源禀赋，受益于苏联时期生产力布局理论，依托各联邦主体的资源优势逐渐形成各具特色的工业发展综合体，为地区工业化发展奠定了坚实的基础。根据经济活动在国民经济中所处的阶段不同，可以划分为若干产业，各产业的构成及各产业之间的联系和比例关系被称为产业结构。目前，俄罗斯东部地区基本的产业结构已经初步形成。其中，农业作为传统的经济部门，虽然农业产值在东部地区产值中所占比重偏低，农产品的供给还无法满足本地需求，但农业依然是地区经济发展的基础。第二产业是对初级产品进行再加工的部门，作为俄罗斯东部地区经济发展的支柱，其主要工业部门以机械制造、燃料动力、电力、采掘、森林工业等重工业为主，轻工业的发展远远不能满足东部地区人民生活的需要。近几年，俄罗斯东部地区的服务业随着地区经济发展速度的加快，不断呈现出利好趋势。尽管自20世纪90年代初期开始，俄罗斯东部地区随着全俄经济转型基本建立起了市场经济的框架，但是其畸形的产业结构并

① 《俄罗斯确定在远东地区建14个经济特区》，新华网，http://news.xinhuanet.com，2014年7月31日。

未得到根本改善，目前对资源出口存在很大的依赖性，经济持续稳定发展的动力明显不足。为了找到适合俄罗斯东部地区产业外向型发展的基本模式，实现东部地区产业的均衡发展，并推进地区产业结构的优化升级，在此，进一步分析俄罗斯东部地区当前的产业结构，不仅有利于深度剖析该地区在产业发展中存在的问题，为将来东部地区产业发展与产业结构调整提供重要参考，而且有利于寻找俄罗斯东部地区产业优势和潜力，通过产业外向型发展形成新的经济增长极，以带动该地区产业结构优化升级和经济快速发展。

2. 三次产业的产值结构与劳动力结构

（1）三次产业的产值结构

在国民经济中，三次产业的产值分别占 GDP 的比重以及三次产业产值间的比例关系，是衡量某个国家或地区产业结构现状的一个重要指标。通过对表 5-4 和图 5-1 的统计分析发现，俄罗斯东部地区两个联邦区的产业结构比较相似。总体来看，东部地区第一产业产值占地区生产总值的比重比较小且基本呈下降趋势；第二产业产值比重远远高于第一产业；第三产业产值比重又均高于第二产业，这是产业结构优化升级的表现。但是，从第二产业与第三产业产值比重的变化趋势上来看，我们会发现一个显而易见的问题，即第二产业与第三产业产值比重的增长趋势存在此起彼伏的现象。这说明俄罗斯东部地区产业结构优化升级的趋势并不稳定，其中可能存在深层次的问题。第三产业是为了满足第二产业的需要而分离出来并发展起来的，它最终的目的是服务第二产业。由于俄罗斯东部地区是资源出口依赖型经济，第二产业的发展很大程度上受国际市场价格的主导，发展稳定性较差，容易出现浮动，很容易引致第三产业的伴随波动，但与第二产业相比，第三产业的波动将会滞后一段时期。因此，从总体上看俄罗斯东部地区产业发展的质量存在问题，第三产业比重上升的背后可能并不是该产业获得较大的发展，而是第二产业受到不利影响而发展速度下降，促成了产业结构优化升级的假象。2012 年俄罗斯东部地区第一产业产值占比为 5.5%，第二产业产值占比为 45.0%，第三产业产值占比为 49.5%。

表 5-4　俄罗斯东部地区三次产业产值比重

单位：%

年份		2004	2005	2006	2007	2008	2009	2010	2011	2012
第一产业	东部地区	6.3	8.5	7.7	6.2	5.5	6.1	4.4	6.1	5.5
	西伯利亚联邦区	7.2	7.8	7.2	6.4	6.3	6.9	4.9	6.1	5.2
	远东联邦区	4.0	10.1	8.9	5.7	3.8	4.4	3.7	6.1	5.8
第二产业	东部地区	41.2	43.8	44.0	38.4	35.9	35.4	43.3	47.9	45.0
	西伯利亚联邦区	40.9	46.4	46.6	39.9	35.7	34.0	42.3	46.3	43.8
	远东联邦区	41.8	37.5	37.8	34.9	36.1	38.2	45.3	49.5	46.1
第三产业	东部地区	52.5	47.7	48.2	55.4	58.6	58.5	52.2	46.0	49.5
	西伯利亚联邦区	51.8	45.9	46.2	53.7	58.0	59.1	52.8	47.6	51.0
	远东联邦区	54.2	52.4	53.3	59.4	60.1	57.4	51.1	44.4	48.1

资料来源：根据俄罗斯联邦统计局网站相关数据计算整理。

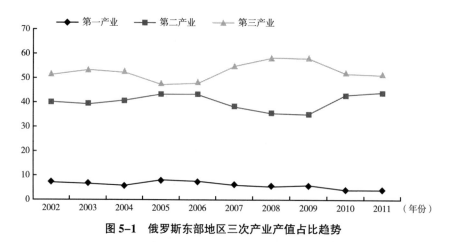

图 5-1　俄罗斯东部地区三次产业产值占比趋势

资料来源：根据俄罗斯联邦统计局网站相关数据计算整理。

（2）三次产业的劳动力结构

劳动力在三次产业间的分布是随着产业结构的优化升级依次变动的，最终形成三次产业的劳动力结构，这种劳动力的变化情况是考察产业发展的重要指标。表 5-5 显示，2005~2012 年，俄罗斯三次产业劳动就业人口比重变化缓慢，从总体上看，第一产业的劳动就业人口比重稳定在 10% 附近，与第二产业劳动就业人口比重变化趋势相同，均稍有下降，而第三产业就业比重呈现出略有上升的趋势，而且第三产业就业比重保持在 60% 以上。西伯利亚与远东地区三次产业中的劳动就业人口比重，与俄罗斯的总体趋势一致，三次产业的就业比重基本稳定。西伯利亚联邦区第三产业劳动就业人口比重呈缓慢上升趋势，第二产业于 2009 年略有下降之后呈平稳发展趋势，第一产业于 2008 年开始趋于稳定；远东联邦区三次产业的劳动就业人口比重呈现出小幅波动，但总体上呈稳定的态势。总体上，俄罗斯东部地区三次产业的劳动力结构呈总体稳定，第三产业略有上升倾向，存在优化趋势（见图 5-2）。2013 年俄罗斯东部地区三次产业劳动力就业人口比重为：第一产业为 19.90%，第二产业为 53.00%，第三产业为 27.10%。

表 5-5　俄罗斯东部地区三次产业劳动力就业人口比重

单位：%

年份		2005	2006	2007	2008	2009	2010	2011	2012	2013
第一产业	俄罗斯	11.10	10.70	10.25	9.82	10.06	9.93	9.81	9.60	17.30
	东部地区	11.53	11.07	10.67	10.23	10.48	10.30	10.16	9.93	19.90
	西伯利亚联邦区	12.25	11.68	11.21	10.68	10.87	10.71	10.56	10.24	19.30
	远东联邦区	9.58	9.44	9.21	8.99	9.41	9.21	9.07	9.08	20.50
第二产业	俄罗斯	28.62	28.47	28.4	28.21	27.36	27.26	27.35	27.36	49.80
	东部地区	25.64	25.45	25.56	25.54	25.09	25.16	25.49	25.45	53.00
	西伯利亚联邦区	26.28	26.1	26.21	26.21	25.54	25.63	25.75	25.75	48.80
	远东联邦区	23.89	23.68	23.79	23.7	23.88	23.89	24.78	24.65	57.20
第三产业	俄罗斯	60.28	60.83	61.35	61.97	62.59	62.81	62.85	63.04	32.90
	东部地区	62.83	63.48	63.77	64.23	64.43	64.53	64.35	64.61	27.10
	西伯利亚联邦区	61.47	62.22	62.58	63.1	63.58	63.66	63.69	64.01	31.90
	远东联邦区	66.53	66.88	67.00	67.31	66.71	66.90	66.15	66.27	22.30

资料来源：根据俄罗斯联邦统计局网站相关数据计算整理。

对俄罗斯东部地区产值结构和劳动力结构的分析表明，无论是产值分布还是劳动力分布，均呈现出第三产业优于第二产业，第二产业优于第一产业的态势，这是俄罗斯产业结构逐渐趋向合理化的表现，但从第二产业与第三产业产值的变化上看，俄罗斯东部地区产业结构的合理化仍然面临很大的问题。

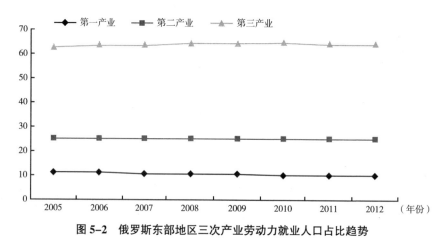

图 5-2 俄罗斯东部地区三次产业劳动力就业人口占比趋势

资料来源：根据俄罗斯联邦统计局网站相关数据计算整理。

根据表 5-4 和 5-5，俄罗斯东部地区第二产业吸收的劳动力人口相对于其创造的产值来说是比较低的，首先这说明俄罗斯东部地区第二产业的生产效率比较高，经济发展正在摆脱粗放型增长方式的制约，从而转向科技含量比较高的现代化经济增长方式；其次这说明第二产业吸收劳动力的能力有限，虽然有利于将更多的劳动力分配到第一产业与第三产业，但也在一定程度上加剧了俄罗斯东部地区的就业压力。

（3）钱纳里－赛尔奎因标准产业结构

美国经济学家钱纳里与赛尔奎因于 1989 年提出了产业结构的标准模式（见表 5-6）。根据钱纳里－赛尔奎因标准模式，西伯利亚联邦区处于产业结构发展的第 5 阶段，远东联邦区处于第 4 阶段。简单地从指标上来看，俄罗斯东部地区第一产业的产值比重低于钱纳里－赛尔奎因标准；西伯利亚联邦区第二产业产值比重为 44.1%，略低于标准中的 45.6%，远东联邦区第二产业产值比重 44.4% 高于标准中的 43.4%；第三产业产值比重高于钱纳里－赛尔奎因标准。从劳动力在三次产业间的分布来看，俄罗斯东部地区第一产业的就业比重低于钱纳里－赛尔奎因标准；第二产业的就业比重高于钱纳里－赛尔奎因标准，而且远东地区第二产业的就业比重相对于标准更高一些；第三产业的就业比重同样高于钱纳里－赛尔奎因标准。虽然，简单地将地区产业结构与钱纳里－赛尔奎因标准进行对比，不能直接断定本地区产业结构是否绝对合理，但是该标准提供了一个判断不同国家或地区之间差距的依据。对上述数据进行分析可知，俄罗斯东部地区的产业结构优于俄罗斯整体的产业结构，同样，与中国相比，俄罗斯东部地区的产业结构优势更加明显。但是，经过进一步的分析判断，尤其是与美国等发达国家的产业结构的对比分析后发现，俄罗斯东部地区产业结构无论是从产值比重还是从劳动力就业比重来看，仍有很大的优化空间。而且俄罗斯东部地区第一产业与第三产业的劳动力就业比重与其相应的产值比重不对称，吸收的劳动力资源较多，存在生产效率低下的问题。因此，俄罗斯东部地区仍需付出更大的努力来促进产业发展，通过产业外向型发展优化东部地区产业结构和产业布局仍然有很强的必要性。

表 5-6　钱纳里－赛尔奎因标准结构下的产业构成

		人均GDP（1980年）（美元）	GDP产业构成（%）			劳动力产业构成（%）		
			第一产业	第二产业	第三产业	第一产业	第二产业	第三产业
阶段	1	小于600	48	21	31	81	7	12
	2	600~1200	39.4	28.2	32.4	74.9	9.2	15.9
	3	1200~2400	31.7	33.4	34.9	65.1	13.2	21.7
	4	2400~4500	22.8	43.4	37.8	51.7	19.2	29.1
	5	4500~7200	15.4	45.6	41.2	38.1	25.6	36.3
	6	大于7200	9.7	62.8	44.7	24.2	32.6	43.2
地区	俄罗斯西伯利亚联邦区	6973	4.6	44.1	51.3	10.2	25.8	64.0
	俄罗斯远东联邦区	3662	3.6	44.4	52.0	9.1	24.6	66.3
	俄罗斯	13240	5.8	62.8	31.4	9.6	27.4	63.0
	中国	6767	10.0	43.9	46.1	33.6	30.3	36.1
	美国	51248	1.0	20.4	78.6	0.7	22.9	76.4

资料来源：根据俄罗斯联邦统计局网站（http://www.gks.ru/）、《中华人民共和国2013年国民经济和社会发展统计公报》、美国统计局网站（http://www.bls.gov/）相关数据计算整理。

（4）工业结构发展状况

根据产业组织的生产模式，俄罗斯工业部门可以划分为轻工业部门和重工业部门，其中为居民生产生活提供消费品等生活资料的部门被称为轻工业部门，为生产部门生产和再生产过程提供生产资料以及物质技术基础的工业部门被称为重工业部门。目前，俄罗斯东部地区已经形成完整的工业体系。但是，由于受苏联时期片面产业政策的影响，俄罗斯东部地区重工业占据绝对优势的工业结构并不合理，这导致了东部地区轻工业发展比较缓慢，轻工业由于受到资金缺乏、设备陈旧、技术落后等问题的困扰，长期以来生产的产品质量较差，而且无法满足当地居民生产生活的需要。从表5-7中，我们可以明显看出，近几年东部地区燃料能源矿物开采业，炼焦和石油加工业，机器、设备和车辆制造业，电力生产和供应业等产值较高，而纺织和服装制造业、皮革及其制品业（包括鞋业）、造纸和印刷出版业等轻工业产值较低。

表5-7　2013年俄罗斯东部地区各行业产值分布

单位：百万卢布

年份 行业	2008	2009	2010	2011	2012	2013
燃料能源矿物开采业	741888	752529	1231717	1652229	1744631	5180461
非燃料能源矿物开采业	263141	292370	352399	472635	517934	1123977
食品、饮料和烟草制造业	325717	355692	420003	469160	513587	536272
纺织和服装制造业	7336	7218	8655	11135	11732	16062
皮革及其制品业（包括鞋业）	2170	1999	2653	2527	2695	—
木材加工及其制品业	43358	44993	52422	62743	71149	80496
造纸和印刷出版业	46263	46121	58821	70926	61553	62122
炼焦和石油加工业	370712	297838	387549	503776	585994	892448
化工生产业	90962	94603	121084	154400	163110	—
橡胶和塑料制品业	51286	40660	53749	67482	69158	—
非金属矿物制品业	120208	75211	86628	112536	126956	138266
金属冶炼和金属制品业	654044	518490	729582	834314	794320	778368
机器、设备和车辆制造业	299181	268213	359117	454948	510352	537697
电力生产和供应业	264979	330328	368110	412836	428582	741490
燃气生产和供应业	12282	12847	11692	12901	13973	—
热力生产和供应业	161201	188475	208268	229855	247101	—
水的生产和供应业	32794	36210	42104	40247	40469	29736
其他产业	35840	27690	48208	59822	56492	134681

资料来源：根据俄罗斯联邦统计局网站相关数据计算整理。

为了更直观地展现俄罗斯东部地区第二产业内部轻重工业发展的不平衡现状，现引入霍夫曼系数。霍夫曼系数又称霍夫曼比例，指在一国工业化进程中，消费品部门与资本品部门的净产值之比，用来分析工业中消费品部门与资本品部门的比例关系[①]。

$$霍夫曼比例 = \frac{消费品部门净产值}{资本品部门净产值} \times 100\% \qquad （5-1）$$

根据2008~2012年俄罗斯东部地区轻重工业产值占工业产值的比重，可以得出该地区的霍夫曼系数（见表5-8）。由于俄罗斯东部地区轻重工业发展失衡，轻工业比重较低，霍夫曼系数始终处于0.2以下，处于霍夫曼第四阶段（霍夫曼系数<1），这既表明了俄罗斯东部地区重工业比重较大、水平较高，又说明了俄罗斯东部地区轻工业发展情况欠佳。

表5-8 俄罗斯东部地区轻重工业结构及相应的霍夫曼系数

单位：%

产业\年份	轻工业	重工业	霍夫曼系数
2008	12.06	87.94	0.137112
2009	13.45	86.55	0.155350
2010	11.94	88.06	0.135631
2011	10.96	89.04	0.123102
2012	11.12	88.88	0.125065

资料来源：根据俄罗斯联邦统计局网站相关数据计算整理。

3. 产业结构存在的问题

通过对俄罗斯东部地区产业布局以及三次产业产值与劳动就业人口比重进行分析，可以对俄罗斯东部地区产业结构的基本变化趋势和存在的总体性问题获得初步了解。虽然，从简单的数据分析得出了俄罗斯东部地区的产业发展正在推动产业结构趋于合理化，但是，俄罗斯东部产业结构演变过程中存在的一些问题对俄罗斯东部地区经济的发展构成了制约。

[①] 黄燕：《中国地方创新系统研究》，博士学位论文，华中科技大学，2002。

（1）产业结构缺乏合理化趋势

俄罗斯东部地区第二产业与第三产业的发展呈现出的此消彼长的态势，表明俄罗斯东部地区产业结构合理化过程中存在一些假象。虽然东部地区第三产业的产值高于第二产业，第三产业吸纳的就业人口比例也远高于第二产业，但是第二产业与第三产业的就业人口呈现出的稳定态势，以及俄罗斯东部地区第二产业与第三产业产值比重此消彼长的发展状况，充分暴露出俄罗斯东部地区产业发展的问题。俄罗斯东部地区在国际贸易中，主要出口石油、天然气等能源产品，以及木材、机械设备和军工产品等，而其他高技术产品以及深加工、高附加值产品出口量较少。这使得俄罗斯东部地区与许多不发达国家在国际初级制成品市场的边缘地带上分享有限的利益与好处，而且能源类产业的发展极易受国际市场上能源价格波动的影响，国家对产业发展的掌控性较差，产业发展缺乏稳定性。目前，俄罗斯东部地区经济的增长对燃料和能源的依赖性较大，能源出口成为拉动经济增长的一个重要因素，国际市场上能源价格的不利影响很容易通过连锁反应对东部地区经济增长造成负面影响。根据俄罗斯东部地区产业发展的特点与国际经济形势，可以看出，俄罗斯东部产业发展的现状可能是产业发展受国际市场价格变动的影响而呈现出来的，暴露出东部地区严重依赖能源发展经济的问题。

（2）第一产业效率低下

从产业分析中，可以看出俄罗斯东部地区第一产业的产值比较低，同时，相对于第一产业的产值比例，第一产业就业人口的比重较大，并呈稳定状态，这说明俄罗斯东部地区农业生产技术落后，劳动生产率相对较低。农业是一国经济健康发展的基础，它既为生产所需的劳动力提供着生活必需品，又为工业部门和服务业部门的发展提供着生产原料和广阔的农村市场，农业的健康发展成为国民经济稳定发展的首要条件。但是，由于俄罗斯东部地区的农业发展长期受资本缺乏、生产技术和设备落后的制约，农产品的供给无法满足当地居民生产生活的需要，最终形成生活消费品严重依赖进口的格局。

（3）第二产业非均衡发展

在分析中，可以看出，俄罗斯东部地区第二产业的产值比重远高于发达国家，存在很大的产业合理化发展空间。俄罗斯经济转轨以来，俄罗斯东部地区由依赖重工业发展的模式转变为依赖能源工业发展的模式，加工制造业尤其是轻工业发展一直比较缓慢。从表5-7和表5-8中，可以明显看出俄罗斯东部地区轻工业的产值低，所占比重较小，而与石化、燃料和电力等工业有关的产业产值较大。而且，与苏联时期相比，目前俄罗斯东部地区轻重工业结构比例失衡问题变得更加严重，轻工业的萎缩对俄罗斯东部地区居民生活水平和消费水平的提高造成极为不利的影响。

（4）第三产业发展缺乏持续性

从俄罗斯东部地区第三产业整体发展趋势分析，可以看出，俄罗斯东部第三产业产值较大，但是产值的周期性波动也较大，缺乏稳定的增长态势，同发达国家相比，还存在很大的发展空间。从劳动力在三次产业间的分布来看，第三产业的劳动就业人口比重不断提高，但是这并不意味着俄罗斯的第三产业能够实现持续发展。因为通过分析可以看出，俄罗斯东部地区农业和工业部门的发展均存在或多或少的问题，没有能力为第三产业的快速发展提供强有力的支撑，农业和工业部门的衰落容易引起产业空洞化。而第三产业吸收的就业人口占总就业人口的2/3左右，第三产业一旦出现空洞化，必然引起俄罗斯东部地区的就业危机。

4. 产业结构问题的成因

俄罗斯东部的产业结构是非均衡、不稳定的。这首先是受俄罗东部地区的产业政策影响，苏联时期重重工业、轻轻工业的政策导向导致东部地区轻重工业比例严重失调，并沦为俄罗斯原料基地；苏联解体后，俄罗斯经济发展的重点转向西部地区，东部地区失去国家资金等方面的支持，生产设备陈旧老化，工农业生产技术落后，产业结构不合理进一步加剧。其次是因为俄罗斯东部具有倾向性的外资政策，引致外资过多地投向重工业、自然资源的开采及加工业，使得俄罗斯东部产业结构不合理化进一步加剧。再次是企业生产与市场需求脱节。俄罗斯东部地区的军工企业迫于形势，在军转民的过程中，缺乏完备的生产工艺和有效的市场需求分析，导致企业生产与市场需求的严重脱节，产业结构的不合理程度进一步加深。最后是受产业结构低度化制约。俄罗斯东部地区经济的发展以处于产业链上游的能源产业为支柱，受资本和技术水平限制，产品加工程度低、附加值低，而且随着资源开采规模的逐年增加，边际生产成本不断上升，导致产业结构低度化循环发展。此外，俄罗斯东部地区虽然技术水平较高，但高新技术产业的发展比较滞后，不能发挥应有的主导作用，在工业技术集约化发展的过程中作用有限。产业结构的低度化对区域经济发展形成的刚性制约，造成经济体系稳定性较差、积累能力较弱，严重影响着产业结构的优化升级。

5. 俄罗斯东部地区的对外贸易发展

（1）对外贸易规模

俄罗斯东部地区近些年的出口额虽然有一定幅度的波动，但是总体呈上升趋势，如图5-3所示。2012年西伯利亚联邦区贸易总额为312亿美元，出口额为236.2亿美元，进口额为75.8亿美元，存在较大的出口顺差，反映出西伯利亚联邦区经济发展的外向依赖性较大[①]。而且，目前西伯利亚联邦区与世界上148个国家有贸易往来，该地区与世界各国的联系进一步加深，尤其是对亚太地区国家的依赖性不断增加，中国已经成为西伯利亚联邦区最大

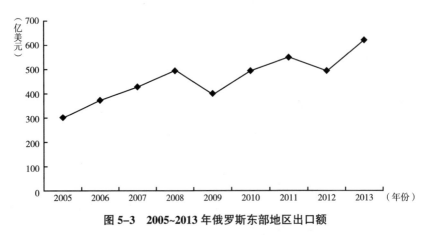

图5-3 2005~2013年俄罗斯东部地区出口额

资料来源：根据俄罗斯联邦统计局网站（http://www.gks.ru/）、西伯利亚政府网站（http://sibfo.ru/）相关数据计算整理。

---

① 《2013年西伯利亚对外贸易回顾》，西伯利亚政府网站，http://sibfo.ru/，2014年1月12日。

的进口国和出口国。2013 年远东联邦区有 6872 家商户开展对外经济活动，虽然与 2012 年相比，减少了 2.4%，但是远东联邦区外贸成交额达 402.15 亿美元，比 2012 年增加了 40.58 亿美元（同比增长 11.2%），其中出口增加了 21.20 亿美元（同比增长 8.2%），进口增加了 19.38 亿美元（同比增长 18.9%）[①]。

虽然，从图 5-3 可以看出，俄罗斯东部地区出口额的绝对量呈现总体上升趋势，反映出俄罗斯东部地区与世界各国的经济联系日益频繁。但是，通过进一步考察我们发现，相对于俄罗斯东部地区生产总值的增长速度，俄罗斯东部地区出口额的增长速度相对较慢，2005~2011 年出口额占地区生产总值的比重呈持续下降趋势，俄罗斯东部地区在世界市场上的份额增长速度慢于 GDP 的增长速度，地位有所下降（见图 5-4）。2012 年俄罗斯东部地区出口额占地区生产总值比重为 23.5%，2013 年俄罗斯东部地区对外贸易额占地区生产总值比重为 23.2%。

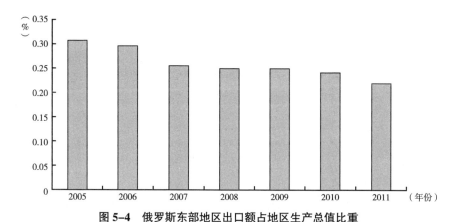

图 5-4　俄罗斯东部地区出口额占地区生产总值比重

资料来源：根据俄罗斯联邦统计局网站（http://www.gks.ru/）、西伯利亚政府网站（http://sibfo．ru/）相关数据计算整理。

俄罗斯东部地区出口额占地区生产总值的比重逐年下降应该引起俄罗斯联邦和地区政府的足够重视，从图 5-5 中，我们可以看出，俄罗斯东部地区

[①] 《俄罗斯地区经济社会指标》，俄罗斯联邦统计局网站，http://www.gks.ru/，2014 年 2 月 11 日。

生产总值（GDP）与出口额（EXIT）呈现正相关关系，对外贸易的增长将有利于地区生产总值的增加。积极推进俄罗斯东部地区发展外向型产业，加大该地区优势产业出口额，一方面有利于推动优势产业发挥联动效应，带动相关地或产业的发展，促进地区经济快速增长；另一方面，通过参与国际分工，提高产品加工程度，延伸地区产业链条，提升俄罗斯东部地区在国际产业链条上的地位，最终达到优化地区产业结构的目的。

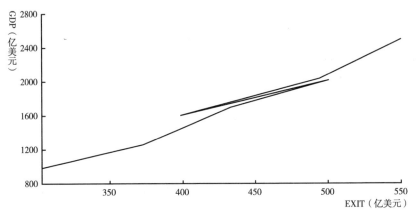

图 5-5　俄罗斯东部地区出口额与地区生产总值关系

资料来源：根据俄罗斯联邦统计局网站相关数据计算整理。

（2）对外贸易产品结构

俄罗斯东部地区经济的发展和区域产业结构的形成一直受国家政策和发展规划的主导，在苏联时期，由于受生产力综合体理论的影响，俄罗斯东部地区重工业发展迅速，形成明显的产业优势，在出口贸易中形成了以机械加工为主体的贸易结构。随着俄罗斯的独立，国家区域发展政策的转变，俄罗斯东部地区得到的优惠政策减少，重工业的发展受到一定的限制，俄罗斯东部地区根据自身所具有的资源优势，逐步发展成以能源出口为主导的对外贸易模式。但是，这种贸易模式并不比以重工业为主导的产业模式好。目前俄罗斯东部地区经济的资源出口依赖性严重，虽然俄罗斯政府针对当前的贸易结构提出了一些优化措施，但由于地区经济实力的限制和地区经济发展的需要，这种资源出口依赖型经济并没有得到多少改善。

从表 5-9 中，我们可以看出，在俄罗斯东部地区出口的商品中，燃料能源产品、金属制品占主导地位，其他产品出口额较少，反映出东部地区产业发展的不平衡性。

表 5-9 俄罗斯东部地区出口商品结构

单位：亿美元

年份	2005	2006	2007	2008	2009	2010	2011	2012	2013
出口总额	302.70	372.79	432.71	500.66	398.13	494.16	552.73	496.46	625.59
食品和农业原料	5.45	5.56	6.27	7.93	19.93	22.43	23.36.	26.04	27.33
燃料能源产品	131.88	176.40	185.35	253.63	192.99	225.57	265.25	212.32	331.24
化工和橡胶制品	23.03	25.56	31.40	37.57	27.64	34.15	32.06	26.12	20.93
皮革、毛皮及其制品	0.05	0.05	0.09	0.05	0.04	0.04	0.04	0.04	0.05
木材和纸浆制品	30.75	37.75	52.58	48.66	38.52	42.51	49.00	43.74.	46.02
纺织品和鞋类制品	0.42	0.24	0.22	0.20	0.16	0.13	0.12	0.14	0.09
金属制品	91.40.	105.72	124.52	115.88.	81.31	103.67	112.24	111.43	124.66
机器、设备和车辆	16.40	26.34	18.71	29.26	30.21	28.83	25.29	24.97	19.34
其他商品	3.33	3.54	5.2	7.49	7.33	36.84	45.36	51.65	55.93

资料来源：根据俄罗斯联邦统计局网站相关数据计算整理。

（3）对外贸易地区分布

俄罗斯东部地区是指俄罗斯联邦国土中的亚洲部分。一直以来，受国家政策的影响，俄罗斯东部地区与欧洲国家的经贸联系比较密切。但是受 2008 年国际金融危机的影响，欧洲经济陷入疲软，亚洲成为新的经济增长点，尤其是东北亚地区经济的发展不断引起世界各国的关注，吸引了各国目光。俄罗斯东部地区对外经贸联系的重点也发生了转变，逐步转向东北亚地区。到目前为止，西伯利亚联邦区已经与世界上 148 个国家展开经济贸易合作，国际经济联系日益密切。从表 5-10 可以看出，无论是从进口额还是出口额的角度来看，中国已经成为西伯利亚联邦区最大的贸易伙伴，西伯利亚联邦区与亚洲国家之间开展的贸易已经占据该地区对外贸易的主体地位，西伯利亚联邦区对外贸易的重点已经转向亚太。近几年，亚太地区经济的高速发展是西伯利亚联邦区经济快速发展应该抓住的契机，同时，亚太地区国家经济发展对西伯利亚联邦区的资源提出了较大的需求，各国之间的相互合作将有助于各方共同发展、取得共赢。

表 5-10　2013 年西伯利亚联邦区进出口贸易国家分布

单位：万美元，%

国家或地区	出口额	出口比例	进口额	进口比例	贸易总额	总比例
俄罗斯西伯利亚联邦区	3453971.16	100	749782.07	100	—	100
中国	614083.40	17.8	264895.57	35.3	878978.97	20.9
荷兰	580075.64	16.8	8531.17	1.1	588606.81	14.0
美国	239622.27	6.9	37189.91	5.0	276812.17	6.6
乌克兰	145431.91	4.2	66328.36	8.8	211760.27	5.0
日本	301984.06	8.7	20940.06	2.8	322924.12	7.7
中国台湾	160170.84	4.6	2692.83	0.4	162863.65	3.9
土耳其	191349.11	5.5	37616.11	0.5	195110.72	4.6
英国	—	—	0.04	—	0.04	—
德国	108193.40	3.1	65683.74	8.8	173877.15	4.1
波兰	70499.79	2.0	10312.28	1.4	80812.07	1.9
韩国	216118.32	6.3	17098.38	2.3	233216.70	5.5
瑞士	57214.23	1.7	5946.24	0.8	63160.47	1.5
其他国家或地区	17.92	—	66.69	—	84.60	—

资料来源：根据俄罗斯联邦统计局网站、西伯利亚政府网站、相关数据计算整理。

　　远东联邦区作为距离俄罗斯联邦政治经济中心更远的联邦区，其与东北亚各国的联系更加紧密。2013 年远东联邦区外贸成交额达 402.15 亿美元，比 2012 年增加了 40.59 亿美元，从国际贸易的区域上看，远东联邦区与亚太经合组织（APEC）贸易额达 341.22 亿美元，占外贸成交额的 84.8%，比 2012 年增长了 12.3%[①]。其中远东联邦区与中国的贸易额达 111.98 亿美元，占总贸易额的 27.8%，同比增加 13.7%；与日本的贸易额达 108.62 亿美元，占总贸易额的 27.0%，同比增加 30.1%；与韩国的贸易额达 98.96 亿美元，占总贸易额的 24.6%，同比下降 3.3%。

---

　　① 《俄罗斯地区经济社会指标》，俄罗斯联邦统计局网站，http://www.gks.ru/，2015 年 5 月 12 日。

（4）对外贸易的优势产业

俄罗斯东部地区开展对外贸易的历史由来已久，但在不同时期，其开展对外贸易的产业并不相同，这既取决于生产力发展水平，又与国家政策和地区经济发展的优势分不开。自苏联解体以来，俄罗斯东部地区在重工业方面的优势逐渐衰弱，但其凭借自然资源方面的优势，逐步发展资源型经济。在这方面，通过俄罗斯东部地区出口产品的品种和产业优势可以明显看出，在之后的产业外向型发展中，资源优势仍然是其产业发展的依靠。

国家或地区选择何种产业开展对外贸易，既与国家产业政策密不可分，又从根本上取决于产业自身的发展水平和该产业在国际上的综合竞争力。而产品的贸易竞争力指数（TS 指数）是衡量一国产品在国际贸易中优势的重要指标，该指标是指一国在国际贸易中出口额与进口额的差额占贸易总额的比重。贸易竞争力指数的计算公式为：

$$C_i = \frac{X_i - M_i}{X_i + M_i} \quad (-1 \leqslant C_i \leqslant 1) \qquad (5-2)$$

在式（5-2）中，C_i 表示产品在国际市场上的贸易竞争力指数，X_i 和 M_i 分别表示该产品在同一时期的出口额和进口额。一般情况下，$C_i > 0$ 则表明该产品在国际市场上具有一定的出口比较优势，而且这种优势会随着 C_i 趋于 1 而不断增大；$C_i < 0$ 表明该产品在国际市场上处于劣势，C_i 越接近 -1，这种劣势越明显；$C_i = 0$ 表示产品出口竞争力为中性。但是，在国际市场上，各国为了推进本国经济的发展和进行产业扩张，往往会采取激励出口和限制进口的贸易保护措施，对使用贸易竞争力指数来判断产品在国际市场上的比较优势和竞争力的准确性造成影响。作为一种比较静态的分析方法，贸易竞争力指数仍然可以作为考察一定市场条件下和特定时间内的产品出口竞争力的重要指标。通过对比进口额与出口额，来分析哪些产业在出口中具有优势，应该支持哪些产业形成对外贸易优势。

俄罗斯东部地区在燃料能源产品、木材和纸浆制品以及金属制品出口方面拥有绝对优势，从表 5-11 提供的俄罗斯东部地区贸易竞争指数可以看出，俄罗斯东部地区产业外向型发展仍然离不开资源优势，同时提高出口产品的科技含量和加工程度将更有利于提高产品竞争力，扩大出口规模，并通过优势产业发展带动上下游产业的协同发展。

表 5–11　俄罗斯东部地区贸易竞争力指数

单位：亿美元

年份 分类	2011			2012			2013		
	出口额	进口额	系数	出口额	进口额	系数	出口额	进口额	系数
总额	552.73	159.39	0.55	496.46	179.67	0.47	625.59	237.59	0.45
食品和农业原料	23.36	15.44	0.20	26.04	15.25	0.26	27.33	20.74	0.14
燃料能源产品	265.25	5.18	0.96	212.32	4.67	0.96	331.24	4.47	0.97
化工和橡胶制品	32.06	24.53	0.13	26.12	25.89	0.01	20.93	31.84	−0.21
皮革、毛皮及其制品	0.04	1.52	−0.95	0.04	1.51	−0.95	0.05	1.46	−0.93
木材和纸浆制品	49.00	1.97	0.92	43.74	2.32	0.90	46.02	3.59	0.86
纺织品和鞋类制品	0.12	17.68	−0.99	0.14	15.30	−0.98	0.09	16.06	−0.99
金属制品	112.24	12.88	0.79	111.43	14.80	0.77	124.66	19.14	0.73
机器、设备和车辆	25.29	71.81	−0.48	24.97	90.54	−0.57	19.34	128.12	−0.74
其他商品	45.36	7.25	0.72	51.65	8.44	0.72	55.93	11.23	0.67

资料来源：根据俄罗斯联邦统计局网站相关数据计算整理。

（5）对外贸易发展中存在的问题

俄罗斯东部地区资源依赖型的经济发展模式，不仅造成地区产业结构的畸形，而且由于原料能源的富足，俄罗斯东部地区在国际市场上也主要提供以燃料能源为主的产品，并且产品的加工程度不深，造成俄罗斯东部地区出口贸易结构呈现资源依赖性。大量资源的出口，一方面造成国家财富的流失，另一方面，由于很多资源具有不可再生性，依赖资源出口的经济发展模式不具有可持续性，容易爆发"荷兰病"。

（四）俄罗斯东部地区产业外向型发展的内在动力

1. 地区优势产业不断扩张

俄罗斯东部地区丰富的自然资源形成了东部地区能源产业的比较优

势，随着俄罗斯能源发展战略的向东转移，东西伯利亚和远东地区逐渐成为俄罗斯最具发展前景的油气开采区。根据《2020 年前俄罗斯能源战略》和"东西伯利亚—太平洋"输油管道方案等文件，东西伯利亚和远东地区将于 2020 年前建立新的油气工业中心，东西伯利亚和萨哈共和国的石油年开采量将提高为 0.5 亿~0.8 亿吨，东西伯利亚和远东天然气的年开采量将提高为 550 亿~1100 亿立方米；促使俄罗斯石油的年出口量实现 3.0 亿~3.1 亿吨，天然气的年出口量实现 2500 亿~3000 亿立方米；并提高俄罗斯东部地区向亚太地区国家出口石油和天然气的份额，其中石油出口份额提高 30%，天然气出口份额提高 15%[1]。俄罗斯联邦政府还决定从 2008 起一直到 2020 年，投入约 5599 亿卢布用于地质勘探和工业用油储藏量的评估，以实现东部地区油气工业的建设与发展规划的目标[2]。同时，为了刺激相关企业参与的积极性，俄罗斯政府还对俄罗斯东部地区相关企业采取特殊的运价、税收、海关以及油气资源开发分期优惠等激励政策[3]。俄罗斯联邦政府实施一系列的能源产业发展政策，既是为了满足产业发展的需求，又是为了有效利用俄罗斯东部地区的油气资源优势，提高该地区油气工业的整体综合实力和在国际市场上的竞争力，通过能源外交为国家争取最大的利益。

2. 区域经济合作不断深化

目前，亚太地区正逐步发展为世界经济的中心，对于俄罗斯来说，亚太国家的重要性正在逐渐提高，并在某些方面超过了欧洲国家。为了推进俄罗斯东部地区尽快融入亚太，近些年俄罗斯逐渐将经济发展战略的重点转向亚太地区，不断加深俄罗斯东部地区与亚太国家在经济贸易等领域的合作。俄罗斯学者季塔连科指出，俄罗斯要使自己融入亚太地区，首先应在与其远东邻国之间的经济合作中发挥积极作用。这种合作一方面是吸引东北亚各国与俄罗斯共同开发西伯利亚和远东地区的资源，另一方面是在此基础上分阶段

---

① 冯玉军：《2020 年前俄罗斯能源战略（上）》，《国际石油经济》2003 年第 11 期。
② 孙晓谦：《俄罗斯东部油气基地新采区的开发》，《西伯利亚研究》2010 年第 4 期。
③ 韩学强：《俄罗斯东部地区油气开发状况及前景预测》，《石油科技论坛》2013 年第 2 期。

地实现与亚太地区国家经济的一体化。以中俄合作为例，2014 年 10 月，中俄两国总理举行第十九次定期会晤，双方签署包括俄中"东线"天然气供应、避免双重征税、全球卫星导航系统、高速铁路、核能、旅游、金融、海关等领域的合作备忘录近 40 项，推动中俄合作出现新的高潮[①]。中俄合作范围现已涉及经贸、投资、能源、金融、高科技、人文等众多领域，2014 年中俄贸易额达 900 亿美元，中国已经连续 4 年成为俄罗斯第一大贸易伙伴，两国贸易额在 2015 年年底达到 1000 亿美元[②]。其中，借助于绥芬河—满洲里—俄罗斯—欧洲铁路和绥芬河—俄远东港口陆海联运经济带的建立，2015 年中国黑龙江省与俄罗斯的贸易额达到 250 亿美元，2020 年将达到 500 亿美元，2025 年将达到 700 亿美元[③]。

3. 跨国科技合作不断深化

随着现代社会的进步与发展，高新技术逐渐成为国际竞争中的决定因素，俄罗斯东部地区凭借俄罗斯研究院西伯利亚分院和远东分院雄厚的科研实力，在生物技术、航空航天、新材料技术、新能源以及海洋技术等方面形成技术优势。但是，许多高新技术项目的研究需要大量的资金和科研力量的投入，俄罗斯东部地区能投入到科研方面的资源有限，而且在某些方面存在技术"短板"，因此，与周边国家开展国际技术合作成为解决问题的关键。目前，俄罗斯东部地区已经与世界上多个国家展开从政府到民间组织的多层次科技合作，俄罗斯科学院西伯利亚分院已经同欧洲、亚洲、美洲等国家的大学、科研院所以及国际协会等众多组织建立合作关系。而中俄两国在科技领域的合作，也逐渐从最初的技术贸易发展到当前的共建科技产业园区，共同开展科研项目，实现了中俄科技优势的结合和科技资源的有效利用。中国驻俄罗斯大使馆公使衔科技参赞龚惠平指出，中俄科技合作已经成为维系中俄两国战略关系最重要、最活跃的纽带

---

① 《中俄签署近 40 项合作文件》，凤凰网，http://news.ifeng.com/，2014 年 10 月 14 日。

② 《中俄合作取得丰硕成果 2015 年将进一步提升》，黑龙江省发展和改革委员会，http://www.hljdpc.gov.cn/jmzxscdt/，2015 年 1 月 30 日。

③ 《黑龙江计划 2025 年将与俄罗斯贸易额增加两倍》，金融界，http://finance.jrj.com.cn，2014 年 10 月 13 日。

之一[①]。

4. 实现国内经济的均衡发展

推动俄罗斯东部地区经济大开发以促进经济的快速发展不仅可以满足当地居民生产生活的需要，而且有助于实现俄罗斯经济强盛。2008 年，普京在《关于俄罗斯到 2020 年的发展战略》中强调，将把西伯利亚与远东地区建成新的俄罗斯社会经济发展中心[②]，而《远东和外贝加尔地区 2025 年前经济社会发展战略》成为俄罗斯东部地区开发的长远规划[③]。2012 年 4 月，普京再次将开发西伯利亚和远东地区确定为俄罗斯的重大战略性任务之一[④]，为了集中资源推动远东联邦区的跨越式发展，增强远东联邦区在亚太地区的影响力以带动整个俄罗斯东部地区的大发展，同年 5 月俄罗斯成立远东发展部。但是，俄罗斯东部地区产业结构失衡，轻重工业比例失调，军工企业占工业比重较大，第三产业发展质量较差，同时东部地区基础设施落后，设备陈旧，技术更新慢，与欧洲部分相比相差较多。因此，单纯依靠东部地区内部的力量很难实现区域经济的快速发展，而依靠地缘和资源优势，通过优势产业外向型发展将更有利于经济的快速增长。

针对俄罗斯东部地区产业发展的特点与诉求，在开放经济条件下加速东部地区开发、积极参与紧密的国际合作是不可避免的。2012 年 8 月俄罗斯正式加入 WTO，促进了俄罗斯与世界接轨，有助于巩固和提高俄罗斯在亚太地区的国际经济地位，扩大出口和吸引外资。目前，俄罗斯东部地区与世界上约 150 个国家和地区有贸易往来，以资源类产品为主的出口贸易结构虽然没有改变，但出口商品的深加工程度不断增加。从地域结构来看，俄罗斯东部地区与亚太地区国家的贸易关系更加密切，尤其是中国已经成为其最重要的贸易伙伴。俄罗斯已经意识到，亚太地区日趋成为世界经济与贸易的中心，在地缘经济战略上，俄罗斯必须做好搭乘亚太经济增

---

①　《大国间科技合作的典范》，中国日报网，http://www.chinadaily.com.cn/hqgj/jryw/，2011 年 8 月 27 日。

②　陆南泉：《有关中俄区域合作重点领域的思考》，《西伯利亚研究》2011 年第 5 期。

③　李新：《俄罗斯西伯利亚和远东开发与中国的机遇》，《西伯利亚研究》2013 年第 3 期。

④　赵域：《论深化中国东北与俄罗斯远东经贸合作》，《黑龙江社会科学》2014 年第 6 期。

长快车的准备。俄罗斯总统普京指出，俄罗斯作为亚太地区的一部分，无
论是从历史角度还是从地缘上看都是不可否认的，完全融入亚太地区是俄
罗斯实现东部地区成功开发的最重要保证 ①。2012 年 5 月，普京再次强调
积极参与区域经济一体化，促进东西伯利亚和远东地区社会经济发展是俄
罗斯亚太战略最主要的基本目标 ②。同时，普京还曾发表文章指出全面走
向亚太是实现俄罗斯辉煌和东部地区发展的最重要砝码 ③。而且，俄罗斯
东部地区与亚太国家在经济上有很强的互补性，通过加强经济合作，俄罗
斯东部地区可以获得经济发展和资源开发所需要的大量资金和先进技术，
充分挖掘亚太地区的经济潜能，将俄罗斯东部打造成亚太地区新的能源供
应与经济发展中心。俄罗斯政府目前正在研究东部地区具体的发展战略，
并且已经实施了一系列项目，而推动俄罗斯东部地区产业外向型发展，将
加速俄罗斯东部地区经济潜力的开发和地区产业结构调整，早日实现俄罗
斯东西部地区经济均衡发展。

二 俄罗斯东部地区产业外向型发展的目标模式

（一）产业外向型发展模式构建的思路

外向型产业是以满足国际市场需求为目标，选择国际上需求增长率较高
的产品行业作为主导产业，不仅有助于产业发展与国际接轨，培养产业的国
际竞争力，并占领国际市场，而且产业结构随着国际市场的需求变化将能使
自身得到调整和优化。根据各国产业外向型发展的经验，外向型经济模式的
选择须以自身的资源禀赋或比较优势为基础，把本国优势与国际市场需求结

---

① 陆南泉：《俄远东的开发与开放》，凤凰网，http://finance.ifeng.com/roll/，2012 年 9 月 21 日。

② Указ Президента РФ от07.05.2012№605 О Мерахпо Реализации Внешнеполитического Курса Российской Федерации, http://www. Kremlin.ru/acts/，2012-05-07.

③ Путин В В.Владивосток-2012: Российская Повесткадля Форума АТЭС, http://www.Kremlin.ru/transcripts/，2012-09-05.

合，并随着本国或地区经济的发展，注重比较优势的转移，及时进行模式转换，如从劳动或资源密集型产业向资本或技术密集型产业转变，充分挖掘萌芽的经济优势。

因此，第一，俄罗斯东部地区产业外向型发展模式的构建应以实现东部地区产业外向型发展为战略目标。第二，以经济外向型发展理论和产业外向型发展战略的基本规定为理论依据；俄罗斯东部地区地域辽阔，各联邦主体经济发展水平与优势差异较大，应以东部地区各联邦主体的经济实力、资源优势和产业优势等具体情况为现实依据。第三，构建全面的、多元的、长远的外向型经济模式，而不是笼统采取一种模式为指导思想。第四，合理利用国际资源和世界市场，有选择地利用发达国家扩散、转移的产业发展自己，坚持产业的积极"走出去"与有效"引进来"相结合的原则，在不让渡经济主权的前提下，有原则地力争加入各种世界性的、区域性的金融和经贸组织。第五，俄罗斯东部地区产业外向型发展将以沿海、沿边、沿路等经济发达地区的优势产业为战略重点，各联邦主体根据自身优势分别构建资源开发型产业、出口加工型产业与技术导向型产业的外向型发展模式，通过产业的关联效应组成外向型发展的复合型模式（见图5-6），并坚持以点带线、以线带面的方针，发挥先进带头作用，最终通过扩散效应，实现区域经济的共同发展。

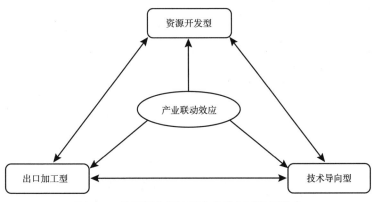

图5-6 俄罗斯东部地区产业外向型发展模式

（二）产业外向型发展的模式选择

1. 资源开发型

俄罗斯东部地区石油、天然气、煤炭、金属矿产、森林等自然资源丰富，同时以资源为基础的产业在地区经济中占据主导地位，成为东部地区的优势产业，并在国际贸易中占有较大比重。因此，俄罗斯东部地区在推动产业外向型发展的过程中，不仅不能避开资源开发型产业，而且应当以资源开发型产业为基础，发挥资源优势，抓住国际市场对矿产资源的需求，提高谈判能力，并通过深化资源型产品加工，延伸资源开发型产业链条，带动上下游产业共同发展。

但是，俄罗斯东部地区地域辽阔，资源在各联邦主体间的分布并不均匀，具有发展资源开发型产业条件的联邦主体主要包括萨哈林州、萨哈共和国、秋明州、克拉斯诺亚尔斯克边疆区等，各联邦主体应根据各自的资源优势因地制宜，实现优势互补。其中萨哈林州应重点推动油气、海洋捕捞和煤炭等主导产业外向型发展；秋明州、克拉斯诺亚尔斯克边疆区、萨哈共和国等主要发展油气、木材、金属矿产开采等行业；马加丹州、楚科奇自治区等主要发展金、银、锡、煤、钨开采和渔业海洋捕捞等行业；托木斯克州主要推动石油开采、木材等行业外向型发展。目前，俄罗斯东部地区的企业不仅具有资源开采的能力，而且能完成整个生产过程，如石油企业有完成部分石油加工的能力，生产一些石油产品，森林企业有能力完成从森林采伐、木材加工到纸浆、纸张制造的整个过程，这为俄罗斯东部地区产业外向型发展增加了优势。同时，亚太地区，尤其是东北亚地区对俄罗斯东部地区的油气、木材、矿产等存在大量需求，为俄罗斯东部地区资源开发型产业外向型发展提供了巨大的市场。

2. 出口加工型

俄罗斯东部地区丰富的自然资源为出口加工型产业的发展奠定了基础，其中石油化工业、机械加工业、金属加工业等发展较快，虽然受资金缺乏、设备陈旧和技术落后等问题限制，但是随着俄罗斯东部大开发的不断推进和相关政策措施的实施，加上扩大开放吸引国外资金和技术的进入，这些问题将迎刃而解，出口加工型产业将形成在国际贸易中的国际竞争力，推动产业外向型发展。其中新西伯利亚州作为西西伯利亚重要的工业区之一，在无线电电子工业、仪器仪表制造业等机械制造业方面优势明显，并在金属加工业、电力工业、宇航和原子能工业等方面拥有较大潜能；鄂木斯克州的能源工业、电力工业、机器制造业、金属加工业、化学和石化工业等比较发达。克拉斯诺亚尔斯克边疆区作为东西伯利亚地区重要的工业中心，主要在有色冶金、电力、机器制造和金属加工、化工和木材加工等行业优势突出。哈巴罗夫斯克边疆区作为远东地区经济最发达的联邦主体之一，其在航天飞机以及船舶制造方面拥有很大优势；滨海边疆区则在渔业、林业、矿业、修船业以及飞机和直升机生产等机械制造业方面具有优势。因此，俄罗斯东部地区具有发展出口加工型产业的工业基础，通过建立经济开发区或自贸区等方式，为企业提供相应税收优惠和政策支持，同时借助承接国际产业转移的机会，通过产业合作吸收国外资本与先进技术，在扩大生产规模的同时提高产品附加值，形成产业的国际竞争优势，推进企业占领国际市场。

3. 技术导向型

在经济发展过程中，俄罗斯越来越感觉到科学技术在经济发展中所发挥的决定性作用，同时，俄罗斯政府也逐渐意识到高新技术水平和国际科技合作关系到俄罗斯东部大开发的成败乃至俄罗斯的强盛与否。俄罗斯东部地区的科研力量主要集中在俄罗斯科学院西伯利亚分院和远东分院，两所分院的高科技水平和巨大的科技潜力将是俄罗斯东部地区发展技术导向型产业的技术基础，也将为资源开发型产业和出口加工型产业的发展提供技术支持。其中，新西伯利亚州作为西伯利亚联邦区科研院所最为集中的地方，首府新西伯利亚是俄罗斯西伯利亚联邦区最大的城市和经济、科技、文化中心。这里聚集着俄罗斯科学院西伯利亚分院、俄罗斯医学院西伯利亚分院、俄罗斯农业科学院西伯利亚分院等50多所科研实验机构，400多家从事科技领域科技成果转化的公司和42所高等院校 [1]。而符拉迪沃斯托克作为俄罗斯远东科学

---

[1] 《新西伯利亚州概况》，中国俄罗斯东欧中亚研究网，http://euroasia.cass.cn/news/，2014年11月3日。

中心，同样拥有著名的远东大学、远东理工学院、海运学院等多家院校和科研机构，科研实力雄厚，其中海洋科研力量最有影响，该地区拥有太平洋海洋渔业和海洋科学研究院等十几所海洋科研机构。新西伯利亚和符拉迪沃斯托克拥有足够的科研实力参与国际合作，共同发展信息技术、生物科技、新材料、新能源、空间科技和海洋技术等高新科技，并通过完善科研机制和国际合作克服高新技术成果转化率低、转化慢的问题，实现高新技术成果的迅速产业化，扩大俄罗斯东部地区在国际高新技术产品市场上的比重，推动技术导向型产业的外向型发展。

4. 区域产业联动发展

区域产业的联动发展是以各产业之间具有关联性为前提的，一般情况下，产业之间的关联程度越高，产业之间的联动效应越强。产业关联是指在经济活动中各产业之间存在的经济技术联系，按产业之间存在的供给与需求关系，可以将产业关联划分为前向关联和后向关联。由于各产业处于生产工序的不同阶段，先行产业为后一产业部门的生产提供所需的生产要素，被称为前向关联；而后续产业为前一产业部门的生产提供产品作为其生产消耗，被称为后向关联。比如，资源开发型产业为出口加工型产业提供必要的生产原料，则被称为前向关联；而出口加工型产业为资源开发型产业提供开采设备，则被称为后向关联。俄罗斯东部地区推动产业外向型发展的过程涉及的资源开发型产业、出口加工型产业和技术导向型产业之间存在很强的关联性，出口加工型产业是以资源开发型产业提供的油气、木材、金属矿等原料为基础的；出口加工型产业又为资源开发型产业提供必要的生产设备；技术导向型产业开发出的高新技术及产品，及时应用到生产领域将会提高资源开发型产业和出口加工型产业的生产效率、产品的技术含量和附加值。因此，在产业外向型发展的过程中，必然形成资源开发型产业、出口加工型产业与技术导向型产业的联动效应，最终形成产业外向型发展的复合模式，并且联动效应的循环累计，将会带来俄罗斯东部地区产业结构的优化升级。由于俄罗斯东部地区各产业之间的分布并不集中，产业之间的联动效应从本质上看以生产要素的流动为纽带，资金、技术、管理、人才等生产要素在产业间的流动，也将形成生产要素在区域间的流动，促成生产要素在区域间优化配置和有效利用。欠发达地区应抓住生产要素从相对集中地区流出的机会，充分利用技术扩散效应、示范效应，通过模仿学习等途径实现地区经济的快速发展，以期在产业联动发展的同时，实现区域经济的共同发展。

（三）产业外向型发展模式的运行机制

1. 发挥市场机制作用

推动俄罗斯东部地区产业外向型发展，是希望东部地区各产业在经济全球化和产业国际化的过程中，通过发挥自身的产业优势参与国际分工，并提高在国际分工中的地位，促进地区各产业深化国际产业合作。因此，为了有效促进俄罗斯东部地区与国际产业接轨，更快融入产业国际化的进程当中，俄罗斯应充分发挥市场机制的作用，提高产业的竞争优势和国际竞争力。目前，俄罗斯东部地区在促进地方产业发展方面，存在过度保护本地产业的现象，虽然对于弱势产业来说，这有助于本地产业的发展，但是，过度的保护甚至禁止国外企业参与其中，不仅不能促进产业的发展，而且容易导致产业发展对国家政策的依赖。同时，由于缺乏市场机制和市场竞争，企业容易丧失创新的主动性和竞争力，国家政策放松将对这些企业造成毁灭性的打击。同时，由于弱势产业无论在资金、创新能力还是在生产效率方面都存在不足，减少国家政策对弱势产业的保护，一方面有助于吸引外资投入到该产业中来，提高产业资本的积累，不断提高自主创新能力，从而提高产业竞争力和在国际分工中的地位；另一方面，引入国外相应企业，有助于企业间的交流与合作和通过低成本获得一些先进技术，并通过产业扩散带动与该产业有关的上下游企业的共同发展，更有助于降低整个行业的成本，提高行业竞争力。因此，为了有效促进产业外向型发展，完善相应的市场机制必不可少。

2. 健全经济激励机制

在商品经济条件下，市场对资源配置起着基础性的决定作用，但市场经济存在一定程度的缺陷，需要政府发挥主观能动性，通过制定经济激励措施引导生产要素的流向来调节经济活动。一般情况下，政府投入资金、技术等重点发展某一行业，必然引致社会资本等生产要素向该行业集中，推动行业的快速发展。俄罗斯东部地区产业外向型发展，需要联邦政府和联邦主体制定统一的税收政策和贸易政策，通过对资源开发型企业、出口加工型企业以及技术导向型企业提供税收优惠和出口退税政策等，扩大商品在国际市场的竞争优势。同时，在制定相应的经济激励政策之后，要保持经济政策的连续性，通过制定法律法规来明确规定政府对出口加工型企业税收优惠政策，形成稳定的经济激励机制，使出口加工型企业对未来有一个明确预期，刺激企业投资的热情。

3. 完善科研机制

随着世界经济步入以知识为基础的新经济时代，高新技术成为在国际竞争中获取长期竞争优势的决定性因素。而在科研领域建立完善的科研机制对高新技术研究和技术导向型产业的发展十分重要，对促进其他产业的发展和产业结构的优化升级都将发挥重要作用。长期以来，俄罗斯东部地区始终对科学研究十分重视，并在很多高新技术领域取得丰硕成果，但是俄罗斯东部地区的科研机制存在一定缺陷，限制了高新技术成果在产业中的应用，导致俄罗斯东部地区生产效率低下，无法形成规模经济，同时，产品的技术含量和附加值比较低，无法在国际市场中形成竞争力，在国际高新技术产品市场上所占份额极小。比如，俄罗斯东部地区的研究领域过于宽泛，不仅分散了科研力量，导致科学研究成为经济发展的"包袱"，而且造成科研机构之间缺乏竞争、科学研究缺乏效率等。其中大部分研究项目集中在一些大的科研机构，缺乏与企业的互动，导致高新技术成果转化率低、转化慢，严重限制了高新技术的应用。而且，国家预算在科技研究上的投入占有极大比例，企业投入较少。一方面这些说明俄罗斯企业的实力有限，难以形成研发能力，企业与研发出现脱节；另一方面，在缺乏有效的经济激励措施、完善的市场机制和法律保障的前提下，企业存在对高新技术研发成本与收益的不对称等特性的担忧，它们对研发投入缺乏信心。因此，俄罗斯东部地区在完善从基础研究到产业化应用的科研机制的同时，应建立完善的市场机制和法律机制，为俄罗斯东部地区产业外向型发展做好技术支持。

4.建立外向型龙头企业

在国际竞争中，为了快速推动产业外向型发展，不仅需要将有限的资源集中投入到某些具有比较优势和国际竞争力的行业和地区，以充分发挥聚集效应，利用扩散效应带动相邻区域和上下游产业的共同发展，而且需要建立龙头企业以实现优势集聚，达到扩大优势的目的。因为，龙头企业无论在资金实力、技术创新能力还是市场开拓能力以及辐射带动作用方面都具有其他中小企业无法比拟的优势，能够承担研发、规模生产以及高品质、高档次、高附加值产品的生产。阿尔泰拖拉车有限责任厂、克拉斯诺亚尔斯克能源公司、萨哈共和国维柳伊斯克国营发电站、鄂木斯克州飞机制造联合公司、西伯利亚仪器仪表厂、西伯利亚低温机械厂、纳霍德卡制罐厂和渔具厂、符拉迪沃斯托克包装材料厂等在行业中都具有成为龙头企业的优势，俄联邦政府和联邦主体应充分发挥主动性，引导企业自发与其他企业建立联盟或合并，并提供优惠措施加以扶持，以强化企业在行业中的地位，培养企业产品在国际市场中的竞争力，尽快占领国际市场，最终实现相应产业的外向型发展。

三　俄罗斯东部地区产业外向型发展推动中俄合作

外向型产业的发展是以国际市场为依托，以满足国际市场的需求为目标，积极参与国际分工和国际竞争。因此，在产业外向型发展的过程中，俄罗斯东部地区与周边国家的国际产业合作无法避免。

（一）"丝绸之路经济带"与"欧亚经济联盟"利益契合

中俄两国始终坚持把扩大开放、进一步推进"高水平'引进来'和大规模'走出去'"作为国民经济发展的重要一环。为推动区域经济合作，促进各国经济发展和人文交流，实现共同繁荣，中国于2013年提出"丝绸之路经济带"，将充分依靠中国与有关国家既有的双多边机制，借助既有的区域合作平台，深化与沿线各国的经贸交流和产业合作，扩大与沿线各国的合作领域，推进沿线各国经济的可持续发展。"丝绸之路经济带"的构想符合现代社会的发展趋势，该战略涵盖东南亚和东北亚，并最终将经贸合作范围扩展到欧洲，与欧盟建立从里斯本到符拉迪沃斯托克自贸区的战略目标异曲同工，与俄罗斯提出的"欧亚经济联盟"的构想理念一致，形成兼容且互补关系。俄罗斯东部地区产业外向型发展为中国"丝绸之路经济带"与俄罗斯"欧亚经济联盟"经济战略的利益契合提供了难得的契机，为中俄企业"走出去"提供了难得的发展机遇。

俄罗斯"欧亚经济联盟"与中国"丝绸之路经济带"的对接，将提升亚欧大陆各国间合作的高度。俄罗斯地跨亚欧大陆，地理位置优越，是"丝绸之路经济带"建设的重要成员国，也是中国重要的合作伙伴，深化中俄合作有助于充分挖掘亚欧大陆的经济发展潜力，充分扩展中俄双边贸易投资合作空间。2014 年 2 月，普京表示俄罗斯支持中国"丝绸之路经济带"构想，中俄两国将进一步深化在基础设施建设、油气资源、经济贸易和人文等领域的合作[1]。专家表示，"丝绸之路经济带"为俄罗斯的资源和产品提供了更广阔的市场，有助于中俄两国扩大油气资源的合作规模。通过共同建设输油管道、合资建设炼油厂、加强在交通等基础设施建设领域众多项目的合作，为中俄实现 2020 年贸易额达到 2000 亿美元的目标提供支撑[2]。借俄罗斯东部地区产业外向型发展之机，实现"丝绸之路经济带"与"欧亚经济联盟"的有效对接，既有助于中国加强对俄投资，促进俄罗斯东部地区产业发展，又为中国资本走出去创造了机会。

1. 深化中俄能源产业合作

俄罗斯积极支持中国"丝绸之路经济带"的建设，并有意识地推进中俄能源合作，这对于双方经济的可持续发展具有重要的战略意义。俄罗斯东部地区能源产业的外向型发展将促进中俄能源合作水平不断攀升，释放中俄能

---

① 《国际社会对"一带一路"倡议的评价》，光明网，http://theory.gmw.cn/，2014 年 7 月 14 日。
② 《习近平丝绸之路战略获普京呼应——中俄共建新平台》，大公网，http://finance.takungpao.com，2014 年 2 月 8 日。

源合作的巨大潜力。

首先，中俄能源产业合作的规模将不断扩大。中俄两国于2014年5月签订了为期30年的东段天然气管线供气协议，该协议规定俄罗斯每年向中国供应天然气380亿立方米，至此，中俄能源贸易规模获得大幅度攀升①。同年，中俄签署《关于中俄东线天然气管道建设和运营的技术协议》和《关于进一步深化战略合作的协议》。目前，中俄能源合作的空间尚未得到充分挖掘。依靠中俄双方总理定期磋商机制，发挥能源会谈的重要作用，将促进中俄油气贸易规模进一步扩大、中俄经济发展的相互依赖性进一步增强。

其次，中俄能源设施建设将逐步增强。当前，现有的中俄之间的油气管道运输能力无法满足中俄能源合作规模扩大的需要，需要进一步提升中俄海上运输能力，同时，加快中俄西部管线建设的落实，积极推动中俄双方达成新的管线建设协议，大幅度提升能源运输能力，推进中俄能源运输方式多元化。中俄还应积极推进亚欧大陆南北向联通项目的建设，共同建设以乌鲁木齐为中心、联通俄罗斯东部地区与印度的油气管道。一系列能源合作项目的建设将进一步捆绑中俄两国的共同利益，重塑亚欧大陆能源合作的格局，为中俄能源产业合作提供更多的发展机遇。

最后，中俄能源技术合作不断加深。俄罗斯虽然拥有丰富的页岩油气储量，但开发能力有限，而中国拥有雄厚的资本作为相关技术研发的基础，页岩油气勘探开发技术逐渐成熟，双方合作将有利于提高能源开采和利用的效率，提升中俄产业合作规模。除此之外，中俄双方在新能源技术利用方面的合作也在不断深化，例如，俄罗斯计划推进国家公共交通系统的升级，全面实现公共交通工具"油改气"，而拥有较强投资能力的中国，在新能源汽车领域的技术已经相当成熟，两国之间形成有效互补。目前，中俄双方已经就新能源汽车领域企业间的合作达成协议，实现了中俄能源技术合作的进一步深化。

---

① 《欧亚能源格局调整促"一带一路"合作》，中国电力企业联合会，http://www.cec.org，2014年10月29日。

2. 深化能源上下游产业合作

中俄之间的能源贸易仅仅是国际能源合作的初级形式，由于能源在国民经济发展当中的特殊性，其产业的前后向关联性比较强，涉及从资源开发到产品加工、服务与销售的多个产业。目前，中俄能源领域的合作并不仅限于贸易领域，两国正在开展的天津炼化厂和亚马尔气田液化天然气的项目合作，将中俄间能源合作扩展到上下游产业链[①]。同时，两国大型能源企业还在开展伊尔库茨克州和乌德穆尔特共和国的油气勘探工作，但是，在俄罗斯油气产区仅进行油气资源的初级开采并不足以满足深化中俄能源产业合作的要求，需要在能源开发的基础上逐渐建立高附加值的产业集群。在能源富集区建立完整的产业链，将进一步密切中俄合作，为中俄合作赢得巨大竞争优势。在中俄推进产业外向型发展的过程中，双方互相开放一定数量的下游产业，将为双方留出更多的高产业附加值空间。而上游合作对于中国获得长期、稳定、价格合理的能源供给非常有益。上下游产业链的深入合作，将大大提升中俄能源合作水平。

3. 推动非能源领域合作

俄罗斯东部地区推进产业外向型发展，将有效发挥"丝绸之路经济带"促进沿线国家之间的经济合作的作用。"丝绸之路经济带"创造出大量的人流、物流、信息流、资金流，给地区经济注入更大活力，符合沿线各国经济发展的需要，为沿线各国发挥优势、开发开放提供了契机。俄罗斯东部地区产业外向型发展如果能抓住这次机遇，不仅会促进俄罗斯东部地区与周边国家的能源合作，而且将进一步加深在其他非能源领域的合作，尤其是推动俄罗斯东部地区与其他国家在基础设施建设领域开展更广泛的互利合作。俄罗斯东部地区虽然能源矿产资源极为丰富，但由于应用技术不配套、基础设施不健全等因素的影响，长期存在基础设施落后、设备老化、技术过时等问题，严重制约了俄罗斯东部地区与东北亚各国的经贸合作发展。因此，在坚持共商、共建、共享原则的前提下，应充分利用多边双边、区域次区域合作机制

---

① 《对话伊万·格拉乔夫：建立能源高附加值产业集群中国或拔得头筹》，北极星电力新闻网，http://n ews.bjx.com.cn/，2014 年 3 月 31 日。

和平台，扩大利益契合点，积极推进中俄发展战略相互对接，加强中俄双方在基础设施、产业园区、物流通道等方面的建设与合作，谋求中俄产业的共同发展、共同繁荣。

（二）东北振兴与东部大开发战略的产业对接

为了改变中国东北地区的落后面貌，2003 年中国通过了《中共中央、国务院关于实施东北地区等老工业基地振兴战略的若干意见》，旨在通过加强基础设施建设、积极培育潜力企业、扶持重点产业集聚区、加快发展现代服务业、做优做强支柱产业、提高自主创新能力等推进东北振兴。而俄罗斯为了充分发挥东部地区的经济潜力，于 2008 年开始实施东部大开发战略，并大规模开展基础设施建设，重点开发油气资源。两国先后提出区域经济发展战略，既是出于对本国经济发展战略的考虑，又为加强中俄合作提供了机遇。俄罗斯东部地区与中国东北地区具有良好的经贸合作基础，加上两国之间在生产要素方面的互补性，中俄之间可以加大在基础设施、能源产业、加工业和高新技术产业的经贸合作。而且，俄罗斯联邦政府希望中国加入到俄罗斯东部大开发的进程当中，并不断表达在东部大开发中与中国合作的意愿。中俄两国深化经贸、科技合作，推进各种项目的顺利实施，其目的在于充分发挥中俄两国的地缘优势，将双方的政治互信以及在经济上的优势互补转化为务实合作，推动中俄经济共同发展。为了有效发挥中俄在中国东北地区与俄罗斯东部地区的合作互补优势，中方愿向俄罗斯东部地区增加投资，参与建设俄罗斯东部地区开发区。俄罗斯东部地区产业外向型发展为俄罗斯东部大开发战略与中国东北振兴战略的对接提供了机遇，将有效促进中国东北地区与俄罗斯东部地区深化以下几个方面的产业合作。

1. 基础设施建设

俄罗斯东部地区的经济发展规划几乎涉及社会生活的方方面面，在促进经济发展方面重点关注交通基础设施建设、油气和矿产资源的开采与加工、森林工业与渔业发展等领域。其中，加强东部地区基础设施建设成为规划发展的重点领域，包括加强交通基础设施、发电设施以及通信线路建设等。中国东北振兴战略的实施同样对基础设施提出了更高的要求，以满足经济发展的需要。通过深化中俄区域基础设施的共同建设，有助于显著改善中俄区域合作的条件和便利化程度，显著提高中俄区域合作的效率。同时，中国企业应抓住机遇，积极加入俄罗斯东部地区的基础设施建设，争取参与到大项目当中，与俄罗斯建立长期合作。而且，中国东北地区某些国际竞争能力较弱的相关企业，可以采取与国内东部发达地区国际竞争力强的企业合作，通过联合竞标的方式，多元化参与到俄罗斯东部地区的基础设施工程项目的建设中。

2. 能源产业合作

在俄罗斯东部地区开发以及经济发展战略当中，加大地区油气资源的开发一直被视为核心内容之一。目前，俄罗斯油气行业的发展，长期受到资金缺乏、技术落后、设备陈旧等问题的困扰，油气资源的勘探开采条件不断恶化。与此同时，拥有大量资本的中国则存在巨大的能源需求未能满足的现象，为了保障能源安全，中国亟须加强同世界能源丰富国家的合作，建立多元化的能源渠道，俄罗斯东部地区产业外向型发展为加强中俄能源合作提供了机遇。2014年5月俄罗斯天然气公司与中国石油天然气集团签署了为期30年、通过"西伯利亚力量"天然气管道支管东线向中国供应天然气的合同，合同计划从2018年开始供应50亿立方米天然气，以后供气量将达到每年380亿立方米[1]。2014年10月，中俄两国签署《关于进一步深化战略合作的协议》，该协议规定中俄两国将开展从油气资源的勘探到油气加工，再到油气贸易的一体化合作，并探讨中俄双方在能源合作领域涉及的工程技术服务和共同研发等合作项目[2]。中俄两国一系列能源协议的签署，是中俄双方长期友好合作、共同努力的结果，标志着中俄战略协作伙伴关系步入新的发展阶段。中俄之间一系列油气合作文件的签署，既为俄罗斯油气产业发展带来必要资金，又有助于中国获得稳定的油气供应，保障国家的能源安全。目前，在俄罗斯油气企业资金困难，在国际上又难以获得大量资金支持的状况下，中俄加强能源领域的合作将有望为中俄未来深化油气合作开辟一条新的路径，为中国

---

① 《中国前驻俄大使：俄中油气合作具有战略性质》，中国台湾网，http://www.taiwan.cn，2015年3月11日。

② 《中俄签署油气合作协议》，英大网，http://www.indaa.com.cn，2014年10月15日。

有实力的企业提供了机会。

3. 工业产业合作

俄罗斯政府一直以来都在努力改变其严重依赖能源出口的产业结构，普京曾经指出，俄罗斯畸形的产业结构长此以往将有可能导致经济发展的长期停滞，只有进行经济结构的根本变革才能扭转现状。俄罗斯推进经济结构变革，采取的是"通过能源、原材料和金属出口以获得足够的顺差来投资本国工业以便在世界经济中获得竞争力"的路径 [①]。时至今日，俄罗斯东部地区的经济结构和产业结构并没有得到根本的改善，地区经济的发展仍然严重依靠能源矿产资源的开采与出口。在出口的商品当中，俄罗斯东部地区仍然以燃料能源、矿产资源、木材制品和渔业产品等为主，在进口商品当中，高附加值的机械产品、交通工具和生活必需品等则占有较大比重。在推进俄罗斯东部地区产业外向型发展过程中，该地区将重点推进原料加工业的发展，通过延长产业链条，生产高附加值的产品，提高产品在国际市场上的竞争力。中国东北地区在轻工业和食品加工业等方面工艺技术成熟，与俄罗斯东部地区相比具有明显优势，在交通运输设备、装备制造和机械加工等行业也存在一定的优势，通过向俄罗斯东部地区进行产业转移，将有助于充分利用俄罗斯东部地区的矿产资源，深化中俄区域产业合作。

4. 高新技术产业合作

在俄罗斯东部地区经济发展战略规划中，特别强调"以工艺技术换资源"，并通过国际合作来实现国民经济的创新型发展。其中，利用中国先进的生物科技开发利用俄罗斯东部地区资源，将进一步深化中俄两国在技术方面的合作。在中国东北振兴战略中，加速发展装备制造业成为工业改造的一项重要任务，中俄高新技术产业合作，有利于中国东北地区利用俄罗斯雄厚的科研力量和科技潜力形成核心竞争力，实现可持续、跨越式发展。同时，中国东北地区巨大的市场需求和良好的市场机制有助于解决俄罗斯东部地区科技成果转化过程缓慢、转化能力差的问题。深化中俄两国的科技交流与合作

[①]　朱显平、李天籽：《俄罗斯东部开发及其与我国东北振兴互动发展的思路》，《东北亚论坛》2008年第5期。

将有助于中俄双方引进技术的消化吸收，使技术尽快投入到生产过程，转化为经济效益。中俄两国已经逐步明确了科技合作的目标，中俄科技合作的重点逐渐转向高新技术领域，并积极推进高新技术成果的产业化发展。中俄双方共同参与高新技术的研发，将迅速提高两国的高新技术水平，高新技术在生产领域的应用，则会有效提高产业的技术水平、产品的国际竞争力，提高两国在国际分工中的地位。

第六章 提升合作档次：
中俄科技合作引领区域经济振兴

对于研究俄罗斯经济未来的发展趋势而言，弄清楚俄罗斯东部地区的经济实力和经济发展潜力至关重要，而其重中之重则是明确在东部地区经济发展中起关键性决定作用的俄罗斯东部地区的高新技术水平、科技潜力以及科技合作等的具体状况，揭示科技发展的客观规律和客观形势，了解客观的技术水平，分析影响科技成果转移的主客观因素。本章主要利用实证分析的方法揭示了俄罗斯东部地区的高新技术水平，以及中俄两国开展科技合作的现状；从宏观和微观两个角度分析了影响中俄开展科技合作的一些重要因素，进而探寻适合中俄两国的科技合作方式；从引领区域经济振兴的角度对中俄开展科技合作所带来的效应和未来合作的潜力做了进一步的阐述。

一 俄罗斯东部地区高新技术水平

俄罗斯东部地区的科研力量主要集中于俄罗斯研究院西伯利亚分院和远东分院，西伯利亚分院和远东分院的高新技术水平代表着俄罗斯东部的最高科技水平。拥有丰富自然资源的俄罗斯东部地区，在苏联时期就得到一定程度的发展，其科技水平也得到了快速提升，并且早在20世纪80年代西伯利亚科学城就与美国硅谷以及日本筑波齐名。现如今，西伯利亚地区已经形成全俄最大的科研中心，拥有一大批高素质的科研人员，俄罗斯科学院西伯利亚分院下设9个地区科研中心，拥有80个科研和设计研究所①。截止到2009年，西伯利亚分院拥有的工作人员达到3.5万人，并且其中75%的工作人员从事科研工作②，多年来西伯利亚分院不仅造就了一大批具有世界学术水平的专家学者，而且创造出大量的科研成果。其中，太空领域开发出的技术和设施以及地质勘探、生物技术在世界上都是最先进的③；物理、化学、数学、生物等基础研究领域以及核技术、能源综合利用、环境保护等应用领域的科研水平居于世界领先地位；技术物理学、生物科学、数学和信息学、化学以及地球科学等方面的科研成果同样得到国际社会认可，其水平达到甚至超过了国际先进水平；而在光电子和激光技术、生物工程、新材料、生物工程以及化学工程和催化剂等高新技术领域，西伯利亚分院一直在国内处于领先地位④。俄罗斯远东地区凭借军工综合体的背景获得了发展军工科技的优势，其所具有的地理优势也促使其在地球科学和海洋科学研究领域处于全俄的领先地位，而且在与资源开发有关的理论研究和应用研究方面，包括海洋地质、海洋工艺、动植物、生物工程等在国内拥有较大影响。俄罗斯一直拥有航空航天和军工领域的技术优势，西伯利亚分院和远东分院在这两个领域的研究成果也同样引人注目，并且在火箭－航空航天技术领域取得的某些成果代表了全俄的最高水平⑤。同时，为了更有效地发展科技实力，俄罗斯科学院西伯利亚分院和远东分院十分重视拓展其在各个层次上的国际交流与合作，目前已经同美国、德国、日本、韩国、白俄罗斯、乌克兰、欧洲委员会、中国及中国的一些省份等的高等院校或科学院签订了合作协议。

（一）高新技术发展现状描述

俄罗斯科学院西伯利亚分院是俄罗斯最大的地区性研究院⑥，现在其已

---

① 姜振军：《西伯利亚联邦区经济开发与中俄区域合作》，《西伯利亚研究》2012年第6期。
② 杨靓：《俄罗斯科学院西伯利亚分院简介》，民心网，http://www.mxwz.com，2016年3月26日。
③ 《俄罗斯科学院西伯利亚分院》，中俄科技信息网，http://www.crstinfo.com，2013年5月29日。
④ 王晓菊：《俄罗斯西伯利亚分院的创建与发展》，《俄罗斯学刊》2011年第4期。
⑤ 郭力：《俄罗斯东部地区高新技术产业水平及对外产业政策》，《俄罗斯中亚东欧市场》2007年第9期。
⑥ 王晓菊：《俄罗斯西伯利亚分院的创建与发展》，《俄罗斯学刊》2011年第4期。

经形成包括科研中心、研究所、常设服务站和科研院所在内的完善的科技研发体系，成为俄罗斯西伯利亚和远东地区的科研中心，不仅拥有雄厚的科研实力，而且研究领域广泛。近年来，在俄罗斯不断在基础研究领域、生物医药领域、航空航天领域、军事技术领域以及能源与新材料领域等取得显著成果的同时，西伯利亚分院成绩斐然。其中，西伯利亚分院在航空航天、生物工程以及地质勘探领域开发出的技术和设施达到了国际领先水平，而爆炸喷涂和冷喷涂等大量的科研成果也达到了世界先进水平。西伯利亚分院的科研人员在近 40 年的科研活动中，获得了 120 余项国家科技进步奖和 70 余项科学院记名奖 [1]，而且部分科研成果得到国际认可，获得了国际奖项。不仅如此，西伯利亚分院发展势头强劲，在全球范围内都具有极强的发展潜力，其在新能源和新材料、信息和电子技术、先进的制造技术、生命保障系统等领域的潜力极为突出。

俄罗斯科学院西伯利亚分院和远东分院近年来在高新技术领域取得的科研成就有目共睹，但是在科研领域存在的问题也比较突出。一方面，苏联解体后，科技成果转化难和转化慢是俄罗斯高新技术发展一直存在的难题，同时整个俄罗斯科研领域都经历着高素质人才和科研成果的外流，现今仍有相当一部分的俄罗斯科学家希望能到国外发展。另一方面，俄罗斯东部地区的高新技术水平与其在国际市场上所处的位置并不相符。虽然俄罗斯科学家数量占世界上科学家总数的十分之一，而且拥有多项世界一流的高新技术，但是俄罗斯在国际科技市场上所占的份额并不大，俄罗斯东部地区则占有更低的比重。

（二）俄罗斯的技术优势

在高新技术方面，俄罗斯在基础研究领域、航空航天领域、核能领域以及军工科技领域等一直保持着优势地位。在定位导航和定时技术方面以及能源储存、整流技术和生物传感器的技术方面，俄罗斯的科技研发能力与美国

---

[1] 《俄罗斯科学院西伯利亚分院》，中俄科技信息网，http://www.crstinfo.com，2013 年 5 月 29 日。

并驾齐驱，并且在发电科技领域和能源转换领域，俄罗斯具有更大的技术优势。俄罗斯在众多高新技术领域取得的比较优势是很多其他国家无法比拟的，而在取得这些高新技术优势的过程中，在很多关键领域我们都可以找到西伯利亚分院和远东分院的影子。俄罗斯科学院西伯利亚分院和远东分院在俄罗斯整体的科技发展中，发挥着不可替代的作用。

1. 基础研究实力雄厚

苏联解体后，俄罗斯经历了短暂的衰退，为了重振科技大国的雄风，其将基础研究与开发作为国家科技发展的重点，给予国家科技政策支持，在基础研究领域开展集中研发。虽然俄罗斯科技领域存在资金短缺等众多困难，但俄罗斯仍然凭借其在数学、化学、物理等方面的深厚基础在许多重大基础科学研究领域取得了诸多成就，获得世界级科研成果数十项。而俄罗斯研究院西伯利亚分院在物理、化学、数学、生物等基础研究领域的世界领先地位为俄罗斯重拾在基础研究领域的优势提供了重要支撑。1904~2012 年，俄罗斯（苏联）在自然科学领域有 13 人获 10 项诺贝尔奖。在各类奖项中，物理科学独占鳌头，凸显出俄罗斯在物理学基础研究上的较高水平，除获得诺贝尔奖的彼·卡皮查和阿尔费罗夫等之外，俄罗斯还有包括瓦维洛夫、亚历山德罗夫、列别捷夫等在内的很多著名物理学家，这些物理学家同俄罗斯数学、化学、生物科学等领域的著名科学家一起构成了俄罗斯基础研究领域的中坚力量。除此之外，俄罗斯在基础研究领域拥有上万人的科研队伍，开展所有基础研究领域的科研工作，研究基础雄厚。然而，近年来，俄罗斯基础研究面临国家投入经费严重不足的现状，各科研单位正在寻找更多的融资渠道，如开展国际合作共建联合实验室、吸引国外风险投资基金等，这为中俄开展基础研究领域的科技合作提供了难得的机遇。

2. 核能技术处于世界领先地位

俄罗斯是世界上最早研究核聚变能和开发核反应堆的国家之一。自 1956 年第一台托克马克 T-1 装置在苏联莫斯科库尔恰托夫研究院诞生以来，俄罗斯不仅积累了大量有关核聚变反应堆装置制造的科研成果和实践经验，而且在寻找新材料、建造等离子加热和遥控系统、研究测定方法和真空工艺以及高温等离子等高新技术领域培养了大批高水平的专家和技术人员，进而使得俄罗斯核聚变领域的科技水平居于世界前列。

在核能发电以及激光技术方面，俄罗斯同样拥有雄厚的科技实力。日本外交家天野之弥在 2013 年参加"面向二十一世纪核能部长级国际大会"时表示，俄罗斯在核能利用领域处于主导地位。目前，俄罗斯拥有 10 座核电站、33 个核电机组，其中包括 17 个压水反应堆，并且俄罗斯国家原子能公司在 2012 年 12 月宣布，俄罗斯计划在 2020~2030 年再建 38 个核电机组[①]。同时，俄罗斯还有建造海上核能发电站的计划，通过发展该项技术来开采极地、西伯利亚和远东地区所蕴藏的自然资源。俄罗斯利用核能方面的成就还包括开发出利用核裂变能量的超大功率激光装置。在激光装置研发方面，俄罗斯研究院西伯利亚分院成绩斐然，其研制的具有世界领先水平的特种激光技术不仅可以用于航空航天、机械制造、医学及军工领域，而且可以用于加工和处理战略性矿藏。俄罗斯研究院西伯利亚分院激光物理研究所的专家研制出了新的激光切割装置，其功率几乎等同于现有的同类激光切割装置的两倍。而且该新型激光器的整个操作过程均由计算机控制，其切割厚度达到 40 毫米，并且在此范围内可以切割任何平面材料，切割误差不足 0.1 毫米，技术水平居于世界前列[②]。

3. 世界一流的空间科学技术

俄罗斯科技实力中最引人注目的是它的军工和航天技术，这两个领域集中了俄罗斯最强大的科研力量，同时也集中体现了俄罗斯的科技潜能。无论是在宇宙太空的开发方面，还是在各类尖端武器的研究制造方面，俄罗斯都毫不逊色于美国，甚至在个别技术领域领先于美国。

世界上全面掌握空间站制造、发射和回收技术的国家只有俄罗斯。它的小卫星总体设计技术、登月飞行技术和空间飞行器系统技术、轨道控制与发射及自主导航、载人飞船部件、空间材料加工技术、卫星和飞船材料抗高速

[①] 《俄罗斯计划 2030 年前再建 38 个核电机组》，新华网，http://www.xinhuanet.com/world，2012 年 9 月 7 日。

[②] 龚惠平：《俄罗斯科学技术概况》，科学出版社，2011。

粒子撞击技术等都处于世界前列 [①]。其中，俄罗斯在运载火箭技术和空间载人航空技术方面的科技实力是美国所无法比拟的。2013 年 8 月 31 日 "俄罗斯之声" 报道，俄罗斯直升机集团在 "马克斯 –2013" 国际航空航天展上推出的卡 –62 和米 –38 直升机，展示了俄罗斯在开发新型航空技术领域取得的新成绩。近年来，俄罗斯科学院西伯利亚分院在俄罗斯航空航天技术的研发中所占据的地位日益突出。西伯利亚航空科学研究院是俄罗斯东部最大的航空科学研究中心，其员工不仅在安 –2、安 –57、苏 –26 和苏 –27 等飞机的装配上有丰富的经验，对包括图 –204、苏 –27 以及暴风雪号在内的 200 多种飞行器和各种现代航空器进行过结构测试或测验，而且参与研制了 SSJ–100 客机和苏 –35 战机 [②]。

4. 军工科技位居世界前列

俄罗斯在军工科技领域一直处于遥遥领先的地位，甚至已经在一些尖端科技方面超越了美国。有专家认为，俄罗斯的等离子体武器技术领先美国 50 年以上，载体激光制导武器的射程以及潜艇的隐身性和壳体保护性均超越美国同类产品 [③]。俄罗斯西伯利亚伊尔库茨克州的导弹袭击预警雷达站拥有独特技术，该站研究人员的科技实力早已超越国际竞争对手。该雷达站与上一代雷达站相比在性能方面创下了一系列纪录，其系统能够可靠地保护东南方向和太平洋东北部海域。2007 年 4 月 17 日时任俄罗斯第一副总统伊万诺夫（Sergei Ivanov）称，俄罗斯军工产业的生产占全国高科技密集型生产的 70%，而且俄罗斯有一半的科学家在军工部门工作 [④]。他认为，俄罗斯正逐渐恢复其在武器和军用产品出口方面的领先地位，并致力于获得新的销售市场。2012 年普京在视察俄罗斯最大的军工集团公司时表示，"国防工业永远是带动其他生产部门的火车头"。截止到目前，俄罗斯已经同 75 个国家签署了军事合作协议，并向 66 个国家提供特殊军事用途设备。2012 年俄罗斯武器出口额

---

① 龚惠平：《俄罗斯科学技术概况》，科学出版社，2011。

② 《西伯利亚航空研究院》，科技中国，http://www.techcn.com.cn，2011 年 10 月 13 日。

③ 孙键、刘云、熊政：《中俄科技合作现状分析与发展对策》，《中国基础科学》2008 年第 3 期。

④ 《俄罗斯军工产业占据全国科技生产的 70%》，新闻中心，http://news.nen.com.cn，2007 年 4 月 21 日。

增长 12%，达到 152 亿美元，其所占的国际市场份额已经超过 25%，与美国在国际市场上的差距逐渐缩小 [①]。近年来，俄罗斯在与其他国家签订大量武器装备出口合同的同时，也不断意识到开展军工科技领域国际合作的重要性。其中，军事技术作为中俄科技合作的一个重要领域，近年来在取得重大进展的前提下，也逐渐呈现出以下两个特点：一是中国继续向俄罗斯购买武器装备，二是中国希望逐步向中俄联合研制与共同开发新型武器的方向发展。

（三）深化研发的优势领域

近些年，俄罗斯凭借深厚的科研基础和技术优势，进一步加大自己在优势领域的领先优势的同时，也在加快一些新的高新技术领域的科研工作。在国家技术创新型经济发展战略的引导下，包括俄罗斯研究院西伯利亚分院和远东分院在内的俄罗斯科技研发体系，抓住国家政策支持的机遇，在新能源、新材料、生物工程、信息技术和环保科技等高新技术领域不断取得新的成就。

1. 新能源技术领域

相对于传统能源，新能源普遍具有污染少、储量大、分布广的特点。俄罗斯作为能源大国，不仅天然气、石油和煤炭等储量居于世界前列，而且其可再生能源也具有很大的发展潜力。俄罗斯远东地区丰富的植被资源可为生产生物燃料提供充足的原材料，以融雪为水源的数条河流可为水电所用；远东地区的活动性构造带则是发展地热的沃土；西伯利亚地区的外贝加尔、萨哈共和国以及远东地区夏天充足的阳光为太阳能的发展带来契机；而沿海地区适合风能发电。2009 年 1 月，俄罗斯政府批准实施的《2020 年前利用可再生能源提高电力效率国家政策重点方向》，为新能源的发展提供了契机；而 2009 年 11 月出台的《2030 年前俄罗斯能源战略》首次把发展新能源提高到战略高度，提出将对本国能源公司参与新能源发展的国际合作提供外交支持，特别提倡要大幅增加核电和水电的份额 [②]，

---

① 《普京：俄罗斯 2012 年武器出口达 152 亿美元》，俄罗斯之声，http://radiovr.com.cn，2014 年 4 月 3 日。

② ЭнергетическаястратегияРоссиинапериоддо 2030 года, УтвержденараспоряжениемПравительства РоссийскойФедерацииот 13 ноября 2009 г. No 1715-р.

该战略指出 2022~2030 年将重点发展非常规能源，主要是核能和可再生能源。俄罗斯核技术世界领先，在核能领域拥有明显的比较优势，核电产业成为俄支柱产业之一也不足为奇。中国与俄罗斯作为世界上主要的能源生产国和消费国，在能源领域互补性强，在新能源技术方面也有很强的互补性，有良好的合作潜力和广阔的合作前景。中国与俄罗斯在核电、水电方面的合作历来有之，俄罗斯技术在江苏连云港田湾核电站项目上的运用以及中俄双方在俄罗斯东部地区开发建设的两个西伯利亚水电项目是中俄两国在该领域开展合作的重要标志。最近几年，中国与俄罗斯在太阳能和生物质能等可再生能源方面的合作也逐渐开展起来，通过加快开展俄罗斯特别是东部地区的太阳能电站项目等，为俄罗斯提供环保节能的太阳能电力。2011 年 10 月时任俄罗斯总理普京在中国访问期间，高度评价了双方能源合作的丰硕成果，表示愿在互利基础上继续发展能源战略合作关系，全面深化传统能源和可再生能源等领域的合作。

2. 新材料技术领域

新材料技术作为 21 世纪三大关键技术之一，是发展信息、航天、能源、生物等高新技术的重要基础和先导，新材料产业已成为全球经济增长的原动力和各国提升核心竞争力的重点之一。其中，纳米科技在世界材料科学研究中可谓是一枝独秀。在这方面俄罗斯研究院以及包括西伯利亚分院和远东分院在内的数十个科研单位和高等院校积极投入其中，并且俄罗斯将纳米材料研究作为研发新材料战略的优先发展方向。其目的在于一方面继续保持某些材料领域在世界上的领先地位；另一方面则大力发展对促进国民经济发展和提高国防实力有影响的领域。2005 年 11 月，由俄教育科学部牵头，纳米技术与纳米材料部门间科学技术委员会成立了，其目的是联合国家、科学家和企业的力量支持纳米技术研究。2009 年 10 月 6 日，时任俄罗斯总统梅德韦杰夫在莫斯科召开的第二届国际纳米技术论坛上表示，俄罗斯将采取多种措施，大力发展纳米技术，促使纳米产业成为俄经济的主导产业之一。为扶持纳米产业发展，梅德韦杰夫同时表示，在 2015 年前俄罗斯政府将投入 3180 亿卢布，"这在世界纳米技术领域是最大的国家投资项目"，届时俄罗斯纳米产业的年产值达到 9000 亿卢布，其 1/4 产值来自出口[①]。同时俄罗斯已批准了《2015 年前纳米产业发展计划》并成立了俄罗斯纳米技术集团。2011 年时任俄罗斯总统梅德韦杰夫在第四届俄罗斯纳米国际论坛上再次强调了对作为基础研究优先领域的纳米研发的支持。除此之外，俄罗斯还通过设立转型基金、提供贷款优惠政策的方式促进纳米技术的产业化，其中仅外经银行的专项贷款数额就超过了 100 亿美元[②]。

近年来，俄罗斯在纳米材料领域硕果累累，不仅合成出磷灰石平面纳米晶体，而且在富勒烯碳结构研究、非晶态相位为纤维状晶、团簇基质绝缘纳米系统研究、纳米系统特性转变研究以及气相、等离子化学和光化学团簇的反应研究中取得了突破，同时以诺贝尔物理奖获得者阿尔费罗夫为首的科研小组对量子点激光器的研究取得了重大突破。托木斯克州是俄罗斯西伯利亚地区的科学和教育中心，而且托木斯克经济特区是俄罗斯四大技术推广园区之一，其在包括纳米技术和纳米材料等在内的新材料领域有较强的科研优势。托木斯克科学城的科学家在世界上首次找到了使金刚石纳米粒子与其他物质合成的方法，该方法可以改变材料比如金属和半导体的性能[③]。这里的科学家通过对点电荷的研究，利用电离子电流脉冲来改变材料的性质。例如，他们利用极薄的金刚石薄层对材料进行覆盖，使之变得较为坚固，这种方法被用于发光二极管制造和半导体工艺中。这种电流脉冲除了影响固体材料之外还能影响液体和气体，如用于制造医疗和香水生产方面的消毒装置以及用于清理污水和瓦斯等环保领域。现在很多国家已经对该技术产生浓厚兴趣，俄罗斯也在寻求这方面的合作。同时，由于带有该种覆盖物的假肢比较容易与肌体接合，纳米覆盖技术使得生产关节植入物的俄罗斯 – 德国联合企业（MOJE Keramik–Implantate）能够向世界市场供应这种独一无二的假肢产品[④]。现在来自 26 个国家的医疗机构对该项科技成果抱有合作的期望，开展

---

① 《俄罗斯将大力发展纳米产业》，中俄科技合作信息网，http://www.crstinfo.com，2009 年 11 月 2 日。

② 《俄罗斯纳米技术领域新进展》，《企业技术开发》2011 年第 23 期。

③ 《俄罗斯发明纳米金刚石粒子合成新方法》，科技部网站，http://www.most.gov.cn/index.htm，2013 年 2 月 16 日。

④ 《亚洲对托木斯克的发明感兴趣》，俄罗斯之声，http://radiovr.com.cn，2012 年 1 月 22 日。

该项科技的国际合作必然会取得共赢的成果。

3. 生物工程技术与新医药

生物技术是俄罗斯极具发展潜力的领域之一，其研究与开发涉及医药、食品、农业、石油天然气以及环境保护等领域，俄罗斯国内从事生物技术研究、开发与生产的研究机构超过100多家[1]，主要集中在莫斯科、圣彼得堡、新西伯利亚等市或州内。俄罗斯在生物技术的许多领域已经接近或者达到世界先进水平。俄罗斯科学院分子生物研究所研制的"俄罗斯生物芯片"及其分析设备已经进入临床应用阶段，其在生物芯片高技术领域的研究处于世界领先水平。在基因治疗基础方面，俄罗斯能对人类基因组和动物基因组进行排序并制作物理及遗传图谱，通过破译遗传和肿瘤疾病的分子机理，解决人类遗传安全问题。俄罗斯科学家研制出了诊断艾滋病，乙型、丙型肝炎的高灵敏度方法，并且已经研制出口服的抗乙肝重组疫苗。在生物过程抑制技术的基础理论和相应产品的可行性研究方面，俄罗斯科学家已经达到国外同领域水平。在抗敏感技术领域，俄罗斯科学家的领先地位同样得到世界科学界的认可。俄罗斯免疫修复技术的现有理论水平也与西方相当，在个别方面，俄罗斯居于领先地位。而在生物药品的研发方面，俄罗斯主要以用于癌症、免疫缺陷病毒（艾滋病）、心脏病、神经病、禽流感等其他的常见药物不能有效治疗的病症为主要对象，力求研发药品的安全和有效。随着生物技术的发展，细胞工程、基因工程、生物转化以及发酵工程的应用，俄罗斯在天然植物药新品种和新技术方面的研究也在不断拓展。2013年，俄罗斯医学家发现了在未来能够代替抗生素的噬菌体，其可以避免细菌对药物的抗药性。同一年，俄罗斯科学家研制出预防心肌梗死和脑溢血病症的药物，俄罗斯科学院院士丘帕兴介绍，世界上其他国家暂时还没有与之类似的药物[2]。2013年8月，新西伯利亚一项独特的心脏手术的完成标志着俄罗斯外科领域得到了进一步的发展。该手术是利用胸部穿刺治疗病童心脏室间隔缺陷，其优点在于无须切割，不需停止心脏跳动，仅对病处进行穿刺，即可达到治愈的效果，

---

① 龚惠平：《俄罗斯科学技术概况》，科学出版社，2011。

② 《在新西伯利亚完成了独特的心脏手术》，俄罗斯之声，http://radiovr.com.cn，2013年9月21日。

其技术世界领先。

4.IT 与信息技术

在俄罗斯，信息技术大体上分为三个方面：利用信息技术提供服务，软件开发，个人计算机、服务器和外设等信息技术产品的生产和销售。但信息技术不包括通信以及通信产品。现代信息技术对俄罗斯的经济、国家管理和社会发展发挥着重要的作用，"电子俄罗斯"联邦专项计划的实施也带动了俄罗斯信息产业的迅猛发展。拥有俄罗斯"硅谷"之称的新西伯利亚大学在新一代电子计算机的研究中所取得的成果，以及其所建立的信息收集与处理的自动化系统，已经达到世界领先水平。俄罗斯第一家 IT 科技园——新西伯利亚科技园，是新西伯利亚州一个十分重要的项目，该项目的成功实施不仅有利于新西伯利亚州 IT 产业的发展，而且对整个俄罗斯经济发展都有重大的积极意义。但是，由于历史原因以及国家和社会在信息技术推广方面做得不够，俄罗斯目前信息、通信、计算机产业发展滞后，不仅和发达国家差距较大，而且与一些发展中国家存在明显差距。

5. 环境保护

随着世界经济的迅速发展，环境保护已成为一种行业或者说是产业。技术作为协调经济与环境的最直接手段，环境保护科技的发展方向也渐趋明朗。俄罗斯作为能源的生产和消费大国，其对环境保护技术的发展也相当重视。2008 年研发的旨在保障温室气体减排的高新技术的项目就超过 50 项 [1]。俄罗斯科学院生物化学研究所与核问题综合研究所共同开发的固定微生物细胞的膜生物反应器是用微生物净化水的方法之一。俄罗斯国立化学和有机化合物技术研究所研制成功了一种新的无害生物调节剂，即一种硅有机化合物（D–TBA），主要用于净化废水、生活污水和混合污水，还可以作为促进某些藻类和微生物繁衍的活化剂。同样，在环境保护科技迅速发展的过程中，俄罗斯研究院西伯利亚分院的表现仍然十分出色，取得了一系列净化工业废水、废气和城市垃圾以及放射性有机物等的科技成果，而且其中某些成果的技术

---

① 龚惠平:《俄罗斯科学技术概况》,科学出版社,2011。

水平达到俄罗斯甚至世界领先水平。西伯利亚分院 G.I. 布德科尔核物理所废水净化电子辐射工艺、G.K. 博列斯科夫催化所吸附催化净化工业废水技术、库塔特拉兹（S.S. Kutateladze）热研究所热等离子处理城市垃圾技术与同类别的技术相比都拥有自己的独特优势，而西伯利亚植物生物化学和生理研究采用的测定工业大气排放对森林生态系统污染造成生态损害的方法，在世界上是独一无二的。2013 年第 16 届西伯利亚国际环保节能与 LED 照明展，吸引了来自俄罗斯和国外的 150 多个参与者展示环保节能和节能照明产品和设备，并吸引来自全俄各地的专业买家汇聚于此 [1]。

从上述俄罗斯各高新技术领域的发展水平来看，我们不难发现，俄罗斯在基础研究、航空航天、核能以及生物工程等多个高新技术领域拥有比较优势，在新能源、新材料，环境保护等多个领域存在极大的发展潜力，然而俄罗斯如今所形成的这种各科技领域全面开花的成果并不是一蹴而就的，而是有其不断发展的历程。俄罗斯作为昔日科技大国苏联的重要继承者，获得了苏联大部分的科技资源，拥有门类齐全的科研机构，能够在大部分现代化科技领域开展研究工作。到苏联解体前，苏联的整体科技水平仅次于美国，并在航空、航天、核能、造船、电子等多个领域处于国际领先水平，在这些领域取得的科技成果创造了诸多的世界第一 [2]。虽然苏联解体所带来的经济危机和政局动荡给俄罗斯科技发展带来了沉重的打击，导致其科技实力下降，但是俄罗斯凭借其在苏联时期积累下的雄厚科技基础，仍然在众多科技领域保持了领先地位，并取得了骄人的成绩。近年来，随着俄罗斯政府对社会经济改革方针的调整，尤其是在进入 21 世纪之后，随着俄罗斯经济的逐步恢复，俄罗斯更加重视作为未来经济增长基础的科学潜力的提升，从长期发展的角度来看，俄罗斯仍然是世界上最重要的科学技术研究中心之一，并且是无可争议的世界科技大国。

俄罗斯所拥有的这种科技优势是其他大多数国家都无法比拟的，而且是其实现经济持续并高速增长的有力保障，也是其实现大国崛起的坚强后盾。

---

① 《2013 第 16 届西伯利亚国际环保节能与 LED 照明展》，环境经贸网，http://china.nowec.com/product，2013 年 12 月 27 日。

② 高立宏：《俄罗斯的科技实力和水平》，《西伯利亚研究》2009 年第 5 期。

2000 年普京上台后，提出要"重振俄罗斯雄风"，这彰显出其对俄罗斯复苏的信心。为了寻找新的经济增长点，同年 11 月，时任俄罗斯总统普京把目光放在了俄罗斯的东部地区，发表了题为"俄罗斯东方：新的前景"的文章，强调："俄罗斯今后将继续坚定不移地向亚太地区倾斜，利用我们东部——西伯利亚及远东地缘政治、自然资源、交通运输和科技优势，积极参与东北亚和亚太地区经济一体化。"2007 年 2 月，普京签署第 2094 号总统令，俄罗斯政府正式将开发西伯利亚和远东地区纳入国家发展整体规划，开始实施东部大开发战略。2012 年 5 月 21 日，普京上台伊始又签署命令，成立远东发展部。这些一方面体现了俄罗斯领导人发展国家经济的决心，另一方面则凸显出俄罗斯政府对东部地区经济发展的重视，以及俄罗斯东部经济的快速增长在俄罗斯复兴中的重要作用。把经济增长的重点向东部转移并不仅仅是因为看到了东部地区拥有的丰富的自然资源优势，更重要的是看到了东部地区发展高新技术以及创新经济的潜力。"俄罗斯科学之父"罗蒙诺索夫于 1763 年预言："俄国的强盛有赖于西伯利亚。"西伯利亚分院前任院长尼·列·多布列佐夫院士也表示，"如果没有科学，俄罗斯就没有未来。如果没有西伯利亚分院，俄罗斯科学就没有未来"。这足以看出俄方对东部地区的重视，以及对西伯利亚科研力量的认可。然而，仅凭俄罗斯自己所拥有的资源以及技术优势实现俄罗斯东部地区经济的快速发展，进而带动全俄经济的增长，是比较困难的。俄罗斯东部地区属于东北亚的范围，与亚太地区有着紧密的联系，正如普京所言，若要实现俄罗斯东部地区的发展，俄罗斯需要其积极参与东北亚和亚太地区经济一体化，与亚太地区的国家开展经济合作，尤其需要进一步加强高新技术方面的合作。而同处亚太地区的其他国家和地区也已经认识到科学技术在经济发展中的重要性，同时也意识到科学技术作为一种生产要素本身所具有的稀缺性。现如今，在决定经济增长的各种因素当中，科学技术的重要性已经远远超过了劳动力，甚至超过了资本，起着决定经济增长，尤其是决定经济持续增长的作用。同时，现在的高新技术产业也凭借其所具有的高战略、高竞争、高增长的特点，正在逐渐成为各国增强国际竞争力的焦点。因此，亚太地区的其他国家亦有与俄罗斯开展科技合作、共同研发科技项目的意愿，力求借助俄罗斯在高新技术上的优势带动国民经济的发展。现在，俄罗斯东部地区的发展水平如何，关乎俄罗斯发展的速度和规模，东部地区发展的核心要素——高新技术水平和国际科技合作，不仅是决定东部地区开发以及俄罗斯经济强盛的关键因素，而且在推动亚太地区各国经济共同发展的过程中将会发挥不可替代的作用。而与俄罗斯东部地区接壤，并与俄罗斯有着长期合作历史的中国东北地区存在与俄开展经济以及科技合作的先天优势，必然成为俄罗斯开展国际合作的首选之地。

二 俄罗斯与中国的科技合作发展

俄罗斯与中国的科技合作可以追溯到 20 世纪 50 年代，但是在苏联时期，由于中国经济发展比较落后，科技水平比较低，中俄之间的合作大部分都是通过俄罗斯对中国援助的方式进行的。但是，在俄罗斯独立后，尤其是进入 21 世纪后，中俄之间科技合作的内容以及方式发生了重大变化。一方面是由于苏联的解体给俄罗斯经济、政治、军事、科技等各方面造成了重大影响，使俄罗斯经历了短暂的衰退；另一方面因为中国在经过改革开放之后，经济实现了连续的高速增长，综合国力得到大幅度提升，科技水平也得到明显提高。虽然中俄之间科技合作的方式与内容发生了转变，但是中俄之间的科技合作不断加深是毋庸置疑的。

（一）苏联解体后的中俄科技合作

在经济全球化的背景下，国家之间的交往日益密切，中俄之间的合作尤其是科技领域的合作逐步加深。中俄两国之间在经济基础和科技发展历程上的差异，造成了双方在科技领域存在较强的互补性，形成了中俄开展科技合作的巨大潜力。中俄之间所具有的地缘优势和长期的合作历史，促进了双方在科技领域的合作与交流，因此，在俄罗斯独立后，中俄之间的科技合作得到迅速恢复。尤其是进入 21 世纪之后，中俄之间的科技合作取得了重大进展，同时也给双方带来了巨大收益，双方的合作进一步加深并向产业化和创新阶段发展。

1. 叶利钦时期（1992~1999 年）

科技合作作为中俄经贸合作的一个重要领域，在苏联解体后，得到了中俄双方的高度重视。整个 20 世纪 90 年代，是中俄恢复科技合作以及逐步完善合作机制的阶段。1992 年，双方签订的《中俄政府科技合作协定》为中俄合作提供了法律基础和保障，中俄两国根据该协定成立了部长级科技合作委员会。此后，中俄两国每年召开例会，并签订了大量政府间的合作项目。同一年，中俄之间签署了第一个《关于中华人民共和国和俄罗斯联邦相互关系基础的联合声明》，强调："双方将加强科技领域的合作，包括基础和应用科技及其成果推广，扩大科技信息交流，增加双方优先发展领域的合作项目，促进实施有第三国参加的共同计划。双方应促进中国和俄罗斯组织科技所、高等院校、科研生产联合体和公司间建立直接的科技联系。"1996 年发表的《中俄联合声明》指出："双方将注重生产科技领域重大项目的合作，认为这是提高双边合作的水平和档次的重要途径之一。双方认为，能源、机器制造、航空航天、农业、交通、高科技应成为重大项目合作的优先领域。双方将根据自己的潜力，在开发保障各个领域科技进步中有所突破的新技术方面相互协作，以利于两国人民并造福于国际社会。"同年中俄双方建立了中俄总理定期会晤机制，并于次年成立了科技合作分委员会，双方合作机制进一步完善。在这一时期，中俄双方签订了 288 项机械、电子、航空航天、生物技术、新材料等领域的科技项目①，并于 1998 年 12 月在烟台高新技术开发区建立了"中俄高新技术产业化合作基地"，但是该时期的中俄科技合作的水平比较低，主要以技术贸易为主，合作方式比较单一。

2. 普梅时期（2000~2012 年）

进入 21 世纪后，中俄双方的科技合作也进入一个全新的时期，在中俄双方稳定的经贸合作关系的推动下，双方在科技科技领域的合作逐渐向产业化和创新阶段发展，科技合作方式也逐渐多元化。2001 年浙江巨化中俄科技园与黑龙江

---

① 肖海滨：《俄罗斯科技潜力与中俄科技合作分析》，《黑龙江对外经贸》2009 年第 7 期。

中俄科技合作及产业化中心成立，2000 年后与俄科技合作紧密的黑龙江省已经建成与俄合作的"一城""两园""十三个中心"的格局。包括长春中俄科技合作园和俄罗斯境内的莫斯科中俄友谊科技园在内的一批产业化基地、中俄科技园区以及中俄双方互设的研究基地为中俄高新技术合作提供了重要平台，推动中俄科技合作向联合研制与共同研发的方向发展。2007 年 11 月，中俄双方在第 12 次中俄总理定期会晤框架下签署了《中华人民共和国科学技术部和俄罗斯联邦科学与创新署关于在科技优先发展领域开展共同项目合作的谅解备忘录》，决定在纳米技术和材料、生命科学、能源和节能、合理利用自然资源、信息和通信技术等科技优先发展领域开展实质性大项目合作，进一步提升两国科技合作的层次和水平。中俄之间形成了政府间、地区间、企业间、科研院所和高校间以及行业协会间多层次的科技合作模式，合作涉及基础研究、核能、航空航天、军工科技、生物医药、农业等多个领域。

3. 普京新任期（2012 年至今）

2012 年 2 月，普京在其竞选纲领文章《俄罗斯和变化中的世界》中指出，中国经济的增长绝不是威胁，而是一种拥有巨大务实合作潜力的挑战，是俄罗斯"经济之帆"乘上"中国风"的机遇。他强调，俄罗斯应更积极地与中国建立新的合作关系，利用两国的技术和生产能力，将"中国的潜力"用于俄罗斯西伯利亚和远东的"经济崛起"。这充分说明俄罗斯官方对中俄合作的重视，为进一步促进中俄科技合作提供了基础。2013 年 3 月 22 日俄总统普京和中国国家主席习近平在克里姆林宫举行会谈，会谈结束后，双方共同签署《中华人民共和国和俄罗斯联邦关于合作共赢、深化全面战略协作伙伴关系的联合声明》，为进一步开展包括中俄科技合作在内的中俄合作提供了保障。

（二）中俄科技合作现状

从中俄开展科技合作的发展历程上来看，中俄科技合作作为中俄合作的重要组成部分，在经历了 60 多年，特别是苏联解体后 20 多年的努力后，中俄之间的政治互信逐步加强，在中俄全面战略协作伙伴关系的推动下，中俄科技合作的规模逐渐扩大、合作的领域不断拓展、合作的主体不断增加、合作的方式不断创新、合作成果不断增多、合作的效益也日益显著，逐步形成了多渠道、多层次、全方位的科技合作格局。而且，在改革开放之后的30多年来，中国的科技实力不断增强，中俄之间的科技合作也进一步从"单向输出"向"双向流动"转变。俄罗斯已成为中国开展国际科技合作的重要国家之一。

　　然而，中俄科技合作与人才交流在取得骄人成绩的同时，存在的问题也日益显现。如中俄双方在开展合作时对加强高新技术合作的认识存在偏见，并没有达到应有的程度，传统观念的束缚仍然在阻碍双方科技合作的深化，中俄科技合作还主要停留在项目合作的思维上。2009年，中俄双方签署的《中华人民共和国东北地区与俄罗斯联邦远东及东西伯利亚地区合作规划纲要（2009~2018年）》显示，中俄科技合作项目总数达206项，但是涉及高新技术合作的并不多。除了建设和发展哈尔滨、牡丹江中俄信息产业园（"一园三区"），长春中俄科技合作园，辽宁中俄科技园，大连中俄高新技术转化基地，符拉迪沃斯托克中俄信息园区（"一园三区"），帕尔吉然斯克中俄技术创新实验平台，阿穆尔州中俄农业技术转化中心，以及继续建设莫斯科中俄友谊科技园外，其余项目中涉及技术部门的项目达80余项，但是大多数都是在加工领域，真正的科研合作项目不过十几项，所占比重较低。2009年6月17日中俄两国国家元首共同发表《中俄元首莫斯科会晤联合声明》，批准了《中俄投资合作规划纲要》，双方确定了鼓励对方投资的产业范围。同样，无论是中国对俄罗斯投资还是俄罗斯对中国投资的重点，最终都还是落在了加工制造、物流运输以及能源方面，科技合作包括建设科研中心和中俄科技园在内的投资项目所占比重并不高。但是，从西伯利亚公布的招商引资项目中，我们可以发现，中俄科技合作仍然存在较大的提升空间。如表6-1和图6-1所示，西伯利亚公布的科技创新项目占所有招商引资项目的比重为11.1%，根据中俄双方科技合作的历程，以及双方在各科技领域发展的互补性和科技合作的潜力，可以断定中俄科技合作将会达到甚至超过这一比重。

　　以往签署的一系列中俄发展合作规划纲要，一方面暴露出科技合作所占

表 6-1 西伯利亚投资项目分布

单位：个，%

项目	综合投资项目	科技创新项目	矿产开发项目	工业生产项目	农业、旅游业项目	基础设施项目	总量
数目	5	3	2	3	3	111	27
比重	18.5%	11.1%	7.4%	11.1%	11.1%	40.8%	100%

资料来源：根据西伯利亚 2010 年重点投资项目整理。

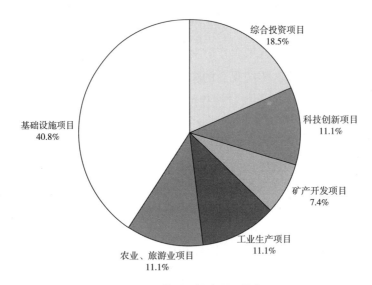

图 6-1 西伯利亚投资项目分布

比重不高；另一方面也显示出双方对科技合作的逐渐重视。从表 6-2 可以看出，中俄科技合作的领域和范围不断扩大，逐渐从以往的以政府合作为主向企业参与转化，在科技合作中更加重视对科技成果的利用，重视将科技转化为真正的生产力，从而带动经济发展，增加双方经济效益。但是，从整体上来说中俄科技合作项目在实施过程中的表现与预期存在明显差距。之所以会如此，其原因是多方面的，包括俄罗斯在项目开展上的积极性不高、政府资金分配不到位的问题，再加上纲要中某些项目在制定的过程中缺乏全面性的考虑，导致项目开展困难，出现项目搁置较多、难有实质进展的现象。除此之外，影响中俄科技合作顺利开展的因素还有多个方面，对影响因素进行全面正确的剖析将有利于中俄科技合作的不断推进。

表 6-2 俄罗斯吸引中国投资的科技合作项目

所在区域	项目名称	合作重点
哈巴罗夫斯克边疆区	采用多种工艺生产玻璃塑料管的项目	科学研究和实验设计工作、研究并制作工艺方案和设备（总造价为 270 万美元；回收期为 5 年）
堪察加边疆区	堪察加边疆区气体凝析液加工项目	采用模块式装置进行气体凝析液加工，生产直馏汽油等（总造价：1.8 亿）
马加丹州	褐煤综合加工项目	采用俄罗斯工艺，在煤炭加工装置厂的基础上建设综合加工企业，将煤作为化学原料生产合成液体发动机燃料，获取"洁净的"硬燃料团块，生产工业煤气等（总造价为 100 亿卢布；回收期为 2 年）
	使用现代工艺综合加工中部科累马的砂矿废矿石堆项目	研究从已开采的矿砂废矿石堆中提取全部有益成分的工艺可能性（总造价：1.04 亿卢布）
阿穆尔州	在阿穆尔州建立大豆产业集群项目（2011~2015 年）	扩大大豆和谷类播种面积；生产高新技术大豆加工产品；提高产品加工率（总造价：218 亿卢布）
	开放型股份公司"阿穆尔船舶制造厂"生产设备的技术更新项目	根据国家标准和行业协会标准，建造和修理所有类型的河海船；制造和改进油气钻井平台；制造熔化炉、金属结构件等（总造价为 1.8 亿美元，回收期为 4 年）
	电缆导电产品改良项目	开发新的电力技术，降低产品成本；恢复生产基金，扩大生产能力（总造价为 720 万美元；回收期为 5 年）
	地方和地区航空用苏-80 型多功能飞机制造项目（2008~2018 年）	制造新型多功能飞机用于出口，并由俄罗斯对此种类型飞机有需求的航空公式运营（总造价为 1.8 亿美元；回收期为 5 年）
犹太自治州	"阿穆尔—兴安斯克"跨越式发展区相关基础设施建设	在比罗比詹市及列宁区、十月区、奥布鲁奇耶区建设 9 个工业和运输物流区，计划投资 55 亿卢布用于相关基础设施建设
伊尔库茨克州	工业用高新技术材料产业集群的建设计划项目（2007~2020 年）	建设科学密集型产业集群，生产半导体、太阳能、微电子、光电子等高新技术材料
车里雅宾斯克州	车里雅宾斯克砖厂融资租赁项目	采购一套年产 3000 万块高档陶瓷砖和一套年产 5000 万块粉煤灰蒸压砖的生产线设备，两条设备总货值约 2388 万欧元，需融资 1988 万欧元
科米共和国	吉尔扬诺夫农场技术设备更新工程项目（2012~2017 年）	引进国外技术和设备，建设纵向一体化具有竞争力的企业（总造价为 1450 万卢布；回收期为 2.7 年）
	木材创新深加工生产建设项目（2011~2017 年）	重置购置奶制品加工设备等（总造价为 5.58 亿卢布；回收期为 6.56 年）

资料来源：根据俄罗斯联邦驻华大使馆商务信息整理。

三 影响中俄科技合作的因素探析

通过对当前中俄科技合作现状的分析，我们了解到中俄之间的科技合作取得了很大的成就，同时在中俄科技合作的过程中存在明显的问题，因此，对影响中俄科技合作的因素进行分析就显得必不可少。在影响中俄科技合作的因素中，既有推动中俄科技合作不断向前发展的有利因素，又有阻碍中俄科技合作加深的不利因素。

（一）促进中俄科技合作的因素

当前，中俄之间的科技合作不断加深，在这一过程中，必然存在不断推动中俄科技合作向前发展的有利因素。这些因素的存在不仅为中俄之间之前的科技合作提供了良好的环境基础，而且必然会为推动现在和将来两国开展进一步的科技合作发挥重要作用。在这当中，促进中俄科技合作不断加深的有利因素至少应该包括下面五个方面。

1. 当前紧密的中俄关系

截至目前，中俄两国之间已经不存在政治问题，两国领导层的互信达到了史无前例的水平。中俄在一系列重大国际问题上的立场基本一致，在联合国、上海合作组织以及金砖五国等国际组织中合作密切。而且目前，中俄关系正进入一个新的历史阶段，两国的领导人有望在今后一段较长的时期内保持国家的稳定和有效治理。2012年普京在新任期伊始便访问中国，与中国签署了涵盖科技、经济、政治、投资、旅游等多个领域的11个合作文件，并把中国作为其发展外交的最重要的优先对象。普京在外交使节会议上表示，"同中国之间的战略与务实协作具有重要的意义。我们准备深化同中国伙伴之间各种形式的合作，包括国际议题方面协调行动"。根据中俄领导人互访机制，中国新一代领导人习近平上任后，在2013年首访俄罗斯。习近平在访俄期间，与俄罗斯总统普京在克里姆林宫举行会谈，并在会谈结束后与俄方签署了《俄罗斯联邦和中华人民共和国关于合作共赢、深化全面战略协作伙伴关系的联合声明》，同时在访俄期间，习近平强调中俄关系乃是当前最好的、最重要的双边关系，这些都表明中俄关系的利好发展。在 2013 年 G20 峰会上，中俄领导人强调"中俄双边关系对两国来说都是重点"，这显示了双方对彼此的重视。值得肯定的是，在最近 20 年，中俄关系是比较稳定的，这在世界大国的双边关系中是比较少见的。中俄之间不但没有较大冲突，而且开展了一系列的"互办"活动，其中包括互办国家年（2006 年中国举办"俄罗斯国年"，2007 年俄国举办"中国年"）、互办语言年（2009 年中国举办"俄语年"，2010 年俄国举办"汉语年"）、互办旅游年（2012 年俄罗斯举办"中国旅游年"，2013 年中国举办"俄罗斯旅游年"）、互办青年年（2014 年和 2015 年中俄分别举办"青年交流年"）等。中俄之间一系列的"互办"活动不仅在科技、教育、文化、经济、军事等方面取得了大量的交流成果，而且促进了彼此的认知和了解，促使俄罗斯文化界、政界以及民间以更加公正的眼光看待中国，让中国得到了越来越多的俄罗斯人的认可。当前中俄两国之间互信的紧密关系，无论是对于中国还是俄罗斯来说都是难得的机遇，是开展中俄科技合作的基础，是中俄科技合作有效发展的保障。

2. 转变经济发展方式的需要

近年来，中俄两国凭借丰富的自然资源优势实现了经济的高速增长，但是这种粗放型的经济增长方式是不可持续的。一方面，资源经济容易受到国际资源价格波动的影响，从而造成经济动荡；另一方面，资源的有限性也会导致经济发展难以摆脱"资源诅咒"的束缚。如今中俄两国都面临着经济转型的需要，改变经济增长方式、转变经济发展方式和调整经济结构是当务之急。而这些问题的最终解决在很大程度上还是要依靠科技进步，中俄两国采取科技合作的方式，联合两国在科技领域的互补优势。加快科学技术的突破，迅速提高科技水平，是中俄两国实现转变经济增长方式的重要手段。一方面中俄双方的科技发展各有所长，构成了中俄开展科技合作的重要基础和前提；另一方面科技合作有助于加速先进科学技术的传播。根据技术传播理论，新的发明信息创造出来后，其传播的速度和范围会受到时间和空间因素的影响，而中俄两国形成科技合作共同体之后，则会在第一时间接触到双方取得的最新科研成果，加速先进科学技术的传播。而且根据技术传播理论，技术落后者有不断向技术领先者学习的欲望，追赶者通过不断的学习、内化和再创新，最后有赶超技术领先者的可能，从而实现追赶者和领先者位置的转变。然而这种学习不可能是秘而不宣的，尤其是在双方进行科技合作的情况下，被赶超者必将会采取措施，重新获得领先地位，而中俄科技合作正好可以借助于这种追赶者与领先者位置不断转换的过程，实现科技水平的循环上升。联合开发有助于合作双方实现开发成本的共同承担，减少各方投入，有利于将有限的资金投入到科技研发当中，同时，还有助于减少技术外溢给自己造成的损失，使技术外溢内部化。

自 2008 年金融危机以来，俄罗斯一直试图摆脱对自然资源尤其是原材料出口的依赖，力图改变经济发展方式，提出发展创新型经济的需求。中国与俄罗斯现在已经经受住了 2008 年金融危机的冲击，经济实现了恢复和增长，而且中国已经取代日本成为世界第二大经济体，经济实力明显增强，为发展技术经济和开展技术合作提供了坚实的经济基础。双方转变经济发展方式的策略既对科学技术提出新的要求，又为高新技术发展以及中俄开展科技合作提供了机遇。为推动创新型经济发展，俄罗斯提出了一系列鼓励创新经济的政策措施，同时投入大量资金建立科学城，鼓励政府、企业、高校和科研机构联合研发，加快创新和科技成果转化，从而实现经济转型。时任俄罗斯总统梅德韦杰夫在 2009 年 11 月的国情咨文报告中，正式提出俄罗斯应将实现现代化作为国家未来十年的任务和目标。2008 年 2 月 8 日，普京在俄罗斯国务委员会扩大会议上的题为"关于俄罗斯到 2020 年的发展战略"的重要讲话中提到，应把西伯利亚与远东建成俄罗斯新的社会经济发展中心。而新西伯利亚州有俄罗斯科学院西伯利亚分院、俄罗斯医学科学院西伯利亚分院、俄罗斯农业科学院西伯利亚分院以及其他俄罗斯联邦国家科学机构和高等院校，同时该地区还分布着各种小型创新公司，该地区拥有发展高新科技的人才和智力优势，为促进东部地区发展以及国家创新经济的发展提供了条

件 ① 。2010 年 7 月俄罗斯联邦政府批准了《2020 年前西伯利亚经济社会发展战略》，该战略充分考虑到俄罗斯各联邦区的共同利益。同时，该战略将西伯利亚各地区依托高新技术和高科技产业促进经济发展作为优先方向，以实现西伯利亚各地区经济现代化。西伯利亚地区依靠其强大的科技实力，抓住国家发展科技的机遇期，加快科技成果转化，实现产业结构升级。俄罗斯政府在其提出的几个开发西伯利亚纲要中提出的一些具有高收益的开发项目，以及规划建设的 20 多个科技园区不仅促进了西伯利亚科学技术水平的提高，而且为中国东北地区的发展提供了机遇。中国东北地区的产业结构亟待升级，虽然有东北振兴战略的扶持，但是东北地区科技实力有限。因此，抓住这次难得的科技合作机遇，充分发挥自身优势，参与上述项目的实施和园区建设，利用一切可能的条件，引进俄罗斯先进技术和科技人才，从而实现中国东北地区经济又好又快发展。经济发展的诉求对科技水平提出了新的要求，带动着高新技术的发展，推动着中俄科技合作不断加深，而中俄科技合作一方面可以帮助两国尽早实现现代化，另一方面可以提高中国和俄罗斯在国际上的竞争力和影响力。

3. 中俄在亚太有共同利益基础

共同利益是合作的重要基础，中俄之间开展科技合作也不例外。2009 年，中俄两国政府签订的《远东及外贝加尔地区经济社会发展联邦专项规划纲要（2009~2018）》，充分考虑到了中俄双方的利益，实现了俄罗斯东部大开发政策与中国东北地区振兴规划的有效结合，突出了中俄双方在亚太地区的共同利益。2012 年 2 月，普京在其竞选纲领文章《俄罗斯和变化中的世界》中指出，中国经济的增长绝不是威胁，而是一种拥有巨大务实合作潜力的挑战，是俄罗斯"经济之帆"乘上"中国风"的机遇。他强调，俄罗斯应更积极地与中国建立新的合作关系，利用两国的技术和生产能力，将"中国的潜力"用于俄罗斯西伯利亚和远东的"经济崛起"。俄罗斯经济学家为国家发展撰写的《2020 年前战略报告》也提到了中国对俄罗斯经济的推动作用。这都充分

---

① 《对 2020 年前俄经济发展战略的分析》，俄罗斯专家网，http://expert.ru/dossier/story/strategiya-2020，2008 年 7 月 28 日。

表明中国经济的发展对带动俄罗斯尤其是俄罗斯东部地区经济具有不可替代的作用。2012年，普京在第三次总统大选临近之时，在其发表在《莫斯科新闻报》的《俄罗斯与变化的世界》一文中着重讨论了中俄关系，并声称"一个繁荣昌盛而稳定的中国需要俄罗斯，同样可以确信，一个强有力而成功的俄国需要中国——这就是我的重要想法"。从中我们可以看出，中俄之间具有一荣俱荣的特性，而中俄之间的这种共同利益则构成了中俄开展科技合作的最有力的基础。

4. 中俄之间存在优势互补

中俄两国的经济发展水平、经济实力与科技实力等有很强的互补性。实现俄罗斯东部地区经济的高速发展是俄罗斯长期以来的诉求，但是仅凭俄罗斯一国之力却难以实现。一方面俄罗斯经济实力不够，大量的基础设施建设和高新技术的研发及其产业化缺乏必要的资金支持，很多科研项目只处于研发阶段或者中试阶段，很难进行二次开发和转化；另一方面俄罗斯东部地区劳动力资源匮乏。因此寻求国际合作成为其经济发展的优先选择。而与之接壤的中国，经过改革开放30多年的快速发展，经济实力迅速提升，拥有雄厚的资金基础，再加上拥有地缘优势的中国东北地区存在大量的劳动力资源，与俄罗斯东部地区正好形成生产要素的互补，而中国东北地区的振兴也存在对俄罗斯高新技术成果的需求，同时远东分院的部分科研成果很适合中国使用，俄罗斯也愿意出让专利或以其他合作方式与中国开展合作，这为中俄开展科技合作提供了机遇，从而促使中国尤其是中国东北地区成为俄罗斯东部发展的重要合作伙伴。目前，中国许多研究俄科技问题的学者认为，中俄两国科技发展水平各异，科技合作的互补性很强，具有极大的合作潜力与合作空间。俄罗斯西伯利亚和远东地区集中了俄罗斯相当大的一部分先进的科研机构和科研力量，其技术的特点是项目分布范围广、水平高，但是整体发展不平衡，军事技术、航空航天技术、重工业技术、基础科学研究领域发展较快，而应用研究、消费工业部门科研力量相对薄弱，水平较低。与俄罗斯相比，中国的应用研究投入较多并取得了很大进展，在工业技术方面，轻纺、食品、轻化工、家电产业方面技术水平较高，发展较快，并且中国在一些行业有传统优势。比较明显的是俄罗斯在催化剂的研究与应用方面具有明显的优势，中国在新能源开发与利用方面已初具规模，相对于在这方面起步较晚的俄罗斯来说在技术上具有绝对优势，双方在这些领域具有极强的互补性以及广阔的合作前景。目前，俄罗斯有能力进入国际市场的高新科技包括核工业和核废料回收利用技术、激光科技以及航空航天技术等。但是俄罗斯高新技术产业没有与俄罗斯世界领先的高新技术同步发展，其产业化水平比较落后，缺乏国际竞争力。有鉴于此，中国应该促进与俄罗斯有关高新技术产业化的科技合作，在坚持互利共赢的原则下，加速中国传统产业的技术升级并实现高新技术成果的商品化和产业化。从中俄双方科技发展的整体上来看，科技发展互有短长，在很多领域都有满足对方需求的能力，这正是中俄开展科技合作的基础和有利条件。

5. 基于地缘优势的长期合作

俄罗斯东部地区与中国东北地区接壤，中俄两国是地域相邻的两个大国，两国之间无论是官方还是民间，都有着长期的交流和交往历史。中国与俄罗斯两国之间存在丰富的合作经验和坚实的合作基础。在新中国成立之初，苏联成为与第一个中国建立外交关系的国家。而中俄两国之间的科技合作与交流也存在深厚的基础，如 20 世纪 50 年代和 20 世纪 60 年代，中苏两国开展了科技合作，苏联在很多关键技术领域给予中国无私的援助，为中国某些领域的科学技术发展奠定了基础，同一时期，为援助中国建设而来到中国的苏联专家也与中国建立了伟大而深厚的友谊，并延续至今。同时这段时期的双方合作也为中俄两国在现阶段开展更进一步的科技合作积累了丰富的经验。

（二）中俄科技合作的制约因素

中俄之间科技合作的不断加深是有目共睹的，但是没有达到应有的水平，之所以会如此，是因为有限制中俄科技合作发展的不利因素的存在。这些不利因素的存在阻挡着中俄科技合作的迅猛发展，使其无法按照应有的速度向前推进。这些不利因素至少包括以下几个方面。

1. 中俄之间利益诉求上的差异

中俄两国在经济发展、经贸合作以及科技发展与合作等方面都有着利益诉求的共同点，但是中俄之间的利益诉求并非完全一致，存在利益诉求的差异。这种利益诉求上的差异制约着中俄区域科技合作向更高层次发展。在《俄罗斯与变化的世界》一文中，俄罗斯总统普京在谈及中俄两国关系时指出：中俄两国在第三国的商业利益上并不总是一致，两国之间形成的贸易结构以及低水平的投资并不令双方满意。中俄两国在中俄开展合作的态度上存在一定的差异，中国希望中俄两国在平等的基础上开展交流与合作，共同推进两国经贸合作与科技进步，提升两国在国际社会的影响力，但是俄罗斯受其传统思维影响，一直希望掌握中俄合作的主导权。在经济合作方面，中俄在经济互补的有利条件下取得了有效成果，但是中俄之间的互补并不对等。一方面，俄罗斯希望其"经济之帆"搭上中国经济高速发展的"中国风"，希望从中国的发展中获取利益，同时它又担心俄罗斯经济对中国形成过分依赖。因此，在中俄开展区域经济合作的过程中，俄罗斯始终保持警惕的心态，对中俄经济合作的态度也是务虚不务实。另一方面，中国与俄罗斯的经济合作主要侧重于对俄罗斯能源产品的进口，而在中俄能源合作方面，中国处于不利地位，合作能否达成主要取决于俄罗斯的意愿。因此，中国作为世界上第二大能源进口国一直在寻求能源进口上的多元化，这一策略又与俄罗斯主导的能源出口多元化形成冲突。中国积极推进的"丝绸之路经济带"建设，在推动各国经济共同发展的同时，有利于中国直接与中亚国家对话，开展经济与能源合作，拓宽中国能源进口的途径。但是这种绕开俄罗斯直接与中亚国家对话的合作方式，使俄罗斯在中亚地区的利益受损，与其主导的中亚能源合作机制不一致。中俄两国之间在各个合作领域利益诉求的差异必然会波及科技合作领域，对中俄科技合作产生一定的阻碍。

2. 俄罗斯民族主义

源自历史的俄罗斯民族主义，在一定的历史阶段曾激发俄罗斯民众的认同感，带来了俄罗斯历史上的强盛，但是在全球化发展的今天，这种极端民族主义始终伴随着俄罗斯对外关系发展的历程，阻碍着俄罗斯与其他国家之间的交流与合作。进入 21 世纪之后，自普京上任以来，其振兴大国的雄心再一次激发了俄罗斯民众的大国情怀，俄罗斯民族主义也被激发出来，同时俄罗斯作为世界上的核大国、资源大国、军事强国、科技大国的优势则使俄罗斯的民族自信进一步强化。中国作为俄罗斯的邻国，改革开放 30 多年来的经济腾飞带来了国际地位的提升，同时也引发了俄罗斯的民族主义，引起俄罗斯政界、知识界以及俄罗斯民众的担忧。一方面，中国在国际事务以及地区事务中作用的日益增强给俄罗斯精英以及民众带来不适，其不愿面对这一现实；另一方面，中国的强大加大了俄罗斯对中俄合作的担忧，俄罗斯担心在合作中强大后的中国会过分强调本国的利益，从而给俄罗斯造成利益损失，也担心中俄合作会导致俄罗斯沦落为中国的"资源附庸"。尤其是在金融危机之后，中俄两国达成的贷款换石油协议，以及签订的《中华人民共和国东北地区与俄罗斯联邦远东及东西伯利亚地区合作规划纲要（2009~2018 年）》，令俄罗斯尤其是远东地区"中国威胁论"再次抬头，俄罗斯担心中俄地区合作会使俄罗斯丧失对远东经济命脉的控制权。而且包括莫斯科精英在内的俄罗斯民众仍然有一种"远东、西伯利亚心态"，他们把远东看作"前哨"，把西伯利亚称为"后方"。这一心态导致俄罗斯在战略上对亚太地区其他国家的不信任。从根源上来看，俄罗斯对中国崛起的疑虑和猜忌，根本在于俄罗斯公众对中国、中国民众以及中俄合作缺乏认知或者说是缺乏正确的认知，从而导致误解；而同样的误解也或多或少地存在于中国民众对俄罗斯的认知当中。中俄民众之间的这种猜忌，无疑会潜移默化地影响中俄合作。尤其是当涉及高新科技这一关系国家综合国力的决定性因素的时候，国家之间的合作受到相互之间信任程度的影响会更大。而令人担忧的是，中国发展形势越好，俄罗斯对中国崛起、与中国开展科技合作的顾虑越会增加。

3. 合作项目有始无终

中俄两国政府在最近 20 多年来共同制定的发展战略以及合作项目不断增加，在取得成果的同时，在项目实施过程中暴露出来的问题也导致很多项目无法开展或者未能持续开展下去，无法取得预期的效果，而导致项目开展有始无终的原因是多方面的。第一，中俄双方在战略制定以及项目实施的重视程度上存在一定的差异，俄罗斯对有关项目的重视不足严重制约了中俄科技合作的有效开展。第二，资金的缺乏和融资方式不完善限制了中俄科技合作项目的持续开展。俄罗斯政府的 R&D 支持额以及科技成果转化率都与俄罗斯的大国地位不符，在很多项目上，俄罗斯政府虽然提供了初始资金，但是后续资金存在迟迟不能到位的现象。而且俄罗斯方面缺乏有效的风险投资机制，融资比较困难，而且参加中俄合作项目的很多企业规模比较小，也很难得到风险投资的支持，融资能力有限，最终导致一些合作项目因资金问题而搁浅在初始阶段或者中试阶段，无法持续开展，更不可能实现二次开发。第三，中俄科技合作缺乏规范的协调机制。虽然中俄两国政府签署了政府框架内合作协议并建立了科技合作关系，但是中俄之间仍然缺乏规范的协调机制。科技合作与贸易的交流渠道并不通畅，相关组织沟通协调不够，两国经济和科学技术合作未能达到人们所预期的规模，难以获得最佳收益。协调机制的能力不足导致中俄目前的合作效率低下，很多合作项目在签订了合作协议之后并没有采取有效的措施加以实施，导致项目无法落实。另外，中俄科技合作过程中还存在腐败等问题，限制了中俄科技合作的有效开展。

4. 缺乏专业化的中介机构和复合型人才

科研成果在科研机构被创造出来之后需要进行转化从而形成真正的生产力，因此，科研成果必须经过交易进入企业等生产单位。但是双方的交易需要在技术市场上进行，需要技术经纪人和专门的仲裁机构进行交流与沟通。从现阶段的发展情况来看，中俄两国之间的技术市场还不够完善，中俄之间缺乏专业性的中介机构，最终导致双方通过技术市场进行科技成果交易的成功率比较低。有关调查显示，中俄之间的应用开发项目多数都是通过自己联系的方式进行的，而这种合作方式的有效性具有随机性，目的性不强，合作主体也比较分散。而且，这种直接的合作方式还面临缺乏复合型人才的难题。高新技术的国际合作涉及的方面比较复杂，它既要求对高新技术水平、技术规范等有比较充分的了解，又需要精通两国语言、法律、文化等，对人才的素质要求比较高。在中俄科技合作的过程中，普遍存在缺乏既懂俄语和汉语，又具备专业技能的复合型人才。现在中俄两国国内具备专业技能的人才很少能够通晓另一方的语言，对法律、文化等方面的了解更少，而能够进行交流的翻译型人才又未能掌握科学技术，这种局面一直限制着中俄科技合作的进一步发展。

通过对影响中俄科技合作的因素进行分析，我们得知，在有利因素的推动下，中俄之间的科技合作不断深化，然而在这一过程中双方合作也无法避免地受到限制因素的阻碍。但是，中俄科技合作是符合时代潮流，也符合中俄双方的利益的，中俄之间的科技合作不断深化是历史趋势，不可阻挡，当下我们应该做的是在中俄开展合作的科技领域，采取合适的方式在提高合作成效的同时推进中俄科技合作向更高层次发展。以科技共同发展为目标，选择正确的合作方式，是推进中俄高新技术合作有效开展的基础和保障。

四 中俄科技合作的方式选择

国际科技合作方式是技术要素实现跨国和跨地区流动的具体方法，是进行国际科技合作的重要内容。中俄开展科技合作，随着双方合作稳定而持续的发展，选择并创新科技合作的方式成为推动中俄科技合作深入发展的关键，实现中俄科技合作方式的多元化也成为影响中俄科技合作市场活跃性的重要因素。如今，中俄开展技术合作可以采取以下几种方式。

（一）引进与输出相结合

中俄两国在科技方面存在较强的互补性，随着中国经济的高速发展，中国在很多科学技术领域已经取得了很大的进步，中国在努力引进俄罗斯高新技术的同时也有能力把自己的优势技术推向俄罗斯，满足俄罗斯在某些领域对中国技术的需求。

在过去的很长一段时间内，中俄之间的科技合作都表现为中国对俄罗斯技术的单方面引进，如今，这种合作方式已经不符合中俄科技合作的要求，也无法满足双方的共同利益。目前，中国已经在很多民用技术领域具有一定的优势，并在一些前沿技术领域获得了大量的自主产权，取得了载人航天、国防武器装备、高性能计算机、超大规模集成电路、第三代移动通信国际标准以及超级杂交水稻等一系列重大自主创新科研成果，高技术产业在世界范围内也处于较高水平。2009 年 10 月 12 日，普京在访华期间，表示俄罗斯对中国生产汽油和柴油的液化煤炭技术，以及快速和高速铁路的运输技术感兴趣，两国签署了有关高铁运输技术的合作谅解备忘录。种种迹象表明，中国已经拥有了技术输出的能力。

在推动中国技术"走出去"的过程中，同时鼓励企业走出国门，向国际化发展，应该是推动国际科技合作深化的好方法。随着中国企业实力的增强，越来越多的企业有向国外发展的倾向，通过在俄罗斯设立研发机构或者对俄罗斯某些企业实施技术并购，不仅可以加强两国之间的科技合作，而且也是双方获取对方先进技术的重要手段，是中俄双方提高各自科技水平的机会。通过国外研发中心，可以利用当地的科技研发人才并开发国际市场，实现产品和技术研发的国际化。

在重视技术输出的同时，应该给予已经引进的高新技术足够的重视。技术引进是为了提高自己的科技研发和创新能力，因此，在引进技术的同时应该提高自我消化吸收和再创新能力。同时，除了应该注重关键技术的引进外，还应该重视高新技术的整体性引进。虽然关键技术的引进既可以帮助突破技术研发上的技术瓶颈，又有利于成本节约，但是各项技术并不是独立存在的，如果企业的技术能力不足，很难发挥引进技术的生产能力，无法实现真正的产业化。

（二）技术引进与人才引进相结合

技术引进是指一个国家或地区的科研单位或者企业通过一定的方式从国内或者其他国家和地区的研究单位或企业获取先进技术的行为。同时，技术引进也是一国凭借其他国家和地区的科技成果实现本国跨越式发展的一种方式，二战结束之后，联邦德国和日本依靠技术引进实现了国家经济的迅速发展，这是不争的事实。但是，人才才是各种高新技术和科研成果的创造者，是科技发展的根本力量。购买专利技术和技术设备只能实现国家科技和经济一时的发展，不具有发展的持续性，而且容易对国外的技术产生依赖。联邦德国和日本虽然大量引进国外新技术和新设备，但是它们之所以能取得当时的成就是因为它们对技术的消化吸收和再创新。因此，在开展中俄科技合作的过程中，不仅要注重专利技术和技术设备的引进，而且应该注重对高端人才的引进。美国之所以能够实现科学技术的快速发展，其根本就在于对人才引进的重视，尤其是在二战结束之后，美国采取各种方式，利用一切可能的渠道，给予各国人才应有的便利，吸纳各个领域内的世界顶尖的科技人才为其服务，成就了美国世界霸主的地位。总的来说，世界各个领域的发展最终都取决于人才质量的高低，因此，要促进中俄科技合作，人才的引进与合作应当是第一要义，只有促进双方的人才交流与合作，中俄之间的科技合作才能取得实质性的进展。中国可以采取多种渠道鼓励和加强高端人才的引进：直接聘请、合作研发某个项目或研究某个课题、讲学、建立合资企业、开展高级访问学者计划等。其中支持高水平的专家与研究人员开展短期或者长期的双向的学术研究是最容易为合作双方所接受的方式，因为这种方式既不影响科学家的国籍和研究环境，又可以实现国外专家为我所用的目的，实施起来更为灵活。在人才引进的过程中，在引进人才为我所用的原则下，还应该注意薪酬待遇以及专利技术保护的问题，相关经费和法律措施应相互配套。

（三）建立联合科技研发中心

中俄两国共同建立联合科技研发中心，共同承担科研课题，采取合作研发和设计的方式，协同开展项目研发与设计工作，并推动科研成果运用到生产部门，实现科研成果产业化。合作研发是指合作双方就某一科学技术项目通过分工的方式开展共同研究工作。合作设计则是指合作双方对某一产品或者项目工程进行联合设计和分工协作。以上两种合作方式强调协作双方各自发挥自身优势，共同参与，协同完成项目研发与设计任务。伴随着世界经济的迅速发展，越来越多的高新技术项目都需要不同的国家发挥各自的力量联合起来进行共同开发。这样的合作方式不仅有利于参与国之间发挥所长，促使产品研发的利益达到最大，而且给合作各方提供了一个互相学习的机会，利于各方科技发展和技术水平的提高。目前，几个国家联合起来共同承担国际课题的现象越来越普遍，各种相关科研院所和研究机构与国内外大型企业协同共建高新技术产业化基地、技术开发机构或者分支机构等，利用联合专项基金，充分发挥各方在人才、信息以及科研设施等方面的优势，联合开展集体研发的模式也越来越多。比如，AMS 热系统的研究与设计项目就集中了来自美国、俄罗斯、中国、德国、芬兰等 15 个国家和地区 56 个研究机构的物理学家和工程师；人类基因组计划同样是联合美国、英国、法国、德国、中国和日本六国的共同力量而最终得以完成；中国黑龙江省化工研究院与俄罗斯科学院联合研发高效环保的新型漂白剂；武汉工业大学和俄罗斯结构宏观动力学与材料科学研究院共同建立了 SHS 技术联合研究中心。中俄在科技合作的过程中，可以利用国际合作以及中俄两国以往共同建立科技中心、开展共同研发与设计的经验，进一步推进中俄联合科技中心建设，促进中俄科技协同进步。

（四）共同建立科技信息平台

共同建立科技信息平台，相互交流科技发展和科研成果信息，相互介绍科技产品与有关资料，有助于双方及时掌握科技发展的最新情况，并利于双方借助对方的科技成果，推动科技进步，实现科学技术和国家经济的跨越式发展。中俄双方可以采取举办国际会议的方式进行国际学术交流，促进资源共享，两国专家在国际会议上的交流可以互相补充科技信息上的不足，帮助对方了解世界科技发展水平和趋势，有助于科技合作的形成。两国政府也应当搭建信息交流平台，每年可以定期或者不定期地组织相关科研机构、高校、企业等召开信息交流会，介绍各自的科技项目以及科研成果，同时双方还可以建立科技合作网站来发布科技信息，拓宽双方获取科技信息的渠道。如今中俄双方已经建立中俄科技合作信息网、中俄科技合作平台、哈尔滨国际科技合作网、满洲里中俄科技合作网、俄罗斯高新技术推广网等一系列的科技信息网络发布平台。有了这样的科技交流平台之后，中俄双方还应当组织相应的专业技术人员对相关的科技项目信息、科研成果进行收集、处理、评估，从而筛选出本国相关单位需要的成果，协助双方就相关成果达成技术合作协议，提高科技成果的转化效率和科技合作的成功率。科技信息平台的建立，加强了双方关于科技信息的交流，增进了双方对技术供求信息的了解，为科技合作提供了更多的机遇，更有利于科技的快速发展，给合作双方带来更多利益。

（五）共建科技园区

世界上科技园区的建设始于 20 世纪 50 代初期，之后逐渐发展成国家发展科技的一项重要举措。1990 年出台并实施了《建立和发展科技园区纲要》以后，一批科技园区先后开始建立，吸引了大量高科技企业入驻科技园。中国在改革开放政策实施以来，也建立了大量的高新技术开发区，在引进国外资金和先进技术的同时，带动本国科技创新能力和科技水平的提高，促进经济的快速发展。苏联解体后，俄罗斯一直视中国的高新技术开发区为重要合作伙伴，把双方共建科技园区作为中俄科技合作的重要方式之一。从 1998 年 2 月烟台高新技术开发区中俄高新技术产业化合作基地创立以来，中俄双方先后建立了浙江巨化中俄科技园，黑龙江中俄科技合作及产业化中心，长春中俄科技合作园，莫斯科中俄友谊科技园，哈尔滨、牡丹江中俄信息产业园和辽宁中俄科技园等一批科技园区。目前，中俄科技园区的建设工作取得了实质性进展，中俄通过引进、孵化、产业化等方式开展中俄科技创新合作，取得了一系列合作成果。辽宁中俄科技园采用"合作项目—联合研发中心、科技发展（转化）中心以及合资经营企业—产业园区或基地"圈层结构创新模式，不断引进高端人才和技术，开展重大项目合作，加快区内高新技术产业发展，进一步拓展俄罗斯高新技术产品市场。长春中俄科技合作园则采取"政府推动＋市场运作＋中俄双方高新技术支持"的运营模式，不断推进科技成果产业化和市场化的循环发展。截止到 2010 年年末，长春中俄科技合作园已经签署 30 余项中俄科技合作协议，组织并完成 35 批中俄国家间的科学家、企业家互访，并共同建立多个联合实验中心和实验室[①]。到 2011 年 3 月，长春中俄科技合作园已经孵化 45 家高新技术企业，并孵化成功 35 项科研项

---

① 《中俄科技园演绎发展新模式》，振兴东北网，http://www.chinaeast.gov.cn，2011 年 5 月 6 日。

目，2015 年，该园区启动了 30~50 个研发项目，并实现了 20~25 项成果产业化，同时推出了 10 项拥有自主知识产权的市场化科研成果，中俄共同建立工程中心 1 个、研发机构和中试基地 5 个，并在此基础上建立中俄技术联合研究院[①]。除此之外，俄罗斯驻沪总领事柯安富、领事戈金高度称赞浙江巨化中俄科技园取得的成就；而俄罗斯科技参赞尤里也对浙江巨化中俄科技园、哈尔滨科技园和烟台科技园取得的成绩给予肯定。中俄科技园所取得的成就既是对中俄科技合作的肯定，又是对中俄采取科技园合作方式的认可，中俄科技园为中俄科技合作不断孕育新的发展机遇，其前景无限。

（六）双方互设研究基地

互设研究基地是指中俄合作双方根据科研工作的实际需要，按照合作协议的要求，在各自区域内选择合适的科研单位分别设置研究基地的科技合作方式。其中，中俄利用互设研究基地的方式开展科技合作的突出代表是中俄空间天气联合研究中心的成立。该中心是根据中国科学院和俄罗斯科学院西伯利亚分院签订的科学合作协议，在中国科学院空间中心和西伯利亚伊尔库茨克州的俄罗斯科学院西伯利亚分院分别设立研究基地，以满足科研工作和学者互访的需要，其根本宗旨在于协调和加强中国和俄罗斯空间天气研究人员在空间天气研究和预报领域的科技合作，如今该中心已取得实质性成果。2000 年至今该中心已经连续召开十余届空间天气学术研讨会，发表交流学术报告超过 500 篇，中俄之间互派交流的科学家超过 110 人[②]。双方借助中俄空间天气联合研究中心搭建合作平台，充分利用双方的地域优势和科技优势，共同组织国际空间天气子午圈等一批重大国际项目，促进了国际空间天气事业的发展，并为世界空间天气研究做出了重大贡献。2012 年 4 月 26 日，俄罗斯科学院西伯利亚分院日地物理所所长亚历山大·普特金（Alaxandr Potekhin）与中国国家空间科学中心主任吴季签署了第三期中俄空间天气研究联合中心合作协议与合作大纲，为中俄双方开展进一步的空间天气合作奠定

---

① 《中俄科技园演绎发展新模式》，振兴东北网，http://www.chinaneast.gov.cn，2011 年 5 月 6 日。

② 《中俄空间天气联合研究中心》，中国科学院空间科学与应用研究中心网站，http://www.cssar.ac.cn，2012 年 4 月 8 日。

了基础。除此之外，俄罗斯新西伯利亚科技园和黑龙江省哈尔滨开发区签署了互建中俄国际企业孵化器的协议，双方根据协议规定各自提供孵化场所和相应的政策支持，即由俄罗斯提供相应的技术支持，中国主要提供资金，分别在新西伯利亚科技园和哈尔滨开发区开展科技孵化项目，进而推动高新技术的产业化。双方合作范围包括新材料、新工艺、电子、生物医药和机械设备与零部件等项目。中俄科技园的建设也采用了这种"双基地"的合作模式，采取"双园"制，在中国与俄罗斯相关地区分别建园，这样有利于科学家相互交流和开展科研工作，在以后的中俄科技合作中，"双基地"模式将发挥更大的作用。

中俄之间的科技合作已经从一般的人员交流、技术引进、信息和经验的交流逐渐向科技研发、关键技术联合公关、共同研究以及双方的合作创新转变。中国在通过中俄科技合作提高高新技术水平的同时，应该利用好中俄科技合作的各种机会，不仅要充分利用国际科技资源以及国外的科学技术知识，缩小与国外的技术差距，节约研发成本，而且要在这一过程中不断提高自我创新能力，摆脱对国外技术的依赖，以免受制于人。

五　中俄科技合作的效应分析

中俄之间的科技合作不仅可以在降低研发成本的同时实现中国科技水平的跨越式发展，带动中国经济的高速增长，而且能带来意想不到的外溢效应，对中国科技人才的培养和自主创新能力的提高都将产生重大的积极影响。

（一）科技合作推动中国科技跨越式发展

国际科技合作与交流是推动科技进步，实现技术跨越式发展的重要方式。中国仅凭自身能力很难在短期内缩小与发达国家之间的科技水平差距，无法打破西方发达国家在高新技术领域的垄断地位和技术壁垒，而开展科技合作则是中国从国外获取科学技术这种稀缺要素的最好方法。在科技全球化的背景下，国际科技合作不仅不与自主创新相矛盾，而且是自主创新的重要内容，是促进国家提高自主创新能力的重要方式之一。二战之后，后起的发达国家，比如亚洲的日本和韩国都走上了一条从技术引进到自主创新的道路，并且成功地转型为创新型国家。以日本为例，日本是通过引进先进技术并模仿创新，最终实现国家富强的最成功的一个国家，它不断引进、消化吸收并改进创新，最终成功地实现技术超越。因此，自主创新并不排斥技术引进，更不会排斥国际科技合作，它排斥的是简单的技术引进、模仿而不做进一步的消化吸收工作。中国科技若要实现跨越式发展应当走国际科技合作与自主创新相结合的道路，最终逐步过渡到创新型的发展道路。

中国要充分认识到开展国际科技合作对建设创新型国家的重要作用，支持并鼓励相关企业、科研院所、高等院校积极参与到国际科技合作当中。国际科技合作可以提高中国的自主创新能力，有利于中国在最短的时间内掌握关键技术，缩短与技术发达国家的差距，实现科学技术的跨越式发展。然而，中国在与美国、日本等发达国家开展国际科技合作的过程中，这些国家将关键技术转让给中国的可能性并不大，相对比而言，在与俄罗斯开展科技合作的历程中，存在一些高新技术以及关键技术的转让，而且与俄罗斯开展科技合作的成本较低，因此与俄罗斯开展科技合作更有利于中国科技水平的提高。如浙江巨化中俄科技园利用短短两年半的时间就完成了聚四氟乙烯等新产品从研发到中试和产业化的全过程，而西方国家需要 15~20 年才能完成，华东光电研究所与俄罗斯合作研发特种显示亮度技术和特种平板显示模块技术、与乌克兰合作研发特种彩色显示管技术和特种行波管、与俄罗斯合作研发的加固型 OLED 显示模块和特种液晶显示器，在这一系列合作中中国掌握了一批特种显示器核心关键技术，实现了相关技术的跨越式发展。

在与俄罗斯开展科技合作实现科学技术跨越式发展的同时，由于科技是第一生产力，其必然会带来生产力水平的提高，促进经济的快速发展，提高国家在国际社会的声望，并在一定程度上为维护国家安全提供保障。

（二）科技合作带动经济的持续增长

根据经济增长理论，经济增长的源泉可以分为两个方面，一方面是生产要素（劳动力、资本、土地等）投入的不断增加，另一方面则是科技进步。而伴随着经济全球化的发展，科技进步在提高全要素生产率的同时，对于促进经济增长的重要性也逐步增加，成为促进人均产出持续增长的唯一因素。根据内生增长理论，专业化的知识和人力资本的积累可以突破收益递减的假定，产生边际报酬递增效应，实现经济产出水平的快速提升。

从以上经济理论可知，科学技术是经济增长的主要源泉；同时，经济的增长也会带来科技的进步，两者之间是良性互动，呈现出螺旋式上升的关系。因此，中俄开展科技合作在实现中俄科学技术水平跨越式提高，科技创新能力和科技竞争力快速提升，缩小中国与西方发达国家科技水平差距的同时，必然会带来国民经济的持续发展。除此之外，中俄科技合作还有助于两国转变经济增长方式，加速产业结构优化升级，实现经济的健康稳定发展。以长春中俄科技合作园为例，该园在实现中俄两国科技共同发展的同时，2015年创造了50亿元人民币的工业生产总值，进出口额达到10亿元人民币，并实现了每年4亿~6亿元人民币的利税收入，同时还为社会提供了3000个工作岗位 [①] 。

（三）科技合作的外溢效应

与俄罗斯开展科技合作，除了可以带来科技水平的提高、科学技术和经济跨越式发展这些显而易见的直接效应以外，还可以带来潜移默化的外溢效应，对于提高中国科技领域的创新能力、提高管理水平同样有着不可或缺的作用。

1.人才扩散效应

中国在与俄罗斯共建科研中心、互设研究基地的同时，可以吸引具有学术成就的俄罗斯科学家到相应的科研机构开展研究工作，这些外籍专家所带来的不仅仅是自己高水平的学术，还有以他们为中心的科研资源，如他们与国外科学家以及科研院所或者科研院校的联系等。他们在中国的研

[①] 《中俄空间天气联合研究中心》，中国科学院空间科学与应用研究中心，http://www.cssar.ac.cn，2012年4月8日。

究机构任职期间，不仅发挥了他们自己的科研能力，而且有助于培养中国青年一代的科研人员和业务骨干。依托国际科技合作计划，国内科研机构通过多种形式的国际科技合作，提高了国内科研人员的国际化视野和核心研发能力，激发了其创新能力，同时也为机构培养了一批国际化的人才队伍，为中俄之间开展更深层次的国际科技合作奠定了更高的基础。在深度的国际科技交流与合作中，外籍专家有可能利用自己在国外的资源，选取一些国内年轻的科研人员进入国外自己的科研机构或者实验室工作或接受系统化的专业性培养，促使其成为未来相关研究领域的科研骨干。因此，人才引进不是简简单单地引进一批智者，而是一种国际化的人才扩散。

2. 知识溢出效应

通过开展国际科技合作，尤其是利用共建联合创新区、联合科研基地和科技园区的合作方式，支持联合开展科技攻关和共同开展科研创新项目，中国科研人员与外籍人员的面对面接触以及外籍专家的跨区域流动，会产生知识的溢出从而带动整体创新能力的提高以及各合作主体自身创新能力和技术水平的提高。施瓦特·易卜拉辛（Sherwat Ibrahim）和豪森·法拉赫（M.Hosein Fallah）（2005）认为，知识溢出是知识无意识的转移。技术知识的非竞争性和部分排他性特征，使得知识在生产、应用过程中产生外部性，即"溢出"。而知识溢出的效果受知识接受方人力资本水平和吸收能力的影响，科技合作提供的合作双方相互学习的机会则会增强知识溢出的效果，从而给合作双方带来意外的收获。但是，在科技合作中，合作双方在获得知识溢出所带来的知识流动和创新能力提高的好处的同时，应当注意到知识损失的风险。

3. 谈判能力的提高

中国在与俄罗斯开展科技合作时，必然会涉及科研成果、知识产权、专利权等的归属，科研成果转化所带来的经济利益的分配等问题，双方需要对相关问题进行谈判，对相关利益进行划分。但是如果在所涉及的联合科研项目中，俄罗斯具有科技领先优势，俄罗斯科学家占主导地位，中国在谈判中处于明显的劣势地位，这必然会导致中国在利益划分上同样处于不利地位，必将给中方带来一定的损失。中俄双方通过共建科研中心等联合开展科技研发工作，这同时也为知识在合作双方之间的转移提供了一个平台。科研机构或者企业获取新知识的途径包括先天性学习、经验学习和移植学习等。其中移植学习指学习者通过与其他单位合作获得本单位以外的技能知识，进而增加自己的技能储备，然后通过组织整理，使自我技能提高的过程。在共同研究课题的过程中，中国科研人员在专注于科研的同时，还有一个核心任务即抓住获取技能知识的机会，在不影响中俄科技合作的前提下，利用合适的渠道，采取双方都能接受的方式获取对方所特有的技能知识，争取在合作的过程中，提升自身的核心竞争力和讨价还价的能力，改变合作双方的竞争能力对比状况，扭转不利局势。而讨价还价能力的提升主要表现为本科研机构或本企业在联合科研中心中决策地位的提高，收益分配比例的增大。通过开展联合科研项目获取知识，不仅会使本研究单位的自身素质提高，促进合作整体的科研实力增强，增加整体效益，达到"双赢"的效果，而且中方能够通过获取知识提高自身素质，增强合作竞争能力。如果中方能够抓住学习的机会，提高自身在相关领域的科研能力，赶超俄罗斯科技水平，必然会带来中国谈判实力的迅速提高，在以后持续的合作中，中国会在利益分配中获得更大的份额。

中俄之间开展科技合作，可以发挥科技合作的直接效应和外溢效应，在促进科技水平和创新能力提高、带动国民经济增长的过程中，应该根据高新技术的特征做好管理工作，根据高新技术产品的特征做好营销工作，结合中俄两国的管理经验和营销经验，不断推进管理创新和营销创新，使高新技术产品符合市场要求，提高创新效率，增加双方收益。

六 推动中俄科技合作顺利进行的几点思考

中俄开展科技合作，不仅符合科技全球化发展的趋势，也符合科技发展的客观规律。中俄之间科技合作的顺利进行，既可以满足中俄科技发展的要求，又能满足中俄经济持续发展的需要，是中俄两国共同的愿望，因此，采取必要措施保障中俄科技合作的顺利进行就显得尤为重要。

（一）完善中俄科技合作保障机制

联合研究与共同承担项目开发是中俄两国开展科技合作的重要形式，但是科技合作项目有始无终的现象是困扰中俄科技合作的难题。加强中俄科技合作过程中利益各方的沟通与交流，在全面考虑合作各方利益的基础之上，建立健全科技合作的协调机制和保障机制是确保合作项目顺利实施的有效措施。

中俄科技合作涉及领域多、部门广，在合作过程中不仅要考虑中俄两国在不同科学领域的不同地位，而且要考虑本国在参与科技合作的过程中重点发展的领域，协调好不同领域的利益关系，同时还要兼顾为中俄科技合作提供各方面服务的其他部门的利益，因此，针对中俄科技合作的复杂性，建立统一的科技合作协调机制，制定统一规划，并组织各方定期或不定期地进行科技信息、商务信息以及合作信息的交流十分必要。同时，还要建立科技合作保障机制，对合作项目从项目的立项审批到项目的最终完成进行全程的跟踪监督，确保项目按照规划的质量和规模建设、确保项目按期完成。为了保证项目的质量和项目实施的进度，可以组建第三方专家组对合作项目开展中期评审和结项评估。通过建立相应的绩效评价指标体系，使用适当的方法对项目实施所形成的各种指标与预定指标进行对比，及时了解项目的实施情况，并对发现的问题及时统计和纠正，保障项目的顺利进行。除此之外，还应当建立仲裁机制，对项目实施过程中出现的违规甚至违约行为进行及时制止，尽量避免合作各方的利益遭受不必要的损失。

（二）政府主导的风险投资基金成立的紧迫性

在中俄科技合作过程中，有很多需要引进的俄罗斯科技成果和先进技术是俄罗斯因缺乏研发资金而被迫中断的项目，这些项目仍然处于研发阶段，需要后续的资金投入以保证研发的顺利完成。虽然，这样引进的科技成果比直接可以转化的科技成果具有更广阔的开发前景，但是也蕴含着开发失败的风险。面对后续研发的风险，中国企业面临缺乏资金支持的困境，成立以政府为主导的风险投资基金的紧迫性也逐渐凸现出来。政府主导的风险投资基金由政府出资，集合社会资本，采取市场运作的方式，对中俄科技合作中引进的那些前景广阔但需要继续研发和转化的科技成果和先进技术给予资金支持。"政府风投"的支持，可以减少高新技术企业的资金和风险压力，有助于企业快速达成合作协议，并全力投入到技术的研发和转化中去。

（三）复合型人才培养的重要性

培养拥有高新技术知识的俄语专业的复合型人才，既可以满足政府和企业开展国际技术合作的需要，又能充实为科技合作提供服务的中介队伍。一方面，拥有高新技术知识，同时又知悉中俄双方的科技水平、语言、文化、法律和经济水平等方面的复合型人才，对于开展科技合作的双方及时了解对方科技领域的新进展，促进科技合作顺利进行的重要性不言而喻；另一方面，这样的复合型人才对于中介组织的发展也十分重要。以往获得的关于俄罗斯科技发展的信息，大多是通过中国驻俄科技机构或者商务机构收集、整理，然后反馈到国内的。这种方式不仅在信息收集上存在一定的片面性，与市场的联系性较弱，而且在信息的传递过程中存在着政府截留的现象，导致需要科技信息和合作信息的工商企业无法知晓。但通过培养大量的复合型人才满足中介机构对人才的需要，并出台相应政策培植中介机构的发展，促使壮大后的中介机构承担起收集和整理国外科技信息的任务，中介机构可以向国内传递更多的科技信息，提供更多的合作机会，更有助于中俄科技的迅速发展。复合型人才可以说是连接中俄科技信息的桥梁，把科技合作双方联系起来，而当前复合型人才的培养一方面可以增加国内高校俄语专业的招生数量，并采取"俄语＋技术"的培养模式；另一方面则是要增加赴俄留学生的数量，在中俄合作框架下，加快实施中俄留学生计划。除此之外，还可以通过鼓励在职科研人员参加俄语培训班的形式来扩充复合型人才队伍。

第七章 改变增长方式：中俄协力共同发展创新型经济

俄罗斯东部地区凭借自然资源优势，在发展中一直将原材料初级加工及能源出口作为其经济增长主要拉动力量。随着资源型经济发展弊端的逐渐显露，俄罗斯东部地区未来发展方向也成为人们关注的重点。本章以俄罗斯东部地区资源型经济发展运行现状作为研究切入点，对俄罗斯东部地区经济发展特征及转型发展所面临的障碍进行了详细的分析，探讨了俄罗斯东部地区转型发展的必然性以及发展创新型经济的可能性。本章提出以能源产业多元化发展为基础，以创新机制为推动力，以交通网络为依托，以政策为引导的创新型经济发展路径。通过对俄罗斯东部地区发展创新型经济的深层次分析为中国资源型地区转型发展提出有益启示，同时为中俄区域合作发展提供方向性预测和前沿性研究。

一 俄罗斯东部地区发展创新型经济的现实基础

（一）俄罗斯东部地区经济运行的基本特征

俄罗斯东部地区凭借资源优势，在经济运行中以资源为依托获取财富，使得自身不论是经济结构还是主导产业选择都带有浓重的资源印记，同时东部地区在经济发展过程中依赖资源拉动增长的弊端也日益凸显。

1. 俄罗斯东部地区经济结构特征

现代社会经济发展需要原始资本的积累，俄罗斯东部地区拥有丰富的自然资源，选择以能源出口获得原始资本积累成了东部地区最快捷的发展方式，而资源型经济带来的巨额外汇收入也使得资源型产业在东部地区经济发展进程中始终扮演着重要的角色。

2. 对资源产业的过度依赖

同发达国家或地区的轻工业及服务业相比，俄罗斯东部地区产业现代化水平较低，经济的连续增长主要依靠原材料和初级产品的出口拉动，曾获得的经济增长优势与国际市场能源价格的不断攀升具有直接关系。资源部门的高收入性，使得固定资产投资倾向于进入能源开采部门，2012 年俄罗斯东部地区固定资产投资额为 23567.46 亿卢布，占俄罗斯联邦固定资产投资额 18.75%[①]。

其中开采矿石投资额为 4915.15 亿卢布，占俄罗斯东部固定资产投资额的 20.85%，相比于能源开采部门的高投入，东部地区农业与渔业的投资额只有 376.06 亿卢布和 51.86 亿卢布，占比为 1.59% 和 0.22%[②]。资源型经济发展模式使得原有经济结构被打破，资源型产业得到过分重视，而农业及轻工业的发展被忽视。

3. 能源出口为主导的贸易模式

俄罗斯东部地区位于连接亚欧大陆的重要位置，随着近几年亚太地区经济的迅猛发展，东部地区油气资源开发以及国际合作问题在俄罗斯未来经济发展中显得尤为重要。而俄罗斯东部地区参与亚太地区国际合作的主要形式为能源类产品出口。

本书引入产业贡献率指标，公式为：

$$c_i = \delta Y_i / \delta GDP \times 100\% \tag{7-1}$$

其中 c_i 比值越高，说明在地区发展中该产业所达到的贡献率越高。式（7-1）中 c_i 为产业贡献率，δY_i 为产业的增加值的增量，δGDP 为总体增量。

由表 7-1 可以看出，在东部地区的净出口额中，能源类产品的贡献占比均在 50% 以上，对于东部地区净出口增长贡献率高达 10.85，这也说明了俄

---

① 根据俄罗斯联邦统计局网站相关数据计算整理。

② 根据俄罗斯联邦统计局网站相关数据计算整理。

罗斯东部地区的出口是以能源类产品为主，对外贸易对于资源具有较大依赖性。初级产品的出口模式使得俄罗斯东部地区对外贸易产品附加值较低，受国际经济形势及物价水平影响较为明显。

表7-1　2011~2013年俄罗斯东部地区进出口情况统计

单位：亿美元

年份	东部地区			能源类产品		
	出口额	进口额	净出口	出口额	进口额	净出口
2011	583.35	182.23	401.12	267.17	5.67	261.50
2012	614.71	210.47	404.24	302.37	7.00	295.37
2013	643.99	214.46	429.53	333.45	6.64	326.81

资料来源：根据俄罗斯联邦统计局网站相关数据统计整理。

（二）俄罗斯东部地区产业发展特征

苏联时期实施的"生产力东移"战略，将东部地区打造为苏联军事物资的战略储备后方，使得东部地区的产业发展具有明显的重工业性质，绝大多数的产业属于资源消耗型产业。依赖资源的开发模式使得俄罗斯东部地区在长期发展中产业不协调的结构问题越来越凸显。如表7-2所示，2012年俄罗斯东部地区的重工业比重高达88.88%，而轻工业所占比重仅为11.12%。经济发展的高度重工业化不仅对俄罗斯东部地区的资源造成了极大的耗损，而且使得东部地区出现人口流失、生产与消费部门发展不协调等现象。

表7-2　俄罗斯东部地区轻重工业结构比重

单位：%

年份 ＼ 产业	轻工业	重工业
2010	11.94	88.06
2011	10.96	89.04
2012	11.12	88.88

资料来源：根据俄罗斯联邦统计局网站相关数据统计整理。

1. 产业结构单一性较高

在长期发展过程中，由于资源禀赋以及俄罗斯联邦政府的政策导向，东部地区在产业结构上呈现单一性，第二产业比重过高，地区经济发展主要是以资源投入型产业为主要拉动力量，如表7-3所示。

表7-3　俄罗斯东部地区第二产业内部结构比重

单位：%

年份	采矿及采石业	制造业	电力、能源、燃气及水资源产业
2008	36.36	34.69	9.69
2009	36.17	31.86	11.38
2010	41.36	29.81	9.61

资料来源：根据俄罗斯联邦统计局网站相关数据统计整理。

在俄罗斯东部地区的第二产业中，采矿及采石业，电力、能源、燃气及水资源产业的比重均在46%以上，2010年甚至达到了50.97%。在东部地区的产业结构分布中，原材料、能源等资源投入产业仍然是主要推动产业，产业结构构成较为单一。

2. 产业结构趋同问题严重

俄罗斯东部地区拥有丰富的石油和天然气资源，远东联邦区油气面积约为160万平方公里，占地区总面积的25%[①]。东部地区依靠其自身资源优势，在地区后续产业的选择上也多集中于以本地能源为产业发展依托，例如，远东联邦区的鄂霍次克海、萨哈林州、楚科奇自治区等都是俄罗斯石油原料开采基地，俄罗斯西伯利亚的伊尔库茨克州、萨哈共和国、克拉斯诺亚尔斯克边疆区则是依靠天然气储量优势成为俄罗斯重要的天然气原料基地。东部地区在产业选择上，主要集中于以资源开采为主的初级加工型产业，产业层次较低，产业结构趋同现象严重。

3. 产业关联度偏低

俄罗斯东部地区依托本地资源优势发展的产业，并没能在区域内形成上下游产业链条，产业关联度较低。东部地区的经济发展主要是以初级开采为

---

① 岳来群:《中国油气合作充满未知》,《中国石油企业》2008年第1期。

主，主要发展石油、天然气等大型开采项目，如萨哈林–1号、萨哈林–2号等大型油气资源储量开采项目，这样的油气开采项目在为东部地区带来经济增长的同时，不能带动相关产业的发展，造成产业关联度偏低，使得区域经济发展的聚集力不能得到显著提升。

（三）俄罗斯东部地区生产要素投入现状

1. 劳动力要素特征

（1）劳动力供给不足

俄罗斯东部地区艰苦的自然环境以及不完善的配套基础设施，使得俄罗斯东部地区人口不断流失，劳动力供给不足现象日益明显，2014年东部地区人口总数仅为俄罗斯总人口的17.76%[①]，劳动力缺失已经成为制约东部地区经济发展的重要因素之一。

由表7–4可知，2012年东部地区的年平均就业人数为1238万人，全俄年平均就业人数为6797万人，东部地区年平均就业人数远远低于全俄平均水平（见图7–1），仅为全俄平均水平的18.21%。人口的不断流失，也使得东部地区劳动力缺失的问题不断加重。2013年全俄年平均就业人数为6790万人，东部地区年平均就业人数为1235万人。

表7–4　2002~2013年俄罗斯与东部地区的年平均就业人数

单位：万人

年份	2003	2004	2005	2006	2007	2008	2009	2010	2011	2012	2013
全俄	6598	6641	6679	6717	6802	6847	6746	6758	6773	6797	6790
东部地区	1204	1213	1218	1224	1235	1241	1226	1234	1234	1238	1235

资料来源：根据俄罗斯联邦统计局网站相关数据统计整理。

（2）人才培养状况

资源型地区由粗放型增长转变为创新型发展，需要创新型人才的支持。科研人员利用现有条件进行科学研究，并形成一定的科研成果，以促进地区

———————————————
[①]　根据俄罗斯联邦统计局网站相关数据统计整理。

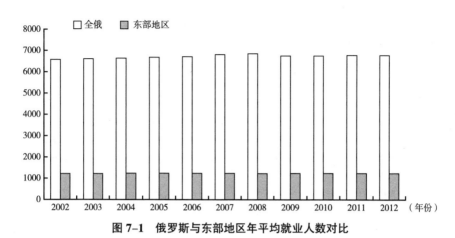

图 7-1 俄罗斯与东部地区年平均就业人数对比

资料来源：根据表 7-4 整理。

创新能力的提高。而俄罗斯东部地区的现实状况是，科研人员的逐年流失，使得地区科技成果的数量和质量得不到保障。

从表 7-5 可以看出，在科研人员总量方面，东部地区的科研人员数在 2002~ 2012 年整体上呈下降趋势：2002 年东部地区科研人员数为 77868 人，到 2012 年则下降为 65912 人，下降了 15.35%。但同时东部地区的科研人员数在全俄的比重呈波动上升趋势，这是因为同期全俄的科研人数也在不断下降，且其下降幅度在一些年份超过了东部地区的下降幅度。全俄的科研人员数从 2002 年的 870878 人下降到 2012 年的 726318 人，下降了 16.60%。由此可见，无论是东部地区还是全俄，都面临着同一个问题：科研人员总量减少，科技人才不断流失。

教育水平的高低决定着东部地区未来人才培养情况，由于人才的流失以及劳动力总量较小，东部地区未来科技创新前景令人担忧。

东部地区虽然劳动力总量较小，2012 年受教育人数在全俄学生总人数中占比也仅为 18.82%，但从表 7-6 中可以看出东部地区受教育程度与全俄平均水平持平，在学前教育与基础教育方面甚至略微超过全俄平均水平，这说明东部地区拥有良好的教育平台。劳动力的流失以及高科技人才的大量外流，使得东部地球的教育体系优势并没有得到发挥，人才培养仍旧是东部地区面临的较大问题。

表 7-5   2002~2013 年俄罗斯与东部地区的科研人员数

单位：人，%

年份\地区	东部地区	全俄	东部地区占全俄比重
2002	77868	870878	8.94
2003	78325	858470	9.12
2004	77167	839338	9.19
2005	75333	813207	9.26
2006	72698	807066	9.01
2007	70570	801135	8.81
2008	67452	761252	8.86
2009	66386	742433	8.94
2010	65800	736540	8.93
2011	66201	735273	9.00
2012	65912	726318	9.07
2013	—	727029	—

资料来源：根据俄罗斯联邦统计局网站相关数据统计整理。

表 7-6   2013 年俄罗斯东部地区教育情况

单位：万人，%

地区	总人口	学生人数			占总人口比重		
		学前教育	基础教育	高等教育	学前教育	基础教育	高等教育
全　俄	143667	634.7	1364.32	564.67	4.41	9.50	3.93
东部地区	25569	121.2	271.1	95.88	4.74	10.60	3.74

注：学生人数不包括夜校和初中级职业教育人数。

资料来源：根据俄罗斯联邦统计局网站相关数据统计整理。

2. 资本要素特征

（1）固定资产投资额过低

俄罗斯东部地区以自然资源的开发及出口为主要产业形式，而资源型产业的深化发展以资金为基础，尤其是大型能源开发项目的顺利实施需要充足的资金作为保障。但东部地区在能源开采、加工方面，存在固定资产投资额过低等现象，资金投入不足制约了资源型产业改良原有设备、引入先进技术，使东部地区高消耗的开发模式不能得到有效缓解。

从表 7-7 可以看出，2013 年东部地区在全俄固定资产投资额中占比很小，仅为 16.54%，西伯利亚联邦区与远东联邦区固定资产投资总额低于发达的中央联邦区固定资产投资额。资金投入不足使得东部地区改善投资环境的能力被削弱，在吸引外资方面存在明显的不足。

表 7-7　2005~2013 年俄罗斯东部地区固定资产投资额

单位：亿卢布

年份　　　　地区	全俄	中央联邦区	东部地区
2005	36111.09	9641.58	6223.96
2006	47300.23	12255.93	8145.46
2007	67162.22	17795.99	11458.00
2008	87816.16	22783.29	15303.01
2009	79760.13	19281.38	15207.04
2010	91520.96	20998.24	17681.71
2011	110356.52	24583.12	22797.92
2012	125688.35	26895.87	23567.46
2013	132555.37	32873.63	21921.52

资料来源：根据俄罗斯联邦统计局网站相关数据统计整理。

（2）吸引外国直接投资能力较弱

俄罗斯东部地区在经济发展中，由于基础设施建设以及产业发展的需要，对资金需求巨大。巨大的资金需求是俄罗斯联邦及地方财政很难满足的，吸引外国直接投资成了东部地区弥补资金缺口的优先选择。虽然东部地区自然资源种类及储量位居世界前列，但投资环境的不完善以及缺少政策的保障，使得东部地区吸引外资的潜力并没有得到完全发挥。

如表 7-8 所示，俄罗斯东部地区吸引外国直接投资能力呈现逐年增长的趋势，但同时也应该注意到的是东部地区吸引外资总额在全俄所占比重仍旧不高，2012 年仅达到 11.34%。东部地区利用自身能源优势吸引外国直接投资能力仍旧有待提高。

表 7-8　俄罗斯东部地区吸引外资情况

单位：百万美元

年份 地区	2009	2010	2011	2012	2013
全俄	81927	114746	190643	154570	61396.6
东部地区	10708	10851	14797	17533	14792.4
西伯利亚联邦区	2733	3565	4891	3951	5828.7
远东联邦区	7975	7310	9906	13582	6263.7

资料来源：根据俄罗斯联邦统计局网站相关数据统计整理。

二　俄罗斯东部地区发展创新型经济的优势条件

（一）地缘优势

俄罗斯东部地区指乌拉尔山脉以东的广大地区，西起乌拉尔山脉、东至太平洋，北至北冰洋，南至哈萨克斯坦的中北部以及蒙古国和中国的边境 [①]，在行政区划上包括西伯利亚联邦区和远东联邦区。

西伯利亚联邦区处于连接欧洲和亚洲的重要区域，同时西伯利亚联邦区还拥有两条重要南北走向的河流——鄂毕河和叶尼塞河，通过这两条河流，能够与北方海路相连，这两条河流加上东部地区铁路与公路，共同组成综合运输系统 。优越的地理位置使得西伯利亚联邦区在国际分工合作中，既可以进入位于北欧的挪威、瑞典和芬兰等国家的市场，又能够向一些位于亚太地区的国家出口大宗商品。俄罗斯东部地区在经济发展中应充分利用西伯利亚大铁路以及贝加尔—阿穆尔铁路横贯东西的优势条件，进一步加强边境贸易。西伯利亚联邦区应积极参与东北亚地区经贸合作，开发区域石油和天然气市场，同时保持与传统贸易伙伴如英国、法国等西欧国家的关系，在发展创新型经济的过程中，致力于优化出口产业结构，改

---

① 程亦军：《俄罗斯东部地区人口安全形势分析》，《俄罗斯学刊》2011 年第 4 期。

变原有出口模式。

远东联邦区在地理位置上向东毗邻太平洋，与日本、美国拉斯维加斯隔海相望，南部与中国、朝鲜接壤。远东联邦区漫长的海岸线上分布着符拉迪沃斯托克、纳霍德卡等海湾港口，是俄罗斯通往太平洋以及参与亚太地区合作的重要门户①，对于俄罗斯积极融入亚太地区的经济战略具有重要的地缘价值。近年来，亚太地区已经成长为全球经济发展最为迅猛的区域之一，俄罗斯东部地区在转型发展的过程中需要资金、技术的支持，中国、印度以及韩国等国家对于能源的需求又在不断攀升，这为俄罗斯东部地区加强同其他各国的经贸合作奠定了基础。俄罗斯东部地区自然资源储备丰富，地缘优势使得俄罗斯能源对于亚太地区其他国家具有很强的吸引力。

（二）政策优势

针对东部地区未来的经济发展，俄罗斯政府先后制定了一系列发展战略规划。2000 年，俄罗斯政府制定了《国家关于西伯利亚长期发展的构想》，随后在此基础上提出了《21 世纪西伯利亚与远东长期发展战略》；2002 年，俄罗斯政府对《1996~2005 年和 2010 年前远东与外贝加尔地区经济社会发展联邦专项纲要》进行了重新修订并予以实施；在此基础上，俄罗斯政府于 2007 年成立了远东和外贝加尔地区发展问题委员会，以此统筹东部大开发进程；2007 年俄罗斯政府批准了《2013 年前远东与外贝加尔经济社会发展联邦专项纲要》，进一步推动了俄罗斯东部地区开发进程；2010 年俄罗斯政府正式批准了《2025 年前远东和外贝加尔地区经济社会发展战略》。由此可见，俄罗斯联邦政府以及各级政府都在为加快东部地区开发步伐做着不懈的努力。

俄罗斯政府实施的《2025 年前远东和外贝加尔地区经济社会发展战略》将该地区的经济发展划分为三个不同的发展阶段，处于不同阶段的东部地区

---

① 《俄罗斯远东大开发：资源优势与制约因素分析》，绥芬河市政府网，http://www.suifenhe.gov.cn/contents/2013-04-12，2013 年 4 月 12 日。

发展侧重点有所不同，进行阶段划分旨在挖掘东部地区创新潜力，打造创新型经济发展模式。2009~2015年为第一阶段：这一阶段的主要任务为加大远东和外贝加尔地区投资，使其增速赶超全俄平均水平，同时提高东部地区居民就业率，通过新建基础设施、推广创新技术、在经济相对发达地区发展工农业，形成该地区新的经济增长中心。2016~2020年为第二阶段：通过完善基础设施，提高地区交通运输能力，弥补原有交通网络不足，改变原有初级加工的生产方式，提高原材料深加工的比重，吸引国内外投资，新建适应于本地区经济发展的大型项目。2021~2025年为第三阶段：在基础设施完善、交通网络基本建成的基础上，大力发展创新型经济，积极加入国际分工体系，通过改变原有发展模式，摆脱该地区在高新技术、能源以及交通运输方面的原有路径依赖，实现创新型经济发展潜能开发[1]，在巩固优势科研领域的同时，注重在教育以及医疗领域的投入，加快发展人力资本，逐步达到发达国家或地区水平。

（三）能源优势

俄罗斯东部地区油气资源储量丰富，东西伯利亚联邦区和远东联邦区近一半的陆上地区都是富含油气的区域，差不多整个远东海域大陆架都是富含油气的区域，俄罗斯东部地区集中了150多亿吨的初级石油资源，超过全俄初级石油资源的18%[2]。

从表7-9我们可以了解到，俄罗斯东部地区的煤炭开采量在全俄总开采量中占比为90%以上，2013年占比达到了93.83%，这说明东部地区在自然资源分布上具有优势。俄罗斯联邦能源发展的纲领性文件《2030年前能源战略》提出以创新型发展模式实施能源发展战略。东部地区应充分发挥西伯利亚联邦区和远东联邦区所拥有的自然资源优势，利用能源产业转型与升级的机遇来推动东部地区经济的长期、健康发展。

---

① 高际香、俄罗斯：《2025年前远东和贝加尔地区经济社会发展战略解读》，《俄罗斯中亚东欧市场》2011年第1期。

② 王京：《俄罗斯石油生产和潜力分析（2013）》，石油观察网，http://www.oilobserver.com，2015年11月11日。

表7-9 2009~2013年俄罗斯煤炭开采量

单位：万吨

地区 \ 年份	2009	2010	2011	2012	2013
全俄	30124.9	32206.4	33629.4	35639.0	35122.9
西伯利亚联邦区	25413.4	26925.3	28232.8	29893.4	29698.6
远东联邦区	2781.0	3168.5	3221.3	3504.4	3258.3

资料来源：根据俄罗斯联邦统计局网站相关数据统计整理。

（四）科技优势

1. 科学技术对发展创新型经济的作用机理

发展创新型经济包括不同的创新主体以及不同的创新阶段，阶段不同，发展侧重点及创新主体也有所不同。但可以肯定的是，在任何一个阶段，科学技术都是发展创新型经济的核心。科技进步在推动经济总量增长的同时，还将促进经济结构的优化以及经济效益的提高，最终实现经济增长方式的转变，即资源型经济向创新型经济转变，如图7-2所示。

第一，推动产业结构优化。一方面，科技进步将加快传统产业改造升级，提升传统产业原有生产技术水平，形成更适于经济发展的规模及结构；另一方面，科技进步将加快高新技术产业发展步伐，促使其成为经济增长新的带动力量，通过产业前向联系、后向联系作用的发挥，带动一系列相关产业优化升级发展，形成新型产业集群，重新打造区域支柱产业。

第二，劳动力结构发生变化。随着科技进步，以劳动力为主要生产力的传统部门可能就会产生劳动力剩余现象。在这样的情况下，劳动力就会发生转移，转移的方向可能为：一是向产品需求上升的部门转移；二是向需求量正处于上升阶段的新兴产业部门进行转移；三是向服务部门转移。

第三，对需求结构产生影响。科技进步会对人们的需求产生影响，人们会越来越倾向于使用凝聚高新技术的新产品。更多的新产品随着技术进步被

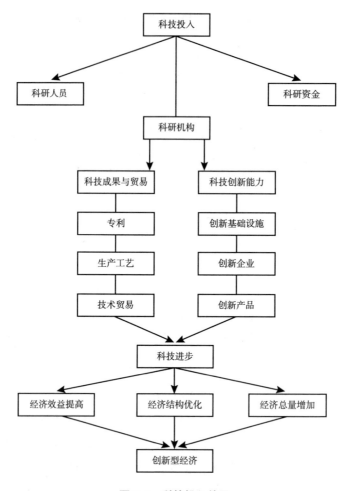

图 7-2 科技投入效果

开发出来，有市场潜力的新产品会受到人们的青睐，技术进步影响新产品开发进而影响人们需求结构的调整，这对于经济产业结构的调整具有很强的导向作用。

2. 科技实力雄厚

（1）科研机构

第一，西伯利亚联邦区的科研机构。

俄罗斯科学院西伯利亚分院作为西伯利亚联邦区最具代表性的科研机构，

现有工作人员35000人，其中科研人员为8750人 [1]。目前，西伯利亚分院包括9个地区研究中心（见表7–10）、79个研究所和工艺设计单位、100多个科研站（包括冻土研究站、陆圈研究站、太阳地球物理学研究站等），拥有核物理研究所和化学动力与燃烧研究所的自由电子激光器研究设备，太阳地球物理研究所、星体大气物理研究所的太阳射电望远镜与天文台研究设备等 [2]。其研究领域涉及物理、电子电力、计算机模拟、太空探索和医学等众多领域，在新材料、信息技术及多门类仪表制造技术等尖端科技领域一直处于世界先进水平。

表 7–10　西伯利亚分院和远东分院下属地区研究中心

西伯利亚分院下属的地区研究中心	远东分院下属的地区研究中心
新西伯利亚科学中心	滨海科学中心
布里亚特科学中心	阿穆尔科学中心
克麦罗沃科学中心	哈巴罗夫斯克科学中心
克拉斯诺亚尔斯克科学中心	萨哈林科学中心
伊尔库茨克科学中心	堪察加科学中心
鄂木斯克科学中心	东北科学中心
托木斯克科学中心	远东农业科学中心
秋明科学中心	医学研究所
雅库茨克科学中心	

资料来源：西伯利亚分院网站和远东分院网站。

此外，西伯利亚联邦区还聚集了俄罗斯医学院西伯利亚分院、俄罗斯农业科学院西伯利亚分院、国家信息技术中心、国家病毒学和生物工程研究中心等众多科研机构。许多国内知名高校的分校、科技公司、高新企业等也都聚集于此。

第二，远东联邦区的科研机构。

远东联邦区的主要科研机构是俄罗斯科学院远东分院，现有工作人员7400人，其中科研人员为2543人 [3]。目前，远东分院包括8个地区研究中心

---

[1]　西伯利亚分院网站，http://www.sbras.ru/。

[2]　西伯利亚分院网站，http://www.sbras.ru/。

[3]　远东分院网站，http://www.febras.ru/。

（见表7-10）和35个研究所^①，远东分院的主要研究领域是与资源开发有关的基础理论和重点项目，如海洋工艺、生物工程、材料科学等，这些领域的研究成果一直处于国际领先位置。

除远东分院以外，远东联邦区还拥有重点研究机构，如远东工业企业建筑设计科学研究所、远东林业科学研究所、矿业研究所、农业研究所、黄金与稀有金属研究所等。

（2）创新企业比重上升

2005~2012年俄罗斯实施科技创新企业比重在波动中不断上升，如图7-3所示。根据表7-11可知，2012年全俄该类企业在所有企业中的比重达到了10.3%，较2005年的9.7%增长了0.6个百分点；同期东部地区实施科技创新企业数量也在不断攀升，2012年该类企业所占比重达到了9.7%，其中西伯利亚联邦区为8.5%，远东联邦区为10.8%，较2005年的7.0%增长了2.7个百分点。由此可见，一方面，东部地区实施科技创新企业比重虽不及全俄，但其增幅明显高于全俄；另一方面，全俄和东部地区企业的创新积极性都在逐步提高。而2013年，全俄实施科技创新企业比重为10.5%，西伯利亚联邦区为9.1%，远东联邦区为9.5%，东部地区为9.3%。

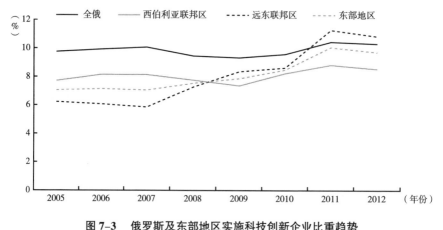

图7-3　俄罗斯及东部地区实施科技创新企业比重趋势

---

① 远东分院网站，http://www.febras.ru/。

表 7–11　2005~2013 年俄罗斯及东部地区实施科技创新企业比重

单位：%

地区＼年份	2005	2006	2007	2008	2009	2010	2011	2012	2013
全俄	9.7	9.9	10.0	9.4	9.3	9.5	10.4	10.3	10.5
西伯利亚联邦区	7.7	8.1	8.1	7.7	7.3	8.2	8.8	8.5	9.1
远东联邦区	6.2	6.0	5.8	7.2	8.3	8.6	11.2	10.8	9.5
东部地区	7.0	7.1	7.0	7.5	7.8	8.4	10	9.7	9.3

资料来源：根据俄罗斯联邦统计局网站相关数据统计整理。

随着先进生产工艺的开发量和使用量不断增加，工业领域创新产品的产值及其在全部工业品中所占的比重也在不断攀升。2012 年，俄罗斯全国实现创新产品总产值 28729 亿卢布，创新产品在全部工业品中的比重也从 2005 年的 5.0% 上升到了 2012 年的 8.0%[①]；东部地区在 2012 年实现创新产品产值 4586 亿卢布，较 2005 年的 214 亿卢布增长了 20.43 倍，占俄罗斯全国创新产品总产值的 15.96%，创新产品在全部工业品中所占的比重更是从 2005 年的 1.3% 上升到了 2012 年的 7.8%，其中西伯利亚联邦区在 2012 年实现创新产品产值 1171 亿卢布，创新产品在全部工业品中所占的比重为 2.7%，远东联邦区 2011 年创新产品产值实现了迅猛增长，达到了 3415 亿卢布，创新产品在全部工业品中所占的比重则达到了 22.6%[②]。

三　俄罗斯东部地区发展创新型经济的制约因素

（一）面临的困难

1. 开发成本高

俄罗斯东部地区的自然资源开采难度非常大，需要付出很高的经济成本，这是因为：一方面，该地区自然条件恶劣，有一半以上的地区属于多年冻土带，在这一地区修建铁路、公路的建筑成本要远高于其他地区，还要面临相

---

① 根据俄罗斯联邦统计局网站相关数据统计整理。

② 根据俄罗斯联邦统计局网站相关数据统计整理。

当复杂的技术问题，工程建成后运行成本非常高；另一方面，该地区的基础设施薄弱，劳动力缺乏，工人的劳务费和生活成本相对于西部地区来说也要高出许多。要想改变这种不利局面，俄罗斯政府必须加大对东部地区的技术支持力度，利用先进的科学技术降低资源开采成本，提高该地区的基础设施建设水平，这样才能更有效率、更加持续地利用这一地区丰富的自然资源优势，并以此带动该地区经济的全面发展。

2. 产业结构失衡

俄罗斯东部地区在经济发展中表现出严重的产业结构失衡。自然资源开采、粗加工以及重工业在地区经济中占有很大比重，农业、民用工业以及高科技产业的发展则相对滞后。虽然东部地区蕴藏着巨大的科技潜力，但充分挖掘东部地区科技潜力，使其转化为实实在在的生产力，推动东部地区农业和工业的现代化以及高新技术产业的发展，这样的过程需要技术、资金支持以及完善的政策法规作为其发展后盾，现阶段还是有一定的困难。

3. 劳动力短缺

劳动力的流失、短缺，已成为制约俄罗斯东部地区经济发展的主要因素之一。2014 年东部地区人口数为 2552 万人，俄罗斯总人口数为 14367 万人，占全俄领土面积 66.36% 的西伯利亚联邦区与远东联邦区的人口数仅占俄罗斯总人口数的 17.76%[①]。从图 7-4 可以看出东部地区人口密度低于全俄平均水平，相比于发达的西部地区，人口密度更是明显偏低。

缓解该地区劳动力短缺的压力，保证东部地区经济持续快速发展，必须依赖科学技术的发展。这主要表现在以下两个方面：一方面，东部地区的劳动力资源虽然有限，但可以通过对劳动者进行深入系统的教育和培训以及"干中学"使劳动者掌握先进的知识和技术，提高劳动效率，促进社会生产效率的提升；另一方面，在劳动力短缺的情况下，东部地区可以采用效率更高的机器代替劳动力资源，不仅提高劳动生产率，而且能减少对劳动力数量的依赖，缓解东部地区劳动力短缺所造成的压力。

---

① 根据俄罗斯联邦统计局网站相关数据统计整理。

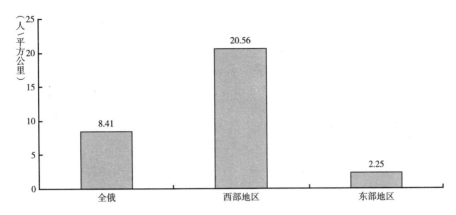

图7-4 2014年俄罗斯区域人口密度对比

资料来源：根据俄罗斯联邦统计局网站相关数据统计整理。

（二）资源型经济固有的弊端

1. 发展不可持续性

俄罗斯东部地区所拥有的资源种类及数量都极为丰富，但这些资源大多数具有不可再生性，不具有可持续开采性，只能是越开采越少，对这些资源无节制的掠夺性开采会使东部地区在几十年以后变成自然资源贫乏甚至枯竭的地区。同时，国际市场石油价格走高迫使许多国家开发生物能源、太阳能等新型能源替代石油资源，大力发展绿色经济。虽然从目前来看全球经济对石油的需求仍没有出现明显下滑，但可以预见的是，在未来国际能源市场需求中人们会越来越倾向于新能源的使用，而对于石油资源的需求量会逐渐降低。因此，东部地区不能期许依靠自然资源来维持经济的长期增长。

2. 粗放型增长

资源型经济是以数量的扩张为主要标志的，粗放型的经济发展所带来的经济增长质量必然是低下的。从长远来看，这种经济增长方式不仅不能使东部地区的资源优势真正转化为经济优势，而且会导致东部地区生态环境恶化、资源日趋枯竭和居民的实际福利下降，甚至会造成"贫困化增长"，最终会使东部地区的经济发展难以持续并可能使经济陷入困境。

（三）俄罗斯东部地区发展创新型经济不利因素

1. 俄罗斯东部地区处于劣势的基础条件

俄罗斯在 2011 年 12 月正式成为世界贸易组织成员。俄罗斯加入 WTO，使得东部地区同时面临机遇与挑战。一方面，加入 WTO，要求东部地区的财政政策、投资政策以及贸易政策等与国际进行接轨，要求投资环境的改善，要求逐渐消除贸易歧视和技术壁垒。可以预想到的是东部地区的投资环境将会得到极大改善，这将有利于吸引外资投向该地区的高科技产业，缓解东部地区科技研发过程中资金短缺的问题。与此同时，有利于东部地区开展国际交流与合作，引入高新技术和先进的管理理念及方式，建立高新技术学习交流平台。另一方面，加入 WTO 也同时为东部地区带来了新的严峻挑战，因为加入 WTO 后，国内外市场的竞争加剧，东部地区能源产业等支柱产业和农业、轻工业、高科技产业等弱势产业都要经受国外产品和技术的直接冲击和考验，此时，东部地区各产业将不得不提高其创新积极性，依靠先进的科学技术增加产品附加值，提高自身的核心竞争力，力求在激烈的国际竞争环境中处于不败之地。

2. 易受国际环境影响

对于俄罗斯东部地区来讲，发展创新型经济是十分迫切的，原因之一就是俄罗东部地区生产的产品附加值较低，在国际市场中缺乏竞争力。在世界市场分工中，俄罗斯更多的是担任原材料供应者的角色。而东部地区在俄罗斯的地位就相当于俄罗斯在世界市场中所处的地位。

从表 7-12 和图 7-5 可以看出，俄罗斯在对外贸易中一直处于顺差地位，且贸易顺差额在部分年份中保持较高的增长率。2008 年世界金融危机的爆发，使得俄罗斯经济多年来保持的增长趋势首次出现了负增长，而从表 7-12 中我们也可以看出，2009 年贸易顺差额同比下降 37.92%，国际金融环境的恶化，使得俄罗斯经济陷入了低迷状态。东部地区作为俄罗斯最主要的能源供应基地，其出口商品也主要集中于能源、矿产品和化工产品等资源型产品，国际经济形势的变化对东部地区经济影响更为明显。国际经济环境的恶化使得俄罗斯经济遭受重创，再次证明了资源型产品的出口始终受制于最终产品需求量及需求结构的影响，世界经济的走势直接影响依靠出口创汇带动地区发展的俄罗斯东部地区。

表7-12 2005~2013年俄罗斯贸易顺差额统计

单位：亿美元，%

年份	2005	2006	2007	2008	2009	2010	2011	2012	2013
贸易顺差额	1183.6	1392.7	1309.2	1797.4	1115.9	1519.9	1981.8	1916.6	1819.4
同比增长	—	17.66	-6.00	37.29	-37.92	36.20	30.39	-3.29	-5.07

资料来源：根据俄罗斯联邦统计局网站相关数据统计整理。

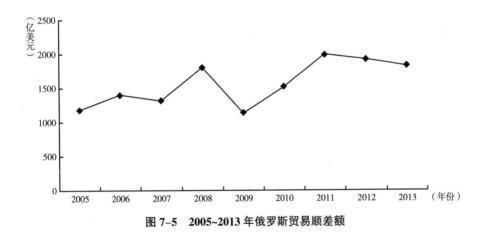

图7-5 2005~2013年俄罗斯贸易顺差额

3. 东西部发展不均衡

长期以来，俄罗斯的经济发展重心一直位于西部地区，根据表7-13可以了解，东部地区在经济发展过程中与西部地区始终存在较大差距，2005~2012年西部地区在全俄生产总值中的占比一直为87%左右，东部地区仅为13%左右，二者差距明显，如图7-6所示。优越的自然资源条件并未托起东部地区经济的腾飞，为此东部地区有必要采取更为有效的发展战略：充分挖掘该地区巨大的科技潜力，积极推动该地区科学技术的发展，形成新的经济增长原动力，进而通过科技的扩散作用引发经济增长的乘数效应，最终推动东部地区经济的加速增长，逐渐赶超西部地区，缩小地区间发展差距。

表 7-13　2005~2013 年俄罗斯国内生产总值情况表

单位：百万卢布，%

年份＼地区	全俄		西部地区		东部地区	
	总额	占比	总额	占比	总额	占比
2005	21609766	100	18832046	87.15	2777720	12.85
2006	26917201	100	23475129	87.21	3442072	12.79
2007	33247513	100	28979722	87.16	4267791	12.84
2008	41276849	100	36299771	87.94	4977078	12.06
2009	38807219	100	33685610	86.80	5121609	13.20
2010	45172748	100	38972245	86.27	6200503	13.73
2011	55967227	100	48650839	86.93	7316388	13.07
2012	62218378	100	54370657	87.39	7847721	12.61
2013	54013599	100	45669782	84.55	8343817	15.45

资料来源：根据俄罗斯联邦统计局网站相关数据统计整理。

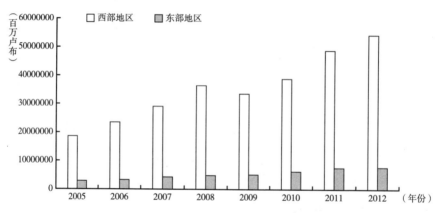

图 7-6　俄罗斯西部地区与东部地区生产总值情况对比

4. 政策效用不明显

在俄罗斯近十几年的改革进程中，俄罗斯联邦政府制定了 200 多个综合型地区发展纲要，其中约 60% 的政策实际上并没有予以实施，另有 30% 的政策没有实施完毕，各地区大多数经济社会发展纲要仍停留在讨论阶段①。俄罗斯政府在东部大开发中的一系列战略措施，虽然使东部地区得到了一定的

———————————

① 葛新蓉：《俄罗斯地区发展联邦专项纲要评析》，《俄罗斯中亚东欧市场》2010 年第 2 期。

发展，但同时在政策的推进过程中仍旧存在一定的问题。

首先是政策的依赖性。俄罗斯东部地区从苏联时期起，在国家的发展布局中就是以原材料作为发展基础，并被打造为全国的燃料动力中心。在此之后，东部地区的经济结构就一直带有浓重的重工业色彩。俄罗斯的独立并没有带领东部地区改变结构不合理的现状，叶利钦时期的西部发展战略，使得东部地区失去了国家的政策支持，只能依靠苏联时期原有工业基础支撑地方经济发展。东部地区对于重工业已经形成了强烈的依赖性，在没有外生力量打破现有结构的情况下，很难摆脱原有的经济发展模式。与此同时俄罗斯联邦政府在经济转轨过程中也同样面临许多难题，对东部地区无暇给予更多的关注，这也导致东部地区在经济发展中仍然沿用计划经济时期的经济制度。近年来，东部地区地缘优势的显现以及西部开发潜力的匮竭，使得俄罗斯联邦政府重新重视东部地区的开发问题，并制定了一系列的纲要规划，但是在实施过程中，原有政策模式的根深蒂固，使得政策的实施并没有达到预期的目标。东部地区在发展经济的同时产业结构仍未得到合理的调整。

其次是缺少资金支持。在地区纲要规划实施的过程中，财政支出作为最重要的资金基础，却未能及时有效地落实。由于资金不足等问题，地区发展纲要规划中的一些项目不能开工或者延期进行，使得地区经济转型发展进程受到严重阻挠。在1992~2000年，俄罗斯联邦政府对于实施拨款仅完成计划的5.2%，而地方财政预算也仅仅完成计划拨款的17%[1]。同样，1996~2000年实施的《远东及外贝加尔1996~2005年经济社会发展联邦专项纲要》计划投资额为2200亿卢布，而实际中对于纲要规划项目投资仅为约420亿卢布[2]。

5.基础设施建设滞后

一是交通网络建设落后。

西伯利亚大铁路以及贝加尔—阿穆尔铁路并没有托起东部地区交通运输网络的全面发展。占据俄罗斯联邦2/3面积的东部地区的交通网络并不发达。2012年俄罗斯联邦铁路货物发货量为1421.1百万吨，东部地区货物发货量为

---

① 殷剑平：《俄罗斯远东纲要评述》，《俄罗斯中亚东欧市场》2003年第6期。

② 〔俄〕米纳基尔：《俄罗斯远东和外贝加尔的发展战略》，《东欧中亚市场研究》2002年第10期。

509.7 百万吨，其中西伯利亚联邦区货物发货量为 436.2 百万吨，占俄罗斯联邦总货物发货量的 30.67%，但远东联邦区仅为 73.5 百万吨，占比仅为 5.17%。相比于铁路运输，2012 年东部地区公路运输货物发货量占全俄的比重更低，仅仅达到了 9.57%。在交通网络密度方面，虽然东部地区拥有唯一横贯亚欧大陆的西伯利亚大铁路，但是铁路覆盖率低于全俄平均水平，2013 年西伯利亚联邦区铁路覆盖率仅为全俄平均水平的 56%，而远东联邦区的铁路覆盖率更低，仅为全俄平均水平的 28%。在公路方面，西伯利亚联邦区与远东联邦区均低于全俄平均水平，其中 2013 年西伯利亚联邦区为全俄平均水平的 58.62%，而远东联邦区仅为全俄平均水平的 15.17%[①]。东部地区地域辽阔，内部交通网络的不发达制约了东部地区经济的发展，同时也使得东部地区对外合作的开展受到影响。

二是电力系统老化。

因为东部地区地理位置限制，其与俄罗斯统一电力系统联系不足而导致其生产工艺落后，这就降低了东部地区电力系统的可靠性，与俄罗斯国内其他电力系统相比，必须增加超过最大负荷 23% 的储备发电功率才能保证东部地区用电量的供给[②]。目前，东部地区还存在电站现有剩余电能和功率无法向邻近地区输送、地区热电站功率利用不充分、工作效率低下等问题，电力系统的运行效率低下也削弱了相关系统的配送能力，如造成西伯利亚大铁路和贝加尔—阿穆尔铁路沿线的输电能力存在明显不足等问题。

三是社会服务设施尚不完善。

俄罗斯东部地区漫长的冬季、低温天气，以及西北部的永久冻土带导致公共设施建设和运行成本高昂，这种状况体现在所有服务行业中。东部地区卫生医疗领域相比于全俄也存在密度低等问题。

由表 7-14 可以了解到 2013 年东部地区在医疗机构基础设施方面占全俄的比率大约为 20.23%；在医生人数方面，东部地区医生人数占全俄医生人数的 18.72%；在文化娱乐方面，东部地区平均每年参加文娱活动的人数仅达到

---

① 根据俄罗斯联邦统计局网站相关数据统计整理。
② 根据俄罗斯联邦统计局网站相关数据统计整理。

全俄平均水平的 50%[①]，与较发达的中央联邦区更是相差巨大；在基础设施建设方面，东部地区体育场馆设施占全俄比重为 23.21%，游泳馆建设占全俄比重为 17.22%[②]。

表 7-14　2010~2013 年俄罗斯医疗情况

单位：万张，万人

地区 年份	全俄		东部地区	
	医院病床数	医生人数	医院病床数	医生人数
2010	133.95	71.58	27.03	13.53
2011	134.71	73.28	27.06	13.86
2012	133.23	70.32	26.62	13.36
2013	130.19	70.26	26.34	13.15

资料来源：根据俄罗斯联邦统计局网站相关数据统计整理。

　　东部地区的社会服务保障体系仍与全俄平均水平有一定的差距，而且东部地区自然条件相比于其他联邦区处于劣势地位，所以要实现在卫生、社会保障、教育、文化领域赶超全俄平均水平，东部地区需要更多的建设投入以实现打造完善的基础设施的目标。

　　6. 俄罗斯东部地区人力资本积累不足

　　人力资本积累作为创新型经济增长内生驱动因素之一，对于俄罗斯东部地区经济转型发展有着不可或缺的作用，人力资本在积累过程中将发挥累积效应和知识扩大效应。但是俄罗斯东部地区人才队伍无论是在总量上还是质量上均低于俄罗斯联邦整体水平。

　　（1）科研人员总量较小

　　东部地区科研人员总量不足。根据表 7-15，我们可以得到东部地区科研人员数变动趋势，由图 7-7 我们可以很明显看出东部地区存在人才流失现象，虽然东部地区科研实力雄厚，拥有多项处于世界领先地位的科技成果，但是东部地区自然环境恶劣，生活基础设施不完善，近年来，东部地区科研人员

[①]　根据俄罗斯联邦统计局网站相关数据统计整理。

[②]　根据俄罗斯联邦统计局网站相关数据统计整理。

数量呈现逐渐减少的趋势。2011 年东部地区科研人员数量有所增加，达到了
66201 人，这是 2002 年以来第一次停止下滑的年份。

表 7-15　东部地区的科研人员统计

单位：人，%

年 份	研究人员		技术人员		技术辅助人员		其他科研人员	
	人数	比重	人数	比重	人数	比重	人数	比重
2002	38742	49.75	7642	9.81	18571	23.85	12913	16.58
2003	39151	49.99	7525	9.61	18742	23.93	12907	16.48
2004	38150	49.44	7509	9.73	18834	24.41	12674	16.42
2005	37065	49.20	7413	9.84	18461	24.51	12394	16.45
2008	34413	51.02	6264	9.29	15435	22.88	11340	16.81
2009	34030	51.26	6435	9.69	14813	22.31	11108	16.73
2010	33485	50.89	6669	10.13	15004	22.80	10642	16.17
2011	33292	50.29	7545	11.40	14661	22.15	10703	16.17
2012	33817	51.31	7114	10.79	14236	21.60	10745	16.30

资料来源：根据俄罗斯联邦统计局网站相关数据统计整理。

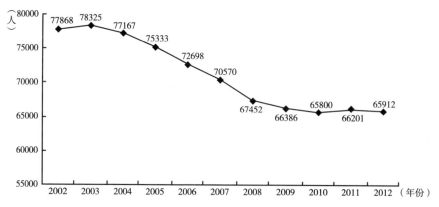

图 7-7　2002~2013 年俄罗斯东部地区科研人员数量变动趋势

科研人员是决定俄罗斯东部地区科技发展的决定性因素。从图 7-7 中可
以看出，东部地区的科研人员数量正在呈现逐渐下降的趋势。这种现象的出
现，一方面与东部地区本身的条件有关，如气候恶劣、基础建设滞后等；另
一方面则是因为科研资金投入不足，收入及科研活动技术设备需求不能得到满
足，致使很多科研人员外流。在未来的发展道路上，东部地区应注重加强人力资

本投入，改善地区基础设施，完善人才培养制度，增加对于高新人才的吸引力。

（2）东部地区科研人员类型不合理

按科研人员类型划分，东部地区的科研人员可分为研究人员、技术人员、技术辅助人员以及其他科研人员。

从表7-15中我们可以看出，俄罗斯东部地区的科研人员构成有以下几个特点。

第一，东部地区的科研人员中研究人员占有绝对优势，但其总人数在2002~2012年基本呈下降趋势，从2002年的38742人下降到2012年的33817人，减少了12.71%。

第二，东部地区的技术辅助人员从2002年的18571人减少到2012年的14236人，减少了23.34%；从占东部科研人员总数的比重来看，东部地区的技术辅助人员占比从2002年的23.85%减少到2012年的21.60%，减少了2.25个百分点。

第三，东部地区技术人员队伍偏小，且人数整体上也处于下降状态，2002年东部地区的技术人员为7642人，到2008年下降到历史最低水平，总数为6264人，较2002年减少了1378人。2008年金融危机之后，世界范围内尤其是西方发达国家的经济不景气，东部地区出现人才回流现象，该类型科研人员数量缓慢增加，到2011年增至2003年水平，达到7545人，在东部科研人员总数中的比重也在不断上升。

俄罗斯东部地区在发展创新型经济的道路上在人力积累方面存在人才结构不合理的现象，技术人员及技术辅助人员方面存在人才总数过低、人才队伍偏小等问题，东部地区在进行人才培养时应制订人才多层次的发展计划，使得人才结构与社会发展需求达到匹配状态。

（3）高学历人才缺乏

培养科研人员可以为科研活动提供源源不断的人才及智力支持，是评价一个国家或地区总体科技水平的重要指标。东部地区的科研人员培养以研究生和博士生为主，其数量总体来讲呈上升趋势，但各年上升幅度略有差异（见图7-8）。

虽然博士生及研究生人数总量呈现一定的上升趋势，但是在受教育人群中所占的比例仍旧不高，科研人员所占比例仍达不到发展创新型经济要

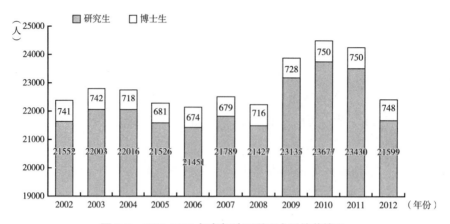

图 7-8   2002~2012 年东部地区科研人员培养情况

资料来源：根据俄罗斯联邦统计局网站相关数据统计整理。

求。根据俄罗斯 2010 年全国人口普查结果，可得在人口受教育的结构分布中，研究生所占比率仅为 0.20%，高等教育比例为 20.60%，中等教育比例达到 4.75%，一般教育比例为 73.85%，未受教育人群仅 0.60%[1]（见图 7-9），发

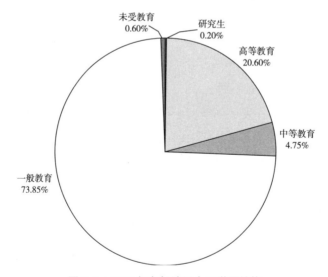

图 7-9   2013 年东部地区人口学历结构

资料来源：根据俄罗斯联邦统计局网站相关数据统计整理。

---

①   根据俄罗斯联邦统计局网站相关数据统计整理。

展创新型经济对于人才要求较高，但是俄罗斯东部地区高学历人才在总人口中所占比重偏低，人才培养上存在结构不合理的问题。

（四）科技创新体系有待完善

1. 科研投入强度不足

一是科研资金投入量较低。科技投入是指科研人员在科研经费及试验设备的支持下进行科研活动，完成了在科研活动中科技、人力、物力、财力的有机结合，最终带来一定的科技成果。科技成果在实践应用中进一步进行转换，在实际生产生活中通过提高人力资本以及物质资本运行效率达到促进科技进步的效用。位于东部地区的俄罗斯科学院西伯利亚分院以及远东分院虽然具有雄厚的科技实力，但是地区经济发展滞后，资金以及投入力度的不足，导致科研投入水平较低。

从表7-16中可以看出，从俄东部地区科研资金投入情况来看，2002~2012年东部地区的科研资金投入总体稳步上升：2002年东部地区的科研资金投入为116.816亿卢布，2012年上升到591.563亿卢布，增加了大约4倍。但将东部地区科研资金投入强度与全俄对比可以发现，其在俄罗斯的科研资金投入中所占比例仍过低。

表7-16　2002~2013年俄罗斯东部地区科研资金投入情况

单位：亿卢布，%

年份	东部地区的科研资金投入	俄罗斯的科研资金投入	科研资金投入强度比
2002	116.816	1350.045	8.65
2003	151.325	1698.624	8.91
2004	171.290	1960.399	8.74
2005	151.325	2307.852	6.56
2006	248.025	2888.052	8.59
2007	312.677	3710.803	8.43
2008	383.402	4310.732	8.89

年份	东部地区的科研资金	俄罗斯的科研资金	科研资金投入强度比
2009	417.141	4858.343	8.59
2010	436.287	5233.772	8.34
2011	518.181	6104.267	8.49
2012	591.563	6998.698	8.45
2013	—	7497.976	—

资料来源：根据俄罗斯联邦统计局网站相关数据统计整理。

二是创新产品产值偏低。在分析俄罗斯东部地区创新产品产值时，可以引入产业区位熵的测算指标，目的是通过东部地区创新产业结构与全俄的对比，发现东部地区创新产品产值在全俄所达到的位置。横向对比区域的某一产业的比重，采用产业区位熵指标：

$$LQ_{ij}= \frac{\dfrac{Y_{ij}}{\sum\limits_{j=1}^{n}Y_{ij}}}{\dfrac{\sum\limits_{i=1}^{m}Y_{ij}}{\sum\limits_{j=1}^{n}\sum\limits_{i=1}^{m}Y_{ij}}} \qquad (7-2)$$

式（7-2）中，Y_{ij} 为地区 i 第 j 个产业的产值，n 为产业部门数，m 为地区数，LQ_{ij} 为地区 i 第 j 个产业的区位熵。该值的大小表明该地区在该行业的专业化程度。

指标 $LQ_{ij}>1$ 表示东部地区在创新产业部门的集中度要大于全俄的平均水平，是全俄的重要区域科研成果产出部门。

指标 $LQ_{ij}=1$ 表明东部地区在创新产业部门的集中度与全俄是相匹配的，投入产出效果变动趋势一致。

指标 $LQ_{ij}<1$ 说明东部地区在创新产业部门的集中度没有达到全俄平均水平，在今后的产业投入上，应加大对于创新产业部门的投入，为创新型经济的发展提供良好的保障。

本书选择 2005~2013 年为分析时段，表 7-17 列出了 2005~2013 年全俄以及东部地区创新产品产值以及创新产品产值在工业品产值中所占的比重。由此，我们可以计算出全俄及东部地区创新产品产值在工业品产值中所占比重的变化情况，如表 7-18 所示。

表 7-17　2005~2013 年俄罗斯与东部地区创新产品产值情况

单位：百万卢布，%

年份	全俄		西伯利亚联邦区		远东联邦区		东部地区	
	产值	比重	产值	比重	产值	比重	产值	比重
2005	545540.0	5.0	16976.8	1.3	4510.6	1.3	21487.4	1.3
2006	777458.1	4.7	33375.1	1.7	8193.5	1.8	41568.6	1.7
2007	958928.7	4.6	51257.6	2.2	4853.1	0.9	56110.7	1.9
2008	1103365.5	5.0	49041.0	2.1	13092.9	1.9	62133.9	2.1
2009	934589.0	4.5	33290.7	1.5	13365.1	1.6	46655.8	1.5
2010	1243712.5	4.8	46890.0	1.5	16178.9	1.5	63068.9	1.5
2011	2106740.7	6.3	88866.0	2.2	288090.7	20.3	376956.7	6.9
2012	2872905.1	8.0	117118.0	2.7	341501.1	22.6	458619.1	7.8
2013	3507866.0	9.2	151362.7	3.3	370602.1	23.5	521964.8	6.3

资料来源：根据俄罗斯联邦统计局网站相关数据统计整理。

表 7-18　2005~2013 年创新产品产值比重

单位：%

地区 ＼ 年份	2005	2006	2007	2008	2009	2010	2011	2012	2013
全俄	5.0	4.7	4.6	5.0	4.5	4.8	6.3	8.0	9.2
东部地区	1.3	1.7	1.9	2.1	1.5	1.5	6.9	7.8	6.3
比重	0.26	0.36	0.41	0.42	0.33	0.31	1.09	0.98	0.68

资料来源：根据俄罗斯联邦统计局网站相关数据统计整理。

由图 7-10 可以看出，2005~2010 年，俄罗斯东部地区创新产品产值比重一直低于 1%，甚至低于 0.5%；从 2011 年起，创新产品产值比重出现大幅度提升，2011 年达到 1.09%，2012 年接近 1%，达到 0.98%，2013 年俄罗斯东部地区创新产品产值比重又有下滑，仅为 0.68%[①]。从东部地区与全俄总体水平对比来看：一方面，东部地区创新产品产值在全俄的比重除 2011 年出现大幅度上涨外，总体处于较低水平，说明东部地区还未达到全俄创新产品规模平均值；另一方面，从近两年产值比重来看，东部地区创新产品产值比重相比于以往有了明显的上升趋势，同时也可以看出，俄罗斯整体创新产品产值在工业品产值中的比重也有了提升。东部地区创新产品产值虽然有了一定程度的提高，但是我们也应该看到，东部地区科研资金投入强度还存在明显的不足，创新产品产值的持续增长还需要创新系统的完善来加以维持。

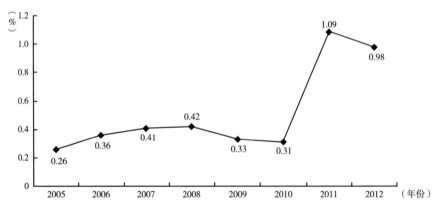

图 7-10　东部地区创新产品产值占全俄比重趋势（2013 年为 0.68%）

2. 科研成果转化困难

科研成果转化困难是多年来东部地区乃至俄罗斯科技发展过程中一直存在的问题，在东部地区技术贸易中贸易逆差情况严重，2011 年俄罗斯东部地区技术贸易额为 8268 百万卢布，其中进口额为 5429 百万卢布，出口额为

---

① 根据俄罗斯联邦统计局网站相关数据统计整理。

2839 百万卢布，贸易逆差达到 2590 百万卢布[①]。这反映出东部地区的科技发展过分依赖国外市场，间接说明东部地区虽然科技潜力大，科研成果丰厚，但真正转化成生产力的科研成果很少。

一项科研成果从研发到中试、最后到生产，在这样的过程当中，一般来说，其资金投入的比例大体为 1 : 10 : 100[②]，越到后期科研成果转换环节所需资金越多，科研资金短缺成为导致东部地区科研成果转化困难的最直接因素。对于资金匮乏的俄罗斯东部地区来讲，科研项目投入生产所需的资金得不到满足，最终致使其丰厚的科研成果多数只处于研发阶段，很难最终投入到生产体系中。

不合理的科研体制是导致东部地区科研成果转化困难的最主要原因。首先是僵化的二元科技体制。一方面，东部地区目前绝大多数科研资金都来自国家财政拨款，其中 90% 以上的财政拨款都流向了国有科研机构和高等院校[③]；另一方面，具有强大研发能力的科研机构与作为技术应用主体的企业之间缺乏行之有效的交流和沟通渠道。其次是科研资金分类的不合理，如表 7-19 和图 7-11 所示。科研机构和高等院校将这 90% 的财政拨款中的大部分用来进行基础研究，应用研究和试验发展的投入比例则相对较低[④]。

表 7-19　俄罗斯东部地区科研资金分类投入情况

单位：百万卢布

年 份	2004	2005	2008	2009	2010	2011	2012	2013
总支出	16146.2	18840.1	35603.9	39044.2	42113.1	49625.5	56397.7	—
基础研究	5950.1	7616.4	16174.4	18958.0	19188.8	22173.9	23329.1	24975.4
应用研究	3286.6	3748.6	8137.4	8255.2	9162.2	10138.2	11285.5	—
试验发展	6909.5	7475.1	11292.1	11831.0	13762.1	17313.4	21783.1	21297.8

资料来源：根据俄罗斯联邦统计局网站相关数据统计整理。

---

① 根据俄罗斯联邦统计局网站相关数据计算整理。
② 孙利虎、彭剑锋、邓衢：《看美国 GE 的科技成果转化》，《企业管理》2013 年第 6 期。
③ 郭晓琼：《俄罗斯创新型经济发展及政策评述》，《黑龙江社会科学》2009 年第 2 期。
④ 郭晓琼：《俄罗斯创新型经济发展及政策评述》，《黑龙江社会科学》2009 年第 2 期。

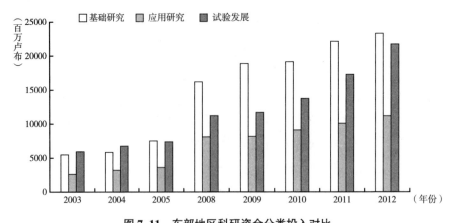

图7-11 东部地区科研资金分类投入对比

2012年东部地区在基础研究方面的资金投入为233.291亿卢布，占当年科研资金总投入41.36%；应用研究资金投入为112.855亿卢布，占当年科研资金总投入20.01%；试验发展资金投入为217.831亿卢布，占当年科研资金总投入的38.63%。根据对各国不同发展阶段数据的比较，得到基础研究、应用研究和试验发展之间具有一个相对稳定的比例，大约为1.5∶2.5∶6，即基础研究在工业化的不同阶段大约占全部科研资金投入的15%[①]。因此，可以看出东部地区科研资金投入在研究类型结构方面存在失衡，基础研究所占的比重明显偏高，远远超过其他发达国家水平，对应用研究的资金投入与其他发达国家相比稍微偏低，对试验发展的资金投入则明显偏低。很多科研机构在研发过程中并没有特定的应用目的，这会导致科研人员在研发过程中偏重于学术研究，研究成果理论性较强而商业价值不大。国家财政拨款支持的这些科研机构和高等院校的科研成果大多被国家买断，知识产权的所有权都属于俄罗斯联邦，这种国家和科研机构之间的产权制度使得成果研发者缺乏将其商业化的积极性。

[①] 赵建斌、袁卫、钟卫：《我国R&D经费投入模式的国际比较研究》，《中国科技论坛》2009年第1期。

3. 资源型地区发展创新型经济存在惯性影响

（1）短期内很难改变对自然资源的依赖

一方面，客观而言，资源型经济符合经济发展的比较优势理论，其在特定时期有其合理之处。目前全球资源相对紧缺，能源价格在正常情况下不会出现大幅下降，能源高价对俄罗斯东部地区来讲有着太大的诱惑力，加上该地区缺乏资金和劳动力方面的优势，科技优势也没有真正发挥出来，唯一的优势还是以能源为主的资源型行业，因此在短期内很难改变东部地区资源型发展所形成的依赖，自然资源仍会是东部地区经济发展的最重要的支撑。另一方面，经济在长期发展路径上会形成依赖性，政策法规又具有时滞性，因此形成以创新为驱动机制的经济发展模式需要一个过渡期，在经济转型的期间，自然资源仍将作为推动东部地区经济增长的主要力量。

（2）资源型经济为东部地区实现了原始积累

在长期发展的过程中，资金不足始终是东部地区实现经济深层次发展所要突破的难关之一。东部地区依靠丰富的自然资源禀赋获取了发展所需的原始积累，而资源型经济带来的巨额外汇收入则可以为科技的快速发展奠定物质基础，没有这样的原始资金积累，发展创新型经济的战略无疑成了空谈。要在巨额外汇收入这样的诱惑之中，改变原有资金收入渠道，实施新战略必然会在资金短缺的东部地区遇到一定的困难。

（3）技术替代具有阶段性

由于目前俄罗斯东部地区资金匮乏，大力发展资源型经济为科技创新发展积累资金，具有重要的现实意义。但从长远来讲，在东部地区的经济增长基本步入稳定阶段之后，东部地区应适时将发展重点转入科技领域，使科学技术成为经济发展的原动力。科学技术会逐步替代自然资源，发挥其在经济增长中的作用，这是一个必然但漫长的过程，在这样的过程中，并不能完全摒弃对于自然资源的依赖，它作为创新经济发展的依托，需要分阶段逐步进行替代。

四 俄罗斯东部地区发展创新型经济的路径及其影响

（一）俄罗斯东部地区发展创新型经济路径选择

1. 发展创新型经济的几种路径选择

（1）创新产品进化模式

创新产品进化模式是以产品创新为发展基础，从产品创新到产业，最终形成创新区域的路径模式。该模式的特点是以重大产品、技术的发明或改进作为创新发展的依托，产品创新对于整个产业或社会产生影响，加快技术和产品的商业化，产业的创新发展足以建立产业集群，而集群又可以对社会经济发展产生极大的影响。在此基础上建立创新区域，以保证区域随着时代的发展和环境的变迁不断推陈出新，保持其在所处创新领域建立的优势（见图7-12）。在产业集群化发展的同时，还应加快完善上下游产业链条，建立属于区域自身的特色品牌，吸引更多的财力、人力，形成区域良好的经济循环体系。

图7-12 产品创新—产业—创新区域的路径模式

（2）产业拓展模式

对于发展创新型经济基础薄弱的地区，产业拓展模式的发展路径就是充分利用产业优势，在现有核心产业的基础上，通过区域内部合理分工，延长支柱产业链条，带动区域经济发展的同时在产品市场上创建优势、品牌产品（见图7-13）。通过进一步对产业链进行整合提升，在终端产品市场形成质量、价格或者品牌服务上的优势。在产业链整合升级的过程中，不仅应注重打造产业链条的上下游产业，同时要注重提升核心产业创新资源利用效率，为创新产品的产生奠定基础。产业拓展模式的实施以及最终效果的优劣，与政府、科研机构和企业等主要路径影响者的选择密切相关。政府可以结合地区经济发展现实基础及优势产业进行产业布局指引，统筹地区产业的延伸与拓展。

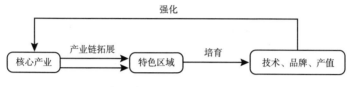

图 7-13 核心产业—创新区域的产业拓展模式

（3）产业创新平台发展模式

产业创新平台发展模式的首要任务是选定战略产业，即选择与其他产业具有较强关联性的战略产业，产业关联性及影响力的存在，使得产业在升级转型过程中推动生产方式、产业规模等方面形成相应变化。在此基础上打造产品创新平台，在平台的建设中给予政策、资金、技术上的支持（见图7-14），通过产品创新平台的构建突破原有产业结构存在的不合理现象，对于生产要素及区内资源进行重新分配，从而生产出具有市场竞争优势的战略性产品，提升区域整体效益，促进经济增长，同时带动整体经济发展。基于核心技术以及产品竞争力打造的创新平台能够整合区域内部资源，有效地集成创新资源，加快创新速度，形成战略产业的跨越式发展。

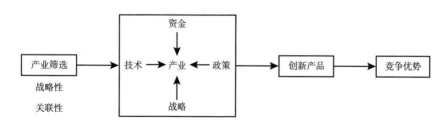

图 7-14 产业创新平台模式发展模式

（4）计划推进模式

计划推进模式主要可用于初始条件并不十分有利的区域，在这种情况下可以利用行政力量推进区域创新产品的形成。在发展创新型经济的过程中，政府可以通过制定相关政策如税收减免、绿色通道等吸引产业聚集，为创新产品的诞生打造市场条件。计划推进模式成功的关键在于政府是否能够通过运用各种政策工具加快区域产业化、规模化进程，在区域经济发展中能否形成创新能力以及核心竞争力。在整个模式的推进中，政府应处于主导地位，并运用行政力量及时进行监督。

2. 俄罗斯东部地区路径选择

俄罗斯东部地区科技进步替代自然资源成为推动经济发展主要力量具有一定的阶段性。在第一阶段中，东部地区有效的拉动经济增长的方式仍然为资源型产品的生产及出口，这一阶段需要维持原有的资源型经济发展道路。在第一阶段应将产业拓展模式作为区域转型发展的路径选择。此时，创新型经济发展的重点选择是在资源开采业和加工业中大规模使用现代化技术，注重利用科学技术改造传统产业，完善东部地区基础设施，更新机器设备，采用先进的生产工艺，提高资源开采和利用效率，并对资源类产品进行深加工，在资源开采的基础上延长产业链，增加产品附加值，在资源型经济的条件下实现资源效益的最大化。在第二阶段中，从东部地区长期发展而言，随着地区基础设施逐步完善，投资环境进一步改善，此时科技政策效应已经显现。在这样的基础之上，通过建立适合东部地区发展的创新平台，选择产品创新平台模式的发展路径，配合资源型经济在初始阶段的原始积累，这样科学技术的发展条件已基本具备，东部地区的科学技术及高科技产业将会迎来黄金发展时期。此时科学技术将会取代自然资源，成为东部地区经济发展的主要推动力，东部地区就真正走上了创新型经济发展之路。

目前俄罗斯东部地区的科技发展受资金、人才、发展环境和体制等种种因素的制约，要实现迅猛发展可谓步履维艰。但从长远来看，推动科学技术持续发展，实现资源型经济向创新型经济的转变，是其未来经济发展的必然选择。俄罗斯东部地区发展创新型经济路径见图7-15。

东部地区在转变粗放型经济增长方式时，可以从以下四个战略发展方向出发。

第一，将高科技产业列为最重要的优势产业进行发展。保持和实现在科学技术优势领域的主导地位，如航空航天技术、民用与军用飞机、电子技术、激光技术等领域。建立高新技术园区等创新中心，研发和生产高新技术产品，培养高新技术人才，提高该地区招商引资实力。

第二，加速交通运输业发展，发挥俄罗斯东部地区的交通运输潜力，发展欧亚大陆运输走廊，积极参与到"东部陆海丝绸之路经济带"的建设中去，为区域经济发展及合作创造有利条件。

第三，在保证俄罗斯东部地区能源、高科技领域的现有优势的基础上，实现经济结构多样化，改善原有投资环境，创造良好的投资氛围，减少交易成本及投资风险。发展和完善基础设施，建立与地区发展相匹配的创新机制，鼓励企业积极开展创新活动。

第四，形成对政府和企业活动的监督机制，保证政策能够有效实施；发展各类教育、医疗保障事业；提供与市场需求相吻合的职业培训，提高居民就业率；保障居民获得优质教育和医疗保健服务。

（二）发展创新型经济提升竞争力依据

俄罗斯东部地区在发展创新型经济的转型过程中虽然需要克服一系列的问题，但东部地区资源消耗型发展模式的弊端使得经济转型成为该地区可持续发展的必然选择。在发展路径选择上，首先应建立与地区经济转型相适应的创新环境，为东部地区优化产业结构、调整创新产业投入比重等提供保障。创新型经济的建立不仅会加大企业之间的知识溢出和模仿学习，而且将强化创新力度、扩大创新领域、降低企业创新成本，更为重要的是改变原有经济发展对于资源型产业的过度依赖，大力提倡企业自主创新。这样在发展创新型经济的过程中所产生的扩散效应同时会带动相关产业的发展及周围地区经济增长，最终促进俄罗斯东部地区建立特色品牌，打造支柱产业，为东部地区经济实现快速、稳定、持续增长奠定基础。俄罗斯东部地区在发展创新型经济的同时，应致力于完善交通运输网络，以中心城市、边境口岸、各类园区为中心增长点，向其周边腹地辐射，推动地区的可持续发展。

1. 有效的创新机制

从俄罗斯东部地区的发展现状来看，创新机制的不完善是俄罗斯东部地

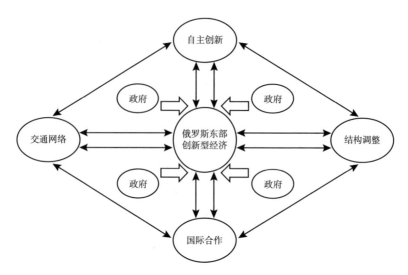

图7-15 俄罗斯东部地区发展创新型经济路径

区内生性增长动力不足的主要原因，表现为投入规模较小、创新政策尚不健全、科研成果转化困难。这势必会对东部地区发展创新型经济产生影响。因此，东部地区在经济转型发展时，应建立相应的创新机制。

（1）创建创新环境

建立教育、科研、生产一体化组织，利用生产规模效应把资源集中到有前景的产业上来，进一步完善创新基础设施，如建立技术创新中心、技术园区、工业创新综合体等。在科技成果转化领域，发展创新风险的保险机制，为应用技术的引进、消化吸收以及自主创新构建转化平台。对科技产品转化市场前景进行预测，创造良好的外部市场环境和基础设施条件，促进中小型创新企业发展。鼓励更多的专利成果进入技术交易市场，严格禁止非法使用。

（2）改善教育体系，培养创新人才

近年来，东部地区存在科研人员流失现象，这也反映了东部地区在科研条件、环境和政策等方面存在一定的问题。科研人员的流失使得东部地区原有人力资源优势被削弱，在这样的情况下，政府应出台与地区发展需求相适应的科技、人才政策，改善科研环境，建立与经济发展相适应的人才培养系统。

增加教育比重。一是提高接受初级、中级和高级教育人员在东部地区所占比重；二是使东部地区研究生和博士生的数量有所增加；三是增加远程教育项目的数量和内容。

建立符合现代创新发展要求的高等教育体系。一是东部地区高等教育应向多专业和全方位方向发展；二是在完善教育项目的进程中，通过网络化学习扩大了解国际教育课程的机会；三是在东部地区应建立符合地区发展要求的创新型大学。

培养创新型人才。一是增加东部地区教育机构中创新中心的数量，培养符合实际需求的创新人才；二是培养现代高技术领域人才，通过交流学习等方式，培养熟练的技术工人。

2. 能源产业多元化发展

（1）调整能源产业结构

东部地区是以能源产业作为主要的经济拉动力，对于能源型产业如何转型发展，本书在表7-20中通过对俄罗斯东部地区能源产业转型发展的内部优势、内部劣势、外部机会以及外部威胁进行分析，借助SWOT平衡系统分析体系，确定了俄罗斯东部地区能源产业转型发展的方向和路径。

表7-20　俄罗斯东部地区能源产业转型发展SWOT分析

内部因素 外部因素	内部优势（S） 能源储量丰富，品种多样； 政策、技术、资金支持； 发展创新型经济	内部劣势（W） 技术落后，生产率低，成本高； 自然气候条件恶劣； 运输成本高； 缺乏明确的发展战略
外部机会（O） 毗邻亚太地区的地缘优势； 俄罗斯联邦对于能源行业 发展的重视； 国际能源开发合作项目	SO战略：发挥优势并利用机会 发挥能源优势，以政策支持为基础，优化产业结构； 实现能源出口和市场的多元化； 利用国际资金和先进技术	WO战略：利用机会来弥补劣势 能源合作开发； 引入战略投资者，开发高科技和高风险项目；
外部威胁（T） 新能源开发削弱了需求； 能源出口的安全威胁	ST战略：发挥优势或规避风险 提高能源利用率； 积极参与新能源的开发合作	WT战略：克服劣势并规避风险 加强人才队伍建设； 完善行业创新制度，加强自主创新

东部地区拥有丰富的能源储备,在发展创新型经济时应充分利用自身优势,由 SO 和 ST 战略可以明显看出,东部地区应充分利用内部优势,积极参与国际能源合作,利用资金及先进的技术改善能源产业初级化现状。与此同时,应拓展多元化经营模式,通过技术创新实现能源产业多元化发展。在能源出口市场中,东部地区在维持对欧洲能源出口量的基础上,逐渐调高亚太地区在能源出口市场中所占的比重。在出口产品结构上,逐渐降低中级燃料能源的出口比例,通过创新研究加大新能源产品出口份额。在 SWOT 分析中,也可以看出东部地区能源产业现阶段面临技术水平落后、开发成本高等劣势。在经济转型发展中应充分发挥内部优势,利用外部机会,规避劣势。在能源产业优化的过程中,要重视能源合作机制的完善及创新机制的引进。

(2)拓展能源产业链条

在发展资源型产业的过程中,应充分利用产业上下游之间的联系,形成产业发展链条,开展前向及后向相关项目的开发,实行纵向一体化,促进上中下游产业联动发展。产业链发展可以使资源型产业在保持原有发展优势的同时,有效发挥前后向产业间关联,一方面缓解资源型产业对于原材料消耗的压力,另一方面通过纵向发展产生更大的经济效益。俄罗斯东部地区可以考虑减少单纯的能源开采以及初级加工项目,转而大力发展能源的后续加工和相关产业,建立高附加值的油气加工业和油气化工业,建设面向国内和世界市场的产品深加工和运输系统。地区发展规划纲要也提到开发新能源以减弱对原有能源的依赖性,提升能源产业发展链条,如《2025 年前远东和外贝加尔地区经济社会发展战略》计划通过潮汐能、地热能、风能、太阳能等能源的开发和利用使远东和外贝加尔地区的能源安全和环境安全得到保障;哈巴罗夫斯克边疆区的图古尔湾作为最具有建设潮汐发电站优势的地区,可以通过建设图古尔潮汐发电站,利用现有的潮汐资源发电,同时规划通往图古尔潮汐发电站的波斯特舍沃—图古尔铁路线路。

3. 完善交通路线

俄罗斯东部地区虽拥有重要的欧亚交通走廊——西伯利亚大铁路、滨海 1 号、滨海 2 号等交通路线。但与俄罗斯其他地区相比,东部地区的交通网络密度偏低，交通基础设施十分薄弱。由表 7-21 可知，2013 年东部地区公路密度仅为全俄平均水平的 36.90%，公路密度与其他地区相差甚大，使得东部地区交易成本高于其他交通发达地区，无形中削弱了东部地区的竞争能力。

表 7-21 俄罗斯东部地区公路密度

单位：公里 / 千平方公里

地区 \ 年份	2007	2008	2009	2010	2011	2012	2013
全俄	36.5	37	38	38	43	54	58
东部地区	13.5	13.5	13.5	13.5	17.1	20.6	21.4
西伯利亚联邦区	21	21	21	21	28	33	34
远东联邦区	6	6	6	6	6.2	8.2	8.8

资料来源：根据俄罗斯联邦统计局网站相关数据统计整理。

由表 7-22 可知，2013 年俄罗斯东部地区铁路密度仅相当于全俄平均水平的 42%，虽然拥有横贯东部地区的西伯利亚大铁路以及贝加尔—阿穆尔铁路，但东部地区整体铁路密度仍旧不高，甚至楚科奇自治区、堪察加边疆区、马加丹州等地并没有开通铁路 [①]。与此同时，西伯利亚大铁路和贝加尔—阿穆尔铁路干线仍需要提高运输能力，特别是进入港口、大型工业区的路段。

表 7-22 俄罗斯东部地区铁路密度

单位：公里 / 万平方公里

地区 \ 年份	2007	2008	2009	2010	2011	2012	2013
全俄	50	50	50	50	50	50	50
东部地区	21	20.5	20.5	20.5	19	19	21
西伯利亚联邦区	29	28	28	28	24	24	28
远东联邦区	13	13	13	13	14	14	14

资料来源：根据俄罗斯联邦统计局网站相关数据统计整理。

---

① 邹秀婷：《俄东部交通基础设施大建设对黑龙江省与俄经贸合作的影响》，《西伯利亚研究》2012年第 6 期。

在完善交通运输路线时，首先应大力发展西伯利亚大铁路。这条铁路在诸多方面发挥着重要作用，它不仅是东部地区向俄罗斯市场和亚太国家输送产品的重要通道，而且可以发展进出口货物运输和国际货物过境转运，充当亚太国家和欧洲沟通的桥梁。为提高西伯利亚大铁路的运输能力，可建设横跨阿穆尔河（黑龙江）的铁路、公路两用桥，在哈巴罗夫斯克市建造穿过阿穆尔河的隧道。为完善东部地区交通网络的建设，在东部地区的发展纲要中，加入一些货运线路的开发建设项目，包括希马诺夫斯克—加里—费夫拉利斯克、纳伦—卢戈坎等路线。

交通网络的发展，将连接起这一地区经济社会发展的各个中心，也可确保与海港及周边国家的交通联系。交通网络的完善为发展创新型经济创造有利条件，有利于形成沿线的城市发展圈。

4. 发挥国家作用

每个国家和地区在解决地区创新型经济发展问题时都要考虑自身的特点、传统、资源等因素。各国通常直接为一些创新项目拨款，如由于风险高个人无法完成或商业性无法确定的创新项目，再就是投资额过大、资金回收困难的项目。为建设地方投资创新项目，国家必须完善制度环境。国家在完善制度环境时可以在以下几个方面发挥作用。

一是加大东部地区投资力度。资金不足是东部地区经济转型面临的最直接困难，增大政府财政对于东部地区的补贴力度，促进中小企业在创新领域发展，对中小型高科技公司的发展给予财政支持。

二是加紧迁入外来移民。劳动力不足是东部地区经济发展的重要制约因素，通过制定相关政策吸引人才加入东部地区建设队伍，弥补东部地区现有劳动力不足。

三是建立经济区以及科技园区，扶持科技城和科学城的建设，根据实际情况，制定法律法规，提高该地区投资和创新吸引力。

5. 加强国际合作

在东部地区引入国际竞争机制替代原有市场保护机制。俄罗斯政府在地区经济发展中，始终采取关税和非关税的贸易政策对国内市场进行保护。

其结果是，市场保护不但没有提升企业的生产效能和国际竞争力，而且使市场供求关系失衡并严重损害了广大消费者利益。在全球经济一体化的氛围中，东部地区应选择逐步开放市场，提高区域要素自由流通度，充分参与到国际竞争中来，更好地了解国际市场需求，提高技术创新实际转化意义。所以，东部地区应充分参与国际市场分工，以积极的竞争意识取代原有的保护观念。

俄罗斯东部地区在发展创新型经济时，可以考虑积极引进外国直接投资，在弥补地区建设资金不足的基础上，提升该地区生产能力，有利于东部地区技术设备的升级换代以及培养各类科技和管理人才。东部地区在经济发展进程中，若要摆脱资源依赖型经济发展模式，就要实现产品供给与需求相符合，实现技术创新与经济发展水平相匹配。吸引外国直接投资，尤其是生产性投资，有助于地区发展风险较大的开发性领域，促进新型工业部门的发展。当然，吸引投资的前提是制定具有吸引力的相关政策，只有改善现有投资环境，才能更好地吸引外国直接投资。

（三）俄罗斯东部地区发展创新型经济的前景及方向

1.创新型经济的发展对东部地区经济的影响

俄罗斯东部地区发展创新型经济的过程，必将伴随着创新系统的产生与发展，创新系统包括创新资源、创新机构、创新机制和创新环境的建立和改善。实现经济发展方式转变不仅需要技术，而且需要技术与经济和社会有机结合。

（1）提升区域产业关联度

俄罗斯东部地区资源开发在现阶段面临开采难度加大、勘探和开采成本增加等问题，这种资源利用率的变化使东部地区资源型产业面临投资成本加大等一系列问题，但同时这种变化也为产业探索创新提供了机遇。东部地区要改变现阶段作为俄罗斯资源仓库的唯一出路就是提高产品中创新的比重，以此来弱化各种不利因素。在优势产业上，提高自然资源的深加工能力，最大限度地减少未加工资源的外运及出口。

随着东部地区创新型经济的发展和产业链的完善，产业间的相互关联作用也将得到发挥。东部地区资源型产业处于产业链上游，在经济发展中有很强的成本关联，即成本变动对于新工业、新技术、新能源具有很强的诱导作用。与此同时，不断完备的产业链还将发挥需求关联作用，产品的需求将刺激中间产品以及原材料投入结构的调整。在这样的过程中，产业关联度的提升还将发挥旁侧联系，即主导产业的发展必将带动基础设施、服务行业以及制度安排的改善。

（2）缩小东西部经济差距

俄罗斯东部地区在经济发展过程中并没有凭借地区的资源禀赋优势得到优先发展，相反的是，在俄罗斯整体发展中始终处于欠发达的地位，与西部地区的经济差距也在不断拉大。由于东部地区经济发展相对落后，经济实力相对薄弱，在振兴东部地区经济过程中，不可能依靠全面均衡的投资来推进区域经济的发展。因此，在东部地区经济发展中应通过创建增长中心，推广旅游休养型经济特区（阿尔泰边疆区、符拉迪沃斯托克）、港口型经济特区（哈巴罗夫斯克边疆区苏维埃港）以及技术推广型经济特区（托木斯克）的建设等，营造区域增长中心集聚和扩散效应发挥的环境。通过区域增长中心的极化效应和涓滴效应实现东部地区的发展及协调，形成地区发展联动性，推动产业集群的建立，摆脱资源型产业关联度偏低所造成的区域产业间辐射度较小的困境。产业的不断优化升级必然会使东部地区聚集劳动力及资金的能力得到增强，将会显著提升区域聚集力，改变原有东西部地区间非均衡作用力所造成的核心—外围发展模式，逐步缩小与西部地区发展差距。

（3）区位优势的自我强化与拥挤效应的产生

创新型经济的发展，使得东部地区能够摆脱原有依赖外部的经济特性，克服地区劳动力不足等造成的发展瓶颈，通过优势产业的发展扩大产品市场份额，形成区位引力，使东部地区形成良性发展循环。同时，创新型经济的不断发展，使得东部地区知识溢出效应增强，新增长理论指出经济增长的源泉来自知识资本，也就是说，随着东部地区知识溢出效应的增大，均衡经济增长率也将扩大，而东部地区的收入水平也会随着创新产品的"垄断"性而不断提高。这就形成了一个自我强化的循环链，即经济增长率的提高—收入水平的提高—市场份额的扩大—区位吸引力的增强—经济增长率的提高。

但是随着经济的发展，东部地区可能要面临这样的问题：基础设施供给严重不足、企业生产成本逐渐提高、环境污染以及生活质量的下降。当东部地区发展达到聚集效应增速低于拥挤效应增速时，企业在区位选择上倾向于向竞争力较小的地区进行转移，大量企业的转移，会导致地区失业率逐年上升以及人口的大量外流，这时经济增长就会面临衰弱的可能。

2. 创新型经济的发展对于国际合作的影响

近年来，俄罗斯政府出台了一系列改善东部地区经济环境的规划政策，政策也将加强国际合作作为东部地区未来发展的重点领域。为确保与俄罗斯西部以及亚太国家的联系，俄罗斯进一步发展了贝加尔—阿穆尔干线铁路，同时，为了开发外贸及外贸运输，俄罗斯积极建设边境下列宁斯阔耶—同江和布拉戈维申斯克—黑河线路。

市场开放度的提高有利于东部地区增强要素流动性。在市场开放度较低的地区，要素的流动性较低，要素的区域流动所需成本较高；在市场开放度较高的区域，随着要素流动性的增强，要素在区域间流动所需要的交易成本也有所降低。俄罗斯东部地区自然资源初级加工的生产模式使得区域经济具有明显的资源倾向性，区域经济多元化水平和创新程度均不高。实施创新型经济发展战略必然要求交通运输能力的提高，以达到降低交通运输成本，提升本地市场开放度的目的。为保证区域经济转型发展，促进东部地区国际合作升级发展，俄罗斯政府在《2025 年前远东和外贝加尔地区经济社会发展战略》中提出，将大力发展西伯利亚大铁路，提升东部地区铁路整体运输能力。俄罗斯东部地区主干公路网络的发展，将连接起这一地区经济社会发展的各个中心，也可确保其与海港及周边国家的交通联系。

要素流动性的逐渐加强，交易成本的逐渐降低，将引起区域发展模式的改变。近年来，俄罗斯政府将提高东部地区国际合作水平作为发展战略的重要部分，体现了其对加强东部地区市场开放度的重视程度，旨在降低要素流动成本，在东部地区形成经济发展的良性循环。俄罗斯东部地区通过改变原有粗放型经济增长模式，利用远东及西伯利亚地区科技优势，在俄罗斯联邦政府政策支撑下，积极实现科技创新，寻求多领域、多层次、多形式的全方位合作，突破多年来依赖资源的产业发展模式。

五 创新型经济发展推进中俄区域合作升级

（一）对中国资源型地区转型发展的启示

中国东北地区是老工业基地，新中国成立初期政府在这一地区投入了大量的人力、物力，虽然改革开放后国家政策转变导致这一地区同东部沿海地区的经济差距逐渐扩大，但是东北地区在重工业制造方面仍具有技术优势，如石油化工，重型机械制造，机车、汽车和飞机制造，机床制造等在全国占有重要地位，同时东北地区拥有大庆油田、中国第一汽车集团、鞍山钢铁集团等一批具有竞争力的大企业。中国东北地区与俄罗斯东部地区在历史发展上有相似之处，优势产业也具有可比性。俄罗斯东部地区在发展创新型经济的过程中，通过转变原有经济发展方式，提高产业竞争力，从而推动区域竞争力的提升，对中国以资源型产业作为发展基础的地区具有一定的借鉴意义。

1. 可持续发展的必然选择

从资源依赖型发展模式向创新型经济增长方式的转变使得俄罗斯东部地区在经济发展中逐步摆脱对于能源的依赖，在创新因素的引导下，形成新的经济增长动力。中国东北地区在经济发展的过程中面临同样的问题，同样需要依靠经济转型、优化产业结构、调整重工业与轻工业比重，实现从以重工业为支柱产业的发展模式到以科技进步推动地区经济实现可持续增长的转变，缓解资源的可耗竭性对经济可持续增长的制约。

2. 充分利用比较优势

各国在经济转型时，应以本国或地区所拥有的优势产业作为转型的主要推动力，立足于地区发展实际，充分利用比较优势推动地区经济转型发展。俄罗斯东部地区的经济发展是建立在区域丰富的自然资源禀赋基础上的，以能源出口进行原始积累是其必然选择。中国东北地区在经济发展的历程中同样是以资源作为其发展基础，在改变原有经济增长模式初期，仍应以本地区优势产业作为发展基础。在很长的一段时间内，资源型地区转型发展可能都要面临这样的选择：要尽快摆脱资源型经济，但又离不开资源型经济。

3. 强化制度建设

政府在地区发展创新型经济的进程中，扮演着十分重要的角色。政府在这样的过程中，应充分发挥引导作用，弥补市场缺陷，通过创造良好的创新环境，构建激励创新机制，在企业和个人缺乏创新积极性的情况下，采取相应激励措施。在经济转型过程中，地方政府也应出台创新经济型发展所需要的政策措施。

经济转型不仅要求经济在数量上增长，而且要求地区在技术、人力结构、产业结构以及制度等方面进行变革。俄罗斯东部地区腐败现象以及政策的不确定性，使得发展创新型经济受到了一定的制约。因此，在中国地区经济转型过程中，应避免腐败、垄断以及寻租等现象的出现，只有如此经济转型才能得以有效进行。

（二）以创新型经济发展推进中俄合作发展方向

在俄罗斯东部地区经济转型过程中，加强国际合作是其发展的重要举措。随着俄罗斯政府亚太战略的升级，加强与亚太地区合作成为其今后经贸合作的首要选择。在《1996~2005年和至2010年远东和外贝加尔地区经济与社会发展专项纲要》以及《远东及外贝加尔地区2025年前发展战略》中，俄罗斯政府都将俄东部地区与亚太地区合作作为未来发展重点，尤其是同中国的合作更是今后发展的重要方向。与此同时，中国为振兴东北老工业基地，提出了《东北地区振兴规划》，两国的地区发展政策，为中俄产业合作新升级提供

了可能 ① 。2009 年中俄制定了《中华人民共和国东北地区同俄罗斯联邦远东及东西伯利亚地区合作规划纲要（2009~2018 年）》，该规划纲要不仅涉及边境口岸建设与改造，而且涉及中俄区域运输合作、旅游合作、人文合作等多方面规划，共提出 205 个中俄两国边境地区重点合作项目 ② 。

1. 强化基础设施建设的合作

俄罗斯东部地区经济发展水平与基础设施建设水平息息相关，基础设施的不断完善将降低东部地区的交易成本，提高地区市场开放度。东部地区的经济发展取决于有效的交通运输系统，同俄罗斯其他地区相比，东部地区交通基础设施十分薄弱。东部地区在建立创新型经济的过程中，也在致力于打造完善的基础设施以提高发展创新型经济速度，铁路系统的更新升级以及港口建设都是东部地区规划战略中的重点发展领域。此外，《中俄地区合作规划纲要》将中俄口岸及边境基础设施的建设与改造列为中俄合作最为重要的部分，包括改造满洲里—外贝加尔斯克国际公路口岸、完善黑河—布拉戈维申斯克口岸的基础设施。中俄地区合作成功与否的一个重要条件就是地区的基础设施建设是否完善，在俄罗斯东部地区发展创新型经济的机遇下，俄罗斯政府出台了一系列政策去完善东部地区较为落后的基础设施，包括铁路、公路以及港口的改造与建设等。在这样的契机中，中方可以通过项目投资参与到中俄边境基础设施的建设当中，为未来中俄地区间合作提供更广阔的空间。

2. 促进中俄农业技术合作

俄罗斯东部地区地域辽阔，土地资源潜力巨大。东部地区虽然土地资源丰富，但农业的分布与发展极不平衡，甚至在西伯利亚联邦区北部没有农业生产，因为该地区自然条件十分恶劣、人烟稀少，东部地区农业主产区主要集中在西伯利亚联邦区以及远东联邦区的南部。俄罗斯东部地区发展农业所具有的优劣势为中俄开展地区之间互补合作提供了基础。此外，俄罗斯联邦政府也在加紧推进东部地区农业产业现代化进程，如在布拉戈维申斯克建立远东农业大学。一直以来，农业都是中国东北地区的支柱性产业，中国东北

---

① 李站：《俄罗斯东部地区经济发展的内生性研究》，硕士学位论文，黑龙江大学，2013。

② 丁超：《俄罗斯远东地区投资环境的 SWOT 分析》，《对外经贸》2013 年第 3 期。

地区依托农业资源成为重要的商品粮主产区。虽然中国东北地区在农业发展上具有一定的优势，但是农业发展存在技术缺乏、经营方式落后等问题，亟须引进先进技术改变农业发展缓慢的现状。

俄罗斯东部地区在发展创新型经济中，将农业发展的长期目标设定为：通过现代化技术提高农业生产效率，加强农业的科技保障和创新开发。这与中国农业长期发展的思想是一致的，与此同时，中俄间农业合作已经取得了一定的成效，黑龙江省农科院已先后与俄罗斯农科院下属的 20 多个单位建立了科研合作关系，引进并交换了小麦、玉米、马铃薯、亚麻等种质资源[①]。俄罗斯东部地区创新型经济的发展将使得东部地区在农业中建立创新体制，为中俄区域间农业合作提供了新的合作方向，即用现代技术和科学知识装备改造传统农业，发展现代农业，提升农业整体素质和竞争力。

3. 合力推进中俄产业合作升级

俄罗斯东部地区与中国开展产业合作拥有得天独厚的地缘优势，边境贸易更是开展已久。俄罗斯政府的东部大开发战略以及中国东北老工业基地振兴战略的实施，为中俄区域合作提供了新的契机。中方应抓住俄罗斯东部地区经济转型调整的机遇，利用区域之间地缘优势发展以技术贸易为先导的产业合作，推进中俄区域合作升级。2008 年世界金融危机的爆发，使得俄罗斯政府意识到资源型经济发展模式的弊端，开始积极转变原有能源出口以及资源初加工的生产模式，从资源消耗型经济转向创新型经济的发展道路，通过经济模式的转变力争延长产品产业链条，增加产品附加值。中国也正处于亟须调整产业结构时期，在这一时期中，中俄应将各自在高新技术领域的优势产业作为合作的基础，发挥要素互补优势。俄罗斯东部地区优势产业主要集中于军工、航天航空、新能源等领域，轻工业发展相对落后；而中国的技术优势则集中于民用技术，如杂交水稻培育、移动通信领域等。中俄之间可通过各自优势产业进行合作互补，以期双方能够在合作中实现产业优化升级发展。

---

① 《关于促进黑龙江省对俄农业合作发展的对策建议》，民建中央网站，http://www.cndca.org.cn，2015 年 2 月 10 日。

4. 共同打造"东部陆海丝绸之路经济带"

俄罗斯东部地区地域辽阔，具有庞大的海、路、空、内河综合运输体系。东部地区在陆运方面拥有西伯利亚大铁路以及贝加尔—阿穆尔铁路，海运方面则拥有符拉迪沃斯托克以及纳霍德卡等沿海港口，西伯利亚大铁路及贝加尔—阿穆尔铁路运行路线贯穿沿海港口以及阿穆尔河流域的内河码头，与太平洋海上运输路线相连，形成洲际运输线。东部地区在地理位置上远离国家中心，这就决定了运输业在经济中的重要地位。交通设施和边境口岸的建设，将加强与国内外其他地区之间的经贸往来，拉动相关产业的发展。

黑龙江省作为与俄罗斯东部毗邻地区，在开展对俄合作中应发挥桥头堡的作用，通过"丝绸之路经济带"的建设，打造以绥满铁路沿线中心城市为节点，以边境口岸为枢纽站，以绥芬河—满洲里—俄罗斯—欧洲铁路和绥芬河—俄远东港口陆海联运为战略通道 ① 的连接欧亚的"东部陆海丝绸之路经济带"，"丝绸之路经济带"的建设将有利于加强中国黑龙江省、俄罗斯东部地区同东北亚地区的合作发展。

---

① 《黑龙江推进"东部陆海丝绸之路经济带"建设纪实》，人民网，www.people.com，2015 年 3 月 6 日。

第八章　区域发展方向：
中俄创建边境自由贸易区架构设计

百年来，中国黑龙江省在中俄关系发展的历史中一直处于关键的位置，也是在中国国内发展全面对俄经贸科技合作方面最有传统、基础和潜力的中俄毗邻地区。中国和俄罗斯是相邻的两个大国，也是具有巨大经济互补性的两个国家。近年来，随着中俄全面战略协作伙伴关系的发展，作为经济合作的一种有效形式，中俄自由贸易区的建设已被提到议事日程。作为全面推进对俄合作的地域载体，中俄自由贸易区这种空间组织形式及其可行性一直受到国家、黑龙江省政府和有关部门的关注。2014年8月8日，国务院在《关于近期支持东北振兴若干重大政策举措的意见》中明确提出了支持哈尔滨打造对俄合作中心城市，为黑龙江省建立以哈尔滨为中心的中俄自由贸易区奠定了坚实的基础。

一　黑龙江创建中俄自由贸易区的国内外背景

（一）中俄战略协作伙伴关系的新发展

1. 中俄两国的国家关系空前发展

中俄战略协作伙伴关系的发展，不仅具有双边意义，而且具有全球意义；不但符合两国的利益，而且有利于亚太地区，乃至世界的和平与稳定。中俄两国是解决当代尖锐问题的世界典范。目前中俄关系不断发展，并处在有史以来的最好阶段。两国高度互信，尊重相互利益，在核心问题上相互支持，形成了全面的、真正的伙伴关系。中俄两国在维持世界秩序、应对世界重大问题上的一致态度，已经成为维持世界政治稳定的重要因素。在联合国、二十国集团、金砖国家、上海合作组织、亚太经合组织等多边组织的框架下，中俄共同努力，推动建立新的、更加公正的世界秩序，保障和平和安全，维护国际法的基本准则，对世界稳定发展做出新的共同贡献。2014 年 5 月 20 日中俄两国发表了中俄全面战略协作伙伴关系新阶段的联合声明，标志着中俄关系进入了近四百年来最好的发展时期，为增强地方间合作和边境地区的自由贸易区建设奠定了坚实的基础。

2. 中俄经贸合作新进展

当前中国对俄经贸合作面临着重要的战略机遇，2014 年中俄两国签署了《中俄全面战略协作伙伴关系的联合声明》，共同确定了双边贸易额 2015 年达到 1000 亿美元的近期目标和 2020 年达到 2000 亿美元的中期目标[①]。针对新形势，黑龙江省提出全力推进对俄经贸合作创新发展与转型升级战略，加强对俄的投资合作。根据《黑龙江省投资发展与潜力报告》，黑龙江省毗邻俄罗斯东部地区，开展对俄经贸合作的机遇众多，是中国对俄经贸合作大省。目前，黑龙江省有 25 个国家一类口岸，其中对俄边境口岸有 15 个，占全国对俄边境口岸的 70%，黑龙江省对俄边境口岸年过货能力为 2900 万吨，对俄贸易占全国的近 1/4，对俄投资占全国的 1/3[②]，黑龙江省对俄合作已拓展到林业、矿产资源、油气能源、农业、旅游业等领域。在中俄边境两侧地区，已经建立起了各种类型的具有封闭型自由贸易区性质的贸易综合体、边境口岸保税区、经贸合作区、产品加工园区、经济特区及超前发展区，这为中俄自由贸易区建立提供了前期准备，奠定了坚实基础。

3. 东北亚区域一体化进程不断加快

首先，能源合作一直在曲折中前进。俄罗斯远东及东西伯利亚石油管道已经正式开通。俄罗斯与中国天然气管道建设问题有了突破，贸易问题处在磋商

---

① 《中俄贸易面临重要机遇》，中商情报网，http://www.askci.com，2014 年 7 月 3 日。

② 韩宁:《进一步推进中俄投资合作的对策建议》，《黑龙江金融》2014 年第 5 期。

谈判中。近年来俄罗斯的合作态度越来越积极，因为这将促进俄方能源出口市场的多元化，能保障其战略与经济利益。同时这也符合中国的国家利益。

其次，环境保护合作有望实现深入发展。随着环境问题日益向区域化、全球化方向发展，环境保护领域的区域合作和全球合作越来越需要加强。区域环境保护合作具有地区公共产品的性质，中俄双方推进边境地区之间的环保合作，对各方来说都具有巨大的利益。

最后，次区域开发合作有望取得新的突破。俄罗斯进一步重视远东及东西伯利亚地区的开发，日韩积极倡导环日本海（东海）经济圈开发合作，均成为推动东北亚次区域开发合作不断取得新进展的有利条件。在中俄边境地区建立自由贸易区可以充分利用东北亚地区交通运输走廊的跨国境特点，中俄、中蒙铁路运输和完善的边境口岸体系为互补性经济资源的自由流动提供了顺畅的通道。

4. 中俄在世界贸易组织框架下合作的机遇与挑战

经济全球化和区域一体化是当今世界经济发展的两大趋势，为顺应这两大发展趋势，黑龙江省的有识之士审时度势，提出了扩大沿边开放和拓展对外区域经贸合作的种种设想，其中筹建中俄自由贸易区不失为一项颇有远见的倡议。

（二）东北振兴与东北地区一体化发展

1. 东北振兴

2003 年 9 月 29 日，中共中央政治局讨论通过《关于实施东北地区等老工业基地振兴战略的若干意见》。2007 年 8 月，国家发展和改革委员会及国务院振兴东北地区等老工业基地领导小组办公室编制的《东北地区振兴规划》发布。2009 年 9 月 11 日，国务院发布《国务院关于进一步实施东北地区等老工业基地振兴战略的若干意见》（国发〔2009〕33 号），该意见指出，"实施东北地区等老工业基地振兴战略五年多来，振兴东北地区等老工业基地工作取得了重要的阶段性成果。以国有企业改革为重点的体制机制创新取得重大突破，多种所有制经济蓬勃发展，经济结构进一步优化，自主创新能力显著提升，对外开放水平明显提高，基础设施条件得到改善，重点民生问题逐步解决，城乡面貌发生很大变化。实践证明，中央实施振兴东北地区等老工业基地战略的决策是及时的、正确的。但也要清醒看到，东北地区等老工业基地体制性、结构性等深层次矛盾有待进一步解决，已经取得的成果有待进一步巩固，加快发展的巨大潜力有待进一步发挥"。

2009 年 8 月 30 日，国务院正式批复《中国图们江区域合作开发规划纲要——以长吉图为开发开放先导区》，标志着长吉图开发开放先导区建设已上升为国家战略，成为迄今唯一一个国家批准实施的沿边开发开放区域。国务院在批复中指出，以吉林省为主体的图们江区域在我国沿边开放格局中具有重要战略地位，加快图们江区域合作开发，是新时期我国提升沿边开放水平、促进边疆繁荣稳定的重大举措。

国家实施振兴东北地区等老工业基地战略十年来，在党中央、国务院的正确领导下，东北三省携手合作，共同推进实施振兴东北地区等老工业基地战略，全区经济社会发展取得了可喜成就。十年间，全区经济实力大幅提升，人民生活显著改善，基础设施建设不断加强，各项社会事业长足发展。

针对东北地区经济增速持续回落的现状，2014 年 8 月 19 日，国务院发布《关于近期支持东北振兴若干重大政策举措的意见》（国发〔2014〕28 号），该意见包括 35 条支持东北振兴的政策，内容涵盖激发市场活力、深化国有企业改革、推进重大基础设施建设、全方位扩大开放合作等 11 个方面。这是中共十六大提出"支持东北地区等老工业基地加快调整改造"以来，中央政府提出的新一波东北振兴支持政策。该意见第一条便提出要"着力激发市场活力"，并促进非公有制经济大发展。在深化国企改革方面，该意见明确提出，支持东北在国有企业改革方面先行先试，发展混合所有制经济。在加快推进重大基础设施建设方面，该意见提出，要规划建设一批重大基础设施工程，包括贯通东北东部的铁路、多元清洁能源体系、水利设施等项目，以破解发展瓶颈制约；指出应全方位扩大开放，扩大与东北亚区域及发达国家开放合作规模。加强东北振兴与俄远东开发的衔接，启动中俄远东开发合作机制，推动东北地区在能源、矿产资源、制造业等领域实施一批重大合作项目，按照国务院批复方案加快筹备中俄地区合作发展（投资）基金，支持哈尔滨打造对俄合作中心城市。

2. 东北区域一体化发展

2010 年 4 月 16 日，辽宁省、吉林省、黑龙江省和内蒙古自治区在沈阳市联合举办 2010 年东北四省区合作行政首长联席会议，共商区域合作大计，会议签署了《东北四省区合作框架协议》，通过了《东北四省区行政首长协商机制框架方案》《2010 年东北四省区合作行政首长联席会议纪要》。2011 年，东北四省区合作行政首长联席会议在长春市南湖宾馆举行，东北四省区行政首长共同签署"三个合作协议"和"四个行动计划"，合作层次不断提升，合作领域不断扩展，能源、环保、交通、农业、旅游、物流等领域的合作取得了丰硕的成果。2012 年，东北四省区又共同签署了《东北四省区对俄合作框架协议》《东北地区旅游与航空互动发展合作协议》《东北三省与蒙东地区公路交通项目合作框架协议》《东北及内蒙古地区海关、检验检疫局建立关检合作机制的协议》。区域间无障碍旅游格局正在加快形成，《东北四省区游客服务网络建设规划》正在抓紧编制。2013 年，东北四省区交流了 2012 年合作工作开展的情况和成果，共同签署了《内蒙古自治区东部与东北三省西部合作协议》《东北四省区沿边开放合作框架协议》《东北四省区农牧业产业化经营合作协议》，进一步推动了东北四省区在更大范围、更深层次、更宽领域开展交流合作。

在其他方面，2014 年 9 月 20 日，在天津举办的首届区域旅游合作论坛上，吉林省旅游局局长赵晓君表示，"近年来，东北四省区以长白山资源优势为纽带，有效整合大东北旅游，已经形成统一目的地市场和区域旅游一体化的发展格局"。据 2014 年 10 月 14 日《经济日报》报道，东北四省区进一步深化区域通关一体化合作，企业在东北地区可自选报关报检地点，并在 2014 年内享受到东北四省区六个直属海关和四个直属检验检疫局"一次申报、一次查验、一次放行"的通关服务。为推进东北地区区域通关一体化，海关、检验检疫部门将在东北四省区范围内全面实施"通关单无纸化"和通关单跨关区认可、通用制度，实现进出口货物区域内快速放行。企业可根据需要自主选择在东北四省区范围内任一海关、检验检疫部门办理报关、报检等相关手续。今后企业可通过两部门共同认可的电子口岸平台实现一个平台一点接入、一次性递交相关单证电子数据,监管部门处理状态通过"单一窗口"反馈给申报人。

(三)自由贸易区的形成与发展

1. 世界自由贸易区的概念

自由贸易区(Free Trade Area)是指两个或两个以上的国家通过达成某种协定或条约取消相互之间的关税和与关税具有同等效力的其他措施而形成的国际经济一体化组织,是一个国家实施多双边合作战略的手段。就性质而言自由贸易区可分为商业自由区和工业自由区。就自由贸易区的设定功能而言,又可分为自由港、自由贸易港区、贸易型的自由贸易区、工贸结合型自由贸易区、出口加工型自由贸易区和保税仓库区。

2. 世界自由贸易区的经济政策

自由贸易区对经济的促进作用是通过特殊的政策实现的。世界各国和各地区的自由贸易区政策,虽因经济发展水平、政治经济制度、地理环境等不同而有所差异,但基本上大同小异。

自由贸易区的政策特点:一是更强的开放性;二是更大的自由度;三是更少的限制措施;四是更多的优惠政策。

(1)优惠性政策

世界各国可在自由贸易区享受更多的优惠政策。各地区自由贸易区的优惠政策概括起来主要有:一是关税豁免优惠;二是所得税和其他税收的豁免优惠;三是放宽信贷和提供补贴优惠;四是加速资本折旧;五是资本和利润的自由汇出;六是开放内销市场;七是土地、水、电、能源供应的优惠;八是提供安全保障;九是简化行政和海关手续。

(2)限制性政策

世界各国在为自由贸易区制定和提供各种优惠措施和刺激措施的同时,还规定了相应的限制和控制政策。这主要表现在:一是投资部门限制;二是投资资本股份参与和最低投资额的限制；三是产品内销的限制；四是雇佣本国劳动力及工资福利的限制。

（四）国内四大自贸区的特色及经验

2014 年 12 月 26 日，第十二届全国人民代表大会常务委员会第十二次会议审议了广东自由贸易试验区、天津自由贸易试验区、福建自由贸易试验区以及上海自由贸易试验区扩展区域相关法律实施调整的草案。2015 年 3 月 25 日，广东、天津、福建自由贸易区的总体方案通过，自由贸易区的顶层设计基本成型，加上中国上海自由贸易区扩区，中国目前已经形成了上海、广东、天津、福建四大自由贸易区的整体格局。在整体规划上，自贸区的战略布局已经呈现：两个直辖市（上海、天津），两个早期的经济特区实验省份（广东、福建），覆盖中国的三大经济区域——长江经济带、珠三角经济区及目前正逐步形成的京津冀一体区 ① 。

第一，上海作为中国经济的领头羊，对中国经济的拉动作用显著，选择上海作为第一个自由贸易区，自然有着对悠久的历史传统的考虑，而恢复"大上海"的历史辉煌地位才是值得期待的。回头看，上海自由贸易区，经过几年的试验，取得了部分的进展，在贸易便利化、投资自由化等方面积累了一些可复制的经验，而在负面清单上存在较大的争议，事后监管仍然有很大的空间。而上海自由贸易区扩区能将一些成功的做法直接在更大的区域范围采用。

第二，天津作为直辖市，毗邻首都，地位重要，在历史上曾经发挥了重要作用。因而天津自由贸易区试验可以对整个北方经济发挥辐射作用，对传统的东北经济区发挥引领作用。同时其也被期望能对京津冀一体化的进程发挥作用。

第三，广东一直是改革的前沿阵地，在制度创新层面积累了不少经验，深圳一度被视为改革开放的排头兵，自然被寄予了厚望。偏离政治中心的广东，有可能在制度创新上扮演先行者角色，而目前，其也面临着优惠政策越

---

① 《国务院批准设广东、天津、福建自由贸易试验区》，中国政府网，news.ifeng.com/，2015 年 5 月 21 日。

来越少的局面，如何进一步开创新的局面一直是决策层所关注的。

第四，独特的历史和对台区位是福建成为自由贸易区的主要原因。在历史上，福建曾经是"海上丝绸之路"的起始点，在改革开放初期，也是经济特区的设点省份，同时，它与台湾隔海相对，被视为对台的窗口，也被视为"一带一路"的核心区，能否重现当年的风光也是各方所关注的。

在自由贸易区的政策设计上，一方面是积极应对外部环境的变化，化被动为主动，应对国际规则和竞争的变化；另一方面，则是通过对外开放，促进改革的深入实施。因而自由贸易区非常重要的一点就是，要不断提高自由贸易区本身的创新能力，通过改革和制度创新，为改革和开放积累经验，并及时将经验总结推广。由于自由贸易区更多地定位在制度创新上，因而四大自由贸易区的制度创新能力将是其长期发展的关键，而事后监管能力的培育和提升将是真正的挑战。四大自由贸易区是"开放促进改革"的重大战略布局。

二　建立黑龙江省中俄自由贸易区的必要性和可行性

自由贸易区是区域经济合作与区域一体化发展必然的地域组织选择，二战后在世界范围内得到迅速发展。建立中俄自由贸易区这一新的地域组织形式，能使黑龙江省在我国新的一轮快速经济发展中，与沿海发达地区在经济政策上处于同一起跑线上。中俄自由贸易区的建立，不但可以全面推进中俄战略合作伙伴关系的发展，补充区域经济发展动力，增强区域竞争力，而且可以带动东北地区整体的经济发展，加快东北老工业基地振兴战略的实现，促进东北亚自由贸易区的建立与东北亚一体化的发展。因此，在黑龙江省这一内陆边境地区建立中俄自由贸易区，不仅十分必要，而且势在必行。

（一）建立黑龙江省中俄自由贸易区的必要性

1. 打破中俄边境贸易的局限

目前以边境贸易为主的中俄经贸关系的不稳定性与合作深度的不确定性，

造成了中俄经贸关系与已形成的良好政治关系不相协调，经贸关系发展滞后。如果这种情况长期发展下去，势必有碍中俄两国战略协作伙伴关系的稳步发展。中俄加强经贸合作，不仅可以使两国经贸关系与面向 21 世纪的战略协作伙伴关系相适应，巩固与进一步发展两国政治关系，而且是促进两国经济发展的一个重要因素。中俄全面合作具有巨大潜力，黑龙江省在这方面理应发挥最重要作用，中俄自由贸易区的建设会打破中俄边境贸易的局限，使潜力变成现实。

2. 全面推进中俄地方合作伙伴关系的发展

近年来，中俄在边境基础设施、口岸通道建设等方面取得了不同程度的进展，各自均在进行自主开发，为进一步加强中俄经贸关系奠定了初步的物质基础。但是边境贸易作为一种特殊的贸易形式，是在特定的历史条件、特殊的政策环境、特定的贸易形式与方式等国际地缘经济环境下实现的，存在步伐慢、内容单一、基础不稳等问题，为了全面地解决合作中的诸种矛盾，急需一种新的、较为高级的合作形式，加强人员、物资、资本的自由流动，从而可以更加有力地充实中俄战略协作伙伴关系的物质内容，进而为中俄两国经济合作提供新的地域组织模式，推动中俄国际合作的进一步发展。组建自由贸易区、实现制度规范化是十分必要和迫切的。

3. 中俄自由贸易区的建立可以增强区域竞争力

黑龙江省主要在动力、机械等劳动技术密集型行业具有竞争优势，但是这些行业大多属于传统产业，技术层次低、产业链连接差，没有形成规模较大的产业集聚优势。由于具有竞争优势的产业有发生产业集聚的客观要求，因此通过中俄自由贸易区的建立来规划、扶植产业集聚区，将有助于促进集聚区内企业和产业竞争力的提高。黑龙江省已经建立了一些类似产业集聚区的开发区，下一步是如何对这些集聚区进行有机整合和升级，提高区域内部的知识和科技含量，培育企业和产业自身的创新能力，并且根据各个产业集聚区的自身特点，规划和培育各自的竞争优势产业。中俄自由贸易区的建立，将有助于培养优势产业，提升黑龙江省的综合竞争力，加速黑龙江省创新型经济的发展。

4. 中俄自由贸易区的建立可以加快实施东北振兴战略的步伐

黑龙江省建设中俄自由贸易区不仅为黑龙江省经济发展提供了新的契机，而且必将带动中俄经贸合作，并可进一步带动东北老工业基地改造。在东北老工业基地振兴中，黑龙江省处于重要的支撑地位，资源、资金的引入和技术改造需要政策推动，而自由贸易区的建立有助于获得国家和有关部门的政策支持。

（二）黑龙江省建立中俄自由贸易区的可行性

1. 黑龙江省具有良好的社会经济基础

（1）社会经济条件的有力支撑

黑龙江省位于中国东北部，北、东部与俄罗斯相邻，西部与内蒙古自治区相邻，南部与吉林省接壤，在东北亚经济发展中占有重要地位。2014 年，黑龙江省全年实现地区生产总值 15039.4 亿元，按可比价格计算比 2013 年增长 5.6%。全年全部工业企业实现增加值 4741.8 亿元，比 2013 年增长 3.0%，增加值占地区生产总值的 31.5%。其中，规模以上工业企业 (年主营业务收入 2000 万元及以上，下同) 实现增加值 4499.8 亿元，按可比价格计算比 2013 年增长 2.9%。其中，国有及国有控股企业增加值为 3051.9 亿元，增长 2.7%。从轻重工业看，轻工业增加值为 907.5 亿元，增长 5.0%；重工业增加值为 3592.3 亿元，增长 2.5%。从企业规模看，大中型企业增加值为 3564.6 亿元，增长 2.6%；小型企业增加值为 910.4 亿元，增长 5.4%。全年实现社会消费品零售总额 6964.2 亿元，比 2013 年增长 12.2%。全年实现公共财政收入 1031.0 亿元，比 2013 年增长 1.8%。全年科学研究与试验发展（R&D）经费支出为 170.0 亿元，增长 4.9%，R&D 经费支出相当于地区生产总值的 1.1%。全年装备、石化、能源、食品四大主导产业实现增加值 3835.9 亿元，比 2013 年增长 2.4%，占规模以上工业增加值的 85.2%[①]。黑龙江省教育科技资源丰富，多年来不断推出重要的科研成果，涌现出一批有突出贡献的科研人员，教育和科

[①] 黑龙江省统计局：《2014 年黑龙江省国民经济和社会发展统计公报》，黑龙江省政府网，www.hlj. gov.cn，2015 年 8 月 8 日。

研潜力极大。黑龙江省科技资源建设的重点正向加强国内外科技合作，特别是对俄科技合作和创新人才队伍建设上转变。而且黑龙江省地方文化特色突出，传统的中国文化与俄罗斯等欧洲风格的文化相结合，社会文化氛围良好，黑龙江省在文化、体育（尤其是冰雪项目上）等方面与俄有着紧密的联系。

（2）对俄经贸合作有一定基础和发展平台

黑龙江省毗邻俄罗斯东部地区，具有地缘、区位、产业、科技、人才等方面的整体优势，在对俄贸易方面具有得天独厚的条件，并且有悠久的对俄贸易发展史，为此黑龙江省政府一直把对俄经贸合作作为对外开放的重点工作加以推进，以带动全省社会经济全面发展，力争把黑龙江省建成全国对俄经贸合作的桥梁和纽带。哈尔滨市作为黑龙江省省会，不仅是全国最大的一类内陆口岸，而且拥有全国第一个内陆中心城市铁路货运口岸，目前该口岸已延伸到大连、满洲里、绥芬河，实现了国际集装箱直通过境运输，已形成南接沿海、北接边陲的物流网络，成为东北北部周围地区最大的集装箱和铁路货运集散地。

2014 年黑龙江省全年总贸易额为 389.00 亿美元，比 2013 年增长 0.05%。其中，出口额为 173.40 亿美元，增长 6.8%；进口额为 215.60 亿美元，下降 4.8%（见表 8-1）。从贸易方式看，一般贸易进出口额为 281.3 亿美元，增长 0.6%；边境贸易进出口额为 91.2 亿美元，下降 3.8%；加工贸易进出口额为 8.5 亿美元，增长 5.9%。从企业性质看，国有企业进出口额为 164.9 亿美元，下降 7.7%；民营企业进出口额为 210.8 亿美元，增长 7.5%；三资企业（中外合作企业、中外合资企业、外商独资企业）进出口额为 13.3 亿美元，下降 5.6%。从国（地区）别看，黑龙江省与 39 个国家（地区）贸易往来超亿元，其中，对俄贸易占比约 60%。对俄罗斯进出口额为 232.8 亿美元，增长 4.1%；对美国进出口额为 21.5 亿美元，增长 9.8%；对印度进出口额为 5.0 亿美元，下降 17.7%；对欧盟（28 国）进出口额为 18.5 亿美元，下降 19.2%；对巴西进出口额为 9.5 亿美元，下降 31.5%；对马来西亚进出口额为 5.5 亿美元，下降 9.5%；对韩国进出口额为 4.4 亿美元，增长 0.1%；对日本进出口额为 3.7 亿美元，下降 14.3%；对新加坡进出口额为 4.2 亿美元，增长 13.3%。从商品类别看，机电产品出口额为 56.2 亿美元，增长 17.2%；高新技术产品出口额为 3.4 亿美元，增长 16.4%[①] 。

表 8-1 2004~2014 年黑龙江省进出口状况

单位：亿美元，%

年份	地区产值	总贸易额	出口额	进口额	贸易差额	对外依存度
2004	4750.60	67.89	36.81	31.08	5.73	1.43
2005	5513.70	95.66	60.69	34.97	25.72	1.73
2006	6211.80	128.57	84.36	44.21	40.15	2.07
2007	7104.00	172.97	122.57	50.39	72.18	2.43
2008	8314.37	231.31	168.06	63.24	104.82	2.78
2009	8587.00	162.30	100.82	61.47	39.35	1.89
2010	10368.60	255.15	162.81	92.35	70.46	2.46
2011	12582.00	385.23	176.73	208.50	−31.77	3.06
2012	13691.58	375.90	144.35	231.55	−87.20	2.75
2013	14454.91	388.79	162.32	226.47	−64.15	2.69
2014	15039.40	389.00	173.40	215.60	−42.20	2.59

资料来源：根据中华人民共和国国家统计局网站数据整理。

招商引资成效显著。2014 年全年新签利用外资项目 102 个，协议利用外资额为 61.4 亿美元，比 2013 年增长 19.4%，其中，外商直接投资额为 58.6 亿美元，增长 17.3%。实际利用外资额为 51.6 亿美元，增长 11.1%，其中，外商直接投资额为 50.9 亿美元，增长 10.3%[②] 。

（3）不断改善的发展环境将使黑龙江省具有巨大的承载力

发展环境是提升区域竞争力的决定性因素。经济社会发展的实践表明，现代经济在一定意义上说就是环境经济，环境已成为影响一个地区经济发展的首要因素，良好的环境是一个地区加速发展、迅速崛起的重要保障和强劲动力。推动黑龙江省经济发展，关键是要有良好发展环境。建立完备成熟的

[①] 黑龙江省统计局：《2014 年黑龙江省国民经济和社会发展统计公报》，黑龙江省政府网，www.hlj.gov.cn，2015 年 8 月 8 日。

[②] 黑龙江省统计局：《2014 年黑龙江省国民经济和社会发展统计公报》，黑龙江省政府网，www.hlj.gov.cn，2015 年 8 月 8 日。

市场经济环境，使市场多元主体能够公平、有序的竞争是现代经济社会良性运行的基本条件，现阶段完善黑龙江省市场经济环境可以从以下几个方面入手。一是大力推行负面清单制度。设定负面清单标准，鼓励社会资本投入实体经济，大力发展非公有制经济，提高非公有制经济特别是民营企业经济在现代服务业中的比重。进一步打破市场分割和地区封锁，推进全省统一开放、竞争有序的市场体系建设。二是不断深化市场机制改革。强化和完善市场机制的作用。增强竞争机制、供求机制、价格机制的作用，切实发挥市场在资源配置中的决定性作用，不断提高资源的配置效率。三是构建完备的市场服务体系。以降低企业运营成本、提高企业效率为目标，建立公益性和经营性的双渠道服务模式，共同为企业搭建服务平台，为企业提供良好服务。

2. 黑龙江省具有优越的区位条件

从地缘经济、区域经济的角度看，黑龙江省有着建立自由贸易区的特殊区位优势。黑龙江省地处东北亚中心，水、陆、空交通发达，是第二条欧亚大陆桥和空中走廊的重要枢纽。黑龙江省对外是沟通日本、韩国、俄罗斯的重要通道和枢纽，对内是全国各省进入俄罗斯和东欧的重要桥梁，在我国对俄罗斯和独联体及东欧国家经济贸易中具有重要战略位置。经国家批准，黑龙江省哈尔滨市成为国内第一个对外开放的内陆货运口岸，可直接办理进出口集装箱入境、离境手续，这为黑龙江省对外经贸发展创造了优越条件。从空间上看，黑龙江省的地理位置十分优越，具有发展国际贸易的天然条件。黑龙江省位于东北亚地区的中心位置，西与俄罗斯的西伯利亚相连，东与俄罗斯远东地区最大的港口群（由符拉迪沃斯托克港、东方港、纳霍德卡港等组成），南接东北地区南部港口群（由大连港、营口港等组成），货物可以销往东亚各国主要港口。黑龙江省是东北地区乃至东北亚的地理中心、运输中心，它有条件汇集四方人流、物流、资金流，集聚整合放大整个中国东北地区以及东北亚区域的经济信号，形成辐射源，对周边地区产生辐射和牵引作用，是实现中国东北地区及东北亚区域经济融合的最佳着力点，也是建设中俄自由贸易区的最佳位置。

3. 黑龙江省"东部陆海丝绸之路经济带"战略

"东部陆海丝绸之路经济带"是国家"丝绸之路经济带"的重要组成部

分，是对国家"一带一路"的丰富和完善。建设"东部陆海丝绸之路经济带"，主要是深入贯彻落实习近平总书记关于构建"一带一路"的战略构想，按照"加强政策沟通、道路联通、贸易畅通、货币流通、民心相通"的总体要求和"深化互利合作、谋求互利共赢"的基本原则，以哈尔滨市为中心，以铁路为主轴线，以公路、水运、航空、管道、电网为辅助线，以沿线城市进出口产业园区为重要支撑，建设连接亚欧的国际货物运输大通道，用大通道搭建大平台，吸引生产要素向通道沿线集聚，发展境内外对俄产业园区，构建发达的外向型产业体系，打造全国面向以俄罗斯为重点的东北亚经贸合作的服务平台，形成集生产、贸易、流通为一体的经济区域。

"东部陆海丝绸之路经济带"总体上呈东西走向，分为两个起点：一是以大连港为起点，经哈大铁路至哈尔滨后，再经滨洲铁路至满洲里或经哈佳铁路至同江出境；二是以俄罗斯符拉迪沃斯托克为起点，至绥芬河后，再经绥满铁路至满洲里或经沿边铁路至同江、漠河等口岸出境。出境后，可与俄罗斯西伯利亚大铁路、贝加尔—阿穆尔铁路相连，向西抵达波罗的海沿岸和汉堡、鹿特丹港。这些通道覆盖的区域即为"东部陆海丝绸之路经济带"，覆盖范围包括黑龙江省13个地市和2个省直管县市；对外辐射东北亚国家和地区及欧洲，重点是俄罗斯及欧盟；对内辐射我国东北、华北、华东、华南地区，重点是环渤海、长三角、珠三角地区 [①]。

（三）地方申报自由贸易区的三个基本条件

在技术条件上，虽然国家对申报自由贸易区的基本条件没有确切的要求，但商务部对于地方申报自贸区，确有一套不成文的基本要求，主要包括以下三点：综合保税区、经济总量、地方特色。

1. 必须有已封关运作的综合保税区

自由贸易区，按照《京都公约》的表述，就是在一国的部分领土内，任何货物就进口税及其他各税而言，被视为关境之外，免于实施惯常的海关监

---

① 《王宪魁：黑龙江建东部陆海丝绸之路经济带构想》，《黑龙江日报》2014年11月24日。

管制度。自由贸易区形式上有很多种，包括综合保税区、出口加工区或者自由港之类。目前中国已经批准了 30 多个综合保税区，但封关运行的综合保税区却并不多。在封关之前，综合保税区内的各类措施和优惠政策无法施行，也无法隔离特殊区域和非特殊区域。

黑龙江省哈尔滨市已申建哈尔滨综合保税区，建成后的综合保税区可享受进口产品保税、免税、退税等政策，将盘活哈尔滨市现有的对俄贸易优势，极大地推动哈市成为对俄"三大中心"。在 2014 年 2 月 21 日哈尔滨市商务工作会议上，哈尔滨市提出将紧紧围绕沿边开发开放战略，打造海陆空立体交通，发挥"会展、交流、信息、金融"四大平台作用，推进"中俄自贸区、综合保税区、中俄贸易空港物流增源区、宝玉石基地、诺林化工物流中心"五大项目建设，全力推进对俄经贸合作再上新台阶。目前，中俄自由贸易区调研已经启动，黑龙江省探索以哈尔滨市为中心建立中俄自贸区，争取将综合保税区纳入自由贸易区，抓好综合保税区申建工作，力争尽快实现综合保税区封关运营。

2. 经济总量要足够大

站在商务部的角度来看，地方申报自由贸易区，除了综合保税区的硬性条件外，另一项考量标准是经济总量和地区拉动作用。根据 2014 年黑龙江省统计公报，第一产业增加值为 2659.6 亿元，增长 5.6%；第二产业增加值为 5591.8 亿元，增长 2.8%；第三产业增加值为 6788.0 亿元，增长 9.0%。三次产业结构为 17.7 : 37.2 : 45.1，三次产业对地区生产总值增长的贡献率分别为 11.1%、24.2% 和 64.7%。全省人均地区生产总值为 39226 元，比 2013 年增长 5.6%。非公有制经济增加值为 7861.9 亿元，比 2013 年增长 7.1%，占全省地区生产总值的 52.3%。全省人均地区生产总值实现 37509.3 元，比 2013 年增长 7.9%。非公有制经济增加值为 7508.6 亿元，比 2013 年增长 10.4%，占全省地区生产总值的 52.2%。全年实现社会消费品零售总额 6964.2 亿元，比 2013 年增长 12.2%。按地域分，城镇零售额为 6096.4 亿元，增长 12.2%，其中城区零售额为 4898.9 亿元，增长 12.5%；农村（县以下）零售额为 867.8 亿元，增长 12.6%[1]。

① 黑龙江省统计局：《2014 年黑龙江省国民经济和社会发展统计公报》，黑龙江省政府网，www.hlj. gov.cn，2015 年 8 月 8 日。

3. 要有地方特色

2014 年 8 月 19 日，国务院发布《关于近期支持东北振兴若干重大政策举措的意见》，提出支持哈尔滨市打造对俄合作中心城市。加强东北振兴与俄远东开发的衔接，启动中俄远东开发合作机制，推动在能源、矿产资源、制造业等领域实施一批重大合作项目，按国务院批复方案加快筹备中俄地区合作发展（投资）基金，并且依托哈尔滨区域性国际通信业务出入口局，扩容中俄、中蒙跨境信息通道；支持东北地区开展工业化与信息化融合发展试点，用信息技术改造提升制造业，推进工业化与信息化融合发展，这从国家层面确立了黑龙江省对俄合作的前沿特色。

三　黑龙江省中俄自由贸易区的规划与筹建

（一）黑龙江省自由贸易区建设的定位、模式与区域选择

1. 黑龙江省自由贸易区的战略定位

从中国自由贸易区种类看，主要分为两种。一种是由国家之间进行谈判达成的涉及双边或多边的自由贸易协定，关税减免、壁垒消除等谈判内容以国家为主体进行，如 FTA、RCEP、ETA 等。另一种是类似上海自由贸易区这种在本国内按照本国法律法规创设的自由贸易区。这种自由贸易区以本国法律法规为依据，区域特别限定、行政干预较小，较为适合地方省份利用现有开放优势，形成自由贸易区域。黑龙江省的自由贸易区就属于这种形式，是国家划定在本国特别区域的地方自由贸易区，由国家根据本国的法律法规，在特定区域取消大部分货物的关税和非关税壁垒、多数服务部门的市场准入限制，开放投资，实现生产要素的自由流动的境内关外的海关特殊监管模式的区域性经济特区，也就是我们常说的自由贸易园区（FTZ）。

2. 黑龙江省自由贸易区建设的模式选择

黑龙江省自贸区建设的模式选择要突出两个概念。一是开放和国际概念。WTO 明确阐述过，由一国在其领土设立的自由贸易区并不是一个地缘概念，

上海自由贸易区可以与世界任何角落的国家和地区进行贸易和投资往来。因此，黑龙江省自由贸易区建设的模式定位应该是面向全球的国际性和开放性的，要通过向所有经贸伙伴的开放打破地缘和国别的桎梏，实现与世界主要经济体在经贸上的互联互通。二是地缘和沿边概念。虽然自由贸易区并没有明确的地缘限定，但从各国地方自由贸易区建设的实践看，很多自由贸易区在面向全球的同时，也较为注重发挥自身的地缘优势，有所侧重，突出重点。从黑龙江省的经贸伙伴和现实基础看，还要最大限度用好黑龙江省位于东北亚腹地，毗邻俄罗斯，连接日、韩、朝、蒙的区域合作上的地缘、政策、历史和人文优势，在具体操作过程中瞄准俄罗斯，向日、韩等东北亚区域延伸发展。黑龙江省自由贸易区建设要利用黑龙江省对俄的综合优势。黑龙江省的产业基础和文化优势为有意开拓俄罗斯市场的南方发达省份、港澳台地区，提供了自由贸易平台和载体，黑龙江省要明确未来自由贸易区南联北开的联动和互动特色定位。

3. 自由贸易区建设的区域选择

从国际自由贸易区建设的理论与实践来看，在区域选择上既有广义的跨区域自由贸易区，又有以单体城市为中心的狭义自由贸易区。发达经济体选择跨区域自由贸易区的模式，发展中国家和经济相对落后地区为防范风险和冲击，多选择狭义自由贸易区。2015年3月24日，涵盖平潭片区、厦门片区和福州片区的福建自由贸易区，以及涵盖广州南沙新区片区、深圳前海蛇口片区、珠海横琴新区片区的广东自贸区总体方案的通过，促使各省份做大自由贸易区的冲动增加。黑龙江省自由贸易区建设应做到既有广域地站在省级层面的长远设想，又要有以哈尔滨市、牡丹江市、绥芬河市、黑瞎子岛等重点城市为中心，促进自由贸易区建设早日落地的近期谋划。

（二）黑龙江省加快自由贸易区建设突破的难点

1. 从单纯"与国际惯例接轨"转向"推动规则演化"

与改革开放初期设立的经济特区城市相比，今天的自由贸易区虽然同属经济特区，但类别不同，其建立的基础、发挥的功能都不一样。最初的经济特区不涉及政府管理体制的改革，今天的自贸区则是一块以发展开放经济为切入点，进而全面改革政府管理体制的试验田。先从建立的历史条件和基础来看，当初的四大经济特区城市是在开放经济发展的初级阶段设立的，当年中国无论是经济总量还是外贸总量在全世界都不算领先。正因为如此，当初的经济特区是处于被动吸纳地位的"与国际惯例接轨"的实验，今天的自贸区则是中国在全球化经济竞争中主动开展的一场攻守兼备的试验。我们设立中俄自由贸易区时必须考虑其与世贸规则是否兼容，考虑它是否有助于我们的世贸战略和区域经济一体化战略。可以确定的是，创办中俄自由贸易区这一新的经济特区"终极版"，与世贸组织多边规则并无矛盾。《中华人民共和国加入WTO议定书》与《WTO协定》对中国特殊经济区及其补贴的规定并没有禁止设立新的特区或特殊经济区。我们的中俄自贸区有望为区域经济一体化战略提供一个重要平台。

2. 实现产业发展内容从低级到高级的转变

在产业发展内容方面，我们最初设立的经济特区主要是传统劳动密集型产业的出口加工区。时至今日，我们早已是世界第一制造业大国，是产出占全世界1/3的头号装备工业大国，是全世界头号高新技术产品制造和出口大国。在这种条件下设立的中俄自由贸易区重点发展的产业内容是服务业，特别是生产性服务业和金融服务业，以进一步夯实我国实体经济部门基础，并提升我国金融服务业竞争力。中俄自由贸易区可以围绕推进本地制造业转型升级的生产性服务业来做文章。许多大企业的境外总部或境外兄弟公司均有将维修、检测、物流、仓储等非核心业务外包的设想和需求，这些地方应积极发展有利于制造业转型升级的生产性服务业，像支持生产企业一样支持现代服务业企业。参照生产企业外发维修、外发检测的办法，准许特殊监管区内的贸易、高端物流企业整体接包维修、检测、物流、仓储、贸易代理业务后，将一部分维修、检测业务外发区外制造型企业。这一做法可先在一定范围内试点，取得经验后逐步推广。如果该措施试点成功，将会实现产业发展内容从低级到高级的转变，极大促进这些地区商贸物流企业转型升级，提高这些城市及周边地区制造型企业生产效率，提高企业经济效益。

3. 从单向开放转向全方位开放

在开放方向上，最初的经济特区基本上是单向开放，扩大出口，严格管制进口，特别是生活消费品进口；今天的自由贸易区则是全方位开放，扩大进口和对外投资成为其发展的亮点，我们期望中俄自由贸易区成为从单向开放转向全方位开放的突破口、大力发展双向投资的重要平台，希望通过发展内外分离型离岸金融业务使得自由贸易区成为全球性的资本流动中转站。自由贸易区消费品进口业务成为许多消费者关注的焦点。自由贸易区可以为中国的资本输出提供一个开放的平台。特别是在"一带一路"成为全国和世界关注的经济发展焦点、基础设施又成为"一带一路"突破口的情况下，利用国内自由贸易区的自由贸易账户制度，建立和推行离岸公司制度，将其与国内资本市场结合，形成巨大的发展潜力。

4. 突破自贸区是发展龙头而非扶贫项目

与最初的四个经济特区一样，拿到自由贸易区的"门票"不等于成功。突破性政策不是一个地方发展起来的充分条件。一个地方的干部、民众和各界精英如果把眼光都盯在发达地区的政策、待遇上面，抱怨、诉说自己没有政策、待遇，声称自己有了政策就能搞起来，那么，这种心态本身就足以证明这个地方发展不起来，不可能成为龙头地区。申请中俄自由贸易区，首先还是自身经济实力要达到一定程度，特别是外向经济发展要有一定规模和水平。如果本身外向经济规模就很小，那样申报自由贸易区，大马拉小车，会造成资源浪费。任何事物都是一分为二的，自由贸易区不仅有可能因为设置和功能定位不当而扭曲市场运行，而且需要额外的特殊监管体系；因此，一个运行良好的自由贸易区在管理方面需要巨大的固定成本，只有分摊到规模巨大的对外经贸上，才能取得规模效益。否则，投入运行的自由贸易区要么因成本过高而始终发展不起来，要么就是放任自流，以至于自由贸易区沦为扰乱本地区乃至全国经济秩序的"重灾区"。因此，要明确中俄自由贸易区是改革开放的龙头和试验田，不是扶贫计划，它将成为全面推进中俄战略协作伙伴关系的前沿地区。

（三）黑龙江省加快自由贸易区建设的对策建议

1. 打造对俄合作中心城市，培育中俄自由贸易区特色

2014 年 8 月 19 日，国务院发布《关于近期支持东北振兴若干重大政策举

措的意见》。该意见提出，支持哈尔滨市打造对俄合作中心城市。黑龙江省毗邻俄罗斯东部地区，与俄文化相通，拥有开展对俄合作的资源禀赋和区位优势，并且与俄罗斯保持着长期的经贸往来，拥有与俄合作的坚实基础。哈尔滨国际科技成果展交会、中俄博览会等为中俄合作提供的交流平台，黑龙江省各高校和科研院所等丰富的人才储备，黑龙江省与俄罗斯多个友好城市之间形成的区域间频繁的人文交流，以及黑龙江省近期开通的多条对俄物流通道，在哈尔滨市布局的物流企业都是哈尔滨市打造对俄合作中心城市的重要基础条件。这是黑龙江省，也是哈尔滨市迎来的千载难逢的历史机遇，一定要抓住机遇，乘势而上，突出重点，采取有效措施，加紧制定政策，在各个方面扩大对俄全面合作，加快打造对俄合作中心城市，形成申报中俄自由贸易区的特色。

2. 推进综合保税区建设，奠定中俄自由贸易区基础

从黑龙江省未来建设自由贸易区的可行路径看，综合保税区、保税物流园区、航空物流园区、临空经济带建设是不能绕开或回避的条件。在 2014 年 2 月 21 日哈尔滨市商务工作会议上，有关部门提出推进"中俄自贸区、综合保税区、中俄贸易空港物流增源区、宝玉石基地、诺林化工物流中心"五大项目建设。当前，哈尔滨综合保税区的申报已获得国务院批准。在此背景下，加快推进综合保税区内的基础设施建设，并根据综合保税区的发展目标和功能定位，积极引进保税加工类企业，大力发展保税物流，打造东北亚国际保税港务区，力争尽快实现综合保税区封关运营，将为中俄自由贸易区的申报奠定强有力的坚实基础，也是创建中俄自由贸易区的必要条件。

3. 提升黑龙江省经济总量，形成对周边地区的拉动

黑龙江省地处东北亚经济腹地，是我国与俄毗邻的重要省份，是各省通往俄罗斯的重要桥梁。作为我国东北北部的铁路枢纽和我国对俄航空枢纽之一，黑龙江省经济总量的提升将起到辐射周边、拉动产业的作用。目前，黑龙江省对俄合作已经全面覆盖经贸、科技、文化、旅游、农业等各领域，初步形成对俄全方位战略合作格局。根据黑龙江省全方位开展对俄合作、努力推动对俄合作中心城市建设的思路，通过继续加大大通道建设，建立以黑龙江省为中心的辐射俄罗斯各地的航空、陆海联运通道，以哈尔滨机场改扩建为

基础加快临空经济对自由贸易区的核心支撑作用；利用哈尔滨银行和各外资银行等，建设金融服务平台，形成区域性金融结算、兑换等便利环境；加快建设综合保税区、空港经济区、对俄贸易加工区；在文化、旅游、科技合作方面，积极营造氛围，建设油画交易基地，举办对俄文化艺术周等活动；推动中俄大学以及研究院所、媒体之间的合作，加大文化交流和互相宣传的力度；对现有的涉及贸易、加工、金融等方面的政策进行全面梳理，创造更加有利于打造对俄合作中心城市的环境；集中政府资金，对重点领域重点企业加大扶持力度，提升哈尔滨市作为中俄区域合作的中心城市的经济规模和辐射力，促使其成为对俄合作的龙头城市。

4. 强化对俄合作中心城市的辐射和互联互通优势

黑龙江省实施中俄自由贸易区战略还要充分利用哈尔滨市这一中心城市辐射各市县的功能，发挥边境口岸城市作为水陆交通枢纽的优势。在黑龙江省"东部陆海丝绸之路经济带"建设的框架下，通过陆海联运、江海联运、铁海联运、集装箱转运等多种跨境通道实现与省内重要口岸之间的互动，与俄远东地区和日、韩港口的联动。因此，为了使黑龙江省中俄自由贸易区战略产生的经济效益惠及周边省份，要从政策上实现自由贸易区与周边省份开放的互相沟通；从道路上促进沿边口岸成为黑龙江省中俄自由贸易区战略国际大通道的重要分支和支撑；从贸易上实现黑龙江省中俄自由贸易区与口岸群之间的畅通，促进"出口抓加工"与"进口抓落地"的腹地与口岸的产业优势互补；从物流上实现黑龙江省中俄自由贸易区战略与省内三横两纵贸易通道之间的直通，形成以哈尔滨市为轴心和枢纽的扇形放射状辐射格局，实现黑龙江省中俄自由贸易区战略软实力的自然延伸。

5. 完善的金融服务体系为申报自由贸易区提供有力支撑

金融是现代经济发展的核心，随着中俄贸易和投资规模的扩大，金融的作用日益明显，中俄自由贸易区的建设更是与金融息息相关。因此本书提出如下建议。

首先，在积极推动境内对俄结算中心建设方面，可以通过制定优惠政策，改善融资结算环境，吸引国内对俄贸易投资主体在黑龙江省内重点城市设立总部或结算中心，通过电子渠道在黑龙江省内城市办理融资结算业务。通过建立黑龙江省对俄金融产业发展基金和涉俄产业融资风险补偿基金，鼓励金融机构参与涉俄融资，解决涉俄产业融资难问题，支持对俄金融产业发展。同时，抓住哈尔滨市列入国家电子商务示范城市的机遇，积极促进中俄电子商务共同合作与发展，积极推动对俄电子商务支付结算中心建设，协调相关部门与机构共同推进中俄跨境电子商务及支付结算平台建设。

其次，在积极推动对俄离岸金融中心建设方面，在风险可控前提下，在对俄人民币资本项目可兑换、人民币跨境使用等方面创造条件进行先行先试；探索面向俄罗斯及东北亚的外汇管理改革试点，建立与之相适应的外汇管理体制，全面实现贸易投资便利化；鼓励企业充分利用中俄两种资源、两个市场，实现跨境融资自由化；深化外债管理方式改革，促进中俄跨境融资便利化；深化跨国公司总部外汇资金集中运营管理试点，促进俄跨国公司在哈尔滨市设立东北亚区域资金管理中心。在积极推动对俄货币交易中心建设方面，依靠哈尔滨银行在全国银行间外汇市场上担任人民币对卢布交易做市商的优势，发挥哈尔滨银行卢布做市、对俄代理行网络优势，将哈尔滨市建设成为全国对俄货币交易中心。

最后，在积极推动其他对俄金融要素市场发展方面，积极推动黑龙江省中俄自由贸易区建设，支持银行成立金融租赁公司开展对俄金融租赁服务；允许在黑龙江省建立面向俄罗斯及东北亚的国际交易平台；支持在实验区内设立面向俄罗斯及东北亚的期货交易平台，并实施期货保税交割试点，拓展期货仓单质押融资功能，鼓励发展物流金融和大宗商品融资。

6. 在全国战略框架下争取申报中俄自由贸易区的国家支持

2014 年 1 月黑龙江省人大第十二届人民代表大会全票通过了作为黑龙江省认真贯彻党的十八届三中全会精神，落实《中共黑龙江省委关于贯彻落实〈中共中央关于全面深化改革若干重大问题的决定〉的意见》重大标志的，旨在扩大开放与深化改革、释放发展活力和推进市场化改革的《黑龙江和内蒙古东北部地区沿边开发开放规划》《全国老工业基地调整改造规划》等五大规划；提出了设立综合保税区、中俄自由贸易区和俄罗斯在哈尔滨领事机构（据悉已获俄方相关部门的批准）等目标，使黑龙江设立自由贸易区的战略格局更加清晰。2014 年 8 月 19 日，为巩固扩大东北地区振兴发展成果、努力破解发展难题、依靠内生发展推动东北经济提质增效升级，国务院出台了《关于近期支持东北振兴若干重大政策举措的意见》。该意见从激发市场活力、提升产业竞争力、推动城市转型等 11 个方面提出 35 条具体举措，黑龙江省申报中俄自由贸易区正好迎合政策推动东北振兴的需求。因此，黑龙江省应以俄罗斯在哈尔滨市设立领事机构为依托，以国家东北振兴战略为支撑，以打造对俄合作中心省份为牵引，依照黑龙江省省委、省政府提出的以哈尔滨为中心的自由贸易区战略思路，以夯实申报条件为前瞻，将黑龙江省中俄自由贸易区战略与国家东北振兴战略和黑龙江省落实五大规划形成有机对接，争取国家有关优惠政策的支持，在推进东北振兴和五大规划落实过程中推进中俄自由贸易区建设。

7. 加强对申报自由贸易区全面、系统、创新性的超前谋划

进入 21 世纪以来，中俄自由贸易区这种空间组织形式及其建立的可行性一直受到黑龙江省政府和有关部门的关注。黑龙江省中俄自由贸易区的建设，一方面，将有助于深化中俄全面战略协作伙伴关系，加强中俄团结合作，有利于中俄两国在国际事务上提高地位、发挥作用；另一方面，有利于进一步促进中俄各自的经济发展，扩大双方贸易和投资规模，促进区域间的物流、资金流和信息流流通，促进区域市场的发展，创造更多的财富，提高两国的整体竞争力。与此同时，中俄自由贸易区的建立，将有助于推动东北亚区域经济一体化，对区域经济增长有积极作用。

因此，在谋划上要从单纯"与国际惯例接轨"转向"推动规则演化"；实现产业发展内容从低级到高级的转变；从单向开放转向全方位开放；开展中俄自由贸易区是发展龙头而非扶贫项目的难点问题的创新研究，为黑龙江省中俄自由贸易区的顺利建设，提供坚实的理论基础。

虽然黑龙江省中俄自由贸易区的建立还受到许多条件的限制，但是这一前瞻性的研究和谋划仍然具有重要意义。一方面，加强对建立黑龙江自由贸易区全面、系统、深入的研究为黑龙江省申报自由贸易区提供重要的理论基础和理论指导；另一方面，根据中俄合作的大趋势以及黑龙江省在这一过程中的作用，可以预见，一旦时机成熟，中俄自由贸易区或其他地区组织形式将得以建立，这种超前性的研究和谋划将为政府决策和进一步的申报提供重要参考。

第九章　区域合作条件：中俄区域发展战略及其保障措施

"一带一路"建设是中国在新的历史时期提出的伟大战略构想。为实现这一合作共赢的战略布局，2015年3月28日国家发改委、外交部、商务部联合发布的《推动共建丝绸之路经济带和21世纪海上丝绸之路的愿景与行动》提出建设六大经济走廊的具体实施方案，中蒙俄经济走廊建设便是实现"一带一路"战略的重要支点之一。在中蒙俄经济走廊建设框架下的中俄区域合作中，金融保障问题的重要性日益显著，创建中俄边境地区金融安全区的构想是一种超前和创新的研究。

一　中蒙俄经济走廊建设与中俄区域合作

中蒙俄经济走廊建设是中国发展区域经济的重要举措，它的意义在于推进中国与俄罗斯的地方性合作，是深化中俄全面战略协作伙伴关系的重要组成部分，中俄地方关系的发展水平直接影响到两国国家关系能否向更深层次发展。

（一）中蒙俄经济走廊提出的历史背景及现实意义

1. 历史背景

2014年9月11日，中国国家主席习近平在中蒙俄三国首脑的首次会晤上率先提出共建中蒙俄经济走廊，这说明中国提出的"丝绸之路经济带"战略，丰富了主要依靠欧亚大陆桥的国际合作方式，又开辟了从中国东北拓展中蒙俄合作的新空间。这个提议得到了俄罗斯和蒙古国的积极响应。把"丝绸之路经济带"战略同俄罗斯跨欧亚大铁路、蒙古国"草原之路"①战略进行对接，打造中蒙俄经济走廊。中蒙俄经济走廊从三国的经济建设实际出发，把三个国家的利益紧密结合在一起。三国通过扩建铁路、公路等基础设施建设，使跨境运输更加便利。

中国国家发改委确定中蒙俄经济走廊包括两条线，一条以天津港为起点，经二连浩特、乌兰巴托至伊尔库茨克，沿西伯利亚大铁路至欧洲；另一条与哈尔滨直接相关，以大连港为起点，经哈尔滨、满洲里、赤塔，沿西伯利亚大铁路至欧洲。两条走廊互动互补形成一个新的开放开发经济带，统称为中蒙俄经济走廊。

2. 现实意义

中蒙俄经济走廊的提出对三国的经济发展都有积极的促进作用，从俄蒙国家元首的态度上可明显看出。

（1）国家领导人达成共识有助于中蒙俄经济走廊建设

习近平指出，中蒙俄三国发展战略高度契合。中方提出共建"丝绸之路经济带"倡议，获得俄方和蒙方积极响应。我们可以把"丝绸之路经济带"同俄罗斯建设跨欧亚大铁路、形成中国东北与欧洲的运输大通道战略，以及蒙古国"草原之路"战略进行对接，打造中蒙俄经济走廊，加强铁路、公路等互联互通建设，推进通关和运输便利化，促进过境运输合作，研究三方跨境输电网建设，开展旅游、智库、媒体、环保、减灾救灾等领域务实合作。三方可以在上海合作组织框架内开展合作，共同维护地区安全，实现共同发展。三方还要加强国际合作，共同维护国际关系基本准则，共同倡导互信、

---

① 蒙古国准备实施"草原之路"计划，通过运输贸易振兴蒙古国经济。"草原之路"计划由5个项目组成，总投资需求约为500亿美元，具体包括：连接中俄的997公里高速公路、1100公里电气线路，扩展跨蒙古铁路、天然气管道和石油管道。蒙古国政府相信此计划的实施将为其带来更多投资并带动产业升级，蒙古国的能源和矿产行业也会因此提升到新的水平。

互利、平等、协作的新安全观，共同推动以和平方式，通过对话谈判解决国际争端和热点问题。中方支持蒙方积极参与地区事务。

普京表示，俄中蒙三国地理相邻，要加强交往、对话、协调。中方共建"丝绸之路经济带"的倡议为三国合作提供了新的重要机遇。三方要把各自发展计划结合起来，在能源矿产、交通基础设施建设等领域建立长期稳定的合作关系。三国都主张世界多极化，应该共同努力，维护地区安全稳定。

额勒贝格道尔吉表示，蒙古国从战略高度重视同中国和俄罗斯发展更加紧密的睦邻友好合作关系。习近平主席和普京总统分别访问蒙古国，推动了蒙中、蒙俄关系发展。蒙方希望加强同中、俄的合作，推动交通基础设施互联互通建设和跨境运输发展。蒙方希望加强同亚太经合组织等国际组织的合作，积极参与地区事务。

三国元首认为，这次会晤非常有益，将分别责成各自有关部门落实三国元首达成的共识，研究有关合作建议，及时向三国元首汇报。三国建立副外长级磋商机制，统筹推进三国合作。

（2）学者认为中蒙俄经济走廊建设开辟了合作的新途径

中国社会科学院中国边疆史地研究中心主任邢广程研究员认为，黑龙江参与"一带一路"建设，不仅能带动黑龙江的发展，也能让发展的红利惠及邻国。

中国区域经济学会秘书长陈耀认为，中蒙俄经济走廊可能依赖已有中国通往俄罗斯、蒙古国的线路来构建，比如，哈尔滨、大庆、齐齐哈尔到满洲里，再到俄罗斯，或通过二连浩特到蒙古国，以及从吉林长春到白城、阿尔山，再到蒙古国。他认为，经济走廊的交通应该是立体的，包括铁路、公路、机场、输油管线等。而黑龙江作为对俄罗斯开放的桥头堡，有望获得新的国家战略定位。

内蒙古自治区社会科学院经济研究所所长于光军指出，这次"丝绸之路经济带"的中蒙俄经济走廊通道建设，不仅是内蒙古和黑龙江的事情，还将涉及辽宁、吉林两省，如出海口一定要通过辽宁省。他强调，中蒙俄经济走廊作为国家战略，其实施要先解决两个问题。一是与周边国家的关系、国家地位确定；二是国内相关地区未来发展地位的确定，不能只计较眼前利益。"这些明确以后再谈交通线路以及其他具体的规划。"

（3）中蒙俄经济走廊建设推进了国际区域的实质性合作

推动中蒙俄经济走廊建设进入实质性拓展阶段，是构建相关国家利益链的过程。中蒙俄经济走廊建设，一方面关注三个国家区域内部和区域间的利益联系，推动客观共性与主观建构的协同达到"特性共享"状态，强调三国区域内的潜在纽带，加强"区域内聚性"并促进形成更多的"特性共享"和利益纽带。另一方面，建构多边利益范畴内的普遍的行为准则，以国家间普遍接受的交往模式来代替个体喜好或情景差异，强调中蒙俄经济走廊合作中互惠的扩散性，使多边利益成为国家行为和互动方式的参考以及国家对相关制度、准则或规范的态度的依据，从而促进国家间的互动关系。

（4）中蒙俄经济走廊建设有利于中国东北地区创新经济发展

中蒙俄经济走廊东北通道连接中国东北三省，向东可以抵达符拉迪沃斯托克出海口，向西经俄罗斯赤塔进入亚欧大陆桥。"津满欧""苏满欧""粤满欧""沈满欧"等"中俄欧"铁路国际货物班列已开通，并基本实现常态化运营。更为重要的是，它将中国东北地区实力最强的城市连接在一起，其中包括辽宁沈大经济带、吉林长吉图先导区和黑龙江哈大齐工业走廊，这些都是当地经济活跃度最高的区域。由于这个经济走廊包括华北和东北，两个地区毗邻，京津冀协同发展也将影响到东北地区。吉林省智库秘书长、研究员刘庶明对《21世纪经济报》表示，中蒙俄经济走廊是中国对外开放战略的组成部分，它不仅是"一带一路"的一个分支，还可以与京津冀协同发展战略联系起来，东北地区也可以承接京津冀的一部分产业转移。"打通这条通道，连接蒙俄有利于资源要素流动。"辽宁省社会科学院经济研究所所长张万强在《21世纪经济报》中指出，除了有利于东北亚地区开放外，随着京津冀地区功能向外疏解，资源要素流动加快，与京津冀距离较近的辽西地区可以有效承接这些资源要素的转移。

（5）为哈尔滨打造对俄中心城市拓展了无限空间

中蒙俄经济走廊建设为哈尔滨打通中蒙俄国际大通道提供了国家层面的支持，三国在发展战略高度契合的基础上全面开展科技合作、产业合作、资源合作，带动贸易合作迈上新台阶，这为哈尔滨提供了千载难逢的发展机遇。

3. 合作基础

中蒙俄经济走廊建设的基础是中蒙俄三国发展战略高度契合。首先，在中国，2003 年发布的《中共中央、国务院关于实施东北地区等老工业基地振兴战略的若干意见》，致力于实现东北老工业基地的振兴，协调区域经济发展，实现东北地区的全面振兴。中国老工业基地的振兴需要俄罗斯的技术，俄罗斯开发西伯利亚和远东需要中国的投资、技术和劳动力。为实现两国毗邻地区开发战略的对接，2009 年中俄两国元首签署了《中华人民共和国东北地区与俄罗斯联邦远东及东西伯利亚地区合作规划纲要（2009~2018 年）》。

其次，在俄罗斯，俄罗斯铁路总公司总裁 B.雅库宁提出了"跨欧亚发展带"构想，试图以石油和天然气生产和加工基地、新西伯利亚科学城为依托，西伯利亚大铁路、东方石油管道、西伯利亚力量天然气管道为主干，吸引欧洲和亚洲国家的资金和技术，形成一系列高新技术产业集群，建成从欧洲大西洋到亚洲太平洋的交通、能源、电信一体化的发展带，以此为切入点实现西伯利亚和远东地区最大限度的开发。雅库宁建议"跨欧亚发展带"与"丝绸之路经济带"对接，普京也建议用跨欧亚铁路与"丝绸之路经济带"对接。

最后，在蒙古国，其地理位置决定了它的经济合作伙伴主要是中国和俄罗斯。2008 年通过的《蒙古国基于千年发展目标的国家全面发展战略》要求，不仅要建成同中俄两个邻国相连的欧亚跨境运输铁路，而且还要租用其他国家港口开展海上运输。2011 年蒙古国还通过了国家铁路网规划，要建设三纵一横铁路网。2014 年蒙古国经一部通过决议，在与中国邻近两段铁路上采用与中国相同的标准轨，实现与中国铁路网接轨。2014 年 8 月习近平主席访问蒙古国，双方签署了 26 项协议，中国向蒙古国提供 8 个出海口。蒙古国为了加强与中国和俄罗斯的合作，在蒙俄和蒙中边境地区设立了扎门乌德自由经济区和阿拉坦布拉格自由贸易区，还有赛音山达工业园区。

2014 年 9 月，习近平主席在杜尚别会见普京总统和额勒贝格道尔吉国家元首时指出，中俄蒙三国是好邻居、好伙伴，需要增进三方互信，促进互利共赢合作，实现优势互补，共同发展，推动东北亚合作进程。

（二）哈尔滨在中蒙俄经济走廊建设中的历史定位

哈尔滨作为中蒙俄经济走廊和黑龙江"陆海丝绸之路经济带"上大的城市，是黑龙江政治和行政管理中心、交通运输中心、信息与科技中心和人才密集之地。中心城市是经济区域内生产和交换集中的地方，能对周围地区产生较强的经济辐射作用，它们承担组织和协调区域经济活动的职能，其作用体现在以下几个方面。

1. 引领作用

哈尔滨作为全国对俄合作中心城市，它的作用不仅仅是代表一个城市的发展水平，它代表的是全国对俄合作的层次和水平。尤其是哈尔滨作为中蒙俄经济走廊和黑龙江"陆海丝绸之路经济带"上的特大型、与俄罗斯和蒙古国距离近的城市，特殊的地理条件和历史积淀，使哈尔滨承担起我国对俄全面合作的引领作用，这是我国全面对外开放战略赋予哈尔滨的责任与使命。

2. 聚集作用

哈尔滨在中蒙俄经济走廊和黑龙江"陆海丝绸之路经济带"上的特殊地位，使它在区域经济发展中必然成为地区经济发展的中心。城市具有明显的聚集经济效益，这种效益促使企业向城市聚集，使城市规模日益扩大，变成拥有成千上万个企业的地区。世界上大城市的劳动生产率、按人平均的工业产值、地区生产总值等，一般都高于其所在国平均水平。聚集经济效益是指企业向某一特定地区集中而产生的利益，是城市存在和发展的重要原因和动力。作为我国对俄科技合作、产业合作、企业合作的首选地，哈尔滨的地缘优势、人才优势、人文环境等优势可以得到充分发挥，从而形成对俄的经济聚集力。

3. 辐射作用

经济辐射效应是指以城市为经济发展的基点，通过其较大的经济、文化、科技、教育、人才等资源优势，带动周围乡村经济、文化、教育、科技的发展。哈尔滨作为经济增长极，其辐射表现为通过增长极的极化效应使资金、信息、人才等向发达地区集中，之后再通过辐射效应把经济动力与创新成果传导到广大的腹地。哈尔滨无论是作为对俄合作的中心城市，还是作为中蒙俄经济走廊上的特大型城市，未来的发展过程都是建成区域经济发展的增长极，同时通过辐射作用带动其他地区经济的发展。

4. 示范作用

在中蒙俄经济走廊的建设中，由于在三国政治、经济、文化等方面都存在一定的差异，在建设中必须有先行者，用成功的经验推动建设的全面展开。哈尔滨应该责无旁贷地承担起示范作用，以大通道连接三国是发挥示范作用的基础条件。

从经济学的角度看在示范作用的同时还存在示范效应。人们的消费行为不但受收入水平的影响，而且受其他人——主要是那些收入与其相近的人——消费行为的影响。这些人的行为具有示范效应：当消费者看到这些人因收入水平或消费习惯的变化而购买高档消费品时，尽管自己的收入没有变化，也可能仿效他人扩大自己的消费开支，或者在收入下降时也不愿减少自己的消费支出。示范效应甚至可以跨越国界，当某国居民接触到别国居民购买高档消费品时，他们可能会仿效别国居民从而改变自己的消费习惯。所以，示范效应在建设中蒙俄经济走廊中是非常重要的，具有导向的意义。

5. 科技领先作用

哈尔滨有对俄科技合作多年的历史积累和历史积淀，哈尔滨建有对俄高新技术园区、经济技术开发区、中俄技术转化服务中心等，对俄罗斯技术的引进功能、转化功能、孵化功能提升很快。目前，在黑龙江省44家科技企业孵化器中，哈尔滨、大连、齐齐哈尔三城市的数量占80%以上。其优势在于对创业的投资力度大，在孵化企业知识产权成果丰富，孵化器促进创业、就业的成效显著。在这样的基础上，哈尔滨有望成为俄罗斯技术引进和落户的重镇，也是向全国推介对俄技术合作的中心，成为对俄科技合作的核心先导地区。

6. 贸易牵引作用

2014年，哈尔滨对俄经贸取得了历史性突破，俄罗斯已跃升为哈尔滨第一大贸易伙伴。同时，哈尔滨在对俄经贸合作中开展了大量的基础设施和创新工程建设。实施"1141"工程计划，即重点打造一个电子商务特区、一个电商巨头东北运营中心，扶持农业、医药、旅游、服务四大重点产业和一个对俄电子商务运营中心。同时申报以哈尔滨为中心的中俄自由贸易区的工作正在论证和实施中。哈尔滨正在全力打造综合保税区，按照《黑龙江和内蒙古东部部分地区沿边开发开放规划》《东北振兴规划》等一系列国家战略决策部署，哈尔滨综合保税区将建设成东北亚地区中心城市中最高开放层次的国际贸易与合作示范平台，成为我国在东北亚地区最具规模与层次、最有品牌效应和综合竞争力的世界级综合保税区和国际贸易先导区。综合保税区将成为黑龙江省外向型经济的核心发展区和政策洼地，是助推东北地区振兴战略实施的开放型新平台，尤其是对俄开放的新高地、先行区和实验区；在哈尔滨发展层面上，按照国务院将哈尔滨确定为对俄合作中心城市和在国家"一带一路"战略规划中将哈尔滨定位为中蒙俄经济走廊重要节点的要求，哈尔滨综合保税区将建设成为哈尔滨对接国际产业、技术和贸易合作的开放窗口和构建国际化大都市的独特基地，成为我国沿边开发的重要支点。

7. 金融保障作用

2013 年，《黑龙江和内蒙古东北部地区沿边开发开放规划》上升为国家战略，该规划提出"在哈尔滨建设面向俄罗斯及东北亚区域金融服务中心"，全面推进对俄合作中心建设，特别是加快对俄服务中心建设，该规划确立了哈尔滨在对俄金融合作中的地位和作用。2014 年，为支持中蒙俄经济走廊建设和打造对俄合作中心城市，哈尔滨银行在总结多年对俄合作经验的基础上，提出了建设对俄"两大平台，四大中心"的战略构想，即：搭建对俄在岸客户服务平台；搭建对俄离岸客户服务平台；加强对俄结算中心建设；加强对俄货币中心建设；加强对俄清算中心建设；加强对俄投融资中心建设。这一战略构想基本上保证了对俄合作中涉及的主要金融问题的顺利解决，也保证了各种对俄合作项目的顺利开展，是深化中俄跨境金融服务、保障中俄蒙实质性合作的创新与发展。

8. 通道促进作用

哈尔滨已经确立了以大通道建设为重点的发展思路，具体来说就是优化航空货运大通道，打通陆路货运大通道，不断加大对运输通道建设的政策资金扶持力度，全面提升哈尔滨对俄航空、陆路两大货运通道的优势，吸引国内外对俄资源聚集哈尔滨，以大通道搭建大平台，以大贸易带动大物流，以大物流带动国内外人流、信息流、资金流的集聚和发展，全面构建多产业、宽领域、大纵深的开放性体系，把哈尔滨打造成为大宗商品最大的集聚区和最大的集散地，带动中蒙俄经济走廊建设的快速发展。

哈尔滨对中蒙俄经济走廊建设的作用毋庸置疑，但这些作用的发挥还存在着国内外的制约因素和有待于突破的难点。

从国际方面看，第一，中蒙俄之间还存在差异。当今中蒙俄在一些重大历史事件的认知上还存在巨大的差异，三国民族文化差异表现为具体的经济类型与生活方式的差异，及其连带着的价值观、生存观等方面的差异，以及更广大群体间的宗教信仰的差异，历史认知上的差异由此产生。差异是由于中蒙俄关系发展的社会基础和民意基础还比较薄弱，处理不好会影响中蒙俄关系长期友好发展，这些影响因素的存在，随时可能借助某些偶发因素或自身的累积性量变，导致中蒙俄关系的发展受阻。第二，对各方规划、战略、倡议的相互了解不够。蒙俄对中方提出的"丝绸之路经济带"和中蒙俄经济走廊缺乏系统全面的了解，因此民间和有些地区兴趣不大。另外，我们对俄罗斯远东地区的开发和跨欧亚铁路的改造计划也还不是十分了解，对蒙古国的"草原之路"计划也了解甚少。第三，三方还缺乏有效的合作机制。在中蒙俄经济走廊的建设上，尽管三国领导人有了共识，但目前还没有三家共同认可的合作机制和共同管理规划的实施项目的机构，比较来说中国的推进态度更加积极些。第四，三国之外的势力影响。蒙古国现在的精英大部分毕业于欧美，而非俄罗斯。他们之间的主流观点认为，俄罗斯不会全力帮助蒙古国，不会总是想到乌兰巴托的利益。因此，恢复斯大林和乔巴山时期按照同等原则建设俄蒙铁路线项目的谈判没有取得任何进展。中国的倡议在蒙古国民众的心中是不平等的，蒙古国反华民族主义十分流行。目前执政的蒙古国人民党因为拖延实施与俄罗斯和中国合作的重要基础设施项目，还有不善于推行独立自主的经济政策而受到质疑。尽管这样，蒙古国人民党的支持率一直上升，这极有可能导致蒙古国内部在亲西方的势力的支持下发生"颜色革命"。蒙古国发生任何的暴力冲突都会摧毁整个合作体系，需要俄罗斯和中国付出大量的政治资源来解决问题。

在国内方面看，第一，哈尔滨在中国的大城市中经济发展比较落后，总体经济实力还有待提高，这严重制约了集聚和辐射作用的发挥，哈尔滨还需培育形成增长极的必要条件。第二，哈尔滨目前还缺少参与中蒙俄经济走廊建设的总体有特色的规划，各相关行业还都处在自己的设计之中，没有提纲挈领的符合实际的操作方案。第三，哈尔滨对国家中蒙俄经济走廊建设的总体意图理解深度不够，没有从总体上确定哈尔滨的发展战略，只是就事论事，没有提升到国际的高度。第四，经济区划与行政区划的矛盾制约。中蒙俄经济走廊的建设，包括东北和华北的部分地区，这些地区的经济管理目前都处在行政管理的框架下，无法从促进区域经济发展的经济区划层面出发制定统一规划，统一使用资源、人才、资金等，无法达到区域经济发展的多种效应。第五，来自运输通道的竞争。中蒙俄经济走廊东北通道连接东北三省，向东可以抵达符拉迪沃斯托克出海口，向西到俄罗斯赤塔进入亚欧大陆桥。"津满欧""苏满欧""粤满欧""沈满欧""长满欧"等"中俄欧"集装箱铁路运输国际货物班列现已开通，并基本实现常态化运营。这对哈尔滨 2015 年 6 月开通的"哈满欧"运输通道造成了巨大的挑战和压力。

（三）发挥哈尔滨在中蒙俄经济走廊建设中的作用

"一带一路"和中蒙俄经济走廊建设是我国对外开放中新的拉动国际区域经济发展的创新战略，是作为世界经济增长火车头的中国，将自身的产能优势、技术与资金优势、经验与模式优势转化为市场与合作优势，实行全方位开放的一大创新。哈尔滨作为中蒙俄经济走廊的关键城市，应抓住机遇，在创新中求发展，充分发挥哈尔滨在中蒙俄经济走廊建设中的区位优势、主导地位和作用。

1. 以创新开拓思路在中蒙俄经济走廊建设中实现发展新突破

中蒙俄经济走廊建设作为"一带一路"的重要支撑，体现了我国对外开放的新思路，它的核心是通过国际区域合作，以中蒙俄经济走廊建设为途径，打造对俄、对蒙合作的超前发展区，促进东北地区经济的快速发展。

哈尔滨应从中蒙俄经济走廊建设的总体角度出发思考哈尔滨的作用和地位，在制定规划时不应仅考虑自身的发展，要从国际国内的市场需求出发，突出哈尔滨在东北区域中对俄合作中心城市的集聚功能和辐射功能，在完善"哈满欧"合作的同时，制定从后贝加尔斯克到符拉迪沃斯托克1669公里的远东地区与哈尔滨合作的规划。这既避免了与国内其他相关省份在利用满洲里口岸上的竞争，又能按照国家的部署参与远东地区的实质性开发，也符合黑龙江省"东部陆海丝绸之路经济带"的发展战略。

2. 以优势重组途径在中蒙俄经济走廊建设中抢占发展先机

哈尔滨对俄合作的种种优势，在中蒙俄经济走廊建设中是得天独厚的，是多年对俄合作的历史积淀和经验积累，是其他城市无法复制和比拟的，理论上说哈尔滨应该是中蒙俄经济走廊建设中的核心前沿地区，这是时代赋予哈尔滨的发展机遇和历史使命，是千载难逢的极好时机。

哈尔滨要梳理各行各业对俄贸易的地位、份额、影响、前景，以打造哈尔滨对俄中心城市为核心，在中蒙俄经济走廊建设的不同时期、不同阶段，根据合作的实际推进程度，确定以何种优势为主体开展对俄合作，把各行各业的优势整合成一个拳头，以优势集聚形成的后发优势，按照优胜劣汰的规律，成为推动中蒙俄经济走廊建设的关键城市，使优势转变成对现实经济发展的拉动。

3. 以区域经济思维在中蒙俄经济走廊建设中打造中心城市

中蒙俄经济走廊建设是国际经济发展区域化、集团化、一体化的战略措施，目标是使中蒙俄三国在国际区域合作中，在互利共赢的基础上实现资源、资金、技术、人力资源的自由流动，进而提升国际影响力和竞争力，促进地区经济的互动发展。

哈尔滨在中蒙俄经济走廊建设的国际经济发展区域化的进程中，从区域经济的发展需要出发，打造对俄合作中心城市和建立以哈尔滨为中心的中俄自贸区。其关键是选准能培育成经济发展增长极的有发展潜力的企业和战略性新兴技术，尽快成为中蒙俄经济走廊建设中的极化地区，以集聚力吸引三国的资源、资金、技术、人力资源，再通过辐射作用拓展增长极的影响力，通过集聚和辐射作用使哈尔滨成为中蒙俄经济走廊建设中的中心城市。哈尔滨要加强经济合作的"外溢效应"，将中蒙俄经济走廊建设的成果转化为哈尔滨软实力提升的手段。

4. 以国际化理念在中蒙俄经济走廊建设中完善大通道作用

中蒙俄经济走廊建设的一个重要含义就是建成三国的综合性立体互联互通的交通网络。哈尔滨作为距俄罗斯和蒙古国最近的特大型城市，已经具备了铁路、公路、航空、水运等陆海联运通道。东西走向的绥满铁路过境通道、南北走向的哈黑铁路过境通道、东北沿海港口至同江铁路大桥过境通道都是经过哈尔滨的非常重要的有代表性的运输通道。

哈尔滨在完善中蒙俄经济走廊建设中的运输通道的同时，要从国际区域合作的视角出发，重点开发和利用哈尔滨—绥芬河—符拉迪沃斯托克，利用远东开发的机遇，利用2015年10月12日生效的《符拉迪沃斯托克自由港法》，借助符拉迪沃斯托克的自由港地位，在海上运输货物时大大节约运输成本并缩短运输时间。这不仅仅可以利用符拉迪沃斯托克的海上运输通道，关键的是可利用通道优势参与俄罗斯远东地区的深度开发，它承载的是中俄贸易结构的改善、贸易便利化水平的提升、贸易方式的创新、产业投资的拓展、能源资源合作的深化、金融合作领域的拓宽，是密切人文交流和加强生态环境合作创新的突破口。

5. 以科学设计在中蒙俄经济走廊建设中赢得国家政策支持

中蒙俄经济走廊建设是对多年来三国合作的经验总结，是专家学者多年对中蒙俄三国合作研究的结晶。哈尔滨在中蒙俄经济走廊建设中的作用和定位，直接将关系到哈尔滨未来的经济发展，关系到哈尔滨能否成为全国对俄合作的中心城市。

从科学的态度、国家支持中蒙俄经济走廊建设的现实、哈尔滨的实际发展情况出发，考虑哈尔滨在中蒙俄经济走廊建设中究竟能起到哪些作用，中蒙俄经济走廊将对哈尔滨、黑龙江省、东北地区和全国的发展能表现出什么样的促进作用，能否产生新的突破。哈尔滨应以科学设计在突破和创新方面争取国家政策和资金的支持。

6. 以互利共赢理念在中蒙俄经济走廊建设中促进国际合作

互利共赢理念是我国近年来对外合作的基本原则，也是中蒙俄经济走廊建设的宗旨，互利共赢是指必须统筹国内发展和对外开放，不断提高对外开放水平，把既符合我国利益、又能促进共同发展，作为处理与各国经贸关系的基本准则。具体说来，优化出口结构、实现产业升级是互利共赢的经济基础；提高利用外资质量、开展自主创新是互利共赢的长久保障。因此，互利共赢是国际经济合作的明智选择。

哈尔滨在推进中蒙俄经济走廊建设的过程中，不仅要考虑自身的经济利益，而且要考虑合作方的经济利益。在制定规划和项目论证中，要明确我方的优势，同时清楚合作方会有哪些利益收获。共赢应该体现在合作的方方面面，以此减少"中国威胁论"的影响，保证合作的顺利进行。

7. 以人文合作促进在中蒙俄经济走廊建设中三国间的互信

中蒙俄经济走廊建设不仅仅具有政治经济价值，在某种程度上，它的人文价值更加重要。从现实来看，三国急需增强政治互信，推动三国国民的往来与了解，做好物与物、人与人的"互联互通"。除加强中蒙俄媒体传播合作、巩固政治互信、促进经贸关系发展之外，还要找准中蒙俄关系的历史、社会、民意等基础性因素，建构中蒙俄之间稳定长期持久的睦邻友好关系和"命运共同体"。

哈尔滨以文化为核心，在多年对俄合作已经取得显著成绩的基础上，为拓展中蒙俄文化全方位的交流，哈尔滨有计划地举办三国的文艺、体育、语言、风土人情、旅游观光的普及、交流、友谊赛等，同时举办各种形式的研讨会等，使相互之间的认识不断深化，文化不断融合，观念不断从感性上升到理性，从而为中蒙俄经济走廊建设奠定深厚的人文相通的基础。

8. 以超前研究在中蒙俄经济走廊建设中掌握建议主动权

中蒙俄经济走廊建设从本质上讲，是强调把欧亚大陆地缘政治核心区整合成强大经济区域的必要性。中国的思路具有大格局，体现出展现自我的特点；俄罗斯则强调加强自身对苏联区域的影响力；而蒙古国可能是期望获得上海合作组织成员国地位。虽然三国的目标看似一致，但是中蒙俄合作中还隐藏着诸多涉及国家关系的复杂问题，所以在中蒙俄经济走廊建设中还有许多问题需要进行深入研究。

建立中蒙俄经济走廊智库交流平台，定期召开专家研讨会，争取与俄蒙专家共同研究各国有关战略的利益契合点和分歧，以便趋利避害；该智库有望为中蒙俄经济走廊建设和"丝绸之路经济带"建设提供政策咨询、项目调研、风险评估等智力支持。同时智库与实业界和地方政府要进行有效的交流，审时度势，为国家和地方政府提出有预测性、前瞻性和可行性的建议，积极主动地参与和主导中蒙俄经济走廊建设的关键环节。

二 中俄边境地区创建金融安全区的构想

位于中国东北地区的黑龙江省与俄罗斯的五个州接壤，有长达近3000公里的边境线，有15个中俄边境口岸，贸易上的往来加速了双边的金融合作。从经济上分析，俄罗斯远东地区与中国黑龙江省都不是经济发达地区，甚至各自的金融业都有很多不完善的地方。但是，我们将要探讨的跨国金融安全区并不是完全意义上的维护现代高度发达经济有效运转的金融区，而是在边境地区形成一种有效的金融合作与风险防范机制。本书试图从金融安全区的角度入手，结合政府的功能，规划出一定的地理区域，具体有效地执行金融区的职责。

（一）金融安全区的职能

在中俄边境创建的金融安全区首先要满足一个标准的安全区所具备的职能。除此之外，针对中俄边境特殊的地理位置与经济环境，尤其是中俄边境以几百年的贸易历史为基础的大量经贸往来，边境地区的金融安全区更加要具有特色。结合二者，我们得到边境地区的金融安全区将主要在以下三个方面发挥重要职能。

1.规范跨国贸易市场，完善跨国贸易体系

中俄边境跨国金融安全区的建立，首先要做到完善贸易体制与政策法规，推动两国贸易发展。目前，中俄两国均已加入了世界贸易组织，两国必须共同遵守世界贸易组织倡导的多边贸易规则——最惠国待遇原则、国民待遇原则、透明度原则、自由贸易原则和公平竞争原则等，在世界贸易组织多边贸易规则框架下解决高关税壁垒，非关税壁垒，贸易争端，以及俄贸易服务体系中存在的诸如银行结算、仲裁机制和出口信用保险等问题，这有利于形成一个良好的、规范化的贸易秩序，将推动两国双边贸易的健康发展。因此，随着2012年俄罗斯加入世界贸易组织，中俄两国在世界贸易组织及其他国际组织通用规则下开展经贸活动的条件更加成熟。双方政府和企业均应积极研究世界贸易组织及其他国际组织经贸规则，调整自己的经营方式，使之符合国际惯例。双方政府应加快制定和完善调节双边贸易和投资活动的法规，建立更加健全的经贸法规调节体系。

金融安全区内应该构建多元化和多层次的经贸支持服务体系。首先，政府和相关部门应尽快建立和完善包括政策、法律、投资、税收、结算、运输等多方面在内的优良服务体系，解决经营主体在贸易投资中的后顾之忧。向对方企业开放服务业领域，减少非关税壁垒及技术合作障碍。例如，建立两国汽车认证实验室，减少汽车贸易阻碍。引导中方企业在同等条件下增加从俄罗斯的机电产品进口，改善贸易结构，为企业提供更为优惠的信贷与税收支持。其次，随着网络时代的来临，中俄双方传统的贸易方式必将随着网络化的发展而改变，在两国电子商务水平不断发展的时代，中俄双方贸易网络化发展的趋势是必然的。因此，应尽早建立中俄贸易信息网络，大力开展电子商务的全方位服务，通过网络发布贸易信息，增加贸易的时效性。最后，针对中俄双边贸易沟通的缺乏，应强化两国贸易中介服务体系。加强服务型和谈判型的中介服务，为进入企业海外经营提供专业咨询，为双方经商单位和个人提供法律咨询、商务咨询，借助中介机构运用法律手段解决中俄双方在经贸合作中发生的纠纷，加大对双方经贸合作企业的保护力度，从而为双方贸易提供一个稳定的环境。

2. 协同监管，维护金融业安全

发达国家在完备的金融法律的基础上，对商业银行跨国合作业务风险实行以政府监管为主体、以行业自律为补充的严格外部监管。中俄跨国金融安全区也将借鉴这种以政府为主体的监管方式。并且两国监管部门对跨国金融合作业务风险实施强制性管理，严格监督金融机构内部风险控制的有效运行，配合金融业的行业自律，从而形成一种全面风险管理。所谓的全面风险管理，是指对金融机构整个跨国合作业务内各个层次的业务单位、各个种类的业务风险以及整个国家内所有跨国合作机构的各类风险进行统一管理。

首先，全面风险管理不仅重视对合作机构的信用风险和流动性风险的管理，还非常重视对合作机构的结算风险、市场风险和操作风险等更深层次风险因素的分析和控制。

其次，全面风险管理不仅重视对合作机构总行的各类风险的管理，还将合作机构分布在全球各地的分行、子银行、合资银行及其他形式的经营性机构作为一个整体，依据统一标准对其进行统一的风险评估和管理。

最后，在合作机构业务范围不断拓展、业务合作不断深化的趋势下，金融机构更加重视综合衡量其在全球范围内的风险承担能力，系统防范世界任何地方可能发生的不利事件带来的负面影响。这主要体现在，各金融机构越来越重视对对方国家风险的控制，通过设定对象国最高授信度、规定同一国家所有跨国合作的风险敞口余额之和不得超过该国最高授信额度的方式，控制国家风险可能造成的危害。

3. 保障跨国资金往来的安全

跨国融资在推动地区发展方面的作用是巨大的。一方面能够解决短期的资金短缺问题，加速经济的发展；另一方面也会改善一个地区的产业结构，促进产业升级，从长期来推动一个地区的经济发展。但是，我们也要认识到跨国融资的风险是非常巨大的。跨国融资面临特有的外汇风险和国家风险。由于跨国融资经常以外币计值，融资货币的贬值或升值，既可能影响借款人的偿债能力，又可能影响贷款机构的债券收益。同时，有关国家政局或政策变化导致的投资环境发生变化会对跨国融资活动的预期收益带来不确定性。中俄间的跨国融资主要以人民币对俄融资为主，单就边境地区来说，主要为黑龙江省对俄罗斯远东的投融资。2009 年以来黑龙江省对俄跨境人民币直接投资取得长足发展。2013 年，黑龙江省 4 家企业实现对俄人民币直接投资 16 笔，金额为 8901 万元人民币，同比增长超 5 倍。截止到 2013 年年末，黑龙江省共有 21 家企业通过省内 9 家银行实现对俄人民币直接投资 92 笔，金额达到 3.1 亿美元。2014 年 1~3 月，黑龙江省实现对俄人民币直接投资 13 笔，金额为 2463 万元人民币，同比增长超过 47 倍 [①]。除了跨国融资外双方的贸易往来也是促进双边资金流动的主要因素。2014 年前 10 个月，中俄贸易额达到 736 亿美元，同比增长 13.4% [②]。目前中国是俄罗斯第一大贸易伙伴，俄罗斯是中国的主要贸易伙伴。贸易的增长带来大量的资金流动，无形中也增加了资金的流动风险，可能存在的风险有汇率风险、信用风险以及洗钱等经济违法活动。金融安全区的建立则是要从具体的职能上建立有效的资金安全流动机制，引入跨国风险安全机制，创新区域内联合抵押和担保机制以及促进双方在反洗钱上联合努力。

（二）中俄边境地区创建金融安全区的基础机制条件分析

1. 平台建设

首先是中俄跨境金融服务中心。2014 年 6 月 14 日，中俄跨境金融服务中心在哈尔滨成立。中俄跨境金融服务中心是哈尔滨银行为辖区内中小对俄贸易公司、生产企业、商场、酒店、个体商户以及个人卢布现钞客户全力打造的对俄跨境金融全功能服务的一站式平台，是哈尔滨打造对俄金融中心城市战略的重点项目，是整合区域对俄金融资源的平台，也是对俄金融产业集中展示的窗口。该中心整合了传统商业银行、进出口保险以及投资银行等的服务功能，为境内外涉俄的公司、机构和个人客户提供全面金融服务。据悉，该中心向广大客户提供了机构及个人本外币账户、离岸功能账户、外币兑换、外汇买卖、国内外结算、境内外融资、本外币理财、代理进出口保险、跨境投资并购咨询、境内外贸易撮合等产品和服务 [③]。其中，特色产品和服务包

---

① 数据源于黑龙江省商务厅，http://www.hljswt.gov.cn/。
② 数据源于中华人民共和国驻俄罗斯联邦大使馆经济商务参赞处，http://ru.mofcom.gov.cn/。
③ 孙磊、刘鹏翔：《我省对俄金融合作不断升级》，《黑龙江日报》2014 年第 2 期。

括卢布现钞买卖、中俄快速汇款、对俄贸易融资、跨境现金管理及对俄贸易投资顾问等。平台的建设为双方的金融业务往来合作，特别是中小企业乃至个人的金融业务往来提供了极大的便利。从本质上看，该平台有利于双边跨国金融安全区建设。

其次是中俄银行合作分委会。中俄银行合作分委会成立于 2000 年。分委会是一个较为专业的合作机制，每年召开一次，其宗旨是通过相互交流，加强银行间的互相交流，加强银行间的互信与合作，为经贸发展提供优质金融服务。中俄银行合作分委会的作用主要体现在研究解决两国银行间的具体合作与技术协调问题，其组织活动由两国的央行牵头。中俄央行合作的主要内容：一是积极推动双边高层互访，增加央行间的信任度和对决策程序的了解，化解各自国内的分歧；二是进一步调整相关外汇管理政策，中方与俄方签署了一系列金融和银行合作协定，为商业银行创造了合作的制度基础和政策环境，如《中俄关于在外汇监管领域的合作协议》《中俄央行合作协议》《中俄央行关于金融机构业务监管领域合作协议》《中俄央行关于边境地区贸易的银行结算协定》《反洗钱合作和人员培训协定》等 [1]。在外汇管理领域，中俄签署了《中华人民共和国政府和俄罗斯联邦政府关于在外汇监管领域的合作及互助协定》以及《中华人民共和国国家外汇管理局与俄罗斯联邦外汇和出口管理局合作互助议定书》等文件。两国央行为推动双边金融合作付出了巨大努力。

2. 金融活动

首先是银行业。中俄边境地区银行业的创新实践也极大地促进了双方金融业的合作发展。2013 年，黑龙江省有 12 家商业银行分支机构与俄罗斯 24 家商业银行分支机构建立了代理行关系，中俄双方银行共设代理行账户 117 户。2013 年，黑龙江省与俄方签约的代理行主要分布在乌苏里斯克等主要城市。截至 2014 年 3 月末，黑龙江省有 12 家商业银行分支机构与俄罗斯 24 家商业银行分支机构建立了代理行关系，双方共设立 122 个代理行账户，实现

---

① 刘军梅：《中俄金融合作：历史、现状与后危机时代的前景》，《国际经济合作》2010 年第 1 期。

了中俄边境贸易的直接清算。双边互设代理行、办理本币结算业务的创新型金融合作，一方面极大地简化了双方贸易的结算程序，促进双边经贸往来，使双边的贸易合作不断升级。2013 年黑龙江省与俄罗斯远东地区边境贸易总额为 223.6 亿美元，同比增长 5.8%，约占两国贸易总量的 1/4。黑龙江省自俄进口额同比提高 154.5 亿美元，增长 34%①。贸易的大幅增长与双边商业银行合作的创新升级也是分不开的。另一方面，双边银行业在贸易结算以及信息交流方面的合作也极大地降低了资金流动风险。早在 2002 年，中国人民银行与俄罗斯中央银行就签署了关于加强反洗钱信息交流与人员培训的协议，此后双方多次召开研讨会和开展互访。银行业的合作促进了边境地区的经济繁荣，并且在一定程度上降低了金融合作的风险，为金融安全区的创建打下基础。

其次是货币的双向流通。2003 年以来，中俄本币结算从无到有，逐步发展壮大，结算地域范围从边境省份的边境地区扩大至边境省份全境，业务范围从互市贸易和边境小额贸易扩大至一般贸易。2013 年，黑龙江省中俄银行间办理本币结算业务 9.86 亿美元，同比增长 15.2%。其中，办理卢布结算业务 4.69 亿美元，同比增长 27.3%。办理人民币结算业务 5.17 亿美元，同比增长 6%②。

最后是充分发挥卢布做市商作用。2010 年，哈尔滨银行在境内率先开展卢布与人民币场外交易，并成为全国银行间外汇市场人民币对卢布交易做市商。截至 2014 年 5 月末，哈尔滨银行在银行间外汇交易市场卢布做市交易量累计达 564 亿卢布，其中与境外同业累计交易量达 395 亿卢布③。

2012 年，在黑龙江省外汇局的大力支持下，哈尔滨银行通过北京海关首次以空运模式向俄罗斯莫斯科波罗的海发展银行跨境调运卢布现钞 500 万卢布。此后，哈尔滨银行与国际知名安保运输公司合作，建立哈尔滨—北京—莫斯科点对点无缝对接调运现钞模式，实现专业化、常态化、规模化运行。截至 2014 年 5 月末，哈尔滨银行累计跨境调运现钞 14.2 亿卢布。近日，国家

---

① 数据源于中华人民共和国驻俄罗斯联邦大使馆经济商务参赞处，http://ru.mofcom.gov.cn/。

② 数据源于东北网，http://www.dbw.cn/。

③ 那洪生：《黑龙江省中俄金融合作驶入快车道》，《黑龙江日报》2014 年 8 月 24 日。

外汇管理局和海关总署批准哈尔滨银行从哈尔滨海关口岸跨境调运外币现钞，使卢布现钞跨境调运再辟新路，黑龙江省有望开拓直达俄罗斯远东地区的陆路、水路的卢布现钞跨境运输渠道[①]。与卢布跨境流通数量相比，人民币在远东地区的流通则明显较少。2003~2009年，通过银行办理的本币结算业务总量约折合29.17亿美元，其中，卢布结算业务约折合29亿美元；人民币结算业务约折合0.17亿美元。2003~2009年，人民币结算业务量分别为79万美元、170万美元、40万美元、9万美元、63万美元、411万美元及890万美元[②]。尽管这些年人民币结算业务与往年相比有所增长，但还远远小于卢布的结算量，人民币在远东地区的流通使用量还有待进一步提高。中俄两国在边境地区的金融合作是东北亚地区经贸合作进程的深化和拓展，是合作发展的高级形式与阶段。而且从区域经贸合作的进程来看，双边货币的跨境流通乃至区域货币的产生都具有现实的充分性。同时，区域货币一体化也有其深层次的必要性。为了在激烈的国际竞争中占有相对有利的位置，中国与俄罗斯在现有的国际经济秩序框架内加强了协调与合作，谋求共同发展，这集中表现为区域经济一体化。在可以预见的未来，中俄双边关税和非关税壁垒的消除无疑会促进两国依据各自的自然资源互补性、比较成本优势、后发优势发展生产和贸易，推动两国人民福利的提高。中俄经济将更加紧密地联系在一起，一些关键生产要素市场的相互开放可以帮助中国和俄罗斯的经济和政治合作向更深与更广的层次发展。特别是当前，中俄双边货币在边境地区已经行使了跨境支付的功能，且人民币在俄罗斯远东地区已得到了一定的应用，在这些地区可以存储及汇划。但是，中俄区域金融及货币领域的合作，还需要两国相关部门在货币的自由兑换与流通问题上拿出切实可行的方案，一方面提供法律和政策保障；另一方面争取区域货币的有利地位，促使其更好地服务于国内经济建设和国际交往。

3. 跨国交流

首先是中俄金融合作论坛。中俄金融合作论坛是在中俄友好、和平与发

[①] 那洪生：《黑龙江省中俄金融合作驶入快车道》，《黑龙江日报》2014年8月24日。

[②] 刘长安：《对俄人民币现钞跨境流动探析》，《金融时报》2013年5月13日。

展委员会框架下，由中国金融学会与俄罗斯银行协会共同主办。中俄金融合作论坛是一个中俄两国金融界的专家、学者相互交流的平台，于2001年4月在莫斯科第一次召开，至2014年已经举行了五届。论坛针对中俄金融合作中的一些热点问题展开讨论，对中俄经济合作中的金融创新和监管、金融基础设施建设、跨境贸易结算、跨境证券上市和交易等近年来的热点问题的研究取得了显著的成果。

其次是中国—俄罗斯博览会（简称"中俄博览会"）。中俄博览会前身是中国哈尔滨国际经济贸易洽谈会，是经中国政府批准举办的国家级、国际性大型经贸展览会，由中华人民共和国商务部、国家发展和改革委员会、中国国际贸易促进委员会、黑龙江省人民政府、浙江省人民政府和哈尔滨市人民政府共同主办，协办单位有俄罗斯联邦经济发展部、俄罗斯联邦地区发展部、日本国际贸易促进协会等10多个国外的政府部门与贸易促进机构。自1990年创办以来，中俄博览会已经连续成功举办了24届，累计有80多个国家和地区的近180万中外客商参会参展，总成交额超千亿美元 [1]。

中俄博览会的发展经历了五个阶段，每一阶段的到来都见证着中俄经贸交流的深化。1990~1991年为第一阶段。中俄博览会最初由国家外经贸部主办、黑龙江省人民政府和哈尔滨市人民政府承办，名称为"中国对苏联、东欧国家经济贸易洽谈会"，仅对苏联和东欧国家开放，贸易方式基本是易货贸易。

1992~1995年为第二阶段。由于苏联解体，根据外经贸部〔1991〕外经贸进出苏函字第47号文件精神，中国对苏联、东欧国家经济贸易洽谈会从1992年起改称"中国哈尔滨边境、地方经济贸易洽谈会"，由黑龙江省人民政府和哈尔滨市人民政府共同主办、外经贸部指导。参加国别基本是俄罗斯等独联体及东欧国家，贸易方式实行易货贸易和现汇贸易相结合。随着形势的变化，从1994年起，开始邀请日本、韩国、东南亚、中国香港、中国澳门、中国台湾等周边国家和地区客商参会参展；现汇贸易比重的增大，使中俄博览会的发展出现了新的转折。

---

① 《第24届哈洽会开幕》，新华网，www.xinhuanet.com/world/2013-06/-14，2013年6月14日。

1996~2004 年为第三阶段。1995 年 6 月 18 日，江泽民同志视察黑龙江时，为该洽谈会作了"努力把哈尔滨经济贸易洽谈会办成促进对外开放的国际博览盛会"的题词。从此，中国哈尔滨边境、地方经济贸易洽谈会开始邀请远洋国家客商参展参会，开始向国际博览会迈进。经国家外经贸部批准，从 1996 年的第七届开始，中国哈尔滨边境、地方经济贸易洽谈会更名为"中国哈尔滨经济贸易洽谈会"，简称"哈洽会"，逐渐形成了以俄罗斯为主、面向东北亚、辐射全世界、服务全中国的特色。

2005~2014 年为第四阶段。2005 年第十六届哈洽会由中国商务部、国务院东北办、中国国际贸易促进委员会、黑龙江省人民政府、浙江省人民政府、哈尔滨市人民政府共同主办，联合国工业发展组织、俄罗斯经济发展与贸易部等 10 多个国际组织、国家和地区的政府部门、经贸机构协办，并于 2006 年第十七届更名为"中国哈尔滨国际经济贸易洽谈会"，实现了由地方边境贸易洽谈会到国家级、国际性经贸盛会的跨越，成为中国对外开放的窗口和开展与东北亚及世界各国经贸合作的重要平台，成为对俄经贸科技合作第一展会。

2014 年至今为第五阶段。2014 年起中国哈尔滨国际经济贸易洽谈会正式更名为"中国—俄罗斯博览会"。届时，已举办了 24 届的哈洽会将由中方主办转变为国家商务部、俄罗斯联邦经济发展部和黑龙江省政府等共同举办 ① 。据悉，升级后其作为中俄间贸易、投资平台功能加强，双方参会领导规格会更高。而且每年盛会，将会依据中俄合作领域确定主题。

4. 宏观经济运行状况的子系统指标

中俄边境地区创建金融安全区的指标分析针对边境地区的独特性，中俄边境地区金融并不是特别的发达，很多衡量指标不能完全作为评价标准，结合中俄边境情况，本书主要选取与黑龙江省贸易最密切、经济总量较大的两个州——哈巴罗夫斯克边疆区和滨海边疆区数据为分析对象。

（1）GDP 增长率

金融业的发展能有效削减信贷中的信息不对称，使一部分人手中的闲

---

① 《首届中国—俄罗斯博览会在哈尔滨举行》，展会网，zhanhui.3158.cn/，2014 年 6 月 15 日。

置资金转移到需要资金进行生产性投资的人手中，进而促进经济发展，反之金融业的衰败将会使信息不对称问题无法有效解决，贷款人由于信息不对称中的逆向选择和道德风险而放弃贷款给需要投资的借款人，于是经济发展会受到影响。换言之 GDP 的增长速度也是一个地区金融业发展状况的客观表现。

如图 9-1 所示，黑龙江省的 GDP 增长率虽然近年来有所放缓，但是在中国经济崛起的大背景下，黑龙江省的 GDP 增长率还是保持了较高的速度。GDP 的高速增长与黑龙江省金融业的崛起也是有很大关系的。近年来，四大国有银行在黑龙江省的业务量稳步增长，与此同时，又有一批新的银行落户黑龙江省，黑龙江省也成立了自己的银行——龙江银行。民间金融的崛起也对金融行业的发展起到了很大的促进作用。再来看俄罗斯远东地区的代表哈巴罗夫斯克边疆区和滨海边疆区，如图 9-2 和图 9-3 所示，虽然整体增速与黑龙江省的 GDP 增速还有差距，但是考虑到俄罗斯近年来经济增速慢的大环境，这两个地区相对保持了较为快速和稳定的增长速度。可以说三个地区都具有较好的经济活力，这也是构建金融安全区的重要基础。

（2）失业率

失业率与 GDP。根据奥肯定律的描述：GDP 变化和失业率变化之间存在

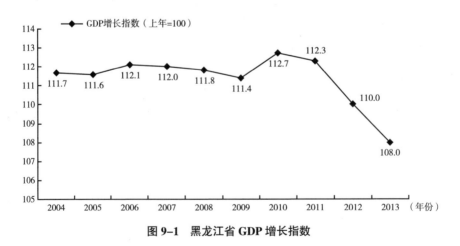

图 9-1 黑龙江省 GDP 增长指数

资料来源：根据黑龙江省统计局网站相关数据统计整理。

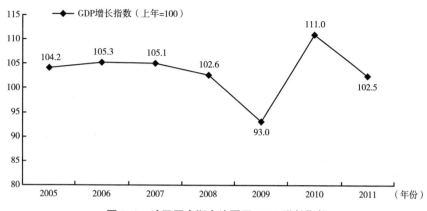

图 9-2　哈巴罗夫斯克边疆区 GDP 增长指数

资料来源：根据俄罗斯联邦统计局网站相关数据统计整理。

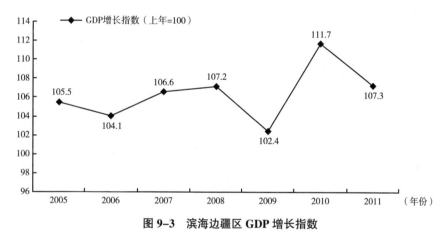

图 9-3　滨海边疆区 GDP 增长指数

资料来源：根据俄罗斯联邦统计局网站相关数据统计整理。

的一种相当稳定的关系。这一定律认为，GDP 每增加 2%，失业率大约下降 1%。尽管这一定律是根据美国的工人失业率与 GDP 增长的关系得出的，并且并不是十分严格的 2 : 1 的增长下降关系。但是从社会经济增长的整体角度来看，这一定律还是非常具有借鉴意义的。因此失业率的高低与变化趋势与 GDP 变化有很大关系。而前面也论述了 GDP 增长率与一个地区金融状况的关系，因此，从这一角度来说，失业率的高低与一个地区的金融状况也是息息相关的。

失业率与汇率。汇率和失业率的关系有一个通俗的说法，即失业率下降（经济增长率提高）—外国的投资增加—货币升值；失业率上升（经济增长率下降）—外国投资减少或者对国外投资增加—货币贬值。简单来说，就是人民币汇率上升，出口减少，失业率上升。这种说法与西方古典经济学的观点是一致的。按照西方古典经济学的观点，汇率对失业率的作用是单一的、正向的，即汇率的提高（本币贬值）会提高失业率；汇率的降低（本币升值）则会降低失业率。

此外，汇率变动与两国的经贸往来是密切相关的，汇率安全是金融安全的一个重要指标，大幅度的汇率变动会给跨国金融安全区带来极大的不稳定性，因此在金融安全区内部确定合适并且稳定的汇率就显得极为重要。而根据表 9-1，汇率与失业率呈现密切的相关关系，因此失业率的变化幅度也能够在一定程度上体现出汇率的波动程度，失业率的变化率也可以作为汇率波动的重要参考。

表 9-1　失业率、GDP 增长率、外国投资、货币与汇率的关系

指标	汇率提高	汇率降低
失业率	↓	↑
GDP 增长率	↑	↓
外国投资	↑	↓
货币	↑	↓

通过对黑龙江省近年来的城镇登记失业率进行分析，黑龙江省的城镇登记失业率整体维持在一个很低的水平，并且比较平稳，有缓慢降低的趋势（见图 9-4）。较低的城镇登记失业率水平以及失业率降低的趋势可以主要归结于经济的快速增长。2002~2012 年，黑龙江省地区生产总值由 3637.2 亿元增至 13691.6 亿元，年均增长 14.2%，实现 10 年连续保持两位数以上的增长速度。这期间全社会就业人员由 1603.1 万人增加到 2027.8 万人，年均增长 2.4%。经济的快速增长体现在就业的吸纳能力上，因此失业率保持在较低水平。而相对于第一产业和第二产业，第三产业就业人数大幅增加，其增

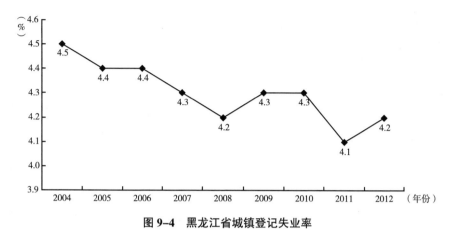

图 9-4 黑龙江省城镇登记失业率

资料来源：根据黑龙江省统计局网站相关数据统计整理。

长对就业的拉动作用最强。1978~2010 年，第三产业就业人数随经济快速增长，第三产业产值年均增长 11.1%，就业人数从 182.4 万人增加到 759.0 万人[①]，第三产业吸纳劳动力能力增强，对就业的拉动作用最强。众所周知，第三产业的发展是需要很强的经济基础、资金支持以及金融服务能力的，这也从另一个角度体现了黑龙江省近年来基础性金融服务能力的提升。

哈巴罗夫斯克边疆区和滨海边疆区相对黑龙江省来说失业率较高（见图 9-5 和图 9-6），这与俄罗斯近年来整体的经济疲软有关。但是近年来，特别是 2009 年以后，俄罗斯东部地区的失业率还是呈现出明显的降低趋势。这也表明俄罗斯远东中俄边境地区的几个州有很强的经济增长动力，它们在这点上与黑龙江省的情况是很相似的。边境双方都展现了很好的经济活力，这是构建边境金融安全区的重要基础。与此同时，除了 2009 年全球金融危机冲击导致俄罗斯失业率突增外，双方的失业率都保持了比较平稳的状态，没有出现大幅度的浮动。相对稳定的失业率不会对跨国金融安全区内部的产业结构产生大的影响，同时，作为汇率波动的重要参考，其对双边的货币流通、离岸金融发展起到了健康而稳定的推动作用。这也是在中俄边境地区创建金融安全区的重要基础。

---

① 根据黑龙江省统计局网站相关数据统计整理。

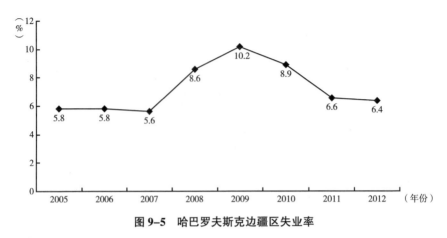

图 9-5 哈巴罗夫斯克边疆区失业率

资料来源：根据俄罗斯联邦统计局网站相关数据统计整理。

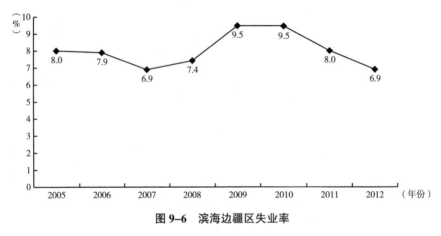

图 9-6 滨海边疆区失业率

资料来源：根据俄罗斯联邦统计局网站相关数据统计理。

（3）固定资产投资增长率

社会固定资产投资是以货币表现的建造和购置固定资产的工作量，它是反映固定资产投资规模、速度、比例关系和使用方向的综合性指标。固定资产投资是一个地区资本活跃程度的综合体现。一个地区的固定资产增长速度则一定程度上反映出一个地区的金融发展状况。

金融的发展会减少投资储蓄模式的障碍。第一，在实行货币交易的商业发展初期，进行投资活动需要一定的货币资本积累，对于当时靠实物变现进行资本积累的投资者来说，资本积累是一个不短的过程。资本积累所需要时间越短，或者相对来说在资本积累过程中出现的投资选择越多，那么投资越容易获得更多的回报。因此金融发展可以帮助投资者快速完成资本积累的过程，实现更大的收益。第二，前面提到金融发展加快了社会化分工，那么投资者也随着金融发展单独形成了一个专门的职业。这些投资者往往供职于金融机构，他们具有超出一般人水平的对投资的敏锐洞察力，并且依托于金融中介机构数量庞大的资本支持，在具有丰富金融工具的市场中，他们的存在极大地提高了投资的效率。黑龙江省、哈巴罗夫斯克边疆区和滨海边疆区固定资产投资情况如图 9-7、图 9-8 和图 9-9 所示。

金融的发展会扩大信用，促进投资。这是金融系统较为基本的一项功能，即通过吸收存款、放出贷款、派生存款、再放出贷款等一系列循环，以数倍的速度使社会资本量扩大。在这个经济快速发展的社会，信用的扩大对稀缺的经济资源是个很好的补充，资金的增加促进了投资，从而推动了经济增长。

固定资产投资是金融发展的重要指标。金融的发展主要从两个方面对投资起促进作用，即减少投资储蓄模式障碍和扩大信用两个方面。而反过来投资的发展会推动这个地区的金融在上述两个方面的升级和发展。在对投资进行衡量时，我们选取了和地区社会生产与发展更为密切的固定资产投资。固定

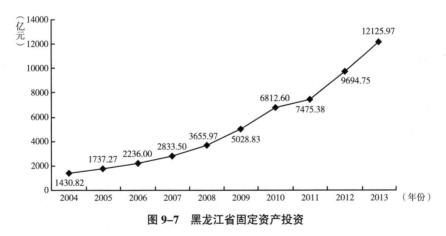

图 9-7 黑龙江省固定资产投资

资料来源：根据黑龙江省统计局网站相关数据统计整理。

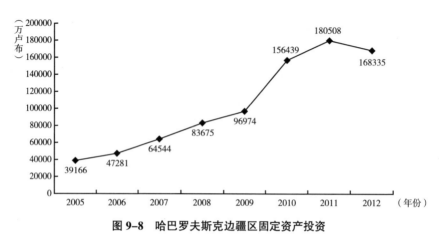

图9-8 哈巴罗夫斯克边疆区固定资产投资

资料来源：根据俄罗斯联邦统计局网站相关数据统计整理。

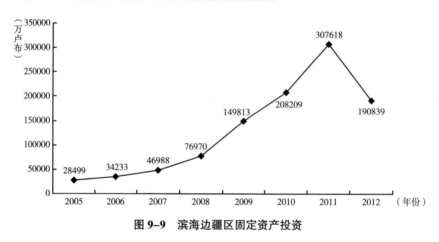

图9-9 滨海边疆区固定资产投资

资料来源：根据俄罗斯联邦统计局网站相关数据统计整理。

资产投资相对于非固定资产投资更能体现一个地区整体投资变化水平。固定资产作为投资的主体部分，其发展变化直接表现了一个地区的金融发展水平。

5. 构建金融安全机制

中俄边境地区的金融安全区建设应该从双方的信息交流与金融合作两方面着手，根据现有的基础对存在的问题加以改善，形成配套的交流平台与完善的监管体系。并在金融合作与金融监管中实现创新，将以前的一些合作与安全理念具体化。

（1）构建更加完备的金融交流平台

中俄双边贸易的快速发展需要两国金融服务提供支持。双边货币互换能够大大降低交易时间和成本，有效地避免金融危机对中俄两国汇率和实体经济造成的影响，降低中俄贸易风险。从长期来看，还可以增加两国货币的流动性，提升两国的金融实力，推进多元化国际货币体系建设。可以说，两国货币互换的开展是中俄经贸关系发展的需要和加强双边经贸关系的重要助推器。

引导区域间银行合作，构建商业银行的交流平台。商业银行是中小企业投融资的主要渠道，但由于中小企业投资风险较大，信息披露、信用等级、财务监督等方面不是很规范，商业银行对中小企业贷款要求很高，审查严格，很多中小企业很难得到贷款。通过政策性银行的示范、引导，促进各国商业银行间合作，为中小企业在区域内发展提供投融资支持。商业银行间的合作包括：政府帮助搭建商业银行间的交流平台，把控制中小企业贷款风险作为切入点，对中小企业开展联合贷款试点等。鼓励国有商业银行到合作国家开设分支机构，或与境外银行建立代理行关系，加大其资助权限。目前国内商业银行在俄罗斯设立的分支机构处于起步阶段，在俄罗斯的代理行数量正在逐渐增加。分支机构直接为本国和当地中小企业提供信贷基金，代理行为"走出去"的中小企业在当地投资提供信贷支持，由本国银行提供信用担保；金融机构开办中小企业专项贷款和中小企业兼并收购专项贷款，拓展中小企业贷款新领域。

加强证券业、保险业的信息交流。中俄都已先后加入世界贸易组织，中俄两国必将进一步融入国际经济金融体系。这种全方位的开放将给中俄两国金融合作带来更多的机遇，尤其是在证券、保险等资本市场领域。从创建边境地区金融安全区的角度来看，中俄两国可以考虑建立双方证券监管机构、证券交易所、证券公司多层次的交流制度，分别就监管情况、交易情况、证券公司业务拓展等问题展开讨论。通过这一机制，两国证券界人士加强接触和相互了解。从更长远来看，中俄双方可以考虑成立"联合证券公司"或者"联合投资银行"，在双方甚至第三方的资本市场上运作；可以考虑在世界贸易组织框架和国际证监会组织原则下，建立双方监管机构跨境监管信息共享机制，共同监督和管理使市场处于危险中的风险因素，共同维护国际证券市场的稳定发展。双方可以探讨按照国际会计准则统一证券发行中的审计、会计和披露标准，为符合条件的公司跨国发行上市创造条件；可以共同探讨中俄双方证券公司、基金管理公司进入对方境内建立派出机构的可能性，为逐步进入双方证券市场创造条件，促进两国证券业在深层次的合作。

建立统一的产权交易市场。产权交易是企业融资的一种形式，产权交易市场是资本流动的重要渠道之一。俄罗斯各地都有自己的产权交易市场，但是规模小，交易手段落后，交易量小，信息也不通畅。任何一个市场，如果达不到一定规模，参与的人少，那么最终就会消亡。中国与俄罗斯应该共同建立一个统一对各国开放的产权交易市场，实现企业联网，为所有企业提供产权交易平台，使企业产权在更大范围内顺利流动，使社会资源发挥最大的使用效益。同时，市场也需要建立完善的信息披露制度。

建立跨国行业发展基金。建立跨国行业发展基金有利于从金融安全区发展的战略高度安排行业的区域布局，有效拓宽行业发展的空间，也有利于提高行业发展的效益。同类行业可以联合建立跨国的行业发展基金，并本着效益第一的原则在区内进行投资，行业发展基金资金来源主要包括：生产经营者入会缴纳的会费；政府补助或者贴息；银行向基金会发放的专项贷款；向社会发行基金受益凭证，该种受益凭证可以是纸质的，也可以是电子形式的。设立跨国行业发展基金时，要把世界银行和亚洲开发银行作为重要成员，最大限度地利用国际多边机构的管理经验和资金。行业发展基金应受各国银行监督部门的监督，其账务应向基金会成员公开。

（2）构建完善的金融统一监管体系

加强相关法律、政策保障。跨国金融安全区属于国际金融合作的高级形式，是建立在双边或多边紧密经贸关系基础上的资金有效流动平台，使资本能够在国家间得以分配，从而满足不同市场主体的资金需求，助推货币区域化。可以看出，由于资金的供求双方分属不同国家，伴随着资金的跨境流动，一系列由法律、政策、制度规章、文化环境差异所引起的问题会产生，诸如放贷人资格的界定、贷款金额的限制、标的物抵押质押的范围及定价、融资合同主体法律地位及权利义务规定等。这些问题的解决需要中俄双方特别是双方金融监管当局从两国跨国融资的实际需求出发，加强相关法律、政策、制度等方面的保障，及时出台鼓励性措施，不断改善对接环境，为融资活动的开展创造积极条件。国家各级金融部门必须进一步加强与跨国合作业务及其风险管理相关的各类法律、法规和制度建设，完善金融立法，应完善各项跨国合作业务的规章制度、政策指引和相关监管法规，规范风险管理行为，使金融机构的跨国合作业务及风险管理在法律框架内有序运作；强化金融执法力度，对一切不合法、不合规的经营行为必须坚决惩罚，限期整改，对期限内不改者必须予以严厉的处罚，从而建立起有法必依、执法必严、违法必究的法律环境。

完善跨国银行金融业务风险监管。一是评级公司评级。就国际经验而言，一些全球性的专业评级机构通常会对国家及参与业务活动较多的商业银行进行信用评级。这些评级有些是根据其业务需要主动评定的，有些则是接受客户委托进行评定。我国商业银行可以委托评级机构对其合作机构进行评级，或订购上述公司的评级报告，并根据不同的结果确定是否继续与被评级银行进行业务往来，或及时调整业务合作范围，以控制业务风险 [1]。二是信用额度控制。信用额度控制是防范跨国合作业务风险的基本方法之一，它的基本含义是针对不同国家、银行的信用状况或不同的业务种类分别设定不同的业务往来限额，以限定可能发生的损失范围。信用额度控制可以采取某一类业务的单笔最高限额控制，即对不同银行设定与其各种业务往来的单笔最高限额；也可以采取总量控制，即确定对某代理行的各种业务往来合计最高限额。信用额度控制也可采取比例法，即在设定跨国合作业务往来总量的基础上，区分不同业务各自占比。三是结构调整法。结构调整法的基本内容是：根据业务需要及其合作机构的平均信用等级，计算出与各等级代理行往来业务量的最佳比例，并根据这一比例随时进行相应的调整。结构调整法是目前金融

---

[1]　张远军：《中俄金融合作热点问题聚焦》，《中国金融出版社》2011 年第 1 期。

业较为流行的方法，它具有客观性、灵活性的特点。首先，作为从事国际业务的银行，不可能只与信誉最好的银行往来，设定合理的代理行往来业务比例是经营国际业务的客观需要；其次，通过各种手段不断调整各跨国合作业务的占比，以期达到最优结构，一方面可以满足业务需求，另一方面可以防范风险，使银行具有灵活性。调整结构法有很多，如：卖出风险较高的业务，买入低风险业务；贴现；转让单据等。目前，随着国际金融市场的不断发展，调整结构的手段也越来越多，使这一方法的可操作性增强，被从事国际业务的银行广泛采用。上述几种风险防范方法通常不是独立存在的，而是相互补充的。在实际操作中要结合银行业业务的具体情况，选择相应的风险防范策略，从而将金融安全区内跨国银行业务风险降到最低。

（3）金融机构自身风险的防范

金融机构自身风险的防范是金融机构稳健运行的前提。在跨国金融安全区的建设中，边境地区的金融机构应当着力梳理和完善跨国合作业务风险管理的内部规章制度，形成一套规范的、权威的、操作性强的内部控制制度，以增强金融机构总体控制跨国合作业务风险的能力。一是要根据总部和分支机构的跨国合作业务风险管理岗位的责任和职权，制定相对规范的岗位责任制度、严格的操作程序及合理的工作标准。金融机构业务部门内的岗位设置要坚持合理分工、相互制衡。同时，要按照风险管理的要求，完善各项跨国合作业务的操作流程，并辅之以细致的操作手册，以避免出现职责不清、越权行事、违规经营的现象，保证风险得到有效控制。二是要强化对跨国合作业务的内部稽查，完善金融机构内部监控机制，加强合规性管理。要充分发挥内部稽查部门的监督作用，加强对跨国合作业务日常经营的监督与管理，防范内部控制风险和其他经营管理风险的发生。应当从职能设置和权限划分上保证内部稽查部门能够独立做出判断、独立发挥作用；应建立内部监控的检查评估机制和内部违规行为的披露惩罚机制，对跨国合作业务的管理要进行全面、实时、不间断的严格审慎监控，对问题做到早发现、早解决。三是要推行跨国合作业务风险管理机构的改革创新，建立严密的风险管理组织机构。首先，要强化风险管理委员会的作用，确立其在跨国合作业务风险管理体系中的核心地位，推动全行跨国合作业务风险管理的整体运作。决策形式应从经验决策向信息支持下的专家决策转变。其次，要设立独立的、职能化的跨国合作业务风险管理部门，在各境外分支机构设立跨国合作业务风险管理岗位，负责当地跨国合作机构的风险监测。风险管理委员会要对跨国合作业务风险管理部门、各分支机构跨国合作业务风险管理人员实行垂直管理，实现业务管理与风险管理机构、人员和职能的彻底分离。最后，各个与跨国合作业务风险管理相关的业务部门及后勤部门，要积极参与跨国合作业务风险的共同管理，为风险管理部门提供有力的信息支持和技术帮助，共同监督风险管理部门和风险管理人员的运作。

（三）跨国金融安全区"弓"形动态区域合作模式构建

1. "弓"形模式简述

金融安全区是一个地理范畴的概念，本书选取的以哈尔滨—哈巴罗夫斯克—符拉迪沃斯托克为三角支撑点的区域符合这一前提。除了地缘上的优势，这三座城市都属于区域的经济发展中心，天然具有形成金融区的基础（见图9-10），尽管从各自发展的角度来看三者并非是区域绝对的金融服务中心，但从长远来看符合经济发展的区域增长极理论，成立金融安全区后，它们极有可能以三核心的形式存在。各个城市之间相对便捷的交通和信息，区域内部大量的贸易、资金往来，再加上金融方面的协同监管，将促进该地区成为有效的边境金融安全区。更好地为双边的经济发展服务。

2. "弓"形模式含义

沿中俄边境的三座城市成为整个"弓"的支撑点。三座城市是各自区域的经济、政治和文化中心，互相能够有效便捷地进行信息、政策交流。如果它们能够在金融跨境服务和协同监管方面达成一定共识，将很有力地支撑起整个"弓"形架构。

3. "弓"形模式依据

符拉迪沃斯托克是俄罗斯远东地区最大的深水港，是俄罗斯远东地区重要的工业中心，是俄罗斯远东地区经济最为发达的城市，也是东北亚地区重

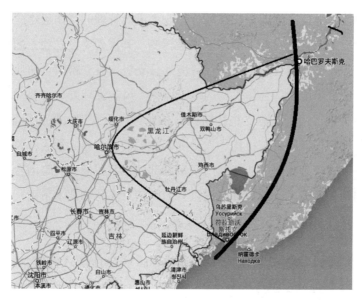

图 9-10 "弓"形模式示意图

注："弓"形图是指中俄边境地区初期的合作及辐射范围，选择"弓"是
因为它具有比较好的弹性，在条件成熟时可以向中国东北和俄罗斯远东地扩
展，正因如此我们认为"弓"形模式是动态和不断发展的模式。

要的经济文化中心。其科技信息水平相对较高，银行、证券、保险为主的现
代化金融业发展齐全，水陆空交通便利，整体经济水平位列俄罗斯上游，且
是俄罗斯远东地区吸引外资最多的地区之一。2006~2011 年，滨海边疆区生产
总值增加了 40%，工业生产总值增加了 60%，外贸额增加了 1 倍，固定资本投
资增加了 3.7 倍。2011 年，滨海边疆区生产总值增速为 7%，与快速发展的亚
太国家相似。哈巴罗夫斯科是俄罗斯远东地区第二大城市，是俄罗斯的远东
重要交通枢纽、河港城市。西伯利亚大铁路横穿市区。哈巴罗夫斯克是俄罗
斯传统的老工业城市，近年来经济保持了 20% 以上的年均增长率，这主要得
益于以下三个方面的原因。一是工业恢复性增长。苏联解体事件及经济休克
疗法对整个俄罗斯的经济造成了巨大的打击，导致工厂生产设备和人员的闲
置。随着政治和经济体制的稳定，经济必然出现恢复性增长。二是生产基础
雄厚。哈巴罗夫斯克作为远东的重工业中心之一，拥有着大量设备完备、技

术齐全的工厂单位，为经济的增长奠定了坚实的基础。三是投资前景广阔。俄罗斯远东地区开发的远景计划，刺激了国外厂商对这一地区的投资，拉动了这里的经济。哈巴罗夫斯克是俄罗斯整个远东地区的中心城市，是俄罗斯远东地区最高行政机关和边疆区首府所在地，是俄罗斯远东地区政治、经济、文化中心和交通枢纽，同时也是中、日、韩等国领事馆和代办处所在地。2013 年，远东大部分地区，如萨哈（雅库特）共和国、堪察加边疆区、阿穆尔州、马加丹州、萨哈林州、犹太自治州和楚科奇自治区的外国投资额都出现了下降（见表 9-2）。滨海边疆区出现积极动态，外国投资额增长 310.45%（达 171274 万美元），哈巴罗夫斯克边疆区增长 61.50%（达 27615 万美元）。外国投资额的正增长也是滨海边疆区与哈巴罗夫斯克边疆区经济活力的体现，这也得益于身处边境地区的地缘优势。

表 9-2　俄罗斯远东地区各州外国投资额

单位：万美元，%

地　区	2012 年	2013 年	增长率
萨哈共和国	154909	83837	−45.88
滨海边疆区	41728	171274	310.45
哈巴罗夫斯克边疆区	17099	27615	61.50
阿穆州	59717	16281	−72.74
堪察加边疆区	859	131	−84.75
马加丹州	7881	1127	−85.70
萨哈林州	1064820	289866	−72.78
犹太自治州	1817	1255	−30.93
楚科奇自治州	9699	5632	−41.93
远东联邦区总计	1358529	597018	−56.05

资料来源：根据俄罗斯联邦统计局网站相关数据统计整理。

哈尔滨作为省会城市，虽然金融业发展比不上沈阳和大连，但其具有无可比拟的区位优势以及全方位对俄合作的政策导向基础。作为黑龙江省经济金融中心，哈尔滨拥有全面覆盖省内的金融服务，包括中国银行、中国工商银行、中国建设银行、中国农业银行在内的众多商业银行均将省分行设置在哈尔滨市内。同时地方商业银行中发展较好的哈尔滨银行以及近年来刚成立的龙江银行都将总部设置在哈尔滨。哈尔滨银行与国有四大行均开设卢布兑换的服务，2013 年 6 月全国第一家中俄跨境金融服务中心由哈尔滨银行和哈尔滨经济技术开发区联合建成。中俄跨境金融服务中心向中小对俄贸易公司、酒店、商场、个体商户、生产企业以及个人卢布现钞客户提供跨越边境的金融服务。2014 年，哈尔滨市对俄进出口额为 13.96 亿美元，比 2013 年增加 10.73 亿美元，同比增长 288.9%，俄罗斯已经成为哈尔滨市第一大贸易伙伴。

在交流方面，哈尔滨俄罗斯人员众多，与俄贸易往来频繁，市内俄式商铺较多，高校、企业人员交流访问频繁，这些是构成跨区域金融合作中心的基础。2014 年，俄天然气公司计划建设"雅库特—哈巴罗夫斯克—符拉迪沃斯托克"天然气运输体系，在滨海边疆区南部建立液化气工厂，保障俄罗斯天然气向国内和以中国为主的亚太国家的输送。滨海边疆区吸引外资的一个重要方向也是发展物流运输体系，组织国际运输，建立新的跨国运输走廊。而在中国国内，中央对于这类边境的多方合作也是大力支持的，2009 年 3 月，商务部首次发布了《境外投资管理办法》，将境外投资审批权划归地方政府。而与俄罗斯远东地区直接接壤的黑龙江省从能源、贸易、金融等方面与俄罗斯远东地区开展全方位的合作。中国与俄政府打造远东地区物流中心的想法不谋而合，中国在边境城市大力发展对俄贸易和旅游业，在黑河和牡丹江地区兴建对俄产业园，在大庆兴建立对俄石油天然气加工厂，在绥芬河地区设立首个卢布流通城市。边境地区物流通道已初步搭建完成，贸易与经济上的往来也为市场的合作奠定基础，而中俄已在金融合作领域达成共识，基础性的金融平台在物流与贸易的促进下逐步完善。与此同时，双边银行业的合作也不断升级。双边设置代理行这一措施极大地方便了境外投资。2013 年，中俄双方银行互相设置的代理行账户达 117 户，这其中，人民币账户为 43 户，卢布账户为 32 户，美元账户为 42 户。这些中俄双方签约设置的代理行主要分布在俄罗斯滨海边疆区和俄罗斯远东边境地区的符拉迪沃斯托克、哈巴罗夫斯克、哈布拉格维申斯克等重要的城市。这也为以哈尔滨—哈巴罗夫斯克—符拉迪沃斯托克为中心的金融安全区的建立提供了现实基础。哈巴罗夫斯克与符拉迪沃斯托克为俄罗斯远东地区的经济政治中心，而且两座城市之间交通十分便利，联系密切。双方形成结实的"弓"臂，贯穿整个滨海边疆区与哈巴罗夫斯克边疆区。哈尔滨为黑龙江省的经济政治中心，且与上述两座城市联系密切，三座城市连接形成完整的"弓"弦。"弓"形区内部为实质上的金融安全区。"弓"形西部涵盖佳木斯、双鸭山、鸡西、牡丹江四个黑龙江省东部主要城市。"弓"形区东部为俄罗斯远东地区最发达的滨海边疆区和哈巴罗夫斯克边疆区。其中，绥芬河等卢布试点通商口岸作为交流媒介。"弓"弦为可活动部分，弦点拟定在哈尔滨，随着金融安全区内部交流的加强，弦点可向后拉伸延展至哈大齐工业走廊。齐齐哈尔与大庆均为黑龙江工业经济发达区，其后期的加入会成为金融安全区建设的重要一环。"弓"形区内部紧控金融监管，真正做到安全，"弓"形区协同发力，促进经济金融增长。

4. "弓"形模式实施条件

整个"弓"形体系的搭建是一个长期而复杂的过程，需要跨境多方的共同努力与协作。包括政府、金融监管部门、金融机构、一般企业在内的各方都应在前期协调合作，促使整个金融安全区健康运转，使边境地区金融服务更加便利，经济发展更加健康，真正实现以边境地区带动全局发展的初衷。特别是在金融安全区成立的初期，各方要尽快适应角色转变，克服转型期的困难，这样才能更加迅速地在区域经济一体化的节奏下稳步发展。

首先是政府的作用。政府是区域经济一体化以及建立跨国金融安全区的最主要的牵头人与倡导者，也是边境贸易、投资、旅游等经贸往来的政策制定者。因而政府在制定金融安全区内部政策时要在不影响国内经济发展的情况下尽可能地盘活市场经济，打破贸易壁垒，让金融安全区内部的交易成本降到最小，并且从政策上引导边境双方的企业与个人进行贸易往来与合作，对可能发生的恶性行为如经济犯罪等进行约束。这需要两国政府进行协商，并且根据各自的法律、文化特点加以协同。

其次是金融监管部门的监督。金融监管部门是政府许多金融政策的主要执行者，负责监督金融机构与企业的经济行为，并对于金融安全区内部的金融机构和企业起到有效的引导作用。针对金融安全区的特殊性，金融监管部门要在兼顾两国体制的情况下对金融安全区内部的风险问题进行灵活防范，同时充分调动起金融安全区内部民间金融和资本的活力，建立起一种行之有效的监管方式。

最后是金融机构的职能。金融安全区内部的金融机构是服务的提供者，也是整个金融安全区运作的核心。因此，在金融安全区原有金融机构的基础上，两国还应加大对金融安全区内部的金融基础设施投资。

金融机构应在金融安全区内部增设网点，特别是两国主要的国有银行，如俄罗斯的俄罗斯银行、外贸银行、莫斯科银行，中国的国有四大商业银行以及三大政策性银行。同时也鼓励两国私有银行和地方性商业银行参与进来，建立普及各行业和区域的金融服务体系。

形成金融服务中心。哈尔滨率先建立的中俄跨境金融服务中心已经成功运作，是区域金融服务中心的典范。该中心是哈尔滨打造对俄金融中心城市战略的重点项目，是整合区域对俄金融资源的平台，也是对俄金融产业集中展示的窗口。该中心具有整合传统商业银行、进出口保险以及投资银行等服务的功能，为境内外涉俄公司、机构和个人客户提供全面金融服务。据悉，该中心向广大客户提供机构及个人本外币账户、离岸功能账户、外币兑换、外汇买卖、国内外结算、境内外融资、本外币理财、代理进出口保险、跨境投资并购咨询、境内外贸易撮合等产品和服务。其中，特色产品和服务包括卢布现钞买卖、中俄快速汇款、对俄贸易融资、跨境现金管理及对俄贸易投资顾问等。哈巴罗夫斯克及符拉迪沃斯托克也应建立类似金融服务中心。且三座城市应建立密切联系，相互配合解决跨区域的金融服务问题。

除此之外，针对跨国金融安全区的特殊性及其可能面临的国际金融服务问题，金融安全区辖内的金融机构应充分发挥其创新性，对金融安全区内部的新的问题有针对性地进行解决，如创新货币流通方式、在边境口岸开放对方国家的货币流通、开展本币结算业务、创新区域融资融券方式、发展金融安全区内部特有的证券和保险行业等。

整个"弓"形区应采取动态发展模式，发展初期重点在于基础设施、物流通道、政策条款的完善，并且在区域上也是主要以哈尔滨—哈巴罗夫斯克—符拉迪沃斯托克为中心的金融安全区内部的区域发展。但是随着时间的推移，整个金融安全区无论是空间还是功能都逐渐扩张，在中国境内会沿着哈大齐工业走廊逐步延伸，而在俄罗斯境内也会向滨海边疆区东海岸挺进，并且以点带面，打开中俄经济全面合作的窗口；在功能上也将越来越适应区域金融发展的需要，更好地服务于经济和贸易发展，将区域经济一体化的效益最大化，最终达到双赢的效果。

第十章　重构开放格局：中俄双方探索区域经济合作方案

2012 年以来，俄罗斯推出了多项促进东部地区开发开放的政策，这些政策符合经济发展的新趋势，同时为俄罗斯经济的发展提供了新的空间。中俄在新领域的探索合作是卓有成效的。普京总统在 2015 年国情咨文中，不仅提出了区域开发的国际合作，而且提到了"加强区域间的航空运输系统，包括在北部和北极地区。提升北方海运线的竞争力"的问题，它将成为中俄区域合作新热点。因此，在中俄区域合作的研究中，新问题、新领域、新空间将会层出不穷，对此的研究将会是无尽的探索，新的合作方案也会陆续推出。

一　中俄跨境电子商务深化中俄边境地区经贸合作

近年来，中俄两国的经贸活动进入了一个全新的发展阶段，特别是双方加强了互联网领域的相关合作，中俄跨境电子商务进入了蓬勃发展阶段。由于中俄双方的经济结构互补性明显，中俄跨境电子商务的作用越来越大。在中俄跨境电子商务运营中，相关的各种制度和配套设施也在不断完善，其未来一定会迎来快速发展期。

电子商务的诞生和网络的全球化已经成为必然趋势。网络的发展是以美国电子购物网站亚马逊（Amazon）和易趣网（eBay）的诞生为标志，在中国则表现在 1995 年民营企业的出现之后。俄罗斯互联网出现在 1990 年，但是并没有被立即运用到贸易当中。调查数据显示，1990 年 9 月 19 日，第一个苏联境内 .su 注册了。1994 年俄罗斯联邦拥有了第一个 .ru。1996 年，电子商务购物商店俄罗斯书籍（books.ru）首次出现 [①] 。

　　1986~1993 年，中国互联网进行了首次测试，但是仅仅运用在国家项目中。数据显示，1994 年中国境内第一个 .cn 注册成功。1998 年 3 月 18 日，世纪互联通信技术有限公司向北京各新闻单位的记者宣布，中国内地第一笔互联网电子交易成功，交易中扮演网上商家的是世纪互联通信技术有限公司 [②] 。

　　现代电子商务已经如同互联网一样开始全球化，并且出现了内部、国际和跨境电子商务。这不仅仅是由于技术的发展，还包括很多别的因素。跨境电子商务的出现具有现实的应用价值，研究人员一直对消费者在国外购物网站和电子购物平台上购买什么、遵循什么规则、如何克服问题和怎样形成对网站的信任非常感兴趣。跨境电子商务总额增长因素包括：俄罗斯消费者在中国、美国和欧洲的电子商务购物平台上进行购买；加拿大消费者在美国电子商务网站上积极购买；亚洲东南部国家消费者到中国电子零售贸易平台淘宝上消费。中国超大的人口数量产生了大量的网民，我们对中国与俄罗斯网民数量进行了对比（见表 10-1）。

表 10-1　2000~2014 年中俄互联网发展指标趋势对比

单位：百万人，%

年份	俄罗斯人口数量	俄罗斯网民人数	俄罗斯网络渗透率	中国人口数量	中国网民人数	中国网络渗透率
2000	146.3	3.0	2.1	1267.4	25.3	2.0
2001	146.1	4.0	2.7	1276.3	38.2	3.0
2002	145.5	6.0	4.1	1284.5	64.0	5.0
2003	144.8	12.0	8.3	1292.1	77.3	6.0
2004	144.3	18.6	12.9	1299.5	90.7	7.0

[①]《俄罗斯电子商务发展概况》，俄罗斯书籍，http://pro-books.ru/news/companynews/7784，2012 年 2 月 23 日。

[②]《中国第一笔 Internet 电子交易》，网络营销网，http://abc.wm23.com/zjklixiaotong521/227298.html，2013 年 4 月 8 日。

年份	俄罗斯人口数量	俄罗斯网民人数	俄罗斯网络渗透率	中国人口数量	中国网民人数	中国网络渗透率
2005	143.9	21.9	15.2	1307.2	91.3	7.0
2006	143.7	25.9	18.0	1314.4	144.2	11.0
2007	143.6	35.4	24.7	1321.2	210.9	16.0
2008	143.6	38.6	26.8	1328.2	304.7	22.9
2009	143.6	41.7	29.0	1334.5	386.1	28.9
2010	143.6	61.8	43.0	1340.1	454.6	33.9
2011	143.4	70.3	49.0	1347.1	510.8	37.9
2012	143.1	76.3	53.3	1354.3	567.3	41.9
2013	142.8	76.9	53.9	1360.6	624.4	45.9
2014	142.4	84.4	59.3	1368.7	668.5	48.8

资料来源：世界银行，http://data.worldbank.org.cn/indicator/SP.POP.TOTL，2014 年 11 月 12 日。

互联网用户数量是非常重要的指标，因为只有互联网用户才可被认为是潜在的电子商务消费客户 [1]。互联网用户数量在世界范围内增长速度很快：2003~2014 年，中国网民人数增长了 10 倍。截止到 2015 年年底，中国网民人数达到 6.7 亿人。2014 年中国网民人数为 6.3 亿人，即每两个人中就有一个网络使用者。

俄罗斯网民人数增长相对平稳。根据全球市场调研（GFK）公司的数据，2014 年年底，俄罗斯网民年龄主要为 16 岁左右，占有份额为 67.5%。俄罗斯成年网络用户增长达到 8000 万人，76% 的网民几乎每天都在上网。俄罗斯 16~29 岁的人群网络渗透率为 89%，35~54 岁网络渗透率为 72%，55 岁以上网络渗透率为 57% [2]。

GFK 调查显示，俄罗斯移动网络用户增长速度很快。2014 年移动电商市场总额为 30 亿美金。2014 年年底，智能电话网络用户达到 50.1 百万人（占人口的 35.2%）（见表 10-2）。平板使用情况相比 2013 年增长了 2 倍，比重

---

[1] Бакаев А.С., особенности и перспективы развития электронной торговли в России // диссертация на соискование ученой степени кадидата экономических наук, Новосибриск 2003г. с. 175, С. 84.

[2] Отчет по результатам исследования анализа пользования интернета в России, http://www.gfk.com/.

由 3.5% 增加到 8.4%，使用人数达 1000 万人。根据这种增长发展趋势，移动电子商务发展潜力仍然很大 [1]。

表 10-2　2006~2014 年中俄移动数据发展指标对比

单位：百万人，%

年份	2006	2007	2008	2009	2010	2011	2012	2013	2014
俄罗斯智能电话网络用户	11.2	18.3	32.2	44.4	26.8	21.6	39.7	26.1	50.1
俄罗斯移动网络渗透率	105.0	119.5	139.4	140.7	148.4	153.4	161.3	167.7	169.2
中国智能电话网络用户	47.2	50.4	117.6	233.4	302.7	355.6	419.9	500.3	526.5
中国移动网络渗透率	35.1	41.4	48.3	56.0	64.0	73.2	74.5	81.1	85.8

资料来源：世界银行，http://data.worldbank.org.cn/indicator/SP.POP.TOTL，2014 年 1 月 12 日；DataInsight, http://www.datainsight.ru/ecommerce, 2014。

2013 年，中国移动网络使用人数为 5 亿人，2014 年达到 5.3 亿人。在 2015 年第一季度，中国移动网络使用人数接近 9 亿人，增长率为 71%。智能电话使用渗透率为 66.3%，智能电话使用人数为 8.6 亿人。

洞察数据公司（DataInsight）的数据显示，2014 年俄罗斯电子商务贸易总额达到了 193 亿美元（见表 10-3）。跨境电子商务交易额为 29 亿美元。电子商务零售贸易总额为 175 亿美元，相比 2013 年增长了 8.0%。2014 年俄罗斯物质商品网购花费金额为 222 亿美元。

中国电子商务发展的总趋势是：贸易总额长期正增长，呈高速度增长趋势，商品和服务的种类宽泛，涉足电子商务的产品范围大，混合市场在快速产生发展，调节电子贸易人员关系的区域法规不断完善。

中国电子商务研究中心（100EC）调查数据显示，2014 年，中国电子商务贸易总额达到了 21270 亿美元，增长速度为 29.3%。其中，中国电子商务零售贸易总额为 4428 亿美元，相比 2013 年增长了 45.6%。

---

[1]　Отчет по результатам исследования анализа пользования интернета в России, http://www.gfk.com/.

表 10-3　2010~2014 年中俄电子商务与电子零售贸易总额指数对比

单位：亿美元

指　数	年份 国别	2010	2011	2012	2013	2014
电子商务贸易总额	俄罗斯	118	131	158	187	193
	中　国	7258	9677	12661	16452	21270
电子商务零售贸易总额	俄罗斯	82	123	134	162	175
	中　国	822	1294	2126	3042	4428

资料来源：DataInsight, http://www.datainsight.ru/ecommerce, 2014；100CN, http://www.100ec.cn/detail--6242607.html, 2014。

中国电子商务零售贸易中消费者对消费者（C2C）贸易额在 2014 年呈增长趋势，为 1100 亿美元，企业对消费者（B2C）的贸易额为 75 亿美元。在 C2C 贸易额下降之际 B2C 贸易额在电子商务中呈现增长趋势。很多电子贸易商家由 C2C 转为 B2C，正式注册登记和办理许可证。

2015 年第一季度，中国移动电子商务贸易额达到了 575 亿美金。虽然中国新年导致增长率过慢（4.7%），但是年增长率提升为 168.3%，网购交易总额增长率为 45.2%。

2014 年移动电子商务成为电子贸易的总趋势。在世界范围内移动电子商务呈现快速增长趋势，在俄罗斯也是。根据移动网卡（MTC）公司的数据分析，2014 年俄罗斯移动电子商务市场总规模扩大到 280 亿美元。大量的智能电话和平板使用者可以在任意时间、地点进行网络购买。所以很多企业积极地在移动设备上创建自己的网络商店。

中国互联网信息中心（CNNIC）数据显示，截至 2014 年 12 月，中国网购用户人数达到 361.4 百万人，较 2013 年年底增加 59.5 百万人，增长率为19.7%（见表 10-4）；中国网民使用网络购物的比例从 48.9% 提升至 55.7%。2014 年中国网络购物市场，主要呈现出普及化、全球化、移动化的发展趋势。具体而言，网购群体年龄跨度增大，网购向全民扩散。2014 年主流网购用户（20~29 岁网购人群）规模同比增长 23.7%，10~20 岁网购用户规模同比增长10.4%，50 岁及以上网购用户规模同比增长 33.2%。

表 10–4 2014 年中俄网购用户人数对比

单位：百万人，%

年 份	俄罗斯	增长率	中国	增长率
2011	6.1	——	194.0	——
2012	22.0	260.7	242.0	24.7
2013	23.1	5	301.9	24.8
2014	25.4	10	361.4	19.7

资料来源：CNNIC, http://www.cnnic.cn/hlwfzyj/hlwxzbg/201409/P0201409013.pdf, 2014; DataInsight, http://www.datainsight.ru/ecommerce, 2014 年 9 月 10 日。

DataInsight 数据分析显示，2014 年年底俄罗斯网购发展情况为，34% 的网民（18~64 岁）都为网购用户。网购用户指近一年中，在网络购物平台完成过一次商品交易。电子商务渗透率为 34%，网购用户为 2540 万人。

艾瑞咨询（iResearch）调查发现，2014 年中国网购用户中，光顾网络商店更多的是男性，占比为 57%，女性为 43%。网购人数占互联网用户的 54%。DataInsight 指出，在俄罗斯，女性网购用户更为活跃。所以女性用户占全俄网购用户的 55%，男性占 45%（见表 10–5）。

表 10–5 2013~2014 年中俄网购用户年龄分配结构的对比

单位：%

性别	2013 年		2014 年	
	俄罗斯	中国	俄罗斯	中国
女性	54	46	55	43
男性	46	54	45	57
网购人数占互联网用户比重	53	48	34	54

资料来源：CNNIC, http://www.cnnic.cn/hlwfzyj/hlwxzbg/201409/P0201409013.pdf,2014；DataInsight, http://www.datainsight.ru/ecommerce, 2014。

欧洲商情（Euromonitor）的数据显示，2013 年，在中国电子商务零售界，阿里巴巴集团旗下的天猫网站占有 45.2% 的份额（见表 10–6）。两个大型的网络零售平台淘宝和天猫在 2013 年总销售额为 2480 亿美元。调查由贸易商 C2C 平台（Taobao.com）转向 B2C 平台（Tmall.com）。

表 10-6　2013 年中俄网购交易数量份额前十网站对比

单位：%

中国网站前十位	份额	俄罗斯网站前十位	份额
天猫	45.2	Ulmart (Ulmart ZAO)	4.1
京东	14.3	KupiVIP(Private Trade)	3.2
苏宁	3.4	Svyaznoy (Maksus)	2.4
1 号店	2.2	Lamoda.ru (KupiShoes)	1.7
唯品会	1.9	eBay (eBay Inc)	1.7
亚马逊	1.8	Ozon (Baring Vostok Capital Partners)	1.6
拉克松	1.7	亚马逊	1.5
国美	1.6	Wildberries (Wildberries)	1.4
凡客诚品	1.6	Holodinik.ru (Edil-import)	1.4
当当	1.5	Utkonos (Novy Impuls-50)	1.2

资料来源：Euromonitor, http://www.portal.euromonitor.com/portal/analysis/tab, 11-12-2014。

中国网购用户主要分布在东部和中南部地区，占比分别为 37% 和 22%。在中国的西北部和西南部地区分布较少。少于一半的网购用户居住在俄罗斯的百万人口城市，1/3 的网购用户则分布在 10 万 ~50 万人口城市（见图10-1）。

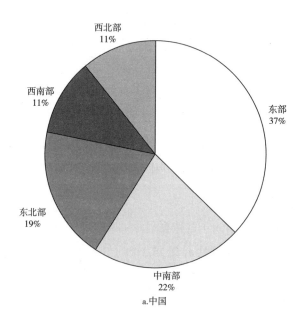

a.中国

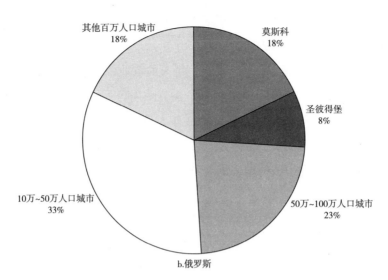

图 10-1 2014 年中俄网购用户地区分布对比

资料来源：《2014 年中国网络购物市场研究报告》，CNNIC, http://www.cnnic.cn/hlwfzyj/
hlwxzbg/dzswbg/201509/P020150909354828731159.pdf。e-Commerce User Index 2014, markswebb
,http://markswebb.ru/upload/pdf/Markswebb-e-Commerce-User-Index-2014.pdf。

2013 年，京东网购平台份额居第二位，占比为 14%。同年 3 月，京东公司更换域名，运用了简洁的新图标。该平台在自己的交易平台上利用别人的评价。该公司数据显示，到 2013 年 4 月底已经有 1 亿用户注册。1 号店的竞争对手京东超市为消费者提供必需的日常生活用品。到 2014 年，京东网购平台系统在 34 个城市建立了总面积 130 万平方米的 82 个仓库，在 460 个城市设立了 1453 个地方运输站。

俄罗斯电子商务零售贸易极其分散，购物网站的领导优乐买（Ulmart）只有 4.1% 的市场份额，专业销售电子产品，它通过三年时间成为电子零售业的领导者。2013 年 Ulmart 公司销售总额上升到了 10 亿美元。大部分销售额是通过自动便利店完成的。

另一个网购平台所有时尚（KupiVIP）从 2010 年开始发展。它是一个领先的俄罗斯私人俱乐部，为俱乐部会员提供很多优惠。俱乐部电子零售贸易平台成立于 2008 年，商店提供了折扣时装和装饰品。在 2013 年的网络贸易范围内，中国服装、鞋类和电子产品（包括游戏硬件）成为最畅销的类别，销售额分别达到 279 亿和 26 亿美元。

在一年一度的"双十一"活动中，每天的营业额达到 1 亿元人民币的卖家销售约 10 个品牌（耐克、阿迪达斯、杰克琼斯等）的衣服和鞋。新成员的加入，持续推动电子商务的发展。2013 年 5 月 1 号店（yihaodian.com）通过自己的网购平台推出了服装品牌 Bestluck。食品和饮料已经成为网络零售贸易的一个重要部分，在中国的销售额为 16 亿美元，尽管平均到每个家庭还是很少的。

在俄罗斯，最畅销的商品是家用电器和游戏设备，它们的销售份额超过了服装和鞋子的份额，销售总额增长率为 312%，销售额为 3.343 百万美元。2013 年家装和园艺销售额超过 100 万美元，同比增长 125%（见表 10-7）。

2014 年，京东、聚美优品和阿里巴巴公司将自己的股票投入证券交易所。淘宝、天猫和京东的品牌渗透率占前三位，分别是 87%、70% 和 45%。它们持续领先竞争对手。从畅销跨境网购平台排名来看，在中国最受欢迎的是天猫国际，京东和亚马逊排在第二和第三位（见表 10-8）。

表 10-7 2013 年中俄网络畅销商品销售额对比

中国畅销商品	（百万美元）	俄罗斯畅销商品	（百万美元）
家用电器和游戏设备	27.906	家用电器和游戏设备	3.650
服装、鞋子	25.734	服装、鞋子	3.343
传媒商品	15.403	传媒商品	1.047
家装和园艺	6.770	家装和园艺	1.040
家用餐具	5.129	家用餐具	901
消费工艺	2.626	消费工艺	869
食品和饮料	1.585	食品和饮料	457
美容与护理	1.066	美容与护理	379
传统游戏和玩具	251	传统游戏和玩具	197
健康	144	健康	180
家庭护理	87	家庭护理	43
其他	11.834	其他	2.732
总额	98.535	总额	14.839

资料来源：Euromonitor, http://www.portal.euromonitor.com/portal/analysis/tab，2014-10-11。

俄罗斯的很多网购平台（如 Shopotam、Kupinatao、Nazya.com 等）是中介代理，从国外零售市场购回货物，在俄罗斯找到自己的最终买家。

由于移动网络购物平台的快捷、安全，无论在俄罗斯还是在中国，移动网络近几年都发展迅速。研究结果表明，在中国移动网购用户中，年龄在 18 岁以下的占 6.1%。网购用户年龄小于 18 岁人数较少的原因是他们没有收入。相反，年龄在 18~35 岁的用户最多，其收入较为稳定，比重为 76%。

表 10-8 中俄畅销跨境网购平台排名

中国	出自国家	俄罗斯	出自国家
天猫	中国	阿里速卖通	中国
京东	中国	ebay.com	美国
亚马逊（cn）	美国	亚马逊	美国
亚马逊（com）	美国	阿里巴巴	中国
聚美	中国	ru.aliexpress.com	中国
ebay.com	美国	shopotam.ru	俄罗斯
6pm	美国	兰亭集势	中国
iHerb	美国	淘宝	中国
考拉	中国	dx.com	中国
洋码头	中国	bay.ru	中国

资料来源：Ebrun, http://news.cnfol.com/it/20150701/21027394.shtml,12-11-2014；Akit,http://www.akit.ru/wp-content/uploads/2014/02/2013-Crossborder-in-Russia-Enter-research.pdf,2014。

36~45 岁的用户接受新知识的能力较弱，并且他们习惯使用传统的购买方式，只占 13%。> 45 岁的用户几乎不了解移动网络购物。

中国移动网购用户接受过大专和本科教育的人数占比最多，为 55.2%。接受过高中教育的份额为 27.8%，接受过职业教育的占 13.2%，研究生用户只占 3.8%。这些数据显示，中国移动网购用户受教育程度较低。另一些数据表明，中国移动网购用户收入也很低。41.8% 的用户收入为 1500~3500 元（240~200 美元），收入为 6001~9000 元（1001~1500 美元）的用户只占 18.1%。收入 >9000 元的用户只有 4.5%。

中国移动用户偏爱购买服装、鞋子和包。车票和电话充值份额只占 67.1%，化妆品占 47.2%。因此，我们发现在消费者使用移动设备购买商品时，服装、车票和化妆品的需求量要远高于其他商品。

俄罗斯移动网购用户个人收入 >50000 卢布（1000 美元）的占 41.8%，网购用户中女性占 62%。用户年龄为 25~35 岁的最多，占 37%。受过高等教育的用户占 64%，用户基本居住在莫斯科。

俄罗斯和中国电子商务在技术和生产力水平上有较大的差距，包括部门性的机制的质量、基础设施的发展和物流。调查显示，主要的差距分布在市场因素、价格、品种多样化和服务等方面。这些主要差距促成了俄罗斯网购用户在中国网购商店的订单。此外，中国网购平台非常受欢迎，汉语已经不能再阻碍俄罗斯用户购买。

无论是在俄罗斯还是在中国，市场中都形成了巨大的中介机构。为了满足网上消费者在淘宝和天猫平台上购买中国商品的需求，阿里巴巴全球速卖通平台已经进行俄罗斯化，并打出广告，在俄罗斯显著地提高了自己的销售总额。

大多数俄罗斯的网上交易分布在主要城市，特别是莫斯科和圣彼得堡。而跨国采购主要致力于代表居民地区，也包括远东和西伯利亚地区，那里的零售商很难采购多样化商品。在俄罗斯的中国企业家、中国网络交易的工会主席蔡桂如认为，进入俄罗斯市场，面临着诸多挑战，如大量的商品贸易需求数量、在运输过程中损坏货物、买家未支付的订单、包裹延迟派送、高估货物的价值和业务人员的不足等 ①。

2014 年，哈尔滨对俄跨境电子商务零售出口货物值突破 3 亿美元，经由中俄边境城市绥芬河向俄罗斯发送的包裹总量已超过 500 万件。2015 年有超过 1 亿件包裹从中国发往俄罗斯。俄罗斯已成为中国电子商务领域最具价值的海外市场。在"一带一路"的带动下，属于边境地区的黑龙江省的对俄跨境电子商务时代已经到来。

2015 年，俄罗斯搜索引擎巨头和门户网站 Yandex，已在上海成立了中国代表处，致力于向中国品牌、商家和生产商提供"一站式"服务，协助它们

---

① 《保护中小企业家》，东北网，http://russian.dbw.cn/system/2015/12/05/001045891.shtml，2015 年 12 月 5 日。

到俄罗斯市场拓展业务。这是 Yandex 在亚洲的第一个，也是独联体国家之外的第二个国际商业代表处（第一个国际商业代表处位于瑞士卢塞恩），它的设立旨在推进中俄两国的跨境电商合作。

2015 年 4 月，中俄跨境电子商务通关服务平台在绥芬河正式开通，平台的开通大大促进了"一带一路"的发展。黑龙江省正着力打造区域性物流集散枢纽，将哈尔滨打造成中国物流共同配送试点城市，并完善物流通道、仓储配送等跨境基础设施，重点推进边境口岸地区跨境物流园区建设。黑龙江省鼓励对俄贸易企业在俄建设海外仓、境外服务网点，打造覆盖俄罗斯的跨境电子商务物流枢纽中心。随着"一带一路"愿景的推进，黑龙江省在对俄贸易方面的地缘和交通优势吸引了大批跨境电商进驻。目前，哈尔滨已成为中国对俄跨境电子商务平台数量最多、对俄派送包裹量最多和跨境零售出口额最大的城市。

中俄跨境电子商务的合作，尤其是在边境地区的合作，具有无限的市场空间，随着中俄双方政府跨境电子商务优惠政策的不断出台，中俄跨境电子商务合作将成为双边经济合作的重要推动力。

二　远东大开发的重要举措及中俄合作新机遇

俄罗斯远东地区的开发已上升为俄罗斯的重要战略。近几年，新的举措接连出台，如建立经济特区、成立远东发展部、组建远东投资公司、在符拉迪沃斯托克举办亚太峰会、在创建超前发展区的同时提出把符拉迪沃斯托克建成自由港。这一系列的举措表明了俄罗斯开发远东地区的计划和决心。

（一）经济特区建设推进中俄合作全面发展

1. 俄罗斯东部经济特区发展现状

俄罗斯东部经济特区已设立多年，其发展是一个循序渐进的过程，各个经济特区的发展侧重点不同，但是其目标都是为地区经济振兴做出贡献。

（1）俄罗斯东部经济特区总体发展情况

俄罗斯东部地区共建有七个经济特区，其中一个是技术推广型经济特区，五个是旅游休养型经济特区，一个是港口型经济特区，这几类经济特区的发展侧重点各不相同，但目的都是振兴俄罗斯东部地区经济，如表10-9所示。这些经济特区为俄罗斯东部地区的经济发展做出了非常大的贡献，具有重要的战略意义。

表10-9 俄罗斯东部地区经济特区分布

类　型	地　点	所属联邦区	侧重点
技术推广型	托木斯克市	西伯利亚联邦区	工业电子设备、仪器、纳米技术、新材料、生物技术
旅游休养型	阿尔泰边疆区	西伯利亚联邦区	度假村建设及管理、娱乐基础设计建设及管理、旅游业的其他方向
	阿尔泰共和国	西伯利亚联邦区	
	布里亚特共和国	西伯利亚联邦区	
	伊尔库茨克州	西伯利亚联邦区	
	符拉迪沃斯托克俄罗斯岛	远东联邦区	
港口型	哈巴罗夫斯克边疆区苏维埃港	远东联邦区	船舶修理、组装生产、物流服务、水产品加工

资料来源：根据俄罗斯远东联邦区官网、西伯利亚联邦区官网有关资料整理。

西伯利亚联邦区的经济特区发展方向主要以旅游业为主，为了大力发挥其地区优势，旅游休养型经济特区开发了许多旅游项目，成功吸引了国内外游客。而远东联邦区主要发展港口型经济特区，为国际贸易提供坚实保障。同时，各经济特区的入驻企业也不容小觑，据远东发展部统计，东部地区已同300多家企业进行了有关经济特区投资的洽谈，中国、日本和韩国的企业都对东部地区经济特区项目表现出极大兴趣。

（2）技术推广型经济特区

俄罗斯东部地区的技术推广型经济特区位于西伯利亚联邦区的托木斯克市。托木斯克市人口为105.8万人（截止到2011年年底）。2010年地区生产总值为2843亿卢布，年增长率为4.7%。托木斯克市被誉为西伯利亚的教育与科研中心，是俄罗斯人才最为集中的地区，教授密度排在全国第一位。

2005 年，由于托木斯克市在科技领域的突出贡献和扎实基础，俄罗斯将其划定为首批技术推广型经济特区。近年来托木斯克市共研制了 150 多种竞争力强的工艺。销售创新产品所得的总额为 1.8 亿美元 [①]。

托木斯克市科研与教育基础雄厚，托木斯克市是拥有巨大科学和教育潜力的城市。它有 33 个科研所、2 个国家研究中心、8 个高等学校。托木斯克综合工业大学的一项发明被纳入了俄罗斯 2012 年百项最佳发明名单。托木斯克市的科学家首次探索出使金刚石纳米粒子与其他物质合成的方法。然而，这不是为了得到珍贵宝石，而是为了改变材料——金属和半导体的性能。这个发明和许多其他的发明创造必能得到广泛应用 [②]。托木斯克市本科生人数约占城市总人口的 1/5，共计 11 万人，是全俄罗斯大学生比例最高的城市之一。在 8 所大学中，托木斯克理工大学最负盛名，是俄罗斯东部地区第一所工科院校，在苏联时期便是全国三大工科学院之一，是远东工科教育的发源地，在俄罗斯工程教育协会中排名第一，在技术类大学协会中排名第三。该学院的计算机与信息、核物理、电子等近十门学科都是在全俄罗斯乃至独联体国家之中最具有优势的专业。托木斯克市作为技术推广型经济特区，有其天然的条件与优势。

说到托木斯克市，不得不提到新西伯利亚，因为新西伯利亚与托木斯克临近，也是托木斯克技术的供给地，为其提供后方支持。新西伯利亚是俄罗斯第三大城市，工业发达，有许多俄罗斯支柱产业，包括电力、机器制造、化学、金属加工、建材、食品和轻工业，同时，俄罗斯最好的大学——新西伯利亚国立大学也座落于此，该市的博物馆和剧场经常座无虚席，可以说其具有深厚的文化底蕴，是俄罗斯著名的工业、科学和文化中心。新西伯利亚市的科研实力也十分雄厚，先后设立了俄罗斯科学院西伯利亚分院、俄罗斯医学科学院西伯利亚分院和俄罗斯农业科学院西伯利亚分院。同时，新西

---

① 《亚洲对托木斯克感兴趣》，俄罗斯卫星通讯社，http://sputniknews.cn/radiovr.com.cn/22-01-2013，2013 年 1 月 22 日。

② 《亚洲对托木斯克感兴趣》，俄罗斯卫星通讯社，http://sputniknews.cn/radiovr.com.cn/22-01-2013，2013 年 1 月 22 日。

伯利亚市的高等教育成果突出，国立新西伯利亚大学、国立新西伯利亚农业大学、国立新西伯利亚工业大学等 10 余所国立高等院校为俄罗斯发展做出了许多杰出的贡献，输送了数以万计的优秀人才。位于新西伯利亚的科学城是世界著名的高科技产业园区之一，园区内有许多科研实体，涵盖自然科学、技术科学等 30 个领域，是俄罗斯东部地区最大的科研中心。新西伯利亚科学城享誉世界，由此可见，在托木斯克建立技术推广型经济特区可以有效地利用新西伯利亚的技术和人才，使经济特区的发展得到有力的技术保障。

如今，这个经济特区拥有 3500 名科学博士和副博士、10 个国际科教中心、59 家入驻企业。入驻企业一般具有如下特点。首先，企业多是仪器仪表、精密机械、光电子、安全系统领域的股份公司。其次，企业年销售额不少于 1500 万美元，并且产品主要面向国外市场。再次，企业都是由苏联的科研生产联合体高级和中级领导干部于 1994~2002 年创办的。最后，公司所有者既是企业的领导者，又是所生产产品的构思者，深具活力和发展潜力。因此托木斯克经济特区的发展备受期待。

（3）旅游休养型经济特区

俄罗斯东部地区的旅游休养型经济特区共有五个，其中，阿尔泰边疆区、阿尔泰共和国、伊尔库茨克州、布里亚特共和国地处西伯利亚联邦区，而符拉迪沃斯托克俄罗斯岛位于俄罗斯远东联邦区。这五个旅游休养型经济特区对俄罗斯东部地区旅游资源的开发利用产生了非常重要的影响，同时，通过发展旅游产业带动经济增长的发展方式取得了显著成效。

第一，阿尔泰边疆区经济特区。

阿尔泰边疆区位于俄罗斯西西伯利亚东南部，面积为 16.79 万平方公里。截至 2011 年阿尔泰边疆区人口共有 240.7 万人，2010 年地区生产总值为 2997.1 亿卢布。2006 年 12 月，阿尔泰边疆区"绿色卡通"旅游休养型经济特区在俄罗斯经济发展与贸易部的旅游休养型经济特区选拔中脱颖而出，成为胜出者之一。主要原因是阿尔泰边疆区具有非常丰富的旅游资源。首先，阿尔泰边疆区自然景色优美。阿尔泰边疆区内大小河流共有 17000 条，500 公里以上的河流有 3 条，此外这里还有 1.3 万多个湖泊，其中 25 个湖泊是面积超过 10 平方千米的大型湖泊，堪称避暑天堂。其次，阿尔泰边疆区具有独特的地理和气候环境，是植物资源富集地区，21% 的土地被森林覆盖，97 万公顷的自然保护区吸引了众多游客前来。同时，阿尔泰边疆区盛产壁石、大理石等材料和天然理疗用泥。因此，这里是良好的疗养基地，其中别洛库里哈市最有代表性，那里的温泉矿物质丰富，并含有微量元素，对人体十分有益。目前，该旅游休养型经济特区不仅要继续发展利用其原有的旅游资源优势，而且要开发新的旅游项目，发展一整套风景游与极限游设施，包括滑雪、岩洞游、滑翔伞飞行等颇具特色的极限项目。现阿尔泰边疆区共有 3 个开发项目，分别为"别洛库里哈"旅游休闲区、"蓝宝石卡通河"、"金门"汽车旅游集散区。

"别洛库里哈"旅游休闲区的建设期限为 2011~2016 年，已投资 95 万卢布，由 8 个旅游中心组成，分别是"别洛库里哈"疗养中心、"水世界"娱乐中心、"阿尔泰的黎明"疗养院、"彩虹"酒店、"西伯利亚乡村"旅游中心、"渔村"旅游中心、"马园"旅游娱乐中心、"西伯利亚桑杜诺夫斯克洗浴"保健中心[①]。"蓝宝石卡通河"项目建设期限为 2007~2027 年，由俄罗斯联邦经济发展部、经济特区与项目融资局发起，投资额为 300 亿卢布，计划建成一个大型自然探险旅游综合体[②]。"金门"汽车旅游集散区项目建设期限为 2011~2016 年，投资额为 15.5 亿卢布，主要是为娱乐、环保、休闲和汽车旅游创造便利的条件[③]。

第二，阿尔泰共和国"阿尔泰谷地"经济特区。

阿尔泰共和国地处欧亚大陆中心，面积为 9.3 万平方公里，人口为 20.9 万人（2011 年）。2010 年地区生产总值为 216.36 亿卢布，同比增长 0.8%，将其设立为经济特区主要是因为其具有地域优势和丰富的自然资源。俄罗斯"阿尔泰谷地"经济特区同样于 2007 年开始建设，面积共 855 平方公里。"阿

---

① 《俄罗斯联邦主体投资项目》，中国项目投资网，http://www.cnitin.com，2013 年 7 月 22 日。
② 《俄罗斯联邦主体投资项目》，中国项目投资网，http://www.cnitin.com，2013 年 7 月 22 日。
③ 《俄罗斯联邦主体投资项目》，中国项目投资网，http://www.cnitin.com，2013 年 7 月 22 日。

尔泰谷地"经济特区的建设与国际接轨，深受国内外游客好评。并且该经济特区主要以发展旅游产业和旅游项目来吸引投资，进而推动整个地区的经济发展，对居民生活水平的提高具有积极意义。

阿尔泰共和国山川交错，湖泊众多，是俄罗斯湖泊最集中的地区之一，共有7000余个湖泊，最著名的被誉为"黄金般的湖泊"的捷列茨科耶湖便在阿尔泰共和国境内 ① 。除此之外，阿尔泰共和国自然风光优美，名胜古迹众多，被喻为"瑞典第二"和"亚洲心脏"，非常适合发展休闲旅游业 ② 。同时，阿尔泰共和国森林资源十分丰富，森林总面积为368.5万公顷，森林覆盖率为41.5%，木材蓄积量为4.72亿立方米。据不完全统计，该地区哺乳动物物种丰富，有60多种，同时还有220余种禽鸟和11种爬行动物及其他两栖动物，20多种鱼类分布于其各个江河湖泊。具有狩猎价值的物种有50余种，可供狩猎爱好者前来狩猎，阿尔泰共和国的山区也是在全俄闻名遐迩的狩猎场。适宜的气候和复杂的地形造就了种类丰富的植物群。由于植物种类繁多，并且营养价值丰富，因此该地区有100余种植物的根、茎、叶、花、果用于医药的生产与加工。

阿尔泰共和国具有丰富的旅游资源，因此建立旅游休养型经济特区有其天然优势。在政府的规划下，经济特区内将修建一处现代化的疗养胜地，并兴建水上运动项目以吸引游客前来，同时在经济特区内还将修建酒店、运动康复中心等。经济特区内现代化基础设施的建设是推动该地区旅游业发展的良好途径，也是建立经济特区的必要环节。许多世界级的遗产风光都能够通过现代化的高新技术装备来领略，如捷列茨科耶湖、别卢哈山、卡通河等 ③ 。"阿尔泰谷地"经济特区具有独一无二的自然资源、科技潜力，并且其基础设施的建设十分完备，交通十分便利，能够最大限度地吸引投资，不仅能够吸引企业入驻，而且能够吸引更多的游客，这是旅游产业发展的良好契机，而现代化基础设施的建设和国际级的旅游标准能够拉动经济，使经济特

---

① 赵立枝：《俄罗斯东部经济社会发展概要》，黑龙江教育出版社，2001。
② 赵立枝：《俄罗斯东部经济社会发展概要》，黑龙江教育出版社，2001。
③ 岳萍：《俄罗斯"阿尔泰谷地"旅游休闲型经济特区简介》，《中亚信息》2009年第5期。

区为地区经济发展做出贡献。

第三，布里亚特共和国经济特区。

布里亚特共和国位于欧亚大陆心脏的中心，西北面与伊尔库茨克州、东面与赤塔州、北面与图瓦共和国、南面与蒙古国接壤。布里亚特共和国的总面积为351300平方公里，2011年总人口为97.1万人，地区生产总值为1050.5亿卢布，同比增长3.5%。

布里亚特共和国是极端的大陆性气候，七月的平均气温为零上18.5摄氏度，一月的平均气温为零下22摄氏度。布里亚特地区一年中的晴天天数比俄罗斯南方的许多地区都多。因此，它被誉为"阳光绚丽的布里亚特"。布里亚特共和国具有非常丰富的旅游资源，最为著名的是贝加尔湖。贝加尔湖是世界上最深的湖泊，长636公里，平均宽48公里，最宽处为79.4公里，面积为3.15万平方公里，平均水深为730米，中部最深处达1620米。湖内淡水储量为23600立方公里，占俄罗斯湖水水量的76.4%[①]。美丽的贝加尔湖是自然风光旅游的圣地。此外，由于历史原因，贝加尔湖附近形成了许多道路。在不同的时期，它们成了人们迁徙、征伐、商品交易、文化交流、科学考察、政治和宗教交往的必经之路。古墓、坟地上的石碑、古代战士的雕像，都是对历史无声的见证。"茶叶之路"是欧亚大陆各民族之间外交、商贸和文化交流发展史上的光辉篇章，"茶叶之路"是连接不同地区和文明的伟大贸易路途之一，其贸易量仅次于伟大的"丝绸之路"，居第二位。"茶叶之路"存在了200多年，对俄罗斯、蒙古国和中国的社会经济、文化发展产生了巨大的影响，其历史为发展旅游文化，建立世界上最大的跨大陆的国际旅游路线提供了丰富的材料，为今天制订旅游休养型经济特区计划奠定了基础。除了自然风光游、历史文化游外，布里亚特共和国的民俗旅游也极负盛名。布里亚特共和国自古以来就位于多种宗教的交叉点，布里亚特人、俄罗斯人、鄂温克人、鞑靼人、犹太人、德国人共同居住在这里，保留着各自的宗教和特有的民族传统。2011年，联合国教科文组织确认布里亚特共和国塔尔巴嘎台区

---

① 赵海燕：《贝加尔湖畔的布里亚特共和国》，《西伯利亚研究》1994年第4期。

为古老信徒派绝无仅有的民俗文化，是人类精神和非物质遗产的杰作。在布里亚特具有医疗特性的地方叫作阿尔山，那里有具有疗效的矿泉和温泉。布里亚特的天然医疗资源包括富含不同化学成分和物理特性的矿泉水和医疗泥。疗养院都位于生态洁净的地方，那些地方都保持着原始的自然景观。在这里生活可以治疗和预防消化、血液循环、呼吸、泌尿等方面的疾病。布里亚特共和国，对疾病除了用现代的欧洲的治疗与预防方法外，还广泛使用安全手段和传统医疗方法。1989 年，东方医疗中心成立了，主要从事医疗诊断和科学研究活动，同时还利用植物研制药品。该中心使用草药疗法、针灸疗法、生物疗法、水疗法、东方按摩、康复操、武术和气功疗法。

建立旅游休养型经济特区的建议是从事山区疗养地设计的 Ecosing Mountain Resort Planners Ltd 公司提出的。经济特区位于布里亚特共和国沿贝加尔湖东岸。根据 2007 年 10 月 23 日签订的补充协议，该计划包括五个地段：1771 峰、格列姆亚琴斯克、图尔卡、佩期基和无名湾。在 1771 峰和无名湾将建成两个拥有发达的基础设施和疗养基地材料的一年四季不间断工作的疗养院。为此公司制定了细部施工图、基础设施方案。在 1771 峰的山脚下一个 200 公顷的地段设计第一个高山滑雪疗养院。据俄方公司的结论，该疗养院将发展成世界上最大的、每天可为 67000 多人服务的疗养地。第二个疗养院在 1308 山峰脚下。这座山的山坡特别适合滑雪运动初学者和中等水平的单雪板滑雪运动员。格列姆亚琴斯克、图尔卡、佩斯基地段以夏季旅游项目为主。同时，随着图尔卡港口的发展，还要在这里建立 SPA 和康复疗养院。经济特区建设和投入使用期限为 2007~2026 年。经济特区内的基础设施项目的建设计划使用预算资金和非预算资金，而旅游基础设施项目建设资金将依靠经济特区的利润。旅游休养型经济特区的优势项目有体育运动和探险、康复、水上运动、环湖旅游、事物性会晤、参观访问、生态游等。此外，布里亚特共和国的首府乌兰乌德市与中国的 7 个地区进行合作，与其中的 3 个——满洲里、海拉尔、呼和浩特建立了友好城市关系，与 4 个地区——海拉尔区、扎兰屯市、呼伦贝尔盟和鄂温克族自治区签订了合作协议。在合作的范围内与中国的许多城市、盟和省互派代表团、文艺团、体育代表队进

行访问 [①] 。

第四，伊尔库茨克经济特区。

伊尔库茨克州地处中西伯利亚高原南部、贝加尔湖的西面，南部与蒙古国接壤。面积为 76.79 万平方公里，人口为 242.4 万人（2011 年统计），2010 年地区生产总值为 2215.3 亿卢布，同比增长 6.8%，是闻名遐迩的旅游胜地。在伊尔库茨克州设立经济特区主要是因为其具有巨大的旅游发展潜力，而其优势在于地理位置优越、旅游资源丰富、历史底蕴丰厚并且旅游基础设施完善。首先，伊尔库茨克州具有旅游标志意义的名胜有 1000 多个，伊尔库茨克州历史悠久，对俄罗斯历史学有非常显著的贡献，1970 年被列入历史文化名城。世界上最美丽的湖泊——贝加尔湖也位于伊尔库茨克州。2006 年伊尔库茨克州赢得了在贝加尔湖地区建立旅游休养型经济特区的资格。将伊尔库茨克州建成旅游休养型经济特区能为旅游产业的发展注入新的可能，同时也将促使其成为一个高经济增长点。

推动伊尔库茨克州的发展，要保证完成以下几方面任务。第一，基础设施的建设尤为重要，尤其是在经济特区的基础设施建设方面，需要投入大量资金以将其做好。第二，吸引投资者的任务十分艰巨，因为这关乎经济特区的发展潜力。第三，发展旅游产业要在本国市场和国际市场上创造特色鲜明、引人入胜的旅游产品。第四，特区内应该形成较为集中的旅游区，以便于形成产业集聚。可见，旅游业的发展是目前伊尔库茨克州后工业化发展的主要方向。自建成旅游休养型经济特区以来，该地区经济快速发展，影响力不断提高。为了适应经济转型，伊尔库茨克州一些大型企业正在不断努力改革，以达到引进外资的目的，同时，政府通过各种手段刺激人口增长，建立中心城市，并使此中心发挥经济支撑点的作用，然后利用中心城市优势向周边城市扩散。经济特区要注重培养新兴城市，努力实现居民生活质量的提升，从而树立经济特区的成功典范。

根据 2010 年伊尔库茨克州政府副主席在贝加尔经济论坛的讲话，该地区

---

① 《布里亚特共和国简介》，中国贸促网，http://www.ccpitnmg.org/，2011 年 9 月 14 日。

近几年旅游产业发展迅猛，取得了突出成就。2009年到访游客总量为66.44万人，较2006年之前的旅客人数翻了一番。据预测，到2020年，伊尔库茨克州年到访游客总量将达到134.2万人。2007~2009年该地区对旅游基础设施建设的总投入达13亿卢布，先后有94家宾馆投入使用，共计1000张床位。该地区旅游企业共有253家，其中旅游公司有103家，旅行代理有150家 [①] 。目前经济特区内设立了多项旅游项目，如生态旅游区、高山滑雪区等，同时还修建了环贝加尔湖铁路——一条沿途领略原始风光的独特游览线路。

第五，符拉迪沃斯托克俄罗斯岛经济特区。

符拉迪沃斯托克，中文名为海参崴，是俄罗斯滨海边疆区的首府、远东太平洋沿岸最大的港口，同时也是东部地区仅次于新西伯利亚的第二大城市，位于阿穆尔半岛南端，亚欧大陆的东侧，总人口约为60万人（2010年）。符拉迪沃斯托克地理位置优越，东、南、西三面临海。同时它也是交通要道，物流运输业发达，有铁路线可以直达莫斯科，是西伯利亚大铁路的终点。这座城市临近俄中朝三国交界之处，是条件非常优渥的天然海港，也是一个不冻港，是俄罗斯太平洋沿岸最大的港口城市，当地建立了远东科学中心和太平洋舰队基地，基础设施完善，同时它也是远东地区最大的经济、文化中心。

符拉迪沃斯托克的旅游资源非常丰富，特色建筑和自然风光都是旅游的重点。符拉迪沃斯托克的火车站是俄罗斯建筑的代表，建筑风格类似17世纪俄罗斯建筑风格。火车站与西伯利亚大铁路同时建成，其外观精美古朴，具有贵族气息。金角湾是符拉迪沃斯托克的一个美丽海湾，其大陆架就像一个牛角形状，岸边山峦起伏，树林葱郁。金角湾岸边的尖顶木屋具有别样特色。金角湾的海军驻地也非常引人注目。

符拉迪沃斯托克俄罗斯岛具有地缘、资源等多种优势，开发成为旅游休养型经济特区的潜力巨大。俄罗斯岛临近中国、日本、韩国和朝鲜等国，在东北亚乃至亚太地区占据着有利的地理位置，同时，俄罗斯岛自然资源丰富，这为其发展旅游产业提供了非常的重要基础条件。首先，俄罗斯岛植物种类

---

① 伊格列维奇：《伊尔库茨克州投资潜力》，2010年第六届贝加尔国际经济论坛，伊尔库茨克市，2010。

繁多，可以说是一个天然的大规模植物园。据植物学家测算，俄罗斯岛共有600~800 种植物 [①] 。其次，俄罗斯岛又像是一个大型动物园，其自然条件优越，土壤肥沃，植被充足，因此动物在物种和数量上都非常丰富。此外，俄罗斯岛海岸线长，海洋资源非常丰富，渔业发达。以上优势条件都是符拉迪沃斯托克俄罗斯岛建设旅游休养型经济特区得天独厚的先决条件。另一个开发旅游业的原因是俄罗斯岛具有丰厚的人文历史文化，这也是极具旅游价值的先天资源。最近几年，俄罗斯岛经济特区努力兴建基础设施，历史上的一些被用作军营的建筑物也被列在待开发基础设施之列。最后，俄罗斯岛现有的几个小型疗养基地，虽然规模较小，但深受游客喜爱，旅馆常常人满为患，可对这些疗养基地改造扩建，以便为经济特区服务。

（4）港口型经济特区

俄罗斯远东地区的港口对于俄罗斯来说至关重要，因为其发展能对全国产生积极影响。远东地区的港口面向太平洋，连接着西伯利亚大铁路，地理位置非常优越。西伯利亚大铁路将欧洲和亚洲连接在一起，而铁路的一端就是港口，因此港口承担着进出口货物的重要任务，是陆海联运大通道的枢纽。可见，港口使多个国家的利益紧密相连，成为国与国之间交往、合作的桥梁和纽带。如果港口发展得好，基础设施完善，那么其能够更加高效地服务于国际贸易。因此，建立港口型经济特区有利于远东地区乃至俄罗斯全国经济的发展。

位于俄罗斯远东联邦区的哈巴罗夫斯克边疆区拥有东部地区唯一的港口型经济特区——苏维埃港。在海陆方面，途径苏维埃港的航道将纳霍德卡港、瓦尼诺港、符拉迪沃斯托克、薄熙也特、德卡斯特里等港口城市连接起来。苏维埃港是鞑靼海峡西岸的重要港口，也是贝加尔—阿穆尔铁路的终点，还是额尔库斯科海与日本海之通道，地理位置非常重要。

苏维埃港经济特区为俄首个港口型经济特区，拟定的占地面积为 2.9 平方公里，随其发展面积可能扩至 4.5 平方公里。根据发展规划，俄罗斯拟将

---

① 赵欣然：《滨海边疆区俄罗斯岛综合开发问题浅析》，《西伯利亚研究》2009 年第 12 期。

苏维埃港经济特区及其周边打造成为大型工业交通运输枢纽，预计2020年该枢纽的货运量将从1000万吨增至8000万吨[①]。苏维埃港经济特区计划新建铁矿、石油、集装箱、修船等码头。Ulyanovsk-East机场已经具备5100×100米的起降场，总投资为334亿卢布，其中98亿卢布由联邦预算拨款。该经济特区还计划新建Eclipse-500轻型飞机厂、机修车间、物流中心、铁路、公路等[②]。

俄罗斯东部地区各经济特区有其自身特点，并且具有建立经济特区的自身优势。从经济特区发展现状来看，技术推广型经济特区发展最为完善，旅游休养型经济特区的发展十分迅速，并且成为东部地区旅游产业的核心地带，而港口型经济特区的基础设施建设还需要继续完善。总而言之，东部地区的经济特区是在政府的大力扶持下，在社会各方的关注下发展的。

2. 俄罗斯东部设立经济特区的影响分析

俄罗斯东部地区的经济特区发展势头强劲，本书从投资、外贸、物流等角度分析经济特区带来的良好影响。

（1）俄罗斯经济特区建设对国内的影响

第一，投资不断增加。

固定资产投资作为拉动经济增长的主要手段之一，在国民经济核算中占有重要地位。然而近年来，俄罗斯的固定资产投资不足，主要靠消费来拉动经济增长，这样的增长方式虽然有其优势，但是固定资产投资的不足导致经济增长无法突破瓶颈。自设立经济特区以来，俄罗斯政府对经济特区的投资以及扶持力度迅速增加，固定资产投资的增加主要是为了推动经济特区内基础设施建设，更好地发挥经济特区功能。同时，通过固定资产投资，经济特区能够扩大再生产，改善投资环境，拉动经济增长。因此，固定资产投资对于经济特区建设具有极大贡献。尤其在东部地区，基础设施落后，经济增长缓

[①] 《俄罗斯哈巴罗夫斯克边疆区苏维埃港经济特区获批》，中华人民共和国商务部，http://www.mofcom.gov.cn/aarticle/i/jyjl/m/201001/20100106751240.html，2010年1月19日。

[②] 《俄罗斯经济特区》，浙江农业信息网，http://www.zjagri.gov.cn/html/gjjl/nywjhzView/158270.html，2011年12月7日。

慢，经济特区被认为是新的经济增长点，因此，更应该建设好经济特区，以期实现快速发展。图 10-2 反映了俄罗斯东部地区固定资产投资占地区生产总值情况。

如图 10-2 所示，俄罗斯固定资产投资占 GDP 的比重十分稳定，这 10 年来的改变不大，而东部地区固定资产投资占地区生产总值的比重增长迅速，从 2000 年的 6.54% 增加到 2013 年的 74.73%，可以看出政府对东部地区投入之大，振兴经济的力度空前。

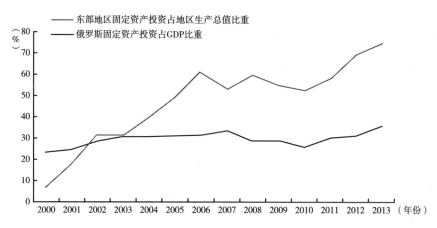

图 10-2 俄罗斯东部地区固定资产投资占地区生产总值比重情况

资料来源：俄罗斯联邦统计局网站。

为吸引外资，特别是外商直接投资，俄罗斯采用的政策工具主要包括为外国投资提供法律保障，实施鼓励性政策、保护性政策和限制性政策。俄罗斯通过的《俄联邦外国投资法》《俄联邦租赁法》《俄联邦产品分成协议法》《俄联邦土地法典》《俄联邦经济特区法》等，为外国投资提供了法律保障，同时，俄罗斯政府会给予外资企业进口关税、增值税和利润税上的优惠。根据《俄罗斯联邦经济特区法》的有关规定，国外企业投资并入驻经济特区后，如果进口的货物是为了满足本企业的生产性需要，可以免交国家规定的进口关税和增值税，或者可以在货物出口到国外时享受退税的优惠政策；入驻经济特区的企业缴纳 20% 的企业所得税，比非经济特区企业少 4 个百分点；如果经济特区内的企业入驻时间为5~10年，那么其可以免缴企业财产税；所有入驻经济特区的企业可以免缴交通税；经济特区企业一旦决定入驻并签订协议后，可免受国家税收立法改变所造成的不利影响。除此之外，俄罗斯还通过简化公司注册程序、提高政府办事效率等为吸引外资创造良好的投资环境。

第二，拉动地区生产总值的增长。

国内生产总值（GDP）是最常用的总量统计指标，它可以从总体上反映一个国家或地区经济增长水平，现在多用来评价各国经济繁荣程度、指导国家或地区政策走向。通过俄罗斯国内生产总值增长率与东部地区的地区生产总值增长率的比较，我们可以了解东部地区的经济发展情况。

如图10-3所示，2000年俄罗斯东部地区的固定资产投资数量极少，在2001~2002年迅速增加，随后其增长率呈现下降形态，而由于2009年的经济危机的影响，俄罗斯经济指标都呈现下降态势，因此2001~2009年，东部地区固定资产投资增长率呈现出波动递减的趋势，而2009~2013年，东部地区固定资产投资增长率总体为递增形态，表明东部地区经济正在复苏。结合固定资产投资增长率和地区生产总值增长率来看，固定资产投资增长率始终引领着地区生产总值增长率的变化，即固定资产投资增长优先于地区生产总值的增长，反之则反是。二者在趋势上体现为同步变化，因此可以说，固定资

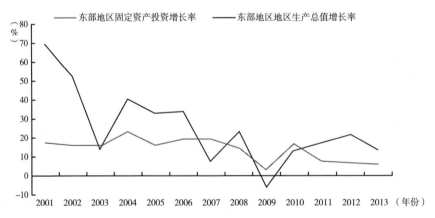

图10-3　东部地区固定资产投资增长率与地区生产总值增长率的比较

资料来源：俄罗斯联邦统计局网站，http://www.gks.ru/。

产投资的变化是造成地区生产总值变化的主要因素之一。如果东部地区的固定资产投资能够持续增长，那么其必将拉动经济的持续增长。

第三，不断优化升级产业结构而扩大规模效益。

俄罗斯东部地区设立的三类经济特区涵盖了第二产业与第三产业，而产业结构的升级主要源于技术进步和比较优势的变化，技术水平低、劳动力资源缺失、自然资源比较丰富的东部地区的产业结构必然处于较低层次。但是，近年来，随着技术的进步和经济的发展，东部地区也可以实现产业结构升级。表10-10反映了东部地区产业结构的变化情况。

如表10-10所示，俄罗斯东部地区的第一产业比重有下降趋势，而第二产业比重不断上升，第三产业比重在经过了51%高位后也开始有所下降。从表面上看第二产业与第三产业的比重变化不大，但是其内部结构在不断优化。原材料、初级产品的生产有所下降，制造业和高新技术行业比重在不断上升。同时可以指出的是，东部地区的第一产业比重有下降趋势，这并不表示第一产业的产能下降，而是第二产业、第三产业上升迅速造成的。

表10-10　俄罗斯东部地区产业结构情况

单位：%

年　份	第一产业	第二产业	第三产业
2005	8.65	41.95	49.40
2008	6.75	42.25	51.00
2009	7.40	41.75	50.85
2010	6.45	46.30	47.25

资料来源：俄罗斯联邦统计局网站，http://www.gks.ru/。

虽然经济特区是由政府的"自上而下"政策建立起来的，而产业集群是通过"自下而上"的发展形成的，但二者之间有着必然联系。产业集群的形成需要完善的基础设施建设、广阔的市场空间和低廉的资源成本和劳动力成本，而在经济特区建立以前的一段时期，东部地区有着基础设施不完善、国内和国际市场份额较小、劳动力不足等问题，无法为产业集群的形成创造条件。而建立经济特区之后，政府和企业的巨大投入，政策措施的逐步完善，为产业集群的形成提供了可能。而俄罗斯出台的一系列重要文件也体现了政府对于经济特区的重视程度和扶持力度。

（2）俄罗斯经济特区建设对国际的影响

第一，改善进出口商品结构以增加产品附加值。

西伯利亚和远东地区是支撑俄罗斯未来经济发展的重要区域，而能源开发与利用是这一地区经济振兴的首要任务。近年来，随着俄罗斯对于东部地区发展的逐步重视，政府陆续出台一系列振兴经济的相关文件，主要为了解决东部地区的能源问题，减少地区对于能源的过度依赖，并实现能源利用与出口的多元化。不过俄罗斯东部地区能源政策的实施力度有限，其能源优势并没有充分发挥，经济发展明显动力不足。如对于东西伯利亚和远东地区丰富的油气资源，政府应该合理开发与利用，完善基础设施建设，释放其出口潜力，并且需要改善生态环境。东部地区能源出口占出口总额的比重常年维持在75%左右。远东地区的资源目前基本已经开发殆尽，因此东部地区不能仅仅依靠能源出口带动经济发展。为了摆脱这种困境，普京提出设立经济特区，使国家走创新型发展道路，这个战略的核心在于大力发展人力资本，提高人均收入，通过市场竞争机制，使得高新技术和创新科研能力成为推动国家经济全面提升的根本动力。

俄罗斯东部地区设立经济特区实行进口替代和外向经济战略，这就要求东部地区积极参与国际分工，融入世界经济高速发展的大潮，要以国际市场的需求为生产导向，以外向型发展为主要贸易战略，使生产要素国际化，通过增加外汇储备来获取比较利益。近年来，东部地区开始重视科技对经济的推动作用，在对外贸易、引进技术方面加大力度，在更大范围和更高层次上参与国际分工与竞争，缩短与发达国家的技术差距。从引进技术到技术产品出口，东部地区逐步加强了技术对国际的影响力，这必将有利于经济特区的长期发展与东部地区的振兴。表10-11为近年来俄罗斯东部地区的对外贸易情况。

如表10-11所示，俄罗斯东部地区的进出口总额不断增加，表明其参与国际分工的程度在不断加深，虽然 2009 年由于受到金融危机的冲击，俄罗斯东部地区进出口总额下降幅度较大，但是 2010 年后，进出口总额又很快恢复过来，并且高速增长。不仅如此，东部地区的技术进出口总额也同样令人欣慰。表 10-12 为 2006 年与 2011 年东部地区技术进出口情况。

表 10-11　俄罗斯及东部地区对外进出口情况

单位：百万美元

年份	2006	2007	2008	2009	2010	2011
俄罗斯联邦进出口总额	369232	577887	763464	495191	649264	845842
俄罗斯东部地区进出口总额	44193.9	56695.3	54901.9	48297.6	71363.9	76558.1

资料来源：俄罗斯联邦统计局网站，http://www.gks.ru/。

表 10-12　俄罗斯东部地区技术进出口情况

单位：万美元

项目	2006 年				2011 年			
	出口		进口		出口		进口	
	技术出口额	本年度资金流	技术进口额	本年度资金流	技术出口额	本年度资金流	技术进口额	本年度资金流
西伯利亚联邦区	4408.5	2103.1	17334.9	4849.7	7259.2	3523.2	18455.0	9643.3
远东联邦区	1172.9	226.3	5.3	418.6	2414.7.1	2058.4.3	42.3	21.8
东部地区总计	5580.8	2329.4	17340.2	5268.3	9674.0	5581.7	18497.3	9665.1

资料来源：俄罗斯联邦统计局网站，http://www.gks.ru/。

从表 10-12 中我们可以看出，首先，俄罗斯东部地区的技术出口额严重低于技术进口额，2006 年，东部地区的技术进口额为技术出口额的 3 倍，而 2011 年技术进口额为技术出口额的不到 2 倍，这说明东部地区的技术进口替代出现了明显效果，从相对量上看，技术进口额在下降。其次，与 2005 年相比，2011 年东部地区技术出口额增长了 73%，而技术进口额只增加了 6.7%，这同样说明了进口替代战略的成效。值得指出的是，远东联邦区的技术进口额增长幅度巨大，这意味着远东联邦区的技术需求较高，虽然暂时远东联邦区缺乏技术优势，但是随着其经济的不断发展，远东联邦区也能够成为技术供给市场。

第二，不断拓宽的物流通道形成线状区域发展地带。

目前中俄的港口及物流合作在积极有序地进行。随着东部地区港口型经济特区建设的不断完善，中俄港口合作逐渐发展起来。物流作为经济发展的保障性基础设施，能够在国际贸易、保障生产等方面，发挥突出的作用。因此，中俄想要加大合作力度，必须努力实现物流通道的畅通，以满足双方在物资、能源、服务等贸易上的便利与畅通。在中俄物流合作的发展目标中，航道建设是重点项目，而航道建设主要以江海联运为重点。在航道上将更新改造部分航标，提高通航保证率。

从铁路、公路分流过来的货物能够以江海联运的方式运输，尤其是对于大宗商品，如粮食和煤炭，其运量大、运输距离长，采取水运运输的方式能够获得最大收益。江海联运的发展潜力巨大，其对于港口型企业来说是一个非常好的机会，能够产生丰厚经济利益。随着江海联运的进一步发展，中国的黑龙江、松花江和乌苏里江沿线的港口可以增加货物运输量，泊位的优化改造能够提升其利用效率，港口内服务性业务的增多能够使其收入增加。除此之外，通过江海联运这一方式，东北亚物流圈也会积极地向北推进，间接加快日本海北部物流的发展速度。江海联运的货物一般从黑龙江运往日本、韩国以及中国的东南沿海城市，而物流企业为了降低运输成本，会在回程时增加货物运输承揽量，这就使物流效率提升，不仅降低了能源消耗，而且使东北亚物流圈更好地向北拓展，为俄罗斯东部地区各港口提供了发展和壮大的机遇，也为其港口型经济特区提供了发展空间。

集装箱运输也是随着港口型经济特区的逐步发展而使用越来越频繁的先进运输方式之一，它体现了港口建设的现代化与技术化，因此集装箱运输也成为大力发展的目标，在中俄合作方面具有优势。集装箱具有便于装卸、方便储藏和存放的优点，受到了物流行业的广泛认可。但是在实际中，中俄之间的集装箱运输较为少见，中俄双方应该加大使用力度。中俄双方运输部门与企业正在积极研究开辟的哈尔滨—佳木斯—同江—抚远—哈巴罗夫斯克集装箱运输航线是第一条航线。在港口装卸方面，经济特区已经具有了集装箱航线的条件，运输企业能够通过集装箱运输获得高效率的货运能力。在货源方面，中国每年向俄罗斯出口大量商品，而运输到哈巴罗夫斯克苏维埃港经济特区的集装箱货物约10万吨。另一条航线是从哈尔滨开始，沿途经过佳木斯、哈巴罗夫斯克的苏维埃港，最终抵达欧洲，这也是通过采用集装箱来进行海上联运的航线。这条航线能够将西伯利亚大铁路的优势明显地发挥出来，而将苏维埃港作为集装箱运输中转港，能够将港口型经济特区的优势突出出来，体现经济特区高效、现代、科学的运营模式。第三条航线也是始于哈尔滨，沿途经过哈巴罗夫斯克苏维埃港、瓦尼诺和北美西海岸，这条集装箱联运运输航线能够使中国和俄罗斯的货物运往美洲国家，不仅成本低廉，而且扩展了运输途径。

俄罗斯的运输业发展很迅速，同时也是其进行对外贸易的重要保障，只有便捷、发达的物流，高效、现代的港口，才能使基础设施与迅速发展的国际贸易相适应。随着俄罗斯铁路、公路、内河和港口型经济特区内基础设施的不断改善，东北亚地区的物流业优势将会得到展现，俄罗斯东部地区的运输市场也将有越来越大发展空间。中国物流企业如果能够利用好港口型经济特区的便利条件，入驻经济特区的话，那么不仅能够享受经济特区内的优惠政策，而且能提升中俄物流运输的效率与安全性，增强两国贸易往来的信心，有利于两国在贸易上的频繁来往。而中心港口城市，尤其是经济特区可以借助地理优势，依托先进的基础设施，与相邻城市甚至是周边国家的城市结成物流链，加速临港产业的发展，再通过区域经济扩散效应，提升贸易总量，有效带动其他产业同步发展。因此，港口型经济特区的建设大大提升了地区经济规模。

第三，不断拓展旅游方式以提升国际旅游地位。

在东部地区的开发历史上，农业和工业始终占据着主导位置，而第三产业的开发尚且不足。旅游产业作为第三产业之中发展最为迅速、提升空间最大的产业之一，有其独特的开发重点，在今后的俄罗斯国家战略中，旅游产业将成为俄罗斯国家经济发展的支柱产业之一。

对于俄罗斯东部地区来说，发展新旅游方式，更好地适应市场需求，是其开发的主要方向。俄罗斯东部地区有许多旅游资源，但是其旅游业的发展并不成熟，尚处于规划和开发阶段。俄罗斯东部地区的旅游业以建立有竞争力、高效率的旅游综合体为发展目标，旅游产业规划、旅游基础设施建设和交通设施建设都是东部地区旅游业发展的重点工程项目。而随着旅游休养型经济特区的不断发展，为了更好地利用其丰富的旅游资源，旅游形式也在不断创新。首要的旅游形式便是水域风光与医疗保健游。东部地区拥有丰富的矿泉和泥浴等自然资源，这为发展休闲保健旅游业提供了基础与保障。贝加尔湖沿岸休闲区独具特色，有上百处矿泉区和泥疗区，能够吸引国内外游客；东部地区的动植物种群十分丰富，因此生态旅游是其开发重点；堪察加半岛周围的水域集中了俄罗斯半数以上的海洋生物资源，因此这一地区主要发展海洋旅游；萨哈共和国拥有世界上珍贵的动植物资源，因此是狩猎旅游的最佳地区，此外，东部地区还可以开发出野生自然保护区、民俗文化旅游区等独具特色的旅游新形式。

俄罗斯东部的七个经济特区的发展各有特色，其对地区产生的影响也各有不同。首先，总体来看，政府为了建立、完善经济特区，投入了大量固定资产，而投资作为拉动经济的"三驾马车"之一，对于经济总量增长的促进作用不容置疑，因此，从投资角度分析，经济特区的建立拉动了地区的经济增长。其次，对于港口型经济特区而言，其发展的主要目的是建成先进的物流产业，依托强大的基础设施，提升国际贸易服务质量，使贸易更加顺畅、便捷，最终提高国际贸易量，拉动经济增长。最后，从发展旅游休养型经济特区的角度来看，俄罗斯东部地区因其丰富的旅游资源，能够在旅游产业上得到优势，而创新性的旅游项目也为旅游业，乃至整个社会提供了发展机会。

3. 中俄合作的巨大空间

俄罗斯经济特区不会对大小企业区别对待，不会根据企业的大小和强弱给予不同的优惠政策。有实力的大企业主要投资于周期长、战略性的合作项目，而中小企业主要投资于资金需求少、回收资金快的项目。在俄罗斯投资的企业主要面临以下几个投资问题。第一是俄罗斯对于投资数额的要求较高，小企业没有投资能力；第二是俄罗斯的投资环境欠佳，由于政策的朝令夕改和灰色经济的存在，投资风险性高；第三，俄罗斯劳动力成本高，许多企业严重缺乏劳动力；第四是俄罗斯的税负高，并且配套设施和生产用房的成本高。因此，在以往，中国企业，特别是中小投资者在俄罗斯投资、寻求合作时，都想要取得政府的政策支持。而目前，中俄两国想借助经济特区这一发展契机，开展全方位合作，改变中俄经贸合作"小范围""低层次""低水平"的特征，确立以"大范围""大经贸""多形式""多主体""多层次""高起点"为基本内容的发展战略。中俄两国领导人对于合作信心满满，希望两国的贸易"重心"能够从民间贸易向生产合作、相互投资、联合研发先进技术转变，而这一转变对两国而言都具有非常重要的意义。

中国企业非常向往俄罗斯极具潜力的市场，期待与俄罗斯进行深入交流与合作，但是长期以来，由于俄罗斯政策的不稳定和优惠政策不具吸引力，许多企业望而却步，如今由于俄罗斯立志于建设经济特区，在政策和基础设施建设方面有了很大的改善，中国企业看到了机会，希望能够通过这个机会实现双赢。从两国政府来看，近年来，中俄两国努力扩大双边贸易规模，加强相互投资和在高新技术方面的合作。俄罗斯建立经济特区是为了吸引外资、发展服务产业和高新技术产业，这一举措为两国在投资、技术、物流、旅游等方面的合作创造了难得的机遇，为中俄全方位合作战略拓展了新的空间。

为了开发远东和西伯利亚地区，俄罗斯建立经济特区，而此举必将大大促进中俄地区间的合作。尽管经济特区的发展不像想象中那么有效益，但不能否认俄罗斯在其东部地区设立的各类经济特区，为中俄合作提供了机遇。为了吸引国内外的企业向经济特区投资，俄罗斯联邦政府制定了一系列优惠政策，加大招商引资力度，促进地区发展。这些优惠政策能够切实保障投资者利益，降低成本，达到互利双赢的目的。而对于不同类型的经济特区，中俄合作的侧重点也有所不同。

（1）对于技术推广型经济特区中俄合作重在全方位合作

从投资领域看，考虑到中俄两国的比较优势和互补性，中国企业首先在东部地区的托木斯克技术推广型经济特区与俄开展木材深加工合作，这一举措既符合现实，又有创新。2008年中俄在托木斯克市建立了中俄托木斯克木材工贸合作区。同时，托木斯克市计划为技术推广型经济特区建设配套工程，并建设独具特色的知识密集型工厂，这会创造多个领域的几万个新的工作岗位，涵盖科学、教育、建筑等领域。托木斯克经济特区欢迎中国公司到此投资兴业。其主要发展方向是 IT 产业、纳米技术、毫微技术、新材料、生物技术以及医学。政府为经济特区内的常住居民提供最大的税收优惠。这是中俄在经济特区中合作的重点，也是中俄科学技术合作的主要方向。

（2）对于旅游休养型经济特区中俄合作重在创新

旅游业是关联性很强的产业，它受到经济、政治和文化等因素的影响。中俄旅游业的合作与发展会协同带动两国的经贸往来、政治互信和文化融合。俄罗斯在东部地区设立了旅游休养型经济特区，这为两国的旅游合作创造了新的机会、拓展了新空间。但是两国在合作模式的选择上不应只局限于传统的跨境旅游，而是应该创新合作形式，拓大合作规模，在提高旅游业效益的同时使之产生扩散效应，带动其他产业发展。在创新模式上，可以借鉴的是空间区域合作开发模式和人文领域合作开发模式。

第一，空间区域合作开发模式。

类似于俄罗斯东部地区的旅游休养型经济特区，中俄边境区同样可以仿照其模式建立跨境旅游经济特区，在核心边境区域打造世界级旅游景区，开辟以公路、铁路、航空为主的客运专线，使物流围绕在旅游中心周围。在基础设施的建设上，可以以中心城市或旅游区为起点向四周辐射，在共同建设基础设施的基础上，可以在特色景区建设代表两国的标志性建筑，提升建筑的使用效率和功能性，同时既要突出"一区跨两国，一路跨两国"的特色旅游模式，又要加大旅游产品开发力度，使旅游品牌得到旅游者认可 [①] 。

地区之间的自然和人文景观差异很大程度上取决于两地的距离，距离越远，那么景观差异性越大。而两地游客的往来主要就是因这种差异性的存在，

---

① 吴森、黄洁:《浅析中国新疆与俄罗斯西西伯利亚跨境旅游业合作的可行性》，《乌鲁木齐成人教育学院学报》2009年第11期。

差异性越大，越容易吸引游客。因此，中俄旅游合作可以以差异性为重点，以这种文化上、自然上的冲突来吸引游客。在布局方面，核心区以面带线，以区域与区域的合作为主，增强竞争力，而周边区域以点带面，着重开发有特色的旅游景区，使旅游资源能够以点、线、面相结合的方式开发。中国东北三省与俄罗斯东部地区可以加强在旅游产业上的合作，并且随着其逐步发展，可以让周边国家也加入进来，形成多国参与的跨境旅游合作区。

第二，人文领域合作开发模式。

中俄两国都是多民族国家，由于各民族的交流与融合，中俄两国都形成了独具特色的民族文化。各自不同的语言、文化、宗教信仰及生活习惯使国家充满了神秘与活力。各民族文化在旅游业发展方面也做出了突出的贡献，是人文旅游的基础。正因为文化具有差异性，外地游客前来旅游时才会产生趣味感和参与感。中俄两国在人文旅游合作方面可以对具有特色的人文旅游资源进行重组，在原则上坚持保护与开发双管齐下，既弘扬传统文化，又推动民族文化不断创新，使其服务于旅游产业的发展。中俄可以借助经济特区，合力打造旅游文化产品，体现两国文化的融合，积极吸引投资者的视线，开发多层次、宽领域的旅游项目，使不同游客的需求得到满足。根据游客的具体旅游目的，设计不同的旅行方案，如对于旅行结婚的游客，可以为其提供一场有异域风情的婚礼等特色旅游项目。

中国企业可以在旅游休养型经济特区内开展生态旅游、深化购物游，并大力推广风情游，而对于中俄两国的外部市场，要使两国的旅游特色结合，突出对比性和多样性。总之，中俄旅游合作能够基于旅游休养型经济特区而不断丰富和发展，两国通过积极创建新的旅游发展模式，开发新的旅游资源，不断取得旅游产业比较优势，其发展对于两国的经济、政治、文化交流都具有深远意义。

（3）对于港口型经济特区中俄合作重在双赢

俄罗斯远东联邦区海岸线绵长，港口众多。为加强跨境物流建设，俄罗斯对于港口的投入力度很大。而中俄在港口建设方面也能够寻找到突破口。中俄双方可在集装箱、港口码头、物流中转站方面寻求合作，在提升中俄物流运输能力方面达到互利共赢。同时，在中俄港口合作的大项目支持下，双方将迎来在物流产业方面新的突破。从经济上看，想要建成高水平的物流港口，必须具备吸引丰富货源的能力，同时需要经济腹地作为支撑。中国的东北地区缺乏入海通道，然而东北地区的货物出口量巨大，落后的物流无法满足其国际贸易的需求，中俄合作开发的港口——扎鲁比诺海港建成后，不仅便利了中国东北地区的货物输出到俄罗斯，而且使得南北两地的货运越来越顺畅。中国境内可以建设俄罗斯的物流中心，增设出口俄罗斯的货源网店，进而促进双方物流互动。由此可见，在港口合作方面，中俄双方都将在物流和贸易方面得到飞速发展。

此外，中俄港口合作应当构建中俄经贸物流大通道。中俄边境线全长4300公里，陆路口岸有满洲里、二卡、黑山头、室韦、黑河、饶河、虎林、东宁，水路口岸有呼玛、孙吴、逊克、嘉荫、萝北、同江、抚远，这些口岸是中国与俄罗斯相互沟通的桥梁，是中国面向东北亚的窗口，同时也是亚洲及太平洋地区连接欧洲大陆的通道，因此中俄在物流与港口上的合作具有非常重要的战略意义。

为满足中俄物流合作的需要，中国黑龙江省积极参与中俄交通基础设施建设的合作，2014年2月26日，中俄同江—下列宁斯阔耶铁路界河桥工程奠基，这条新的国际铁路的建成使中俄两国的物流更加便利。中俄同江—下列宁斯阔耶铁路界河桥横跨黑龙江，是中俄两国的首座跨江大桥。这一大桥的建设具有历史意义，这条铁路使东北铁路网与西伯利亚大铁路相联通，中俄的经贸合作将会更加便利，并且它对于振兴东北老工业基地、合理配置口岸资源、促进跨国文化交流和旅游业发展具有重要战略意义 ① 。

（4）中国企业要加大高新技术的创新力度

此次俄罗斯兴建经济特区特别注重科技合作，因此中国企业想要融入中俄合作的大潮之中，一定要提高自身的创新能力，适应合作开发的重点。中国劳动力资源丰富，具有较强的成本优势，因此劳动密集型产业一直处于优

---

① 《黑龙江首座中俄铁路桥在同江正式开工》，中国行业研究网，http://info.cm.hc360.com/，2014年3月12日。

势地位，但是近年来，随着劳动力成本的增加，这种优势也在不断地丧失。此次俄罗斯兴建经济特区，给了中国企业"走出去"的契机，有利于中国企业开发更广阔的俄罗斯市场。但是，中国企业在国际竞争中，有必要提高自身的创新能力，这样才能在竞争中赢得商机，获得与俄罗斯进行资源交换的比较优势。技术进步是保证经济效益的根本，同时也是中俄合作的首要前提。

依照产品生命周期理论，高新技术是企业获得丰厚利润的源泉，因此，中俄合作一定要把重点转向科技领域，这不仅能够最大限度地利用原料和能源，而且能够减轻对环境的破坏。俄罗斯东部地区目前的投资状况良好，采取了诸多优惠措施，能够吸引国内外的高新技术人才，在创业和造就人才方面能够保持良性循环。如果缺乏高新技术的创新人才，发展高新技术产业就如同空中楼阁，因此中国企业要积极培养优秀人才，发挥其才能。要大力推进传统产业的技术进步，积极开拓发展空间。

根据以上的分析和大量的资料，基于俄罗斯东部经济特区发展态势的情况，本书重点研究了中俄合作的新空间及潜能，区域合作对双边经济的带动作用。在技术推广型经济特区上，中俄可以开展全方位合作，在 IT 产业、毫微技术、新材料、生物技术以及医学方面展开高质量的合作与研发。在旅游休养型经济特区方面，中俄应该创新合作形式，拓展合作规模，协同促进其他产业发展。对于港口型经济特区，中俄两国能够在基础设施建设、物流产业和提升国际贸易方面实现多重发展。同时，中国企业要注重提升生产力水平，发展高科技产业，这样才能在中俄合作上处于优势地位。

（二）超前发展区建设拓展中俄合作新领域

2014 年年底，俄罗斯杜马通过了《关于超前社会经济发展区及国家支持远东地区的其他措施》法案，随即得到了俄罗斯总统普京的批准，法案于2015 年 4 月 1 日生效。建立俄罗斯超前经济发展区是加快发展远东地区的新举措，目的是加速远东地区的经济和社会的发展，使远东地区更紧密地融入亚太地区，计划利用 7~8 年的时间把远东地区的 GDP 翻一番，实现远东地区大开发的初步目标。

1. 超前发展区的主要设想

远东政府社会经济发展问题委员会于 2013 年 10 月 24 日批准建立超前发展区，按投资者对投资项目的需求，制定出划分超前发展区的标准，建立远东社会经济发展新模式，以增强远东在亚太地区的竞争力。远东列出了 14 个超前发展区，设计了 38 个优先发展项目，其中哈巴罗夫斯克边疆区有 11 个，滨海边疆区有 9 个，马加丹州有 4 个，萨哈共和国、犹太自治州、堪察加边疆区、萨哈林州各有 3 个 ①。

根据《关于超前社会经济发展区及国家支持远东地区的其他措施》法案，俄罗斯远东发展部决定在远东建立第一批 3 个超前发展区：一是哈巴罗夫斯克边疆区的"哈巴罗夫斯克"超前发展区（工业、运输和物流方向）；二是哈巴罗夫斯克边疆区的"共青城"超前发展区（工业方向）；三是滨海边疆区的"纳杰日金斯克"超前发展区（轻工业和食品工业、运输物流方向）②。紧接着又批准了滨海边疆区的"米哈伊尔洛夫"超前发展区（养殖、种植、食品制造方向）、阿穆尔州的"阿穆尔"超前发展区（工业、运输物流方向）、阿穆尔州的"别洛戈尔斯克"超前发展区（农业、工业方向）、堪察加边疆区的"堪察加"超前发展区（旅游娱乐、港口和工业、农业、工业方向）、楚科奇自治区的"白令"超前发展区（采矿工业方向）、萨哈共和国的"坎加拉瑟"超前发展区（产业园区方向）③。

2014 年以来，远东发展部与 300 多家俄罗斯及外国公司进行了谈判，与日本、中国、韩国、新西兰等国的公司签署了 21 个合作备忘录，在超前发展区建设初期，将有 40~50 个项目启动 ④。

远东联邦区成立了超前发展区管理公司和引资署。企业在超前发展区的

---

① 于小琴:《试析俄远东的投资吸引力及中资特点》,《俄罗斯东欧中亚研究》2014 年第 6 期。

② 《俄远东发展部批准首批超前发展区》, 新华网, http://news.xinhuanet.com, 2015 年 2 月 13 日。

③ 《我们将追赶香港和新加坡》,《黑龙江日报》2015 年 10 月 12 日。

④ 《俄罗斯副总理、俄罗斯总统驻远东联邦区全权代表特鲁特涅夫答俄通社、塔斯社记者问》, 俄罗斯远东发展部网站, 2015 年 7 月 28 日。

投资后的 10 年内只需缴纳 7.6% 的保险费，前五年免交利润费、财产税和土地税，并在增值税和矿产开采税方面享受优惠。这与其他地区企业需缴纳 30% 的保险费相比，有了很大的优惠，使超前发展区内的企业与其他地区企业相比有了竞争优势。

俄罗斯有关部门规定建立超前发展区必须完成以下任务：符合《关于超前社会经济发展区》联邦法的规定；获得俄联邦远东发展部长关于超前发展区的批准；进行项目技术、法律和经济统计，制定超前发展区规划和纲要；制定超前发展区经济技术论证和金融发展模式；制定推进超前发展区方案，并吸引投资者；建设基础设施，为超前发展区服务。完成上述任务需俄罗斯联邦预算外投资 691.66 亿卢布。俄罗斯联邦权力机关计划实施一系列优惠政策以提高超前发展区投资吸引力：在超前发展区内免征增值税；对深加工生产所需商品、材料免征进口税；免征联邦利润税，在 10 个税期内，仅征地区利润税的 5%，保险费率为 7.6%（其中包括 3% 的俄联邦退休基金、1.5% 的社会保险、1.5% 的强制医疗保险基金、1.6% 的地区强制医疗保险基金），总税赋为 12.2%。超前发展区在防火安全、生态鉴定、大修手续、卫生检疫等方面趋于放开，鼓励建立新产业，简化报关、财产权登记、法人及移民登记等手续，形成适于居民生活、适于企业发展的环境 [①] 。

2. 俄罗斯政府对超前发展区的支持

第一，以多种渠道筹措发展基金。俄罗斯政府批准的《2014~2025 年远东和外贝加尔地区社会经济发展纲要》提出，超前发展区的总投资为 3760 亿卢布，其中预算拨款为 420 亿卢布 [②] 。其他所需资金由远东联邦区引资署为超前发展区筹集，资金来源包括俄罗斯国内资金和外国投资。

第二，加大超前发展区发展力度。2014 年普京签署的《俄罗斯联邦社会经济超前发展区联邦法》，计划在远东建设 14 个超前发展区，其中包括 3 个

---

① Министерство Российской Федерации по развитию Дальнего Востока, Об итогах детельности Министерства Российской Федерации по развитию Дальнего Востока в 2013 году и первой половине года, 2015-08-11.

② 《俄罗斯副总理、俄罗斯总统驻远东联邦区全权代表特鲁涅夫答俄通社、塔斯社记者问》，俄罗斯远东发展部网站，2015 年 7 月 28 日。

海港、2个物流枢纽、3个农工集群、2个化工群、1个飞机制造中心、1个建材生产中心、1个钻石首饰制造中心、1个科研教育中心。该法规定，在法律实施的前三年，只能在远东地区设立超前发展区。三年以后，该法将适用于俄罗斯联邦的其他联邦主体，这意味着远东地区的开发对俄罗斯发展具有实验、示范和引领作用。

第三，关于远东地区土地使用的特殊政策。经普京总统首肯，2015年远东地区开始制定该地区土地使用和管理的特殊政策。远东地区的公民只要象征性地交1卢布，就可获得1公顷土地5年的租用权，该土地用于农业、林业和畜牧业等经营活动。5年后这块土地经营收到了经济效益，那么这块土地将成为公民的私人财产。目前，阿木尔州已经通过了有关适用法律，远东地区的其他州和边疆区都在抓紧实施该项政策。

第四，设立符拉迪沃斯托克自由港。2015年7月13日，俄总统普京签批了《符拉迪沃斯托克自由港法》，该法于同年10月12日正式生效，该自由港覆盖滨海边疆区的15个区（市），包括符拉迪沃斯托克以及滨海各港口、机场和铁路枢纽站，总面积达3400平方公里，区域纵深为20~30公里，长近1000公里，自由港地位70年不变。

该法包含一系列优惠政策，包括：简化签证制度，2016年10月1日（有消息报道从2016年1月1日）起，港口区对入境外国人实行8日免签；24小时口岸工作制度；自由关税区制度，即自由港内企业可免税运入和运出、保存外国商品；税收政策，入驻自由港企业前5年上缴的利润税不超过5%；对入驻企业免征土地税和财产税，各种社会保险金上缴总额比例为7.6%；为投资自由港的外商提供特别优惠，实行3%~10%的统一税收政策；提供保税仓库；扩大免税直销店；降低货船挂港费用；10天内快速办理增值税退税等。此外，为入驻企业办理职工保险提供优惠费率，在自由港具体管理上也提出了加快审批文件、减少企业负担、增加企业开办时效性等一些措施。

第五，把远东地区开发列入国家发展规划。2014年普京总统5次讨论远东地区发展的会议。梅德韦杰夫总理多次视察远东地区，重点研究"东方"宇宙发射场建设、"西伯利亚力量"天然气管道建设、贝加尔—阿穆尔大铁路和西伯利亚大铁路建设等急需完成的重大项目。近年来，俄罗斯政府通过了《2014~2025 年远东和外贝加尔地区社会经济发展纲要》《2016~2025 年南千岛群岛（萨哈林州）发展纲要构想》《2013~2025 年远东文化和旅游业发展纲要》等 32 个国家纲要和 38 个国家专门纲要，为远东地区的社会、经济和文化全面发展奠定了法律和行政基础。

3. 中俄在远东开发新形势下的深度合作

（1）建设中俄跨境地方性产业集群时机成熟

中俄地方国际化产业集群以中国东北地区和俄罗斯东部地区，特别是俄罗斯远东地区为主体，是多个产业集群共同发展的区域经济体。中俄地方国际化产业集群是以中国东北地区和俄罗斯远东地区相对成熟的产业为基础，如能源产业、能源加工业、机械制造业和物流业等，通过发挥其聚集、辐射和扩散作用带动科学技术合作的发展，加强各优势产业的互动合作，在产业结构上形成互补，使中俄地方国际化产业集群加速发展。从中俄目前合作的势头分析，产业合作已经提升到了非常重要的地位，它具有牵一发而动全身的作用。中方的中蒙俄经济走廊和俄方的经济特区、超前发展区、自由港的耦合性发展，为创建中俄地方国际化产业集群提供了可能。中俄地方国际化产业集群的建设已经具备了基本的条件，所需的特殊条件也正在逐渐形成。可以说，已经到了"万事俱备，只欠东风"的关键时刻了。

（2）中俄地方性合作研发新技术已刻不容缓

在俄罗斯东部大开发中，俄罗斯政府非常重视科学技术的研发。在西伯利亚建设东部地区第一个国家级研究中心的基础上，2014 年 12 月俄罗斯总理又下令研究在大乌苏里岛上设立阿穆尔河国际科研院 [1]。远东的滨海边疆区正在全面推动符拉迪沃斯托克俄中信息技术园区和游击队城俄中创新实验园区建设。这为中俄边境地区提高科学技术水平和核心竞争力创造了极好的条件，也为中俄深化科技合作提供了极好的机遇，是中俄进行深度合作的最直接的切入点，中国地方政府应积极回应俄罗斯的做法，制定合作的基本框架，

---

[1] 《俄罗斯总理对华让步：出让给中国一大岛》，PCB 在线，http://www.51pcb.com.cn，2014 年 12 月 26 日。

确定参与的具体项目，利用俄罗斯提高远东地区科学技术水平的机会，创新中俄合作研发的方式、方法，以中俄科技合作的新成果推进中俄地方合作向新的深度融合，实现互动性协调发展。

（3）中国企业入驻远东发展区已迫在眉睫

俄罗斯远东地区的超前发展区和符拉迪沃斯托克自由港即将推出石油化工、天然气化工、鱼类加工和木材加工、航空和汽车、船舶修理和造船、建筑材料、农业等领域的一系列重大项目，中国的相关企业，尤其是中国东北地区的大型企业要积极关注俄罗斯的开发项目，积极与俄方洽谈合作。由于俄罗斯，特别是西伯利亚和远东地区投资环境差、风险较大，加之中国金融部门支持力度不够，20多年来中国的企业和公司与俄罗斯合作的愿望不强烈，一直处在裹足不前、等待观望的状态中，而现在已经到了中国企业大显身手的时候了，能否把握住机遇进驻俄罗斯超前发展区，对中国的企业发展来说非常关键。

（4）中俄东部地区大通道建设恰逢其时

中俄边境地区的运输条件经过双方的共同努力有了相当大的改善。2014年中国与俄罗斯远东地区的运输通道有公路通道13条、航空通道6条、铁路通道2条、河运通道1条。中俄边境地区正在完善国际公路和国际铁路口岸，建设和改造边境交通运输基础设施。俄方对国际通道的建设非常关注，拟开通的公路线为哈巴罗夫斯克—比金—波尔塔夫卡—饶河—双鸭山—哈尔滨定期公路客运通道。2016年开通的航线包括彼得罗巴甫洛夫斯克—堪察加—哈尔滨—大连（运输包机）、赤塔—哈尔滨定期航线、马加丹—中国东北一些城市（直航或经停航线）。

黑龙江提出的构建"东部陆海丝绸之路经济带"，主要是打造以绥芬河—满洲里—俄罗斯—欧洲铁路和绥芬河—俄远东港口陆海联运为主的战略通道，对接俄欧亚铁路，发挥其最大运能，该通道不仅能运输黑龙江和东北其他地区的货物，而且可以运输俄罗斯和中国长三角、珠三角、京津冀的货物。黑龙江东部大通道有三条径路：一是哈尔滨—满洲里—俄罗斯—欧洲径路，主打俄腹地及欧洲各国进出口货物运输；二是哈尔滨—绥芬河—俄罗斯远东地区径路，主打俄远东地区进出口货物运输；三是绥芬河—哈尔滨—满洲里—俄罗斯—欧洲径路，主打俄远东、日韩过境货物运输。

从描述性分析中可以看出，在中俄边境地区双方制定的运输通道都是可以连接的，这就表明大通道的建设非常重要，符合双方经济发展的共同需求，在共同利益的驱动下，大通道建设已经进入了黄金发展期，中俄双方合力建设毋庸置疑。

（5）"一带一路"和超前发展区对接势在必行

中国的"丝绸之路经济带"不仅仅是简单的运输通道项目，它是一系列的国家经济发展的全面规划，包括基础设施、工业、贸易和服务等项目。它的总体目标是推动沿线各国实现以政策沟通、设施联通、贸易畅通、资金融通、民心相通为主要内容的互联互通；促进沿线各国生产要素自由流动、资源高效配置和市场深度融合；实现经济政策协调，开展更大范围、更高水平、更深层次的区域合作；共同打造开放、包容、均衡、普惠的区域经济合作框架，打造命运共同体。这不仅为中国的发展，而且为欧亚大陆的发展提供了稳定、安全、良好的环境。

俄罗斯远东的超前发展区是借力中国加速远东开发，寻求俄罗斯经济的可持续发展，进而拓展亚太空间的战略举措。因此，"一带一路"和超前发展区的利益不矛盾，它们都为中俄合作提供了重要的机遇，二者不同的潜力能构成相互依存和相互促进的利益共同体。尽管"一带一路"和超前发展区建设初期的项目各不相同，但实际上是相互补充的。应该注意的是中国边境的黑龙江省提出的并已经纳入到国家计划的"东部陆海丝绸之路经济带"，通过便利的运输通道连接，可直接与远东地区的超前发展区对接，将进一步推动东北老工业基地振兴，也将促进俄罗斯远东超前发展区的开发和建设。

参考文献

一 书目

［1］李永全:《俄罗斯黄皮书:俄罗斯发展报告（2014）》,社会科学文献出版社,2014。

［2］郭连成:《俄罗斯东部开发新战略与东北亚经济合作研究》,人民出版社,2014。

［3］胡仁霞:《中国东北与俄罗斯远东区域经济合作研究》,社会科学文献出版社,2014。

［4］李新:《俄罗斯经济再转型:创新驱动现代化》,复旦大学出版社,2014。

［5］高际香:《区域经济社会发展:俄罗斯的探索与实践》,社会科学文献出版社,2013。

［6］张弛:《中国东北地区与俄罗斯东部地区经济合作模式研究》,经济科学出版社,2013。

［7］朱显平、季塔连科:《俄罗斯东部与中国东北的互动发展及能源合作研究》,长春出版社,2013。

［8］陆南泉:《俄罗斯经济二十年:1992~2011》,社会科学文献出版社,2013。

［9］李永全:《俄罗斯黄皮书:俄罗斯发展报告（2013）》,社会科学文献出版社,2013。

［10］郭晓琼:《俄罗斯产业结构研究》,知识产权出版社,2011。

［11］马友君:《俄罗斯远东地区开发研究》,黑龙江人民出版社,2011。

［12］路南泉:《中俄经贸关系现状与前景》,中国社会科学出版社,2011。

［13］葛新蓉:《俄罗斯区域经济政策与东部地区经济发展的实证研究》,黑龙江大学出版社,2010。

［14］侯敏跃、亚历山大·利布曼:《转型时代联邦主义与地区主义研究》,上海人民出版社,2010。

［15］冯绍雷:《20世纪的俄罗斯》,三联书店,2007。

［16］唐朱昌:《从叶利钦到普京:俄罗斯经济转型启示》,复旦大学出版社,2007。

［17］张幼文:《世界经济学原理与方法》,上海财经出版社,2006。

［18］饶友玲:《国际技术贸易理论与实务》,南开大学出版社,2006。

［19］安虎森:《区域经济学通论》,经济科学出版社,2004。

［20］陈日山:《俄国西伯利亚与远东经济开发概论》,黑龙江人民出版社,2004。

［21］赵立枝:《俄罗斯西伯利亚经济》,黑龙江教育出版社,2003。

［22］李京文:《21世纪的俄罗斯经济发展战略》,中国城市出版社,2002。

［23］薛君度、陆南泉:《俄罗斯西伯利亚与远东——国际政治经济关系的发展》,世界知识出版社,2002。

［24］《普京文集》,李俊升、许华、张树华译,中国社会科学出版社,2002。

［25］赵立枝:《俄罗斯东部经济社会发展概要》,黑龙江教育出版社,2001。

［26］〔俄〕Π.H.阿巴尔金:《俄罗斯发展前景预测——2015年最佳方案》,周绍珩、陈云卿、孟秀云等译,社会科学文献出版社,2004。

［27］〔俄〕米纳基尔:《俄罗斯远东经济概览》,对外贸易经济合作部译,中国对外经济贸易出版社,1995。

［28］〔俄〕H.H.涅克拉索夫:《区域经济学(理论、问题、方法)》,许维新等译,东方出版社,1987。

二 论文

［1］李新:《俄罗斯西伯利亚和远东开发与中国的机遇》,《西伯利亚研究》
2013 年第 3 期。

［2］谢亚宏、陈效卫:《俄罗斯远东开发在提速》,《人民日报》2014 年 4 月
29 日。

［3］陆南泉:《中国与俄罗斯远东地区经贸合作战略分析》,《学习与探索》
2013 年第 2 期。

［4］李传勋:《俄罗斯远东地区中国投资问题研究》,《俄罗斯学刊》2013 年第
6 期。

［5］郭力:《俄罗斯经济发展战略东移的新举措及中俄区域合作新机遇》,《俄
罗斯中亚东欧市场》2012 年第 12 期。

［6］郭力:《俄罗斯区域经济非均衡发展研究》,《俄罗斯中亚东欧研究》2012
年第 8 期。

［7］郭晓琼:《"梅普"时期的俄罗斯经济:形势、政策、成就及问题》,《东北
亚论坛》2012 年第 6 期。

［8］陆南泉:《有关中俄区域合作重点领域的思考》,《西伯利亚研究》2011 年
第 5 期。

［9］程亦军:《俄罗斯东部地区人口安全形势分析》,《俄罗斯学刊》2011 年第
4 期。

［10］郭力:《推进黑龙江省与俄罗斯贸易升级的理论性思考》,《俄罗斯学刊》
2011 年第 4 期。

［11］刘清才、徐博:《俄罗斯东部地区开发开放战略评析》,《现代国际关系》
2010 年第 10 期。

［12］郭力:《俄罗斯东部地区高科技产业水平及对外产业政策》,《俄罗斯中
亚东欧市场》2007 年第 9 期。

［13］孙键、刘云:《中俄科技合作现状分析与发展对策》,《中国基础科学》
2008 年第 3 期。

［14］周延丽:《中国东北与俄罗斯东部地区发展技术贸易的绩效分析与技术评价》,《俄罗斯中亚东欧市场》2007年第7期。

［15］周延丽:《中国东北振兴战略与俄罗斯开发远东战略的联动趋势》,《俄罗斯中亚东欧市场》2006年第12期。

［16］〔俄〕M.B.亚历山德罗娃、朱显平、孙绪:《中国对俄投资:现状、趋势及发展方向》,《东北亚论坛》2014年第2期。

［17］〔俄〕谢列兹尼奥夫:《21世纪俄罗斯的改革之路》,刁科梅译,《求是学刊》2013年第1期。

［18］〔俄〕B.A.扎乌萨耶夫:《俄罗斯远东:加速增长问题》,李传勋译,《俄罗斯学刊》2012年第6期。

［19］〔俄〕A.B.奥斯特洛夫斯基:《俄罗斯远东和中国东北共同发展计划:问题与前景》,林琳译,《俄罗斯学刊》2012年第2期。

［20］〔俄〕B.苏斯洛夫:《俄罗斯科学院西伯利亚分院科技与创新潜力的作用评估》,第四届中俄区域合作与发展国际论坛,哈尔滨,2006。

三 网站

［1］黑龙江省科技厅,www.hljkjt.gov.cn。

［2］黑龙江省商务厅,www.hl-doftec.gov.cn。

［3］辽宁省统计局,www.ln.stats.gov.cn。

［4］吉林省人民政府网站,www.jl.gov.cn。

［5］振兴东北网,www.chinaneast.gov.cn。

［6］中华人民共和国商务部,www.mofcom.gov.cn。

［7］国别数据网,http://countryreport.mofcom.gov.cn。

［8］中华人民共和国驻俄罗斯联邦经济商务参赞处,http://ru.mofcom.gov.cn/。

［9］远东及外贝加尔经济合作协会网站,http://assoc.khv.gov.ru/。

［10］西伯利亚经济合作协会网站,http://www.sibacc.ru/mass/。

［11］俄罗斯中央银行网站,http://www.cbr.ru/。

［12］数字俄罗斯网站,http://www.gks.ru/。

［13］远东联邦区官网，http://www.dfo.gov.ru/。

［14］西伯利亚联邦区官网，http://sibfo.ru/。

［15］远东发展部官网，http://minvostokrazvitia.ru/。

［16］俄罗斯联邦统计局网站，http://www.gks.ru/。

［17］俄罗斯联邦驻华大使馆，http://russia.org.cn。

四 俄文部分

［1］Дяо Сюхуа, Состояние и перспективы экономического сотрудничества между Россией и Китаем. Проблемы Дальнего Востока, 2013.

［2］Отчето Результатах Функционирования Особых Экономических Зон за 2012 Год и за Период с Начала Функционирования Особых Экономических Зон, http://www.econo-my.gov.ru/wps/wcm/connect/economylib4/mer/about/structure/deposobeczone/doc20130930_7, 2013-09-01.

［3］Баитов А.В. Энергетическая безопасность России в условиях рыночных отношений в электроэнергетике. Москва: Книжный мир, 2012.

［4］Дальний Восток получит собственный закон. http://fondvostok.ru/, 2012-10-17.

［5］Медведев обсудит меры по ускорению развития Дальнего Востока и Забайкалья. http://fondvostok.ru/, 2012-10-11.

［6］Владимир Путин принял участие в работе Делового саммита АТЭС. http://www.kremlin.ru/news/16410, 2012-09-07.

［7］О Внесении Изменений в Федеральный Закон "Об Особых Экономических Зонах в Российской Федерации. http://www.rg.ru /2011/12/07/ekonomzoni-dok.html, 2011-12-07.

［8］Аграрный комплекс, пищевая промышленность и продовольственный рынок России. Еженедельный информационно-аналитический бюллетень. 2011 (23).

［9］Химическая и нефтехимическая промышленность России. Еженедельный информационно-аналитический бюллетень. 2011 (23).

[10] Машиностроение в России. Еженедельный информационно-аналитический бюллетень . 2011(23).

[11] Автомобильный рынок России.Еженедельный информационно-аналитический бюллетень . 2011 (23).

[12] Глушковая В.Г. Федеральные округа России: региональная экономика. Москва : КНОУС, 2011.

[13] Юнусов Л.А. Прямые иностранные инвестиции в условиях глобализации мировой экономики. М.: Изд-во РГТЭУ, 2010.

[14] Аллатов А.А. Государственно-частное партнёрсво механизмы и реализации. Москва: АЛЬПИНА, 2010.

[15] Швецов.А.П. Либерализация государственной региональной политики. Вопросы экономики , 2006 (7).

[16] Рыкалина О.В. Развитие региональной инфраструктуры и связей между округами Российской федерации[М]. Москва : Изд. МНЭПУ, 2000-2006.

[17] Павлов К、Шишкина Е. Специфика развития отдалённых регионов. Экономист, 2005(5).

[18] Вдовенко З. Политика промышленного развития в регионе. Экономист, 2005 (3).

[19] Об Особых Экономических Зонах в Российской Федерации. http://www. rg.u/2005/07/27/ ekonom-zony-dok.html., 2005-07-27.

[20] Суспицын С.А. Параметры социально-экономического положения регионов России. Новосибирск, 2004.

[21] Ремина Т.Е、Матятина В. Проблемы развития секторов российской экономики[J]. Экономист, 2004 (7).

[22] Родионова.И.А .Экономическая география и региональная экономика. Москва: Московский Лицей, 2003.

[23] Березина Е.А、Ионкин В.П. Воздействие политических факторов на

экономическое развитие региона . Регион:экономика и социалогия, 2003(1).

[24] Ивченко В.В. Регионалное экономическое программирование: трудный путь становления . Эхо, 2002 (2).

[25] Суслов В.И、ЕршовЮ.С. Межрегионыльные экономические отношения в годы реформы состояние и перспективы. Регион: экономика и социалогия, 2002(1).

[26] Павлов П В. Институт Особых Экономических Зон в РФ: Финансово-правовые и Организационно-экономические Аспекты Функционирования. Москва:МагистрИнфра, 2010.

后　记

在该专著即将问世之际，我的心情久久不能平静，多年的辛苦努力终于到了收获的季节。我把此专著奉献给多年来一直关心和支持我的国内外的各位专家、同行和朋友，他们的呵护和指导增强了我对中俄区域合作研究的信念，在坚持中我明白了大家的无私帮助和大力支持是我一生中最珍贵的财富，它将永远激励我在科研的道路上前行。

我还要感谢华东师大俄罗斯研究中心的各位老师，尤其是要感谢肖辉忠老师，专著的顺利完成，和肖老师的关心和支持是分不开的。在此，对各位师长前辈、亲朋好友表示衷心的感谢！

还要感谢黑龙江大学的领导和相关部门的大力支持和帮助，感谢黑龙江大学为研究提供了良好的环境和条件；感谢俄罗斯研究院的全体同人，感谢他们热情的帮助和无私的支持。

真挚地谢谢关心、支持、帮助我的所有同行和亲人们！

2015 年 12 月 25 日

图书在版编目（CIP）数据

中俄东部区域合作新空间 / 郭力著. -- 北京：社
会科学文献出版社, 2017.5
　ISBN 978-7-5201-0501-9

　Ⅰ.①中…　Ⅱ.①郭…　Ⅲ.①区域经济合作 - 研究 -
中国、俄罗斯　Ⅳ.①F127②F151.254

　中国版本图书馆CIP数据核字（2017）第073219号

中俄东部区域合作新空间

著　　者 / 郭　力

出 版 人 / 谢寿光
项目统筹 / 周　丽
责任编辑 / 颜林柯　吴　鑫

出　　版 / 社会科学文献出版社·经济与管理分社（010）59367226
　　　　　　地址：北京市北三环中路甲29号院华龙大厦　邮编：100029
　　　　　　网址：www.ssap.com.cn
发　　行 / 市场营销中心（010）59367081　59367018
印　　装 / 北京季蜂印刷有限公司

规　　格 / 开　本：787mm×1092mm　1/16
　　　　　　印　张：26.5　字　数：406千字
版　　次 / 2017年5月第1版　2017年5月第1次印刷
书　　号 / ISBN 978-7-5201-0501-9
定　　价 / 98.00元